U0928623

普通高等教育“十一五”国家级规划教材
21世纪国际商务丛书

国际贸易实务

（第四版）

张炳达 编著

立信会计出版社
LIXIN ACCOUNTING PUBLISHING HOUSE

图书在版编目(CIP)数据

国际贸易实务/张炳达主编. —4 版. —上海:立信会计出版社，2015.8(2022.7 重印)
(21 世纪国际商务丛书)
普通高等教育“十一五”国家级规划教材
ISBN 978-7-5429-4725-3

Ⅰ. ①国… Ⅱ. ①张… Ⅲ. ①国际贸易—贸易实务—高等学校—教材 Ⅳ. ①F740.4

中国版本图书馆 CIP 数据核字(2015)第 223191 号

策划编辑 陈 旻
责任编辑 陈 旻
封面设计 周崇文

国际贸易实务(第四版)
GUOJI MAOYI SHIWU

出版发行	立信会计出版社		
地 址	上海市中山西路 2230 号	邮政编码	200235
电 话	(021)64411389	传 真	(021)64411325
网 址	www.lixinaph.com	电子邮箱	lixinaph2019@126.com
网上书店	http://lixin.jd.com		http://lxkjcbs.tmall.com
经 销	各地新华书店		
印 刷	苏州市古得堡数码印刷有限公司		
开 本	787 毫米×1092 毫米	1/16	
印 张	23.5		
字 数	560 千字		
版 次	2015 年 8 月第 4 版		
印 次	2022 年 7 月第 8 次		
书 号	ISBN 978-7-5429-4725-3/F		
定 价	48.00 元		

如有印订差错，请与本社联系调换

总　序

世界范围的社会化大生产必然会引起国际分工，任何国家都不能够包揽一切生产活动，而需要国际间的合作。国际商务作为一个学科体系，是伴随着国际商务实践而不断发展和完善的，并随着时代的发展不断被注入了新的内涵。改革开放以后的中国，对外经济贸易取得了举世瞩目的成就，尤其是在我国加入世界贸易组织之后，中国经济在与世界经济融合接轨的过程中正发生着质的飞跃，中国的国际商务活动越来越多，其深度和广度也被不断拓展。

在世界经济一体化与知识经济条件下，国际商务已是包括经济、法律、管理、市场营销、贸易、金融、信息与物流等各行业专业知识的有机综合。科学技术的发展和新兴产业的涌现，突破了传统的国际商务领域，与此相适应，新的国际规则和国际惯例正在不断创建，旧的国际规则和国际惯例正在不断更新。中国经济与世界经济接轨的新飞跃，使我们的对外经济活动直面一个机会与挑战并存、财富与风险同在的世界市场。

为促进我国涉外经济持续健康的发展，迫切需要更多的人才投身于国际商务的第一线，也迫切要求涉外经济从业人员与时俱进，在各方面不断提高自己的能力和水平。为了给广大有志于从事对外经贸工作和国际商务活动的人员提供一套融实用性、系统性、科学性于一体的国际商务学习用书，我们做了大量调查研究，听取了不少专家学者的指导建议，也参阅了诸多同行的著作文献。力求使本套丛书不仅通俗易懂，而且能反映当今国际商务领域的最新变化与动态。作为一套完整的国际商务丛书，我们将陆续推出相关的系列读本，力求覆盖面广、配套全，以利于读者一套丛书在手，国际商务内容一览无余。

“博采众长，切合实际，通俗易懂，服务考证”是编著本套丛书的宗旨。本套丛书由一批志同道合的长期从事国际商务相关学科教学和理论研究的同志编写，其中有不少作者本身就是国际商务领域的行业专家，他们不仅具有丰富的实践经验，而且还曾承担过国际商务相关职业资格认证的项目开发和考证培训工作。作者团队的丰富背景和相互之间的取长补短、精诚合作，可以保证本套丛书具有比较广泛的适用性。本套丛书既可以适用于各类院校的日常教学，也可以作为参加国际商务相关职业资格考证人员的学习参考用书，并可供国际商务及其相关领域的实际工作者参考之用。

本套丛书的出版得到了立信会计出版社社长窦瀚修、总编陆盛强和责任编辑陈旻等同志的大力支持和帮助，他们为这套丛书的设计和出版费尽心血，做了大量卓有成效的工作。没有他们的支持和帮助，这套21世纪国际商务丛书是不可能与大家见面的，在此，我们表示由衷的谢意。

国际商务的有关知识浩如烟海，其实践运作更是日新月异。本套丛书凝结了作者的一些思考，其中的疏漏之处，真诚地希望读者提出宝贵意见，以便充实和完善（作者的 E-mail：128zhang@126.com）。

张炳达

第四版前言

承蒙全国读者用户的厚爱,《国际贸易实务》出版以来,获得了热销和欢迎。首先请允许我感谢这些读者用户对我的工作的肯定、信任与支持,同时,我也要由衷地感谢支持与帮助我完成《国际贸易实务》第二版、第三版、第四版修订的各位朋友,尤其要感谢资深外贸专家应诚敏教授以及立信会计出版社的社长窦瀚修、总编戎其玉和编辑陈旻,没有你们的鼎力相助和热心指导,本书第四版的顺利修订和及时出版都是难以做到的。

国际贸易实务是一门实践性很强的综合性应用学科,该学科涉及了经济、法律、管理、市场营销、金融、信息和物流等多方面的专业知识。随着经济全球化的日益发展,科学技术日新月异、新兴行业不断涌现,国际贸易实务操作方式也不断地突破传统的模式,这使得国际贸易规则和国际贸易惯例为了顺应发展而必须不断地被修订和更新。而我国开放型经济的持续、健康、稳定发展,也必然要求外经贸从业人员能够与时俱进,不断提升自己的能力和水平。

为适应 21 世纪以来科学技术、区域经济一体化和贸易安全的发展与需要,国际商会在 2007 年发起了对《2000 年国际贸易术语解释通则》进行修订的动议,经过 3 年多的努力,国际商会于 2010 年 9 月发布了《2010 年国际贸易术语解释通则》,并宣布于 2011 年 1 月 1 日起生效实施。为了使本书能够及时反映国际贸易界的最新动态与变化,笔者从《2010 年国际贸易术语解释通则》颁布之日起,就开始了本书第四版的修订工作。

修订后的本书第四版较以前三个版本更加系统、实用。归纳起来,新版本具有如下特点:(1) 用平实浅显的语言阐述国际贸易实务深奥而系统的理论、操作程序、操作方式和操作技巧。(2) 采用了最新的国际贸易惯例。(3) 更新了"案例与思考"和"案例评析"。(4) 增加了必要的英文条款示例。

在本书的编写过程中,笔者参考了国内外专家学者的研究成果及文献资料,在此对他们表示衷心感谢。限于作者的学识和水平,书中疏漏之处,敬请专家和读者不吝赐教(作者的 E-mail:128zhang@126.com)。

张炳达

2015 年 6 月于同济大学

第一版前言

国际贸易作为一门学科，是伴随着国际贸易实践而不断发展和完善的，并随着时代的进步不断被注入了新的内涵。改革开放以后的中国，对外经济贸易取得了举世瞩目的成就，尤其是在我国加入世界贸易组织之后，中国经济在与世界经济的接轨与融合的过程中正发生着质的飞跃，对外贸易在我国国民经济中发挥着前所未有的重要作用。在世界经济一体化与知识经济条件下，国际贸易已是包括经济、法律、管理、市场营销、贸易、金融、信息与物流等各行业专业知识的有机综合。科学技术的发展和新兴产业的涌现，突破了传统的国际经贸领域，与此相适应，新的国际规则和国际惯例正在不断创建，旧的国际规则和国际惯例正在不断更新。中国经济与世界经济的迅速接轨，使我国的对外经济贸易直面一个机会与挑战并存、财富与风险同在的世界市场。

为促进我国对外贸易事业的持续健康发展，迫切需要更多的人才投身于国际贸易的第一线，也迫切要求对外经贸从业人员与时俱进，在各方面不断提高自己的能力和水平。为了给广大有志于从事对外经贸工作的人员提供一本融实用性、系统性、科学性于一体的国际贸易实务学习用书，本书作者做了大量调查研究，听取了不少专家学者的指导建议，也参阅了诸多同行的著作文献，力求使本书通俗易懂，并且能反映当今国际贸易实务领域的最新变化与动态。本书凝聚了作者的一些思考，希望使用本书的读者和同行们能够喜欢。但限于作者的水平，本书疏漏之处，真诚地希望读者提出宝贵意见，以便充实和完善(作者的 E-mail：128zhang@126.com)。

张炳达

2005 年 9 月于同济大学

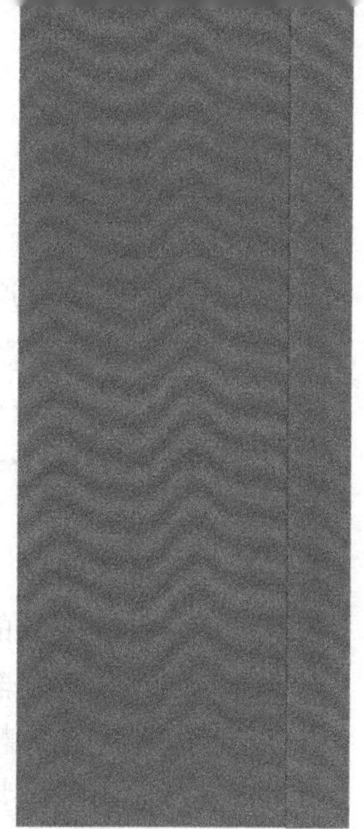

目 录

第一篇 合同的标的

第一章 商品的品名 …… 3
第一节 品名条款的意义 …… 3
一、品名的含义 …… 3
二、约定品名的重要意义 …… 3
三、品名条款的基本内容 …… 4
第二节 规定品名条款的注意事项 …… 4
一、品名条款的内容必须明确具体 …… 4
二、品名条款的内容必须实事求是 …… 4
三、尽可能使用国际上通行的名称 …… 4
四、考虑有利于减低关税或方便进口 …… 5
思考题 …… 5
案例分析 …… 6

第二章 商品的品质 …… 7
第一节 品质条款的意义 …… 7
一、品质的含义 …… 7
二、约定品质的重要意义 …… 7
第二节 表示品质的方法 …… 8
一、用文字说明表示商品的品质 …… 8
二、用实物表示商品的品质 …… 11
第三节 合同中的品质条款 …… 14
一、品质条款的基本内容 …… 14

二、品质机动幅度和品质公差 …… 14
三、订立品质条款时应注意的问题 …… 14
思考题 …… 16
案例分析 …… 16

第三章 商品的数量 …… 18
第一节 数量条款的意义 …… 18
一、数量条款的含义 …… 18
二、约定数量条款的意义 …… 18
第二节 常用的度量衡制度和计量单位 …… 19
一、度量衡制度 …… 19
二、计量单位 …… 19
第三节 重量的计算 …… 21
一、按毛重计算 …… 21
二、按净重计算 …… 21
三、按公量计算 …… 22
四、按理论重量计算 …… 22
五、按法定重量和实物净重计算 …… 22
第四节 合同中的数量条款 …… 23
一、数量条款明确具体 …… 23
二、合理规定数量机动幅度 …… 23
三、注意数量的计量地点的规定条款 …… 24
思考题 …… 25
案例分析 …… 25

第四章 商品的包装 …… 26
第一节 商品包装概述 …… 26
一、包装的含义与作用 …… 26
二、包装的分类 …… 27
三、包装的选用及其与运输的配合 …… 27
第二节 运输包装和销售包装 …… 28
一、运输包装 …… 28
二、销售包装 …… 32
第三节 定牌、无牌生产和中性包装 …… 34
一、定牌生产 …… 35
二、无牌生产 …… 35
三、中性包装 …… 35
第四节 合同中的包装条款 …… 36

一、包装条款的基本内容 …… 36
二、订立包装条款的注意事项 …… 36
思考题 …… 38
案例分析 …… 38

第二篇 国际贸易术语和商品价格

第一章 国际贸易术语概述 …… 41
第一节 国际贸易术语的含义与作用 …… 41
一、国际贸易术语的起源 …… 41
二、国际贸易术语的含义 …… 42
三、国际贸易术语的作用 …… 42
第二节 有关贸易术语的国际贸易惯例 …… 43
一、国际贸易惯例的含义与性质 …… 43
二、有关贸易术语的国际贸易惯例 …… 43
思考题 …… 46
案例分析 …… 46

第二章 《2010通则》中的11种贸易术语 …… 47
第一节 适合于水上运输方式的3种常用贸易术语 …… 47
一、FOB …… 47
二、CFR …… 50
三、CIF …… 52
第二节 适合于各种运输方式的3种常用贸易术语 …… 55
一、FCA …… 55
二、CPT …… 57
三、CIP …… 59
第三节 其他5种贸易术语 …… 62
一、EXW …… 62
二、FAS …… 63
三、DAT …… 64
四、DAP …… 65
五、DDP …… 66
思考题 …… 68
案例分析 …… 69

第三章 买卖合同中的价格条款 …… 70
第一节 价格制定的原则和方法 …… 70

一、价格制定的原则 …… 70
二、价格制定的方法 …… 71
第二节　国际贸易报价 …… 73
一、国际贸易报价的形式 …… 73
二、贸易术语的选用 …… 73
三、不同贸易术语之间的单位价格金额的改报及其换算 …… 74
第三节　佣金与折扣 …… 76
一、佣金 …… 76
二、折扣 …… 78
第四节　计价货币的选择及风险防范 …… 79
一、计价货币的选择 …… 79
二、货币风险的防范 …… 80
思考题 …… 81
案例分析 …… 81

第三篇　货物的交付

第一章　国际货物运输 …… 85
第一节　海洋运输方式 …… 85
一、海洋运输概述 …… 85
二、班轮运输 …… 86
三、租船运输 …… 90
第二节　海洋运输单据 …… 93
一、海运提单 …… 93
二、海运单 …… 98
三、电子提单 …… 99
第三节　陆路运输方式 …… 100
一、铁路运输 …… 100
二、公路运输 …… 101
第四节　航空运输方式 …… 101
一、航空运输的特点 …… 101
二、航空运输的方式 …… 102
三、航空运单和运费 …… 102
第五节　邮政运输方式 …… 103
第六节　集装箱运输方式 …… 104
一、集装箱运输的优点 …… 104
二、集装箱运输货物的交接方式 …… 104
第七节　国际多式联运 …… 106

一、国际多式联运的特征与优点 …… 106
二、国际多式联运责任制 …… 106
第八节 买卖合同中的装运条款 …… 108
一、交货时间 …… 108
二、装运港(发货地)和目的港(目的地) …… 110
三、分批装运和转运 …… 111
四、国际货物买卖合同中的装运条款 …… 113
思考题 …… 114
案例分析 …… 114

第二章 国际货物运输保险 …… 115
第一节 海上货物运输保险的内容 …… 115
一、保险的基本原则 …… 115
二、海运保险的承保范围 …… 117
第二节 我国海洋货物运输保险险别与条款 …… 122
一、承保责任范围 …… 123
二、承保责任的起讫期限 …… 125
第三节 英国伦敦保险协会海运货物保险条款 …… 126
一、条款(A)的承保风险与除外责任 …… 127
二、条款(B)的承保风险和除外责任 …… 127
三、条款(C)的承保风险和除外责任 …… 128
四、协会新战争险、罢工险和恶意损害险条款 …… 128
第四节 其他运输方式下的货物运输保险 …… 129
一、陆上货物运输保险 …… 129
二、我国航空运输货物保险险别与条款 …… 130
三、我国邮包运输货物保险险别与条款 …… 131
第五节 进出口货物运输保险实务 …… 132
一、确定投保险别及保险金额 …… 132
二、办理投保和交付保险费 …… 133
三、取得保险单据 …… 135
四、保险索赔 …… 139
思考题 …… 142
案例分析 …… 142

第三章 国际运输代理业务 …… 144
第一节 国际货运代理人与国际贸易 …… 144
一、国际货运代理人的基本概念 …… 144
二、国际货运代理人的主要作用 …… 145
第二节 国际货运代理人与国际运输代理业务 …… 147

一、国际货运代理人的基本权利、责任和义务 …… 147
二、国际货运代理人应具备的基本业务素质 …… 148
思考题 …… 150
案例分析 …… 150

第四篇 货款的结算

第一章 结算工具 …… 153
第一节 汇票 …… 153
一、汇票的定义 …… 153
二、汇票的基本内容 …… 153
三、汇票的种类 …… 154
四、汇票的使用 …… 156
第二节 本票 …… 157
一、本票的定义 …… 158
二、本票的基本内容 …… 158
三、本票的种类 …… 158
四、本票的特点 …… 158
第三节 支票 …… 159
一、支票的定义 …… 159
二、支票的基本内容 …… 159
三、支票的种类 …… 160
四、支票的特点 …… 161
思考题 …… 162
案例分析 …… 162

第二章 汇付与托收 …… 163
第一节 汇付 …… 163
一、汇付的定义 …… 163
二、汇付方式的当事人 …… 163
三、汇付方式的种类 …… 164
四、汇付的性质 …… 165
五、汇付在国际贸易中的使用 …… 165
第二节 托收 …… 166
一、托收的定义 …… 167
二、托收方式的当事人 …… 167
三、托收的种类 …… 167
四、托收的性质和特点 …… 169

五、使用托收时应注意的问题 …… 169
思考题 …… 171
案例分析 …… 172

第三章 信用证 …… 173
第一节 信用证的基本概念 …… 173
一、信用证的定义 …… 173
二、信用证的当事人 …… 173
三、信用证的主要内容 …… 174
第二节 信用证的一般收付程序 …… 175
第三节 信用证的特点、性质和作用 …… 176
一、信用证的特点 …… 176
二、信用证的性质和作用 …… 177
第四节 信用证的种类 …… 178
一、跟单信用证和光票信用证 …… 178
二、保兑信用证与非保兑信用证 …… 179
三、即期信用证与远期信用证 …… 179
四、可转让信用证与背对背信用证 …… 180
五、对开信用证 …… 180
六、循环信用证 …… 181
第五节 信用证的有关条款 …… 182
一、对开证行的规定 …… 182
二、对信用证金额的规定 …… 182
三、信用证有效期和到期地点的规定 …… 182
四、对买方开证义务的规定 …… 182
五、关于自动延期的规定 …… 183
六、其他规定 …… 183
思考题 …… 186
案例分析 …… 188

第四章 银行保证书和备用信用证 …… 190
第一节 银行保证书 …… 190
一、银行保证书的定义 …… 190
二、银行保证书的当事人 …… 190
三、银行保证书的基本内容 …… 191
四、银行保证书的种类 …… 191
五、银行保证书与信用证的异同 …… 191
第二节 备用信用证 …… 192

一、备用信用证的定义 …… 192
二、备用信用证与一般信用证的异同 …… 192
三、备用信用证与银行保证书的异同 …… 193
思考题 …… 193
案例分析 …… 193

第五章 不同结算方式的选择使用 …… 195
第一节 选择结算方式应予考虑的因素 …… 195
一、客户信用 …… 196
二、经营意图 …… 196
三、贸易术语 …… 196
四、运输单据 …… 196
第二节 不同结算方式的结合使用 …… 196
一、信用证与汇付相结合 …… 196
二、信用证与托收相结合 …… 197
三、托收与汇付相结合 …… 197
四、汇付、托收、信用证三者相结合 …… 197
五、备用信用证与跟单托收相结合 …… 198
六、汇付与银行保函或备用信用证相结合 …… 198
七、跟单托收与预付押金相结合 …… 198
思考题 …… 199
案例分析 …… 199

第六章 国际贸易融资业务 …… 200
第一节 国际贸易短期融资的主要形式 …… 200
一、国际保理 …… 200
二、出口押汇 …… 204
三、打包贷款 …… 206
四、票据贴现 …… 208
五、进口押汇 …… 209
六、提货担保 …… 211
七、信托收据 …… 213
第二节 国际贸易中长期融资的主要形式 …… 214
一、卖方信贷 …… 214
二、买方信贷 …… 215
三、包买票据 …… 218
思考题 …… 221
案例分析 …… 221

第七章 国际贸易结算的风险与防范……222
第一节 汇付结算方式下的风险与防范……222
一、汇付结算方式下的风险类型……222
二、汇付结算方式下的防范措施……223
第二节 托收结算方式下的风险与防范……223
一、托收结算方式下的风险类型……223
二、托收结算方式下的风险防范措施……224
第三节 信用证结算方式下的风险与防范……224
一、出口商可能遇到的信用证欺诈风险……224
二、信用证结算方式下出口商的风险防范措施……225
三、进口商可能遇到的信用证欺诈风险……226
四、信用证结算方式下进口商的风险防范措施……226
思考题……227
案例分析……227

第五篇 国际贸易争议的预防与处理

第一章 商品检验……231
第一节 商品检验概述……231
一、商品检验的内容……231
二、检验标准与检验方法……232
三、进出口商品检验工作程序……233
第二节 商品检验机构和商检证书……234
一、商品检验机构……234
二、商检证书……236
第三节 检验条款的主要内容……237
一、检验时间和地点的规定……237
二、订立进出口商品检验条款的注意事项……239
思考题……241
案例分析……241

第二章 不可抗力……242
第一节 不可抗力概述……242
一、不可抗力的含义……242
二、不可抗力的原因及认定条件……242
三、不可抗力的法律后果……243
第二节 不可抗力的处理及其条款……244

一、不可抗力条款的内容及其订立 …… 244
二、不可抗力事件的处理 …… 245
三、援引不可抗力条款处理事故应注意的事项 …… 245
思考题 …… 246
案例分析 …… 246

第三章 索赔 …… 247
第一节 索赔概述 …… 247
一、争议及索赔的含义 …… 247
二、违约及其法律后果 …… 248
三、针对违约的措施 …… 249
第二节 合同中的索赔条款 …… 249
一、异议与索赔条款 …… 249
二、罚金条款 …… 250
三、索赔和理赔应注意的问题 …… 251
思考题 …… 251
案例分析 …… 252

第四章 仲裁 …… 253
第一节 仲裁概述 …… 253
一、仲裁的含义 …… 253
二、仲裁机构 …… 253
三、仲裁协议的形式和作用 …… 253
四、仲裁条款的主要内容 …… 254
第二节 仲裁程序及执行 …… 256
一、仲裁程序 …… 256
二、仲裁裁决的效力 …… 257
三、仲裁裁决的执行 …… 257
思考题 …… 258
案例分析 …… 259

第六篇 国际贸易交易的程序

第一章 交易前的准备 …… 263
第一节 出口交易前的准备工作 …… 263
一、国际市场的调研 …… 263
二、选择交易对象 …… 264
三、做好出口商品的广告宣传 …… 265

四、制定出口经营方案 …… 265
第二节 进口交易前的准备工作 …… 266
一、选择采购市场与供货商 …… 266
二、进行进口商品的审批 …… 266
三、审查进口订货卡片 …… 267
四、制定进口商品经营方案 …… 267
思考题 …… 268
案例分析 …… 268

第二章 合同的磋商和签订 …… 269
第一节 交易磋商的一般程序 …… 269
一、询盘 …… 270
二、发盘 …… 270
三、还盘 …… 274
四、接受 …… 275
第二节 买卖合同的订立 …… 278
一、签订合同的意义 …… 278
二、合同有效成立的条件 …… 279
三、合同的形式 …… 279
四、合同的内容 …… 280
思考题 …… 283
案例分析 …… 283

第三章 出口合同的履行 …… 285
第一节 准备货物 …… 285
一、备货 …… 285
二、报检 …… 286
第二节 落实信用证 …… 287
一、催证 …… 287
二、审证 …… 288
三、改证 …… 289
第三节 安排装运 …… 289
一、托运 …… 290
二、订舱 …… 290
三、投保 …… 290
四、报关 …… 291
五、装运 …… 291
六、发已装运通知 …… 292

第四节　制单结汇…… 293
一、制作单据 …… 293
二、交单结汇 …… 295
第五节　办理出口核销与出口退税…… 296
一、办理出口核销 …… 296
二、办理出口退税 …… 298
思考题…… 298
案例分析…… 298

第四章　进口合同的履行…… 300
第一节　信用证的开立和修改…… 300
一、申请开立信用证 …… 300
二、信用证的修改 …… 301
第二节　安排运输和办理保险…… 302
一、安排运输 …… 302
二、办理保险 …… 302
第三节　审单和付汇…… 303
一、审单付汇程序 …… 303
二、处理单据不符点 …… 303
第四节　进口报关与报检…… 304
一、进口报关 …… 304
二、进口报检 …… 304
第五节　进口索赔…… 305
一、向卖方索赔 …… 305
二、向承运人索赔 …… 305
三、向保险公司索赔 …… 305
四、索赔的注意事项 …… 306
思考题…… 306
案例分析…… 307

第七篇　国际贸易交易方式

第一章　经销与代理…… 311
第一节　经销…… 311
一、经销的概念 …… 311
二、经销的分类 …… 311
三、经销协议的内容 …… 313
第二节　代理…… 314

一、代理的概念 …… 314
二、代理的分类 …… 315
思考题 …… 317
案例分析 …… 317

第二章 拍卖、寄售与展卖 …… 318
第一节 拍卖 …… 318
一、拍卖的概念及特点 …… 318
二、拍卖的基本程序 …… 319
三、拍卖方式的作用 …… 319
第二节 寄售 …… 320
一、寄售的概念及特点 …… 320
二、寄售方式的利弊 …… 321
三、寄售协议的主要内容 …… 321
第三节 展卖 …… 322
一、展卖的概念及作用 …… 322
二、展卖的形式及做法 …… 323
思考题 …… 324
案例分析 …… 324

第三章 招标与投标 …… 326
第一节 招标与投标的基本概念 …… 326
一、招标与投标的概念及特点 …… 326
二、招标方式 …… 327
第二节 招标、投标的一般程序 …… 327
一、招标前的准备工作 …… 327
二、投标的工作内容 …… 328
三、开标、评标、决标 …… 328
四、中标签约 …… 329
思考题 …… 329
案例分析 …… 330

第四章 对等贸易 …… 331
第一节 对等贸易的基本概念 …… 331
一、对等贸易的概念 …… 331
二、对等贸易的优缺点 …… 331
三、对等贸易的基本形式 …… 332
第二节 补偿贸易 …… 335

一、补偿贸易的概念及特点 …… 335
二、补偿贸易的基本形式 …… 335
思考题 …… 336
案例分析 …… 336

第五章　加工贸易和租赁贸易 …… 337
第一节　加工贸易 …… 337
一、加工贸易的概念及特点 …… 337
二、加工贸易的基本形式 …… 338
第二节　租赁贸易 …… 339
一、租赁贸易的概念及特点 …… 339
二、租赁贸易的种类 …… 340
三、国际租赁贸易的主要优缺点 …… 341
思考题 …… 342
案例分析 …… 342

第六章　商品期货交易 …… 343
第一节　商品期货交易的基本概念 …… 343
一、商品期货交易的概念及特点 …… 343
二、期货市场 …… 344
三、期货合约 …… 345
四、期货合约的买卖 …… 345
五、期货交易与现货交易的区别 …… 346
第二节　套期保值 …… 347
一、套期保值的目的 …… 347
二、进行套期保值的主要依据 …… 347
三、套期保值的基本形式 …… 348
四、套期保值时应该注意的问题 …… 348
思考题 …… 349
案例分析 …… 349

参考文献 …… 350

第一篇 合同的标的

【本篇导读】

所谓标的(Subject Matter),是指法律行为所要达到的目的,如交付财产、提供服务等。标的既可指行为,也可指不行为,有时,标的又指物,如国际货物买卖合同中的货物,此时,标的又称“标的物”。

在国际贸易中,货物是国际货物买卖合同的标的。货物贸易往往是一定数量的商品买卖,交易的每种商品都有其具体的名称,并表现为一定的品质,每笔交易都离不开一定的数量,而交易的大多数商品,都需要一定的包装。因此,在描述国际货物买卖合同的标的时,往往离不开其品名、品质、数量及包装。买卖双方在洽商交易时,必须就商品的品名、品质、数量与包装这些主要交易条件谈妥,并在合同中具体订明。

本篇将全面阐述国际货物买卖合同标的的内容,并介绍合同相关条款的订立方法及注意事项。

第一章 商品的品名

在国际贸易中，买卖双方商订合同时，必须列明商品名称，品名条款是买卖合同中不可缺少的一项主要交易条件。

第一节 品名条款的意义

商品的品名在一定程度上体现了商品的自然属性、用途以及主要的性能特征。一般来说，加工程度低的商品，其名称较多地反映该商品的自然属性，加工程度高的商品，其名称则较多地体现出该商品的性能特征。

一、品名的含义

商品的品名是指能使某种商品区别于其他商品的一种称呼或概念。品名(Commodity/Article/Item)是指买卖的标的物。买卖合同中的品名条款，通常指在“商品名称”或“品名”的标题下，列明缔约双方同意购买的标的物名称。有时为了省略起见，也可不加标题，只在合同的开头部分，列入双方同意买入或卖出某种商品的文句。

二、约定品名的重要意义

国际贸易与国内的零售贸易不同，看货成交，立即交货的交易极少，绝大多数的交易，从签订合同到交货往往需要相隔相当长的一段时间，而且在很多情况下，买卖双方在洽谈交易和签订合同的过程中并没有看到具体的商品，只是凭借对拟行买卖的商品进行必要的描述来确定交易。因此，在国际货物买卖合同中明确买卖的标的物具有重要的意义。

1. 从法律的角度看，在合同中规定标的物的条款，是买卖双方的一项基本权利和义务，是货物交收的基本依据之一。如果卖方交付的货物不符合合同规定的品名或说明，买方有权提出损害赔偿要求，直至拒收货物或撤销合同。

2. 从商贸的角度看，列明成交商品的具体名称是交易赖以进行的物质基础和前提，买卖双方在此前提下进行价格磋商并决定包装方式、运输方式和投保险别等。

3. 从实务的角度看，品名条款是商业统计、外贸统计的依据，也是报关、报检、托运、投保、索赔和仲裁等实务中收费的依据。

三、品名条款的基本内容

品名条款的规定取决于成交商品的品种和特点。就一般商品来说，有时只要列明商品的名称即可，但有的商品，往往具有不同的品种、等级和型号。因此，为了明确起见，也要把有关具体品种、等级或型号的概括性描述包括在内，作为进一步的限定。此外，有的甚至把商品的品质规格也包括在内，这实际是把品名条款与品质条款合并在一起。

合同中的品名条款举例如下：

【例 1】 品名：中国东北大豆

Name of Commodity：Chinese Northeast Soybean

【例 2】 品名：中国桐油

Name of Commodity：Chinese Tong Oil

第二节　规定品名条款的注意事项

国际货物买卖合同中的品名条款虽然简单，但要予以足够重视，否则容易引起麻烦和纠纷。在订立品名条款时，应注意下列事项。

一、品名条款的内容必须明确具体

合同中的品名条款必须做到内容明确、具体，文字表达应能确切反映标的物的特点，避免空泛、笼统的规定，以免给履行合同造成不应有的困难，埋下贸易纠纷的祸根。例如，品名条款只简单订为："品名：果品"。那么，这是指干果还是鲜果呢？这样的规定就不具体、不明确，将会造成履约困难，并极易产生纠纷。

二、品名条款的内容必须实事求是

品名条款的内容必须做到实事求是，切实反映商品的实际情况。品名条款中规定的品名，必须是卖方确定能够供应给买方的商品，凡做不到或不必要的描述词句，都不应列入，以利合同的履行。比如，最好不要将疗效列入品名条款，更不要加入一些不符合实际的内容，否则就有虚假之嫌。如某种商品，称作"×癣一次净"，但顾客使用后并未一次痊愈，这就使顾客对它产生了不信任感。

三、尽可能使用国际上通行的名称

有些产品有学名、商品名和俗称等不同称呼，在合同中要正确使用。为了避免误解，应尽可能使用国际上通用的称呼。若使用地方性的名称，交易双方应事先就其含义取得共识；对于某些新商品的定名及其译名，应力求准确、易懂，并符合国际上的习惯称呼。一般来说，合同有中文、英文两份。在翻译商品名时，要查阅海关税则、商品分类标准、译名手册等资料[《商品名称及编码协调制度》(HS)、《商检机构实施的进出口商品种类表》《中华人民共和国海关统计商

品目录》等]，切不可望文"生译"，要尽量使用国际通行的名称。应注意译名易懂且与销售地风俗不悖。例如，垂直升降式电梯在美国译为 Elevator，在英国译为 Lift。

四、考虑有利于减低关税或方便进口

某些商品具有不同的名称，在确定合同的品名时，应从有助于避开贸易壁垒、降低关税和节省运费的角度出发，选用对进出口有利的名称。有的商品名称上如冠以贵重原料，在运输(特别是海上运输)时，要付出较高运费，从而加大商品的成本。这种商品运抵进口国后，往往还要被课以较高进口关税，如"人参××丸""参茸××"等。目前通行的班轮运费是按商品等级规定收费标准的。但由于商品名称并不统一，存在着同一商品因名称不同而收取的费率迥异的现象。因此，应注意查看有关运价表后再选用合适的品名。此外，国际上为保护某些动物，禁止使用这些动物的某些器官作为商品原料。因此，商品的名称不能涉及这些器官的名字，如"犀角珍珠粉""虎骨木瓜酒"中的犀角和虎骨。

链　接

外贸实务中涉及品名的注意事项

商品品名在国际贸易中牵涉到中外文的对照，因此，若掉以轻心，有可能会造成纠纷和退货。

有的时候，外商发来的订单上的商品外文名称所指货物，与我方翻译后认定的实际货物相去甚远，若等到发货后才得以澄清事实，则退货的损失会很大，如英语里面一些名词的一词多义(仅 pump 就有打气筒、水泵和女鞋等多种含义)等。所以，有的时候将商品照片先发过去就可以避免这种误会。

有些商品(如中国土特产、高新电子产品等)的品名准确翻译成外文会有较大难度，必要时应咨询专家或多查阅几本专业工具书来解决。当然，征询外商的品名翻译建议是首要的。

商品的品名会在国际贸易全程中的多处出现，一是合同上的品名，二是包装上的品名，三是外贸单证(如装箱单、原产地证书)上的品名。这些(中外文)品名应当尽量统一，以便合同顺利履行和海关查验。

在翻译品名时，尽量不要用英语中的俚语等不规则词汇来表述品名，品名的中外文表述应当规范化和严谨化，避免出现歧义。

外销工作当中，出口公司的网页上也会出现日常经营商品项目的品名，要重点注意网页上的品名语种和表述的"易搜性"，因为境外进口商(采购)通过从互联网上搜寻品名来寻找供应商也是重要营销信息渠道之一。

思考题

1. 为什么要在合同中约定商品的品名？

2. 品名条款的基本内容有哪些?
3. 规定品名的方法有哪些?
4. 规定品名条款有哪些注意事项?

案例分析

1. 中国某食品有限出口公司出口苹果酒一批,合同规定以信用证方式支付货款。国外来证货名为“Apple Wine”字样,于是我方为单证一致起见,所有单据上均用“Apple Wine”字样。不料货到国外后遭进口国海关扣留罚款,因该批酒的内、外包装上均写的是“Cider”字样。结果外商要求我方赔偿其罚款损失。问:我方对此有无责任?

2. 中国某进口公司与外商签订了一批进口商品名称为“手工制造书写纸”的合同,结果买方收到货物后,经检验发现该货物的部分制造工序为机械制造,于是,我方公司要求退货并要对方予以损害赔偿。问:我某公司的要求是否合理?

第二章 商品的品质

在国际货物买卖中，货物的品质不仅是主要交易条件，而且是买卖双方进行交易磋商的首要条件（Primary Condition）。

第一节　品质条款的意义

国际贸易中，许多纠纷的发生往往是因货物的质量问题引起，而关于质量问题的纠纷常常又起因于合同的品质条款订得不够清楚明白。因此，买卖双方应高度重视合同中的品质条款。

一、品质的含义

商品的品质（Quality of Goods）又称质量，是指货物的外观形态和内在质量的综合。货物的外观形态包括造型、色泽、硬度和光洁度等外在属性。内在质量包括化学成分、物理和机械性能、生物特征和技术指标等。在国际市场上，货物的外观和内在质量都是十分重要的。

日常生活中，我们常提到的商品“品质”好坏是一个相对狭义的概念，如这商品品质不够上乘等。但在国际贸易中，品质是一个相对广义的概念，如商品的颜色和大小，乃至额定电流等指标不能用“好坏”来衡量，但却是品质内容不可或缺的要素。

二、约定品质的重要意义

（一）品质条件是买卖双方交接货物的依据

合同中的品质条件，是构成商品说明的重要组成部分，是买卖双方交接货物的依据。英国货物买卖法把品质条件作为合同的要件（Condition）。《联合国国际货物销售合同公约》规定，卖方所交货物必须符合约定的质量，如卖方所交货物与约定的品质条件不符，买方有权要求损害赔偿，也可要求修理或交付替代货物，甚至拒收货物和撤销合同。由于国际贸易的商品种类繁多，即使是同一种商品，在品质方面也可能因自然条件、技术和工艺水平以及原材料的使用等因素的影响而存在着种种差别。这就要求买卖双方在商订合同时首先就品质条件作出明确规定。

（二）品质条件关系到商品的价格条件

商品品质的优劣直接影响商品的使用价值和价值，它是决定商品使用效能和影响商品价格的重要因素。商品质量好，可能是选用优质原材料精工细作的结果；也有可能是在大量的同类产品中精心挑选的结果；还有可能是该商品的品牌比较著名，消费者认定其质量较高。不管是哪一种情况，优质商品都凝结了人类更多的劳动，"按质论价"也是价值规律的体现。商品的品质与价格之间的内在联系，决定了商品品质的优劣直接影响商品的价格。因此，合同中的品质条款至为重要，它是商讨合同价格条款的前提条件。

链　接

品质内容表示的实际意义示例

某企业生产8号干电池出口，在eBay上发布产品信息。

1. 由于主要面对海外客户，所以品名和品质都要用外语表示，该企业职员翻译时参考了其他电池厂商的表述方法，力求规范化。例如，8号干电池是在我国大陆地区的俗称，国际上对于此类型号的电池则称为LR1型，为了让外商能够一目了然，网上还应配备电池外观图片。

2. 对于合同上关于电池的型号、尺寸、电压、寿命和工作环境等一系列指标的规定，即合同品质条款，我方企业应当仔细审核（尤其是外文版条款内容）。

3. 出口成交后，该企业制作单证时，对于电池型号、规格的描述应适当具体化（前提是符合合同和信用证的要求），以便于进口方在境外海关报关及海关征税时，不至于发生差错和误会。

第二节　表示品质的方法

不同种类的货物，有不同表示质量的方法。在国际贸易中，表示货物质量的方法有多种，归纳起来可分为两大类：用文字说明表示和用实物表示。

一、用文字说明表示商品的品质

在国际贸易中，大多数货物可用文字说明来表示质量。买卖双方凭文字说明磋商交易和订立合同，交货质量以文字说明为依据，称作"凭说明买卖"（Sales by Description）。用文字说明表示的方法，具体可细分为如下几种。

（一）凭规格买卖

规格（Specifications）是指用来反映货物质量的一些主要指标，如成分、含量、纯度、大小、长短和粗细等。由于各个商品特性不一样，规格的内容也不同。在国际贸易中，买卖双方洽谈

交易时，对适于规格买卖的商品，应提供具体规格来说明商品的基本品质状况，并在合同中订明。由于凭规格买卖(Sales by Specifications)，明确具体，简单易行，故在国际贸易中被广泛地运用。

（二）凭等级买卖

等级(Grade)是指同一类的货物，按其品质差异、重量、成分、外观或效能等的不同，用文字、数码或符号分为品质各不相同的若干等级，如甲、乙、丙，一级、二级、三级……凭等级买卖(Sales by Grade)时，由于不同等级的商品具有不同的规格，为了便于履行合同和避免争议，在品质条款列明等级的同时，最好一并规定每一等级的具体规格。用等级表示商品的品质可以简化交易过程，有利于按质论价、安排生产以及加工整理工作的进行。

（三）凭标准买卖

标准(Standard)是指将商品的规格和等级予以标准化。商品的标准，有的由国家或有关政府主管部门规定，也有的由同业公会、交易所或国际性的工商组织规定。有些商品习惯于凭标准买卖(Sales by Standard)，人们往往使用某种标准作为说明和评定商品品质的依据。商品标准的分类如下。

1. 企业标准。它是由一个企业制定的标准。

2. 团体标准。它是由商业团体或学会制定的标准，如美国材料试验学会(ASTM)标准。

3. 国家标准。它是由国家自己制定的标准，如英国国家标准(BS)、美国国家标准(ANSI)、法国国家标准(NF)、日本国家标准(JIS)和中国国家标准(GB)等。

4. 区域标准。它是区域集团经过磋商制定的标准，如欧洲标准化委员会(CEN)等制定的标准。

5. 国际化标准。它是由国际性机构制定的标准，其中最有代表性的是国际标准化组织(ISO)所制定的标准。

在凭标准买卖时，应明确规定引用标准的版本年份，因为不同年份的版本，其品质标准内容往往不尽相同。

在国际贸易中，对于某些品质变化较大而难以规定统一标准的农副产品，往往采用两种常见的“标准”，即“良好平均品质”(Fair Average Quality，简称 F. A. Q. 标准)和“上好可销品质”(Good Merchantable Quality，简称 G. M. Q. 标准)。按照一些国家的解释，“良好平均品质”是指一定时期内某地出口货物的平均品质水平，一般是指中等货。目前，我国出口某些农副产品，也有使用 F. A. Q. 标准来表示品质的，实际上是指“大路货”，其品质标准一般是以我国产区当年生产该项农副产品的平均品质为依据而确定的。F. A. Q. 标准的采用，一般只适用于对买卖货物的品质有习惯认识的老客户之间。但这种简化品质条款的做法，总的来说容易引起争议，在一般情况下应避免使用。须注意的是，如果引用F. A. Q. 标准表示商品的品质，仍应列明具体规格指标，否则易引起品质纠纷。G. M. Q. 标准是指卖方须保证其交付的货物品质良好，适合商品销售，而在成交时无须以其他方式去说明商品的具体品质。在国际贸易中，这种方法适用于木材、冷冻鱼虾等水产品的买卖。G. M. Q. 标准含义笼统，很容易引起争议，因此，我国基本上不采用。

（四）凭品牌或商标买卖

品牌(Brand Name)是指工商企业为它生产或销售的产品所注册的名称，以便与其他企业的同类产品区别开来，一个品牌可用于一种产品，也可用于一个企业的所有产品。

商标(Trade Mark)是指生产商品或销售商品的企业用来识别其商品的标志，一般是由具有特色、含义的单词、字母、数字、图形等组成。企业商品的商标一旦经注册成为注册商标后，就成为一种工业产权，受到法律保护。

各种不同商标的商品都具有不同的特色，一些在国际上久负盛名的名牌产品，都因其品质优良稳定，具有一定的特色并能显示消费者的社会地位，故售价远远高出其他同类产品。这种现象特别是在消费水平较高、对品质要求严格的所谓“精致市场”(Sophisticated Market)表现得尤为突出，而一些名牌产品的制造者为了维护商标的声誉，对产品都规定了严格的品质控制，以保证其产品品质达到一定的标准，因此，商标或品牌自身实际上是一种品质象征。在国际市场上信誉良好、品质稳定，并为买方所熟悉的货物，可凭牌号或商标对外销售，毋庸对品质再作详细说明，如派克笔、西门子电冰箱、红双喜乒乓球等。但是，在凭牌号或商标买卖(Sales by Brand or Trade Mark)时应注意以下几个问题。

1. 货物的品质是牌号和商标的物质基础，一定的牌号或商标代表一定货物的品质。所以，在凭牌号或商标的买卖中，即使在合同中不具体规定品质要求，卖方在交货时仍必须按该牌号或商标所通常具有的品质规格交付货物，否则，不仅构成违约，而且毁了“牌誉”。

2. 如果一种品牌的商品同时有许多种不同型号或规格，为了明确起见，就必须在规定品牌的同时，明确规定型号或规格。

3. 商标和品牌持有者应注意保护自己的商标和品牌，并在进口国进行登记注册，以维护商标专用权；同时，应避免其商标和品牌触犯进口国的有关法律、法规或宗教民俗习惯。

(五) 凭产地名称买卖(Sales by Origin)

在国际货物买卖中，有些商品，尤其是农副土特类初级产品，受产地自然条件和传统加工工艺等因素的影响较大，其品质具有其他地区不能比拟的独特风格、风味和特色。例如，湖笔、中国东北大豆、四川涪陵榨菜、西湖龙井、龙口粉丝和金华火腿等，这些货物冠以产地名称(Name of Origin)，与工业品采用牌号和商标一样，也可起到一定的表示货物质量的作用。卖方凭产地名称销售某种农副土特产品，就必须交付具有为国内外消费者所周知的特定质量的产品，否则，买方可拒收货物并提出索赔。

(六) 凭说明书和图样买卖

对机械、电器和仪表等技术密集型产品，因其结构性能复杂、型号繁多，难以用几项简单的指标来表明其品质全貌，在销售这类货物时，通常以说明书和图样(Descriptions and Illustrations)来表示商品的质量。

凭说明书和图样买卖(Sales by Descriptions and Illustrations)，卖方所交货物必须符合说明书和图样的要求，但由于对这类产品的技术要求较高。有时同说明书和图样相符的产品，在使用时不一定能发挥设计所要求的性能，买方为了维护自身的利益，往往要求在买卖合同中加订卖方品质保证条款和技术服务条款。

值得一提的是，上述各项表示品质的方法一般是单独使用，但并不是彼此排斥的。相反，往往可以形成不同的组合，共同说明商品的品质(参见表 1-2-1)，但要注意，尽量不要同时以几种方法来表示商品某一方面的品质，否则可能使卖方陷于被动地位。

链　接

表 1-2-1

用文字说明表示商品的品质示例

方　法	示　例
凭规格买卖	Feeding Borad Bean, Moisture[max]15%, Admixture[max]12% 饲料蚕豆，水分[最高]15%，杂质[最高]2%
凭等级买卖	Fresh Hen Eggs, Grade AA: 60～65 gm per egg 鲜鸡蛋 特级 每枚蛋净重 60～65 克
凭标准买卖	Female Mink Overcoat Full Let Out Made Chinese Standard Body Length 120 cm×115 cm 母水貂皮串刀长大衣 中国标准 胸围身长 120 厘米×115 厘米
凭商标或品牌买卖	Sony Brand Mobile Model: J200C 索尼牌手机 型号 J200C
凭产地名称买卖	Bordeaux Vintage 波尔多葡萄酒(法)
凭说明书或图样买卖	Quality and technical data to be strictly in conformity with the description submitted by the seller. 品质和技术数据必须与卖方所提供的产品说明书严格相符

二、用实物表示商品的品质

用实物表示商品的品质包括看货买卖(Sales by Actual Quality)和凭样品买卖(Sales by Sample)两种方法。

(一) 看货买卖

看货买卖是指买卖双方根据成交商品的实际品质进行的交易。通常先由买方或其代理人在卖方所在地验看货物，达成交易后，卖方即应按验看过的商品交货。只要卖方交付的是验看的商品，买方就不得对品质提出异议。

在国际贸易中，由于交易双方远离两地，交易洽谈多靠函电方式进行，买方到卖方所在地验看货物存在诸多不便，即使卖方有现货在手，买方也是由代理人代为验看货物，而且看货时也无法逐件查验，所以采用看货成交的情况有限，这种做法，多用于寄售、拍卖和展卖业务。

(二) 凭样品买卖

样品(Sample)通常是指从一批商品中抽取出来或由生产和使用部门设计加工出来的能够代表整批商品品质的少量实物。在国际贸易中，交易双方以样品作为买卖和交货品质的依据，称为凭样品买卖。该项样品称作成交样品，又称标准样品。凭样品买卖，一般限于不能完全使用科学方法和文字数据来表示品质的一些商品才采用。例如，皮鞋、服装、土特产品、少数轻工产品以及工艺美术品等。凡合同中明确订明按成交样品交货，如“质量以买方(或卖方)样品为准”等条款，该项成交样品就作为贸易合同中不可分割的部分，成为品质检验的依据，卖方所交的全部货物，其外观和质量应与成交样品相符，否则买方有权提出索赔或退货。在国际贸易中，按样品提供者的不同，可分为以下几种(参见图1-2-1)。

1. 凭卖方样品买卖(Sales by Seller's Sample)。凭卖方样品买卖是指卖方向买方提供样品，经买方确认，就以卖方提供的样品作为交付货物品质的最终依据的方式。在此情况下，在买卖合同中应订明："品质以卖方样品为准"(Quality as Seller's Sample)。日后，卖方所交货物的品质，必须与提供的样品相同。

凭卖方样品买卖时，应注意以下几个问题。

(1) 卖方在提供给买方确认的样品时，应选择有代表性的样品。如果提供的货物样品品质过高，大批量生产可能达不到样品的品质标准，容易造成争议和承担违约责任；反之，如果提供的货物样品品质太低，则双方不容易成交，或是在成交时卖方会遭受价格损失。

(2) 卖方在提供样品给买方确认时，应保留一个或几个同样的样品。这些留存的样品称为复样(Duplicate Sample)或留样(Keep Sample)。复样除了由出口公司自存一份外，对于需经出入境检验检疫局检验的商品，一般还应另备一份送检验检疫局备查，这有利于加强货物生产过程中的品质管理，并在产生货物品质纠纷时作为处理纠纷的品质依据。

(3) 注意区分标准样品和参考样品。标准样品(Type Sample or Standard Sample)是指交易双方经磋商后确定的成交样品，它是卖方交货、买方验货的品质依据。参考样品(Reference Sample)是卖方供买方选择的样品或是卖方为扩大宣传而主动寄送给国外潜在客户的样品。参考样品仅供对方参考，而不能作为交货时商品的品质依据。因此在对外贸易活动中，买卖双方在互寄样品时，若目的仅在于宣传介绍商品，而不作为交货品质的依据，最好注明参考样品(Sample for Reference)字样，以免与标准样品混淆。

2. 凭买方样品买卖(Sales by Buyer's Sample)。凭买方样品买卖的方式是指买方为了使其订购的商品符合自身要求，有时提供样品交由卖方依样承制，在这种场合，买卖合同中应订明："品质以买方样品为准"(Quality as Buyer's Sample)。日后，卖方所交正货的品质，必须与买方样品相符。

凭买方样品买卖时，应注意以下问题。

(1) 卖方在对买方样品确认前要充分分析样品的品质要求，以确定自己是否具备按样品的品质要求生产交付货物所需要的生产技术、设备和时间等方面的条件。如果不具备条件，除非经与买方磋商，对方同意降低品质要求，否则不宜与买方订立合同。

(2) 若卖方对买方样品无法确定是否存在工业产权等第三方权利问题时，应该在合同中明确规定："如果由买方样品引起工业产权等第三方权利的纠纷时，与卖方无关，概由买方承担一切责任。"

(3) 卖方应尽力争取凭对等样品成交(Sales by Counter Sample)。在国际贸易中，谨慎的卖方往往不愿意承接凭买方样品交货的交易，以免因交货品质与买方样品不符而招致买方索赔，甚至退货的危险，或为防止买方对交货质量故意挑剔。在此情况下，卖方可先不急于和买方成交，而是根据买方提供的样品加工复制出若干样品交由买方确认，此样品被称为样品的回样(Return Sample)或对等样品(Counter Sample)。如果买方对回样确认，则该回样就作为以后买卖双方交付货物的品质依据，卖方所交货物的品质，就以对等样品为准，"凭买方样品买卖"于是就转变成了"凭卖方样品买卖"。

链 接

采用凭样品买卖时的注意事项

1. 无论凭买方样品还是凭卖方样品买卖，均要求卖方承担交货时货物的品质与样品完全一致的责任。买方应有合理的机会对卖方交付的货物与样品进行比较，卖方所交货物，不应存在合理检查时不易发现的不合销售的缺陷。买方对与样品不符的货物，可以拒收或提出赔偿要求。

2. 凭样品买卖，容易在履约过程中产生品质方面的争议。凡能用客观的指标表示商品质量时，就不宜采用此法。如在造型上有特殊要求或具有色、香、味等方面特征的商品以及其他难以用客观的指标表示质量的商品，则采用凭样品买卖。在国际贸易中，单纯凭样品成交的情况不多，而是以样品来表示商品的某个或某几个方面的质量指标。例如，在纺织品和服装交易中，为了表示商品的色泽质量，则采用“色样”(Color Sample)；为了表示商品的造型，则采用“款式样”(Pattern Sample)；而对这些商品其他方面的质量，则采用其他的方法来表示。

3. 凭样品买卖一般限于农副土特产品、某些工艺品、服装、轻工业品的交易时使用。凡属“货”与“样”不能做到完全一致的商品，一般说来都不适宜凭样品买卖。若由于某些原因必须采用这种方式成交时，一般应在合同条款中相应做出灵活的规定。例如，可在买卖合同中订明：“品质与样品大致相同”(Quality shall be about equal to the sample)或“品质与样品近似”(Quality is nearly the same as the sample)。为了避免因交货品质与样品略有差异而导致买方拒收货物，也可在买卖合同中订明：“若交货品质稍次于样品，买方仍须收领货物，但价格应由双方协商相应减低。”

链 接

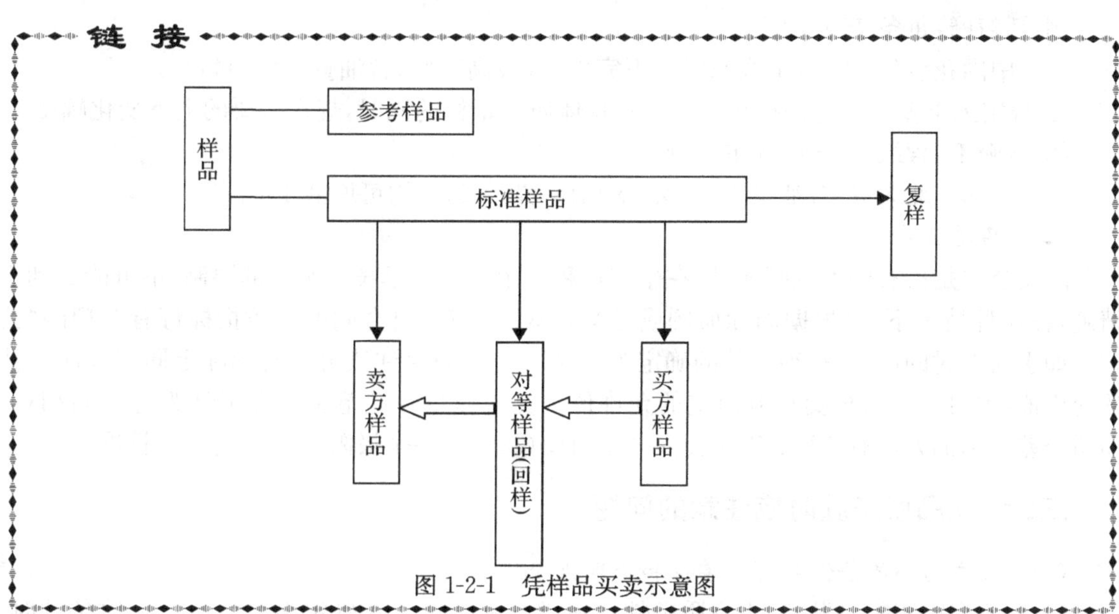

图 1-2-1 凭样品买卖示意图

第三节　合同中的品质条款

国际贸易中的商品种类繁多，品质各种各样。明确商品的品质，对于避免以后可能产生的关于品质的贸易纠纷，具有特别重要的意义。

一、品质条款的基本内容

合同中的品质条款通常应列明商品的名称、规格或等级、标准、牌名等。品质条款的具体内容及其简繁应视商品特性而定。在凭样品买卖时，一般应列明样品的编号或寄送日期，并规定交货品质与样品相同；凭标准买卖时，应列明所引用的标准及其版本年份；对于某些商品的交易，条款中还需订明交货的品质公差或品质机动幅度。

二、品质机动幅度和品质公差

为了避免交货品质与买卖合同不符，在出口业务中，可以在合同的品质条款中作一些变通规定。其常见做法是规定品质机动幅度(Quality Latitude)和品质公差(Quality Tolerance)。

(一) 品质机动幅度

品质机动幅度允许卖方所交商品的品质指标在一定幅度内机动掌握，尤其是适用于一些农、副、土、特等初级产品。规定品质机动幅度的方法有以下三种。

1. 规定范围。它是指对某项商品的主要质量指标规定允许有一定机动的范围。

例：色织条格布：宽度 41/42 英寸。

　　纱管重量：每只 33/35 克。

2. 规定极限。它是指对某些商品的质量规格，规定上下限。常用词有：最大、最高、最多(Maximum；Max)，最小、最低、最少(Minimum；Min)。

例：活黄鳝：每条 75 克以上。

　　中国花生仁：水分(最高)13%，不完善粒(最高)5%，含油量(最低)44%。

3. 规定上下差异。它是指在规定某一具体质量指标的同时，规定必要的上下变化幅度。

例：灰鸭毛：含绒量 18%，允许上下 1%。

　　中国东北大豆：含油量 18%，水分 14%，杂质 2%，均可增减 1%。

(二) 品质公差

品质公差是指有些工业制成品，在生产过程中由于受科学技术水平的限制，不可能做到很精确，在这种情况下，可根据国际惯例或经买卖双方同意，对合同的品质指标订有合理的“公差”，如手表走时的误差，棉纱支数的确定等。品质公差的允许值可以是国际上同行业所公认的允许值，也可以是由买卖双方商定的允许值。交货质量在此范围内即可认为与合同相符。品质公差表示的方法有三种：① 规定一个范围；② 规定一个极限；③ 规定一个标准。

三、订立品质条款时应注意的问题

(一) 订立的品质条件要有科学性和合理性

1. 要从产销实际出发，防止品质条件订得过高或过低。在确定出口商品的品质条件时，

既要考虑国外市场的实际需要，又要考虑国内生产供货的可能性。凡外商对品质要求过高，而实际做不到的条件，不应接受。对于品质条件符合国外市场需要的商品，合同中的品质规格不应低于实际商品，以免影响成交价格和出口商品信誉。但也不应为了追求高价，而盲目提高品质，以致浪费原材料，给生产部门带来困难，甚至影响交货。在确定进口商品的品质条件时，应从实际需要出发。质量过高，使价格提高，造成浪费；质量偏低，或漏订一些主要质量指标，将影响使用，达不到进口的目的。

2. 要适当选择规定品质的指标。在品质条款中，应有选择地规定各项质量指标。凡影响品质的重要指标，不能出现遗漏；对于次要指标，可以少订。对于一些与品质无关的指标，不宜订入，以免条款过于繁琐。

3. 要注意各质量指标之间的内在联系和相互关系。各项质量指标是从各个不同的角度来说明品质的，各项指标之间是有内在联系的。在确定品质条件时，要通盘考虑，注意它们之间的一致性，以免由于某一质量指标过高或过低而影响其他指标的合理性。例如，在大豆品质条款中规定："水分不超过 17%，不完善粒不超过 9%，杂质不超过 3%，矿物质不超过 0.15%。"显然，此项规定不合理，因为，对矿物质的要求过高，这与其他指标的规定不相称。为了使矿物质符合约定的指标，需反复加工，其结果，必然会大大增加杂质和不完善粒的含量，从而造成不必要的经济损失。

4. 品质条件应明确、具体。为了便于检验和明确责任，规定品质条件时，应力求明确、具体，诸如"大约""左右""合理误差"等笼统含糊之词应避免使用，以免在交货时引起争议。

（二）正确运用各种表示品质的方法

1. 根据商品特性确定表示品质的方法。品质条款的内容，必须涉及表示品质的方法，采用何种表示品质的方法，应视商品特性而定。一般认为，凡能用科学的指标说明商品品质的，适用于凭规格、等级或标准买卖；一些难以规格化的商品，如工艺品、纺织品的色泽、玩具的造型等，适用于凭样品买卖；某些品质好并为买方所熟悉的名优商品，适用于凭牌名或商标买卖；某些性能和技术复杂的商品，适用于凭说明书和图样买卖；而具有地方特色和风味的商品则适宜于凭产地名称买卖。上述这些表示品质的方法，不能随意滥用，而应当合理选择。凡可用一种方式表示的，就不要采用两种或两种以上的方法，订得过于繁琐只会增加生产和交货的困难。

2. 凭样品与凭规格两种方法的使用。轻纺工业产品贸易中，往往既要求用文字说明商品品质，又要求提供实物样品，凡既凭样品又凭规格的买卖，卖方所交货物必须既与样品一致又要符合规格的要求，否则，买方有权拒收货物并可以提出赔偿损失的要求，这往往会给卖方交货带来困难。

（三）重视品质机动幅度和品质公差在表示品质方面的作用

凡是能采用和应该采用品质机动幅度和品质公差表示的商品，一般都要订明具体的机动幅度或公差的允许值，以免日后产生争议。必要时跟随品质机动幅度和品质公差条款还可订立品质增减价条款。

品质增减价条款的制定方法有两种。

1. 对品质机动幅度内的品质差异，按交货的实际品质按比例增价或减价。

例：中国芝麻，含油量（湿态，乙醚浸出物）最低 48%，实际装运货物的含油量以 52%为基础，高于或低于1%，价格相应增减1%，不足整数部分，按比例计算。

2. 只对品质低于合同规定者扣价。在品质机动幅度范围内，交货品质低于合同规定者扣价，而高于合同规定者却不增加价格。为了更有效地约束卖方按规定的品质交货，还可规定不同的扣价方法。例如，在机动幅度范围内，交货品质低于合同规定1%，扣价1%；低于合同规定1%以上者，则加大扣价比例。

（四）品质条款应尽可能符合有关国家或相关国际组织的标准，以提高产品的出口竞争能力

链 接

【案例与思考】

我国某公司向某英国客商出口一批大豆，合同规定水分最高为12%，杂质不超过3%。在成交前我方曾向买方寄送过样品，订约后我方又电告买方成交货物与样品相似。当货物运到英国后，买方提出货物与样品不符，并出示相应的检验证书证明货物的质量比样品低8%，并以此要求我方赔偿2 000英镑的损失。问：在此情况下，我方能否以该项交易并非凭样品买卖而不予理赔？

【案例评析】

我方不能以该项交易并非凭样品买卖而不予理赔。因为，我方向英方寄送样品时并未声明是参考样品，订约后又电告英方成交货物与样品相似，由此，英方完全可以认为此笔交易是属于既凭样品又凭规格来表示商品质量的买卖。因此，我方很难以这笔业务仅仅是凭规格买卖为由来推脱责任。除非我方能以留存的复样为根据，证明我方所交货物与样品并无不符，而是对方的检验结果有误。

思考题

1. 请说明品质条款的含义及其重要性。
2. 表示商品品质的方法有哪些？
3. 凭文字说明表示商品的品质有哪几种方法？
4. 什么是品质公差和品质机动幅度？
5. 什么是对等样品？为什么要使用对等样品？
6. 品质条款的规定有哪些注意事项？

案例分析

1. 我方与泰国某客商凭样品成交达成一笔出口镰刀的交易。合同中规定复验有效期为货物到达目的港后30天。货物到达目的港经泰商复验后，泰商未提出任何异议。但事隔半年后，泰商来电称：镰刀全部生锈，只能降价出售，并要求我方按成交价的30%赔偿其损失。我方接电后立即查看我方留存的复样，也发现类似情况。问：我方是否应同意对方的要求？为

什么？

2. 我方出口罐头给某英国客商，言明为降价品，英商看货后订货。但货到英国3个月后，发现罐头变质，英商于是要求退货。问：我方应如何处理？

3. 我国烟台某果品进出口公司向日本出口一批苹果。合同规定是三级品，但到发货时才发现三级品苹果库存告急，于是该公司以二级品交货，并在发票上加注："二级苹果仍按三级计价"。问：烟台果品进出口公司这种以好顶次的做法是否妥当？

第三章
商品的数量

商品的数量(Quantity)是以一定的度量衡来表示商品的重量、个数、长度、面积和容积的量,它是构成一项货物买卖合同必须具备的条件。这里的“数量”是个广义概念,不同于人们日常所指的“个数”含义。

第一节　数量条款的意义

数量条款是合同中的主要条款之一,它约定了买卖双方所交易的商品数量。数量条款一经签订,买卖双方就必须按约履行。

一、数量条款的含义

买卖合同中的数量条款,主要包括成交商品的数量和计量单位,按重量成交的商品,还需订明计算重量的方法。数量条款的内容及其繁简,应视商品的特性而定。

二、约定数量条款的意义

(一)数量条款是买卖双方交接货物的数量依据

根据《联合国国际销售合同公约》的规定,卖方应承担按约定的数量交付货物的责任。如果卖方交货的数量大于合同约定的数量,买方可以拒收多交部分,也可以收下多交部分中的一部分或全部,但同时应对其按合同价格付款。如果卖方交货数量少于合同的约定数量,卖方应在规定的交货期届满前补交;但即使如此,买方在因此而遭受不合理的不便或承担不合理的开支的情况下,也有向卖方要求损害赔偿的权利。此外,还有一些国家的法律或惯例规定,只要卖方交货数量与合同规定不符,买方就有拒收货物的权利。因此,为了避免争议的发生,买卖双方在实际业务中应慎重确定成交数量,并认真订好数量条款。

(二)数量条款直接关系到商品的价格条件

在现实经贸活动中,对大多数商品来说,都存在着生产与经营的规模效益问题。具体体现

为生产、经营的规模在一定范围内越大，单位商品的生产与经营成本就越低，反映在国际贸易中，商品成交数量越大，单位商品的成交价格往往就越低。因此，数量条款与价格条款之间存在着一定的内在联系。特别是作为买方来说，应掌握好这样一种内在关系，争取拿到对自己比较有利的成交价格。

第二节　常用的度量衡制度和计量单位

要说明交易中商品的数量，就必须采用一定的计量单位来表述，而计量单位又是与特定的度量衡制度相联系的。在不同的度量衡制度下，同一计量单位所表示的数量也有所差异。

一、度量衡制度

由于各国度量衡制度不同，所使用的计量单位也各异。因此，了解和熟悉相互之间的折算方法是很重要的。目前，国际贸易中通常使用的有米制（Metric System，又称公制）、英制(British System)和美制(U. S. System)三种。此外，还有在米制基础上发展起来的国际单位制(International System of Units，缩写为 SI)。其中，公制广泛使用于欧洲大陆、亚洲和非洲的大多数国家，美制主要在北美洲国家和地区使用，英制则主要在英联邦国家使用。虽然英联邦国家政府从 1970 年起开始改用公制，但是度量衡制度的改变是十分困难的，需要经过相当长的一段时间，因此，至今英联邦的许多地区还在使用英制计量单位。

我国自 1959 年至 1984 年，一直以公制作为度量衡制度。1984 年 2 月 27 日，国务院颁布命令，在全国范围内执行新的《法定计量单位制》。要求从 1991 年 1 月 1 日起，除个别特殊领域外，不得再使用非法定计量单位。根据《中华人民共和国计量法》第三条规定："国家采用国际单位制。国际单位制计量单位和国家选定的其他计量单位，为国家法定计量单位。"我国的法定计量单位以国际单位制为基础，但除国际单位制的 9 个基本单位外，又增加了几个非国际单位制的计量单位，如表示重量的"吨"(T)、表示航行速度的"节"(Knot)及表示时间的"分""时""天"等。目前，在我国的进出口业务中，出口商品除照顾对方国家贸易习惯而在合同中约定采用英制或美制单位外，都应使用我国法定计量单位。一般不进口非法定计量单位的仪器设备，如有特殊需要，须经有关省、市、自治区以上的计量管理机构批准。

二、计量单位

根据商品的性质，需要在特定的度量衡制度下选择不同的计量单位来表示商品的数量。目前，国际货物贸易中常用的计量单位可概括为以下几种。

1. 长度单位(Length)。长度单位主要包括以下几种。

公制——公里(Kilometer)、米(Meter)等；

英制和美制——码(Yard)、英尺(Foot)、英寸(Inch)等。

这些计量单位之间的换算关系为：

1 公里＝1 000 米

1 米＝1.094 码＝3.2808 英尺＝39.37 英寸

在金属绳索、绸缎、布匹等类商品的交易中，一般要使用长度单位说明商品的数量。

2. 重量单位(Weight)。重量单位主要包括以下几种。

公制——公吨(Metric Ton)、公斤(即千克，Kilogram)、克(Gram)等；

英制和美制——长吨(Long Ton，即英吨)、短吨(Short Ton，即美吨)、磅(Pound)、盎司(Ounce)等。

这些计量单位之间的换算关系为：

1 公吨＝0.9842 长吨＝1.1023 短吨

1 公斤＝2.2046 磅＝35.2736 盎司

1 磅＝16 盎司

链 接

国际贸易中为什么要写“公吨”？

有人问：“既然我们所称的1吨是1 000千克，和‘公吨’概念一致，那为什么国际贸易的单证、合同中还要写明Metric Ton呢？何不直接写Ton(吨)？”

原来，国际贸易单证通常是英文打印的，如果直接打Ton字样，则在英、美国家会产生歧义理解(是英吨还是美吨或是公吨)，这样容易造成贸易纠纷。所以，考虑到别国对于“吨”的不同理解，我们有必要在国际贸易中特别注明“公吨”来表示1 000千克的概念。

在矿砂、钢铁、盐、羊毛及油类等天然产品的交易中经常要使用重量单位。此外，黄金、白银等贵重商品的数量一般要用“克”和“盎司”计量。而钻石之类特别珍贵的商品的数量则常用“克拉”(Carat)来计量。

3. 面积单位(Area)。面积单位主要包括以下几种。

公制——平方米(Square Meter)等；

英制和美制——平方码(Square Yard)、平方英尺(Square Foot)、平方英寸(Square Inch)等。

它们之间的换算关系为：

1 平方米＝1.19599 平方码＝10.7639 平方英尺＝1 550 平方英寸

这些表示面积的计量单位一般出现在皮革、玻璃、地毯等商品的交易中。

4. 容积单位(Capacity)。容积单位主要包括以下几种。

公制——公升(Litter)等；

英制和美制——加仑(Imperial Gallon，英制；U. S. Gallon，美制)、蒲式耳(Bushel)等。

这些表示容积的计量单位一般适用于小麦、玉米、汽油、煤油等商品的交易。

5. 体积单位(Volume)。体积单位主要包括以下几种。

公制——立方米(Cubic Meter)等;

英制和美制——立方码(Cubic Yard)、立方英尺(Cubic Foot)、立方英寸(Cubic Inch)等。

这些表示体积的计量单位一般适用于木材、天然气、化学气体等商品的交易。

6. 个数单位(Number)。个数单位主要包括以下几种。

罗(Gross)、打(Dozen)、件(Piece)、套(Set)、双(Pair)、卷(Roll)、包(Bale)、令(Ream)等。

其换算关系为:

1 罗=12 打=144 件

1 令=516 张(一般用来表示印刷纸的张数)

个数单位广泛地应用于许多工业制成品,特别是日用消费品、机械产品及轻工业品的交易中。

第三节 重量的计算

在国际贸易中,有很多货物是按重量计算的,其计算方法主要有以下几种。

一、按毛重计算

毛重(Gross Weight,GW)是指商品本身的重量与内、外包装重量之和。在国际贸易中,它更多的是作为运输部门按重量吨计收运费的依据。一般很少用毛重作为计算货物总价值的基础,但在一些单位价值较低的商品(如粮食、饲料等农副产品)的交易中,因其包装价值同商品价值相差不大,有时也以毛重作为计算商品总价的基础。通常将此种方法称为"以毛作净(Gross for Net)"。

例如:东北红小豆 100 公吨,单层新麻袋装,以毛作净。

二、按净重计算

净重(Net Weight,NW)是指货物本身的实际重量。在国际货物贸易中,由于净重可以反映成交商品的真实数量,所以凡是按重量成交的商品,绝大多数都按净重计价。如果在合同中没有明确规定交货的数量是按毛重还是按净重计算,习惯上也是按净重计算。净重与毛重之间存在如下关系:

净重=毛重-皮重

这里所说的皮重(Tare)就是商品内、外包装的总重量。在实际业务中,根据毛重和皮重就可以计算出商品的净重。视具体情况的不同,皮重可以通过下面四种方法求得。

1. 按实际皮重(Actual Tare)计算。实际皮重是指包装物的实际重量。它是对包装物逐件衡量后所得到的重量总和,按这种方法计算,计算结果准确,但比较费时,工作量和费用也较大。

2. 按平均皮重(Average Tare)计算。有的商品,包装材料和规格比较统一,衡量其重量时可先抽若干件包装过秤,随后加以平均,以平均数作为每件包装的重量,这种方法比较省时省费。

3. 按计算习惯皮重(Customary Tare)计算。较规格化的包装,其重量已被市场公认,因而不必每次都重复衡量,按习惯上公认的皮重乘以总件数即可。譬如装运粮食的机织麻袋,公认重量为 2.5 磅。

4. 按约定皮重(Computed Tare) 计算。即不需经过实际衡量,而以买卖双方事先约定协商的包装重量作为计算的基础。

三、按公量计算

公量(Conditioned Weight,CW),即用科学方法测量商品所含的实际水分,再按标准含水量计算所求得的重量。适用于水分含量不稳定而经济价格又较高的商品,如生丝、羊毛等商品。其计算公式如下:

$$公量=\frac{实际重量}{1+实际回潮率}\times(1+标准回潮率)=商品干净重\times(1+标准回潮率)$$

举例:某公司出口羊毛一批,双方约定标准回潮率为 11%,现有羊毛 105 公吨,经过测定,回潮率为 9%。试计算符合双方约定的重量。

$$105\times(1+0.11)\div(1+0.09)=105\times1.11\div1.09=106.93(公吨)$$

四、按理论重量计算

理论重量(Theoretical Weight)是指对于那些固定尺寸与规格的商品,只要其规格一致,每件商品的重量大体相同,不用逐一过秤,只需按其件数来推算出总的重量,如钢板等有固定尺寸和规格的商品,均可适用此法。

例如:已知某种钢板每平方米的理论重量(千克)如下:

厚度(毫米)	重量(千克)
0.2	1.57
0.25	1.963
0.3	2.355

(注:有关数据在五金手册中可以查阅)

现有钢板 500 张,每张长度为 5 000 毫米,宽度为 500 毫米,厚度为 0.25 毫米。试计算这批钢板的理论重量(每平方米等于 1 000 000 平方毫米)。

每张钢板的面积=5 000×500=2 500 000 平方毫米=2.5(平方米)

每张钢板的重量=1.963×2.5=4.9075(千克)

总重量=4.9075×500=2 453.75(千克)

由于商品尺寸有一定的公差,所以理论重量和实际重量并不一致,按理论重量交货的合同,通常会约定按理论重量还是按实际重量计价。

五、按法定重量和实物净重计算

有些国家的海关法规定,在征收从量税时,商品的重量是按法定重量计算的。法定重量(Legal Weight)是指商品重量加上直接接触商品的包装物料(如销售包装)的重量。而除去这部分重量所表示出来的纯商品重量则称为实物净重(Net Weight)。

第四节 合同中的数量条款

买卖合同中的数量条款，主要包括成交商品的数量和计量单位，按重量成交的商品，还需订明计算重量的方法。合同中的数量条款举例如下：

例：按重量进行买卖的规定：

数量：1 000 公吨，3%增减，由买方选择；增减部分按合同价格计算。

Quantity：1 000 MT，More or less 3%，at buyer's option；Such excess or deficiency to be settled of contracted price.

数量条款的内容及其繁简，应视商品的特性而定，规定数量条款，需要注意下列事项。

一、数量条款明确具体

为了便于履行合同和避免引起争议，进出口合同中的数量条款应当明确具体。比如，在规定成交商品数量时，应一并规定该商品的计量单位，对按重量计算的商品，还应规定计算重量的具体方法，如“中国大米 1 000 公吨，麻袋装，以毛作净”。某些商品，如需要规定数量机动幅度时，则数量机动幅度是多少，由谁来掌握这一机动幅度，以及溢短装部分如何作价，都应在条款中具体订明。

此外，在进出口合同中，一般不宜采用大约、近似、左右（About、Approximate、Circa）等带有伸缩性的字眼来约定成交数量。因为，不同国家、不同行业对这类词语理解不一样，容易引起争议。对于某些难以准确约定数量的商品交易，可在合同中规定数量的机动幅度。

二、合理规定数量机动幅度

数量条款的基本内容是交货的数量和计量单位。按重量计量的商品，还包括计算重量的方法，如毛重、净重等。在磋商交易和签订合同时，一般都规定确定的、不得增减的数量。但有些商品，如粮食、矿砂、化肥和食糖等大宗商品的交易，由于商品特性、货源变化、船舱容量、装载技术和包装等因素的影响，很难在签订合同时准确确定成交量。为了使交货数量具有一定范围内的灵活性和便于履行合同，买卖双方可以在合同中合理规定数量机动幅度（Quantity Allowance）。只要卖方交货数量在约定的增减幅度范围内，就算按合同规定数量交货。规定数量机动幅度的方法有以下两种。

（一）溢短装条款

所谓溢短装条款（More or Less Clause），是指在合同中明确规定卖方在交货时可以溢交或短交合同数量的百分之几。

例如：中国大米 100 公吨，卖方可溢交或短交 2%。

Chinese Rice 100 MT with 2% More or Less，at seller's option.

（二）“约”数

在合同数量前加“约”“近似”等字样，也可使具体交货数量作适当机动，即可多交或少交一定百分比的数量。但国际上对“约”字的含义解释不一，有的解释为 5%，有的则为 10%。鉴于“约”数在国际上解释不一，为防止纠纷，使用时双方应先取得一致的理解，并达成书面协议。

（三）订好数量机动幅度条款的注意点

1. 数量机动幅度大小要合适。数量机动幅度的大小，通常都用百分比来表示，如3%或5%等。究竟百分比定为多少，要考虑商品特性、行业或贸易习惯以及运输方式等因素。数量机动幅度的规定，通常采用两种方法：第一种是只对合同数量规定一个百分比的机动幅度。第二种是除规定合同数量总的机动幅度外，还规定每批分运数量的机动幅度。

2. 机动幅度选择权的规定要合理。在合同中订有机动幅度的情况下，合同履行时要由某方决定在机动幅度内多装或少装。从理论上说，这种决定权可以由买方、卖方或承运人来行使。当然，由于各方利益不同，所作出的选择也会有差异，为了避免在履约时各方争夺溢短装决定权，最好在合同中订明由谁决定多装或少装。海洋运输方式下，溢短装主要考虑船舶的装载能力，因此，一般由船方决定，也可考虑到价格条款，由负责安排船只的一方决定。

此外，当成交某种价格波动激烈的大宗商品时，为了防止卖方或买方利用数量机动幅度条款，根据自身的利益故意增加或减少装船数量，也可在机动幅度条款中加订："此项机动幅度，只有在为了适应船舶实际装载量的需要时，才能适用。"

3. 溢短装的计价方法要公平合理。目前，对机动幅度范围内超出或低于合同数量的多装或少装部分一般是按合同价格结算。但是，数量上的溢短装在一定条件下关系到买卖双方的利益。在按合同价计价的条件下，交货时市价下跌多装就对卖方有利；但如市价上升，多装对买方有利。为了防止有权决定多装或少装的当事人利用行市的变化，有意多装或少装以获取额外的好处，也可在合同中规定，多装或少装的部分按装船时或到货时的市价计算，以体现公平合理原则。

链　接

跟单信用证统一惯例第600号出版物关于数量的规定

第三十条，信用证金额、数量与单价的伸缩度。

a. "约"或"大约"用于信用证金额或信用证规定的数量或单价时，应解释为允许有关金额或数量或单价有不超过10%的增减幅度。

b. 在信用证未以包装单位件数或货物自身件数的方式规定货物数量时，货物数量允许有5%的增减幅度，只要总支取金额不超过信用证金额。

c. 如果信用证规定了货物数量，而该数量已全部发运，及如果信用证规定了单价，而该单价又未降低，或当第三十条b款不适用时，则即使不允许部分装运，也允许支取的金额有5%的减幅。若信用证规定有特定的增减幅度或使用第三十条a款提到的用语限定数量，则该减幅不适用。

三、注意数量的计量地点的规定条款

实践中，商品的数量多是以由买方或卖方指定或聘请的第三方公证检验机构出具的重量/数量证书为准，那么，到底是以在出口方处计量的"离岸数量"为准？还是以在进口方处计量的"到岸数量"为准？最好在合同中加以明确规定。通常，如规定"离岸数量为准"，对于卖方较为

有利，以免在途中因发生失窃、散落、蒸发、动物消瘦等不可控事件而使卖方陷于被动。

链　接

不同地方重力加速度不同也会影响货物重量

从前，曾经有这样一件事：一个商人向荷兰渔民购入 5 000 吨青鱼，装在船上，从荷兰一个城市运到靠近赤道的非洲城市——摩加迪沙港去。到了那里，一过磅，发现青鱼少了将近 19 吨。奇怪！到哪里去了呢？被偷走是不可能的，因为轮船沿途并没有靠过岸。在当时大家都无法揭开这个秘密，现在我们终于知道它的原因了：原来这是地球引力和自转跟我们开的“玩笑”。

靠近赤道地区的地球自转线速度比高纬度地区大，所以物体受到的离心力也就更大，因此，在荷兰的 5 000 吨青鱼，运到靠近赤道时，青鱼的重量就自然变“轻”了。国际贸易实务中，这一点是值得引起从业者注意的。

思考题

1. 为什么要在国际货物买卖合同中约定商品的数量？
2. 按品种确定计量单位有哪些种类？
3. 按数量计算的计量单位有哪些？
4. 在国际贸易中计算重量的方法有哪些？
5. 在采用净重计重时，如何计算包装重量？
6. 规定数量条款有哪些注意事项？

案例分析

1. 某公司与国外某农产品贸易有限公司达成一笔出口小麦的交易，国外开来的信用证规定：“数量为 1 000 公吨，散装货，不准分批装运，单价为 250 美元/公吨 CIF 悉尼，信用证金额为 25 万美元……”但未表明可否溢短装。卖方在依信用证的规定装货时，多装了 15 公吨。问：① 银行是否会以单证不符而拒付？为什么？②《公约》对交货数量是如何规定的？

2. 我国某出口公司对美成交出口电冰箱 4 500 台，合同规定 pyw—A、pyw—B、pyw—C 型三种型号各 1 500 台，不得分批装运。待我方发货时，发现 pyw—B 型电冰箱只有1 450台，而其他两种型号的电冰箱存货充足，考虑到 pyw—B 数量短缺不大，我方于是便以 50 台 pyw—A 代替 pyw—B 装运出口。问：我方这样做是否合适？为什么？

3. 我国某出口公司以 CIF 条件与意大利客商签订了一份出口 500 吨大豆的合同，合同规定：双线新麻袋包装，每袋 50 千克，价格为每吨 200 美元 CIF 热那亚。我方交单收款后，买方来电称：我公司所交货物扣除皮重后，不足 500 吨，要求我方退回因短量而多收的货款。问：对方的要求是否合理？

4. 某公司从澳大利亚进口羊毛 10 公吨，合同的数量订明：“10 公吨”。结果，澳方所交的羊毛实际回潮率竟高达 33.3%，使我方吃亏不少。问：为什么？

第四章 商品的包装

商品的种类繁多，性质特点和形状各异，因而它们对包装的要求也各不相同，除少数商品难以包装、不值得包装或根本没有包装的必要，而采取裸装或散装的方式外，其他绝大多数商品都需要有适当的包装。

第一节　商品包装概述

商品包装是商品生产的继续，凡需要包装的商品，只有通过包装，才算完成生产过程，商品才能进入流通领域和消费领域，才能实现商品的使用价值和价值。

一、包装的含义与作用

（一）包装的含义

商品的包装是为了保护商品在流通过程中品质完好和数量完整所使用的包装材料或包装容器。

（二）包装的作用

常言道“七分产品，三分包装”，包装是生产的继续，是产品生产的最后一道工序，是商品生产和消费之间的桥梁，在激烈的市场竞争中，商品包装在国际货物买卖中起着极为重要的作用。

1. 保护商品质量安全和数量完整。商品包装是商品生产过程的继续。大多数商品在买卖前，都必须进行必要的包装，才能实现商品的使用价值，整个生产过程才算完结。随着贸易的发展，商品要大量输往全国与世界各地，并需要经过运输、储存和销售等环节。为确保商品在流通过程中的完整性，防止储运过程中的振动和空气氧化、有害气体、温湿度等因素的影响，使商品不受损伤、失散，避免发生化学、物理等质量变化，必须对商品进行科学的包装，以维护商品的价值与使用价值。

2. 便利商品的储存和流通。从出厂到销售，在商品的流通过程中，存在着交接、搬运、堆码和零售等一系列环节。合适的包装有利于商品的清点与计量，以及合理地利用叉车、卡车等

运输工具和集装箱、托盘等运输设备;有利于提高仓储利用率和防潮、防晒效果,提高商品的流通效率和降低物流成本。

3. 促进与扩大商品的销售。优良的包装设计,能美化和宣传商品,提高商品的知名度和在消费者心目中的价值,从而能起到提高商品的竞争力和扩大市场份额的作用。商品的包装在一定程度上反映了一个国家经济、科技和文化艺术水平,并关系到国家在国际市场上的声誉和形象。

按照一些国家的法律解释,如果一方违反了所约定的包装条件,另一方有权提出索赔,甚至可以拒收货物。可见,包装条件是买卖合同中的重要交易条件。因此,我国的出口企业必须高度重视商品的包装工作,努力使我国出口商品的包装达到"科学、经济、牢固、美观、适销"的要求。

二、包装的分类

包装的分类方法有很多。通常,人们习惯把包装按其在流通领域中所起的作用不同分为两大类,即运输包装和销售包装。此外,还有中性包装与定牌等。专业分类有以下几种方法。

1. 以包装容器形状分类,可分为箱、桶、袋、包、筐、捆、坛、罐、缸和瓶等。

2. 以包装材料分类,可分为木制品、纸制品、金属制品、玻璃、陶瓷制品和塑料制品包装等。

3. 以包装货物种类分类,可分为食品、医药、轻工产品、针棉织品、家用电器、机电产品和果菜类包装等。

4. 以安全为目的分类,可分为一般货物包装和危险货物包装等。

5. 按货物是否需要包装可以分为以下几类。

(1) 散装(Bulk)。散装是指对商品未加任何包装,而直接装运。它主要适用于不容易包装或不值得包装的大宗交易货物,如矿砂、谷物、煤炭等。这类通过散装运输的货物可以节省运费和包装费,从而达到降低交易成本的目的。

(2) 裸装(Nude)。裸装是指将商品捆扎成捆、堆、束而不用加以额外的包装材料。它主要适用于品质比较稳定,不易受外界条件影响,且形态相似、自成件数,不需包装或只需简单捆扎即可成件的货物,如钢板、铅锭、木材、橡胶等。

(3) 包装(Packed)。包装是指用适当的包装材料和科学的方法实施包裹、覆盖等处理。在国际货物买卖中,大部分的货物都采用包装方式。

三、包装的选用及其与运输的配合

(一) 包装的设计制作原则

1. 科学经济。科学经济的设计制作可以缩小包装体积,减少包装费用,降低货物成本。

2. 牢固便利。牢固的设计制作有利于保持货物的完好无损,便利的包装有利于各环节人员的操作。例如,冰箱的外包装纸箱两侧有便于搬运人员插入手的孔洞等。

3. 美观适销。美观的设计制作可以吸引顾客的注意力,满足消费者的需求。

（二）选用包装应当注意的问题

1. 选择包装材料及填充物要注意各国的有关规定。

2. 包装的装潢、颜色和文字说明图示等要适应国外消费者的风俗习惯和爱好。

3. 包装的选用要适应不同商品的特性及所采用的运输方式。

4. 销售包装的制作要设置物品条码。

（三）包装体积的核算及与运输的配合

每一种包装方式的采用都需要考虑与运输载体相配合的问题。在国际货物运输中，由于采用纸箱包装的货物占很大比重，因此，纸箱包装设计制作及其与运输载体的配合较为常见，纸箱包装的设计和纸箱体积的确定一般要顾及与运输载体相匹配。例如，每个纸箱的高度、长宽的整数倍数最好是集装箱高度、长宽，以免浪费集装箱内空间，等等。

第二节　运输包装和销售包装

包装按其在流通领域中所起的作用的不同，分为两大类，即运输包装（Transport Packing）和销售包装（Sales Packing）。

一、运输包装

（一）运输包装的含义及种类

1. 运输包装的含义。运输包装又称外包装（Outer Packing），是指将一件或数件货物装入特定包装容器，或用特定方式包扎成件或成箱的包装。运输包装的主要作用在于保护货物，便于装卸、储存、运输、清点等。

2. 运输包装的种类。运输包装分为单件运输包装和集合运输包装两大类。

（1）单件运输包装。单件运输包装是指在运输过程中作为一个计件单位的包装。按包装造型的不同，单件运输包装的种类主要有：① 箱（Case/Carton/Box）。凡价值较高，容易受损的商品，多用箱装。视不同商品的特点，可选用木箱、纸箱、瓦楞纸箱和夹板箱等箱装。有些贵重商品还有使用金属箱的。为了防潮，一般箱内还衬用防潮的纸或塑料薄膜，箱外通常打包铁皮或塑料胶带。例如，Packed in wooden cases, each weights 500 kg, net. ② 袋（Bag）。袋装有棉布袋、麻袋和玻璃纤维袋等，一般用来包装粉状、颗粒状或块状的货物。农副产品及化学废料等常用袋装。例如，水泥用 Paper Bag 装；面粉用 Sack 装。③ 包（Bale）。凡可紧压且品质不受损坏的商品则可以打包，用包包装时，一般用打包设备将货物压实打包，再用麻布、棉布等包裹，包外用条带扎紧。一般用来包装棉花、棉纱、羽毛、羊毛、布匹、茧丝、纤维等货物。④ 桶（Barrel）。桶装有木桶、铁桶、纸板桶与塑料桶之分。注意：木制桶的体积尺寸从大到小称呼依次是：Butt>Barrel>Cask>Keg；铁制桶则是 Drum>Can>Tin。主要适用流体、半流体、粉状、颗粒状等货物。

除以上四种外，常见的还有瓶（Bottle）、卷（Roll）、篓（Basket）、捆（Bundle）、筐、坛、罐等。

注意：包装条款中对单件包装的描述是按一定顺序写的，一般从容器（包装）小的写到大的；或从大的写到小的。如：

One piece in a paper bag, one dozen in a paper box, carry 20 boxes in a big case.

(2) 集合运输包装。集合运输包装又称组化运输包装，是指在单位运输包装的基础上，为适应运输、装卸工作的要求，将若干单件运输包装组合成一件大包装的方式。这对于提高装卸效率、节省费用具有积极的意义。目前常用的集合运输包装有：集装包/袋（Flexible Container）、托盘(Pallet)和集装箱(Container)等。现在，集装箱已成为最适合当前国际陆海空运输装卸的一种运输包装。采用集装箱装货，既可以是整箱使用集装箱，也可以是部分使用集装箱。前者称为整箱货(FCL)，后者称为拼箱货(LCL)。

集合运输包装常见的有：① 集装箱。它是指由钢板、铝板、纤维板等坚固材料制成的长方形大箱。大小规格有许多种，装载重量 5～40 吨。国际上最常用的集装箱有 8×8×20 立方英尺和 8×8×40 立方英尺两种。集装箱是现代化运输的一种包装，始于 20 世纪初，50 年代起迅速发展，它既便于装卸、运输，又能有效地保护商品。使用集装箱要有专用的船舶、码头和装卸设施。② 集装包和集装袋。集装包是用塑料纤维丝编织成的轴口式大包，两边有四个吊带，每包可装载 1～1.5 吨的货物，适合装载已包装好的桶、袋等商品。集装袋一般也是用塑料纤维编织成的圆形大口袋，它适宜装载散装货物，每袋一般可容 1 吨重的商品。③ 托盘。托盘一般指用木材、金属或塑料制成的托板，托板上堆放货物后，用塑料薄膜、金属绳索等加以固定组合的包装。托盘下有插口供铲车起卸、堆放之用。每一托盘可装载约 1 公吨或 1 立方米的货物。集装托盘既能起到搬运工具的底托作用，又有集合包装容器、集合货物的作用。

（二）制定商品运输包装的注意事项

国际贸易中的商品，一般都需要通过长途运输。为了保证货物能安全到达，就需要有合理的运输包装。国际贸易商品的运输包装相比于国内贸易商品的运输包装，一般来说，要求要更高一些。因此，在制定商品的运输包装时，应注意以下五个方面的问题。

1. 包装必须适应不同商品的不同特性。每种商品都有自己的特性，例如，食品怕潮湿，玻璃制品容易破碎，流体货物容易渗漏和流失等，这就要求运输包装相应具有防潮、防震、防漏、防锈和防毒等良好的性能。

2. 包装必须适应各种不同运输方式的要求。不同运输方式对运输包装的要求也不同。例如，海运包装要求牢固，并具有防止挤压和碰撞的功能；铁路运输包装，要求具有不怕震动的功能；航空运输包装，要求轻便而且体积不宜过大。

3. 包装必须考虑有关国家的法律规定和客户的特殊要求。各国法律对运输包装会有一些不同的规定。例如，美国政府宣布，从 1998 年 12 月 17 日起，凡未经处理的中国木制包装箱和木制托架，一律不准入境，以免因带进天牛(即一种甲虫)而危害美国森林；有些国家禁止使用柳藤、稻草之类的材料做包装用料，因恐将病虫害带进该国；有些国家对包装标志和每件包装的重量都有特殊的规定和要求。此外，如客户就运输包装提出某些具体、特定的要求时，卖方自然也应设法予以满足。还要注意和了解进口地对销售包装图案、色彩的喜好和习惯。

4. 包装应便于运输和识别。运输包装在流通过程中需要经过装卸、搬运、储存、保管、清点和查验，为了便于这些环节的有关人员进行操作，包装的设计要合理，包装上的各种标示要符合规范，应努力实现商品运输包装的标准化。

5. 包装应考虑尽量节省包装费用。运输包装成本的高低和运输包装重量与体积的大小，都直接关系到费用开支和企业的经济效益。因此，在选用包装材料、进行包装设计和打包时，在保证包装牢固的前提下，应注重合理和节约。

（三）运输包装标志

为了在运输过程中便于识别货物和计数，在商品外包装上要刷制一定的包装标志。包装标志主要有运输标志、指示性标志和警告性标志三种。指示性和警告性标志的目的是促使搬运人员及开箱、拆包人员注意，以保障货物和操作人员的安全。

1. 运输标志（Shipping Mark）。运输标志又称“唛头”，通常由一个简单的几何图形和一些字母、数字及简单的文字形成。其内容包括以下方面。

（1）收、发货人名称的英文缩写或代号。

（2）目的港、目的地名称或代号。

（3）件号与批号。

此外，运输标志还可包括原产地、信用证号码、合同号、许可证号和体积与重量等内容。

鉴于运输标志的内容差异较大，有的过于繁杂，不适应货运量增加、运输方式变革和计算机管理的需要，因此，联合国欧洲经济委员会简化国际贸易工作组，在国际标准化组织和国际货物装卸协调协会的支持下，制定了一项运输标志向各国推荐使用。该标准运输标志包括以下几种。

（1）收货人或买方名称的英文缩写字母或简称。

（2）参考号，如运单号、订单号或发票号等。

（3）目的地。

（4）件号。

至于根据某种需要而须在运输包装上刷写的其他内容，如许可证号等，则不作为运输标志必要组成部分。现列举标准化运输标志实例如下：

ABC	收货人代号
1234	参考号
NEW YORK	目的地
1/25	件数代号

链 接

唛头的实际作用举例

物流公司搬运人员和仓管人员在处理和分拨货物的时候，将货物“发错目的地”是一种很容易犯的但又较为严重的工作失误。以搬运工人为例，他们搬运的时候不可能都去看运单等单据，但如果每个纸箱上都标明目的地城市名，那么，这种错误出现的概率就要小得多。

纸箱上的唛头标明收货人公司名称，有助于物流企业在货物中转环节分拨效率的提高，也有助于海关查验和进口方提货时认领货物。

2. 指示性标志（Indicative Mark）。指示性标志是一种操作标志指按商品的特性，对容易

破碎、残损和变质的商品，用文字说明和用图形作出的标志，以便指示有关人员在装卸、搬运和储存过程中引起注意的事项。例如，“小心轻放”(Handle With Care)、“请勿用钩”(Use No Hook)、“请勿倒置”(This Side Up)、“防湿”(Keep Dry)等，如用“4”，表示该商品只能堆放4层，过高会将下面的商品压坏(指示性标志如图1-4-1所示)。

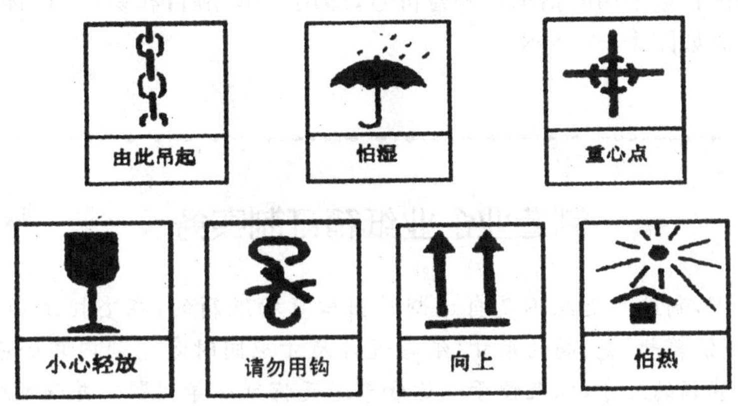

图1-4-1　指示性标志

3. 警告性标志(Warning Mark)。警告性标志又称危险标志，是指在易燃品、爆炸品及有毒品等危险品的运输包装上清楚明显地标明危险性质的文字说明和图形的标志。它能使装卸、运输和保管等环节的有关人员，按照商品的特点采用相关防护措施，以保障安全，可以说，这种标志带有强制性。例如，爆炸品(Explosive)、易燃品(Inflammable)和有毒品(Poison)等。我国颁布了《危险货物包装标志》，此外，联合国政府间海事协商组织也规定了一套《国际海运

图1-4-2　警告性标志

危险品标志》。这套规定在国际上已有许多国家采用,有的国家进口危险品时,要求在运输包装上标明该组织规定的危险品标志,否则,不准靠岸卸货。我国在出口危险货物的运输包装上,要求标有我国和国际海运所规定的两套危险品标志。

为了避免由于各国文字不同而造成的识别文字标志的困难,在国际贸易的长期实践过程中,形成了一种各国普遍采用的指示和警告符号,即用简单、醒目和易懂的图样以补文字标志的不足(警告性标志如图 1-4-2 所示)。

链 接

制造业企业纸箱订制实务

多数情况下,制造业企业不是自己制作出口货物纸箱的,在委托纸箱厂制作纸箱时,应当确定好纸箱长、宽、高的尺寸(纸箱设计尺寸应同时考虑到内装小包装的尺寸、商品个数和集装箱的尺寸,以及便于搬运和节省瓦楞纸板等问题),并确定纸箱的材质、坚固程度(应考虑出口商品货物包装法定检验、内装货物是否耐挤压、堆垛最大层数限制以及包装成本控制等问题),一般情况下,纸箱厂也负责印刷纸箱外表的文字图案内容,这也是要由制造业企业提供给纸箱厂的,但针对这些文字(一般是进口国使用的外文,通常不用中文)图案信息,出口方应当先征求境外进口方的意见,以免在进口国理货分流和通关查验等环节遇阻。

指示性标志和警告性标志(如果有)可以通知纸箱厂事先印在纸箱上,因为这是内装商品的性质所决定的;但唛头由于具有针对合同的特殊性,甚至每个纸箱上的唛头都不同,所以,唛头一般不直接印在纸箱上,而是出口企业在发货前用纸贴在每个纸箱上。

二、销售包装

(一) 销售包装概述

销售包装又称内包装(Inner Packing)、小包装(Small Packing)或直接包装(Immediate Packing),它除了保护商品外还具有美化商品、宣传推广、便于销售和使用等作用。由于国际市场上竞争激烈以及超级市场的发展,出口货物的销售包装显得日益重要,它的好坏直接关系到售价和销路。此外,衬垫物(Filling and Lining Materials)也是包装的重要组成部分,不容忽视。它的作用是防震、防碎、防潮和防锈等。

销售包装应注意做好包装装潢工作。商品包装装潢是指按商品的不同属性、形态、数量和销售意图,设计合理的销售包装的造型、画面和文字说明。商品包装装潢的造型应力求美观大方、科学合理;画面要突出商品的特点,文字说明主要包括:商标、牌名、品名、产地、数量、规格、成分、用途及使用说明等内容。

目前在国际市场上流行的商品销售包装,按其形式和作用,主要有以下几种。

(1) 便于陈列类,如堆叠式包装、挂式包装。

(2) 便于识别类，如透明或拉盖式包装、习惯式包装(即传统的包装)。

(3) 便于消费者使用类，如软包装、便携式包装、礼品包装等。

为适应国际市场的需要，销售包装应符合以下要求：即便于陈列展售；便于商品识别；便于携带使用；有艺术吸引力；符合进口国的法令和习惯爱好。

(二) 销售包装的分类

销售包装可采用不同的包装材料和不同的造型结构与式样。这就导致销售包装的多样性，究竟采用何种销售包装，主要根据商品特性和形状而定，常见的销售包装有下列几种。

(1) 挂式包装，如吊带、吊钩、吊孔、网兜等。

(2) 堆叠式包装，如瓶类、罐类、盆类等。

(3) 易开式包装，如易拉罐等。

(4) 携带式包装，如提手装置等。

(5) 透明式包装，可以使消费者直接了解商品的形态和造型，便于识别，以利选购。

(6) 喷雾式包装，如香水、发胶等。

(7) 配套式包装，如餐具、茶具等。

(8) 礼品式包装，外表美观、讲究，以显示礼品的名贵。

(三) 销售包装的标示和说明

在销售包装上，一般都附有装潢画面和文字说明，有的还印有条形码的标志，在设计和制作销售包装时，应一并做好以下几方面的工作。

1. 包装的装潢画面。销售包装的装潢画面要美观大方，富有艺术上的吸引力，并突出商品特点，图案和色彩应适应有关国家的民族习惯和爱好。在设计装潢画面时，应投其所好，以利扩大出口。

2. 包装的文字说明。在销售包装上应有必要的文字说明，如商标、品牌、品名、产地、数量、规格、成分、用途和使用方法等。文字说明要同装潢画面紧密结合、互相衬托、彼此补充，以达到宣传和促销的目的，使用的文字必须简明扼要，并让销售市场的顾客能看懂，必要时也可以中外文同时使用。

在销售包装上使用文字说明或制作标签时，还应注意有关国家的标签管理条件的规定。

3. 条形码。随着国际上电子扫描自动化售货设备的使用日益广泛，“条形码”将成为销售包装上不可或缺的标记。

条形码又称物品条码(Product Code)，目前使用较多的是一维条形码，零售包装上的一维条形码由一组带有数字的黑白及粗细间隔不等的平行条纹所组成，这是利用光电扫描阅读设备为计算机输入数据的特殊的代码语言。它是商品能够流通于国际市场的一种通用的国际语言，是商品身份证的国际统一编号，是商品进入商店的先决条件。

国际上通用的包装上的条形码有两种。

(1) 美国、加拿大组织的统一编码委员会的 UPC 码(Universal Product Code)。

(2) 国际物品编码委员会的 EAN 码(European Article Number)。

我国于 1988 年 12 月建立了“中国物品编码中心”，并于 1991 年 4 月正式加入国际物品编码协会，该会分配给我国的国别号为 69 系列，已启用的有“690、691、692、693、694、695”，凡适于使用条形码的商品，应在商品零售包装上印刷条形码。

出口企业应当向中国国家物品编码中心申请获得本企业商品的条形码，而不可自行拟定条形码。

书籍和期刊也有国际统一的 ISBN 和 ISSN 编码，但不在上述标准之列。

二维条形码最早发明于日本，它是用某种特定的几何图形按一定规律在平面（二维方向上）分布的黑白相间的图形记录数据符号信息的（黑白小方块纵横排列）；在代码编制上巧妙地利用构成计算机内部逻辑基础的“0”“1”比特流的概念，使用若干个与二进制相对应的几何形体来表示文字数值信息，通过图像输入设备或光电扫描设备自动识读以实现信息自动处理，能够在横向和纵向两个方位同时表达信息，因此，能在很小的面积内表达大量的信息，几乎不用担心数码用尽。

只要将条形码对准光电扫描器，计算机就能自动地识别条形码的信息，确定品名、品种、数量、生产日期、制造厂商和产地等，并据此在数据库中查询其单价，进行货款计算，打出购货清单，这就有效地提高了结算的效益和准确性，也方便了顾客。随着 EAN、UPC 会员在全世界范围的迅速发展和商店的迅猛增加，许多生产经营出口商品的企业如不采用条形码，就会面临无法外销的危险。在不久的将来，没有条形码的商品不仅会在国际市场失去立足之地；而且随着国内商业自动化的实现，也将失去国内市场的竞争力。

链 接

外销商品零售包装操作要点

很多情况下，外销（日常消费品）商品的小包装是由境外进口商确定的，而不是出口商自行设计制作的。这点跟外包装不同，主要是因为，小包装直接在销售点面对境外消费者，其色彩是否显眼、外观是否新潮等因素，直接影响商品的市场销路，更重要的是，小包装上外语文字说明的表述要考虑当地风俗习惯、法律法规等，对此，出口商往往不如进口商把握得更准确。

因此，通常是境外进口商将包装设计的 CAD 电子文档信息传送给我国出口方，出口方将电子信息（勿忘条码信息）提交印刷厂付印，成为销售包装。有些国际名牌电子产品因为“打假防伪”需要，其零售小包装是委托某一家大型印刷企业统一印刷的，以求得国际统一的外观色彩等，如果是某国际知名品牌公司委托我方 OEM 代工，然后产品出口，则一般是外商将大量包装盒先托运给我方，我方生产并装盒装箱后再出口到进口国市场。

第三节 定牌、无牌生产和中性包装

采用定牌生产（Specific Brand Packages）、无牌生产和中性包装（Neutral Packing），是国际贸易中的通常做法。

一、定牌生产

定牌是指买方要求卖方在出口商品或包装上使用买方指定的商标或牌名的做法。采用定牌，是为了利用买主(包括生产厂家、大百货公司、超级市场和专业商店)的经营能力和他们的企业商誉或名牌商誉，以提高商品售价和扩大销售数量。因此，在我国的出口贸易中，如外商订货数量较大，需求比较稳定，我们也可同意使用定牌生产。但应注意有的国外客户利用向我国订购定牌商品的做法来排挤我国自己品牌的同类商品的销售，影响了我国同类商品的销售数量和国际市场名誉。还要提防少数国外客户并非该定牌商标的合法使用人的情形(外商企图利用我方制造冒牌商品)。因此，对是否同意接受定牌生产，我们应视具体情况而定。

二、无牌生产

无牌是指买方要求卖方在出口商品或包装上免除任何商标或牌名，主要是为了避免浪费，节省广告费用，降低销售成本，从而达到薄利多销的目的。无牌生产主要用于半制成品、低值易耗的日用消费品。

需要指出的是，我国的出口商品一般均注明“中华人民共和国制造”或“中国制造”字样，即出口商品无论是定牌或无牌，在货物或包装上通常均注明生产国别或地区。但有时在国外买方要求下，也用中性包装。

三、中性包装

中性包装是指在商品和内外包装上既不注明生产国别、地名和厂名，也不注明原有商标和牌号的商品包装。采用中性包装，有时是为了适应国外市场的特殊需要(如转口销售等)，有时是为了打破某些国家和地区人为设置的关税和非关税壁垒对商品的限制等，它是出口厂商扩大出口的一种手段(而且往往是进口商提出这样的要求，因为这对进口商也有利)。中性包装又有定牌中性和无牌中性之分。

1. 定牌中性包装，指卖方按买方的要求，在其出售的商品或包装上使用买方指定的商标或牌号，但不注明生产国别的包装。其目的主要是便于树立该商标或牌号在当地市场的声誉或利用其名牌声誉以利销售。

2. 无牌中性包装，指商品和包装上均不使用任何商标牌名，也不注明生产国别的包装。这种包装主要用于一些尚待进一步加工的半制成品，如缝制服装用的成匹棉布、绸缎等，买主要求出口人在装运出口时不使用任何商标或牌号。其目的主要是避免浪费，降低成本。

企业的产品要出口，就必须按照外贸合同的规定去执行。如果外贸合同规定为“无牌中性包装”，那么就必须严格注意，在商品上和内外包装上都不应有中文字样，也不能用国内报纸和其他宣传资料作商品的包装物、填充物和衬垫物。如果外贸合同规定为“定牌中性包装”，那么就应该在商品或包装上附上买方指定的商标和牌号，但不能注明生产国别。

需注意的是，我国对于某些出口商品(如纺织品等)规定不得使用中性包装，更不得虚标生产国/地区名，如我国原产的出口服装禁止虚标成“韩国制造”。在遇合同条款有中性包装要求时，最好先查询有关政策。中性包装虽是国际贸易中的习惯做法，但近年来受到种种限制，因此在出口商品上或包装上采用中性包装应谨慎从事。

第四节　合同中的包装条款

包装条款是主要贸易条件之一，是国际货物买卖合同的重要内容，买卖双方应在合同中作出明确具体的规定。

一、包装条款的基本内容

包装条款应涉及的主要内容有：包装方式、包装用料和包装规格、包装标志以及包装费用。

例：In cartons of 25 kg each.

纸箱装，每箱 25 千克。

In gunny bags of 60 kg net each.

麻袋装，每袋净重 60 千克。

二、订立包装条款的注意事项

（一）包装条款应明确具体

除非买卖双方对包装方式的具体内容经事先充分交换意见或由于长时期的业务交往已取得一致认识，否则在合同中一般不宜采用“适合海运包装”(Sea-worthy Packing)、“习惯包装”(Customary Packing)之类的术语，因为此类术语缺乏统一的解释，容易引起争议和纠纷。有时为了更加明确，在规定包装材料和方式时，可订明每件的重量或数量。

（二）关于运输标志(唛头)应写清楚是由卖方提供还是由买方自行设计

按国际贸易习惯，唛头一般由卖方决定，习惯称“卖方唛头”(Seller's Mark)，并无须在合同中作具体规定。如买方要求，也可在合同中作出具体规定，习惯称“买方唛头”(Buyer's Mark)。但如买方要求由其指定唛头，则应在合同中明确规定唛头的具体式样和内容，或规定买方提交唛头式样和内容的时限，并订明若到时尚未收到买方有关唛头的通知，则卖方可自行决定，以免延误卖方交货。如在合同中作规定：“唛头由买方提供，买方提供的唛头必须在装运前×天交到卖方，否则，卖方可以刷制自行设计的唛头。”

（三）明确包装由谁供应和包装费用由何方负担

包装费用一般包括在货价之中，不另计收。但若买方对包装有特殊要求，除非事先明确包装费用包括在货价内，其超出的包装费用原则上应由买方负担，并应在合同中具体规定负担的费用和支付办法。如商定全部或部分包装材料由买方负责提供，合同中应同时规定包装材料最迟到达卖方的时限和逾期到达的责任，该项时限应与合同的交货期限相适应。另外，即使由买方承担包装费用，如果卖方包装技术达不到要求，也不宜轻易接受，以免引起纠纷。选择包装方式时应考虑商品的特性和使用的运输方式，尽量有利于降低包装成本和节省运输费用。

（四）考虑进口国对包装的有关法令规定和风俗习惯

各国政府对包装有时会有一些特殊的要求，如在包装材料方面，有的国家不允许使用玻璃和陶瓷制作包装材料，有的国家(如美国、日本、加拿大、新西兰)禁止用稻草、报纸做包装衬垫。同时，包装还应顾及各国的风俗习惯，如非洲国家不欢迎狗，而东南亚国家大都喜欢大象，日本

忌以莲花为包装图案等。

链　接

世界各国对进口商品包装的规定

在国际贸易中，由于各国国情不同，以及文化差异的存在，对商品的包装材料、结构、图案及文字标识等要求各不相同，了解这些规定，对我国外贸出口大有裨益。

禁用标志图案

阿拉伯国家规定进口商品的包装禁用六角星图案，因为六角星与以色列国家旗中的图案相似，阿拉伯国家对有六角星图案的东西非常反感和忌讳。

德国对进口商品的包装禁用类似纳粹和军团符号标志。

利比亚对进口商品的包装禁止使用猪的图案和女性人体图案。

对容器结构的规定

美国食品药物局规定，所有医疗健身及美容药品都要具备能防止掺假、掺毒等防污能力的包装。

美国环境保护局规定，为了防止儿童误服药品、化工品，凡属于防毒包装条例和消费者安全委员会管辖的产品，必须使用保护儿童安全盖。

美国加利福尼亚、弗吉尼亚等 11 个州以及欧盟负责环境和消费部门规定，可拉离的拉环式易拉罐，也不能在市场上销售，目前已趋于研制不能拉离的掀扭式、胶带式易拉罐。

欧盟规定，接触食物的氯乙烯容器及材料，其氯乙烯单位的最大容量规定为每千克 1 毫克成品含量，转移到食品中的最大值是每千克 0.01 毫克。

根据美国药物调查局调查，在人体吸收的全部铅中，有 14%来自马口铁罐焊锡料，因此，要求今后 5 年内焊缝含铅量减少 50%。我国香港卫生条例规定，固体食物的最高铅含量不得超过 6 ppm，液体食物含铅量不得超过 1 ppm。

对使用文种的规定

加拿大政府规定进口商品必须英法文对照。

销往中国香港的食品标签，必须用中文，但食品名称及成分，须同时用英文注明。

希腊政府正式公布，凡出口到希腊的产品包装上必须要用希腊文字写明公司名称，代理商名称及产品质量、数量等项目。

销往法国的产品装箱单及商业发票须用法文，包括标志说明，不以法文书写的应附译文。

销往阿拉伯地区的食品、饮料，必须用阿拉伯文说明。

禁用的包装材料

美国规定，为防止植物病虫害的传播，禁止使用稻草做包装材料，如被海关发现，必须当场销毁，并支付由此产生的一切费用。

（续上）

新西兰农业检疫所规定，进口商品包装严禁使用以下材料：干草、稻草、麦草、谷壳或糠、生苔物、土壤、泥灰、用过的旧麻袋及其他材料。

菲律宾卫生部和海关规定，凡进口的货物禁止用麻袋和麻袋制品及稻草、草席等材料包装。

澳大利亚防疫局规定，凡用木箱包装（包括托盘木料）的货物进口时，均需提供熏蒸证明。

港口对运输包装的特殊规定

沙特阿拉伯港务局规定，所有运往该国港埠的建材类海运包装，凡装集装箱的，必须先组装托盘，以适应堆高机装卸，且每件重量不得超过2吨。

伊朗港口颁布的进口货物包装规定，药品、化工品、食品、茶叶等商品，分别要求以托盘形式，或体积不少于1立方米或重量1吨的集装箱包装。

沙特阿拉伯港口规定，凡运往该港的袋装货物，每袋重量不得超过50千克，否则不提供仓储便利，除非这些袋装货物附有托盘或具有可供机械提货和卸货的悬吊装置。

思考题

1. 商品包装在国际货物买卖中起什么作用？
2. 运输包装分为哪些类型？
3. 何谓运输包装的标志？包括哪几类？
4. 在设计和制作销售包装时，应做好哪些标示和说明工作？
5. 何谓定牌、无牌生产和中性包装？
6. 订立包装条款有哪些注意事项？

案例分析

1. 阿根廷某公司与上海自行车厂洽谈业务，打算从我国进口“凤凰”自行车3000辆。但要求我方改用“鹰”牌商标，并在包装上不得注明“Made in China”字样。问：我方是否可以接受？在处理此项业务时，应注意什么问题？

2. 某化工出口公司出口某种化工原料，共800公吨，合同与信用证均规定使用麻袋包装货物。但该公司到装船时才发现只剩下够装750公吨的麻袋，为了保证及时装船，遂决定改用塑料袋包装剩下的50公吨货物。结果，买方以卖方违反合同包装条款为由拒收货物并索赔。问：卖方的这种做法对吗？

第二篇 国际贸易术语和商品价格

【本篇导读】

买卖双方洽谈交易时，商品的价格往往是交易磋商中的核心内容。因为价格关系到贸易利益在买卖双方之间的分配，并且与其他交易条件又有着密切的关系。买卖双方在其他交易条件上的利益与得失，一般都会反映到商品价格上来。在贸易实践中，国际贸易术语往往被用来确定买卖双方的基本义务和责任。所谓贸易术语（Trade Terms）又称贸易条件或价格术语(Price Terms)，是指为适应国际贸易的特点，在长期的贸易实践中形成的一种贸易惯例。它用一个简短的概念或英文缩写来说明商品的价格构成和买卖双方的有关手续、费用、风险及责任的划分界限等问题，从而简化了交易磋商的内容，缩短了成交过程，节省了业务费用。例如"Free on Board"或者3个缩写字母"FOB"，即代表了"装运港船上交货"这一交易模式。在当今国际贸易实践中，国际贸易术语已成为交易磋商必不可少的交易工具。因此，在国际贸易实务中，结合其他各种交易条件和国际贸易术语，合理运用价格制定方法，选用有利的计价货币，适当采用与价格有关的佣金和折扣，正确制定进出口商品价格和订好合同中的价格条款，对搞好进出口贸易、提高经济效益，具有十分重要的意义。

第一章
国际贸易术语概述

在国际贸易中，卖方的基本义务是提交规定的货物和单据，并转移货物的所有权；买方的基本义务是接受货物和单据，并支付货款。但是，贸易中仅仅明确双方的基本义务是不够的。在货物交接过程中，有关风险、各种责任和费用都必须在买卖双方之间加以划分，而这些划分必然会影响到商品的价格。在实践中，贸易双方一般通过贸易术语加以确定。因此，掌握贸易术语及其国际惯例，对于明确买卖双方各自承担的风险、责任和费用，以及确定商品的价格，具有重要的意义。

第一节 国际贸易术语的含义与作用

一、国际贸易术语的起源

国际货物买卖是在不同的国家之间进行的，较国内贸易复杂得多。国际贸易的特点可以概括为：线长、面广、环节多、风险大。线长是指货物的运输距离长；面广是指交易中要涉及许多方面的工作；环节多是指货物从出口地到进口地要经过多道关卡，办理多道手续。这期间货物遭受自然灾害或意外事故而导致损坏或灭失的风险概率自然要大一些。为了明确交易双方各自所应承担的责任和义务，以下三个方面的问题是订立合同时必不可少的内容。

(一) 关于手续的办理

货物从出口地发货人仓库运抵进口地收货人仓库，所涉及的洽租运输工具、装货、卸货、办理货运保险、申领进出口许可证、报关纳税等手续，应由哪一方办理。

(二) 关于费用的负担

货物进出口所涉及的诸如运费、装卸费、保险费、仓储费、商检费、各项捐税和运输过程中产生的额外费用，应由哪一方负担。

(三) 关于风险的划分

买卖双方对货物的风险责任以什么地方为分界线；货物在运输途中的风险由哪一方承担；

货物灭失或损坏由谁向责任方索赔。

为了准确、细致、周全地订立合同，避免争议的发生，买卖双方常常要对上述手续、费用和风险等细节逐项予以洽商，这将耗费大量的时间、精力和费用，从而影响到整个交易的进程和贸易的效率和效益。

为此，在国际贸易的长期实践中，人们逐渐开始把一些常用的习惯交易做法定型化，把某些和价格密切相关的贸易条件与价格直接联系在一起，组成若干种固定的报价模式，每一种模式都规定了买卖双方各自所应承担的责任和义务，这就形成了贸易术语。所以，贸易术语的出现可以说是化繁为简的产物，它大大地便利了国际贸易的进行。

二、国际贸易术语的含义

从贸易术语的起源可以看出，贸易术语具有两重性：一方面表示价格构成；另一方面表示交易条件。

（一）表示价格构成

国际贸易商品的价格是由国内价格和国外费用两部分构成的。国内价格通常包括货物的进货价、商品流通费和税金；国外费用通常包括货物自出口地至进口地所需支付的运费、保险费以及其他各类相关费用。

不同的贸易术语代表了不同的交易模式，也就有不同的价格构成。因此，采用不同的贸易术语成交，货物的成交价格是有区别的。例如，按 FOB 术语成交，规定运输、保险均由买方办理，卖方不涉及这两项费用，货物的价格仅由国内价格这部分构成。因此，习惯上就把 FOB 术语成交的货物价格称为“成本价”。而按 CIF 术语成交，规定运输、保险均由卖方在出口国办理，卖方将支付的运费、保险费一并打入货价，则货物的价格构成就为国内价格和国外费用之和，即成本加保险费加运费，又称“保险费运费在内价”。由此可见，买卖双方针对相同的货物达成交易，采用 CIF 术语就比采用 FOB 术语价格来得高，原因是买卖双方费用负担划分有所不同。

由于贸易术语突出体现了其反映价格构成的作用，因此，又称贸易术语为“价格术语”。

（二）表示交易条件

国际贸易中，买卖双方所承担的义务，会影响到商品的价格，贸易术语规定了买卖双方在某些贸易条件中所承担的义务，表明了一定的交易条件。凭每一种贸易术语所签订的货物买卖合同，都有其特定的交易条件。贸易术语在反映价格构成的同时，更重要的是明确了买卖双方当事人在手续、费用和风险方面的责任划分。不同的贸易术语，买卖双方承担的责任是不同的。

由此可见，正是由于贸易术语的两重性所涵盖的“价格构成及交易条件”，买卖双方只要确定以何种贸易术语成交，即可明确彼此间在货物交接方面所应承担的责任，从而使复杂的国际贸易在一定程度上得以简化。因此，贸易术语已成为国际货物买卖中不可或缺的专用术语，被国际贸易界从业人员理解、接受并广泛使用。

三、国际贸易术语的作用

贸易术语的作用有很多，主要包括以下几个方面。

（一）有利于买卖双方洽商交易和订立合同

买卖双方在洽商价格时使用了贸易术语，既可以节省交易磋商的时间和费用，又可以简化交易磋商和买卖合同的内容，有利于交易的达成和贸易的发展。

（二）有利于买卖双方核算价格和成本

由于贸易术语表示了商品的价格构成，所以，买卖双方确定成交价格时，必然要考虑采用的贸易术语中包含哪些从属费用，这就有利于买卖双方进行比价和核算成本。

（三）有利于买卖双方争议的解决

买卖双方商订合同时，如对合同条款的细节内容考虑欠周，往往会致使某些事项未作明确规定，从而导致履约时发生争议，这时可以援引贸易术语的有关国际贸易惯例来处理。因为贸易术语的有关国际惯例已被贸易界广为接受并遵循，成为一种类似行为规范的基本准则。

第二节 有关贸易术语的国际贸易惯例

一、国际贸易惯例的含义与性质

国际贸易惯例是指在国际贸易业务中经过长期反复实践的习惯做法，经由有关国际组织加以编纂整理和解释而形成的。它的范围包括由国际上的组织和团体就国际贸易的某一方面（如支付、运输和价格等）的问题所作的解释或订立的规则。国际贸易惯例本身并不是各国的共同立法，也不是某一个国家的法律，它对贸易双方不具有强制性，它的使用是以当事人的意思自治为基础的，故买卖双方有权在合同中采用惯例的规定，也有权作出与某项惯例不同甚至截然相反的规定。国际贸易惯例虽然不是法律，但它对贸易实践仍具有重要的指导作用。一方面，若交易双方都同意并在合同中明确规定采用某项国际惯例，那么这项被采用的惯例就对订约双方具有约束力；另一方面，若交易双方对某一问题未作出明确规定，也未注明该合同适用某项惯例，但在合同执行中发生争议，受理该争议案件的司法或仲裁机构仍有可能会引用某一国际贸易惯例来作为判决或裁决的依据。所以，国际贸易惯例虽然不具有强制性，但它对国际贸易实践的指导作用是不容忽视的。

二、有关贸易术语的国际贸易惯例

贸易术语的出现的确给国际贸易带来了很大的便利，但各国对此并没有统一的解释。为了推进国际贸易的发展，某些国际组织和工商团体曾制定了有关国际贸易术语方面的规则、条例，以统一和规范国际贸易交易行为。这些规则和条例虽然并无强制性，但得到了世界上很多国家的认可，并在国际贸易实践中加以运用，逐渐演变为国际性的贸易惯例。目前国际上关于价格术语方面的国际贸易惯例主要有三个。

（一）《1932年华沙-牛津规则》（Warsaw-Oxford Rules 1932，简称 W. O. Rules 1932）

《1932年华沙-牛津规则》是由国际法协会制定的。该协会于1928年在华沙举行会议，制定了有关CIF买卖合同的统一规则，共22条，称为《1928年华沙规则》。后经1930年纽约会议、1931年巴黎会议和1932年牛津会议修订，定名为《1932年华沙-牛津规则》，共21条。该规则主要说明CIF买卖合同的性质和特点，并且具体规定了CIF合同中买卖双方所承担的费用、责任与风险。该规则适用的前提是必须在买卖合同中明确表示采用此规则。虽然这一规则现在仍得到国际上的承认，但实际上已很少采用。

（二）《1941年美国对外贸易定义修订本》(Revised American Foreign Trade Definitions 1941)

1919年，美国九大商业团体共同制定了《美国出口报价及其缩写条例》，随后即得到世界各国买卖双方的广泛承认和使用。但自该条例出版以后，贸易习惯发生了很大变化，因而在1940年举行的第27届美国对外贸易会议上强烈要求对它作进一步的修订。1941年7月31日，美国商会、美国进出口协会及全国对外贸易协会所组成的联合委员会通过了《1941年美国对外贸易定义修订本》。该修订本主要对以下六种术语作了解释。

1. 产地交货——(EX Point of Origin)。按此术语，所报价格仅适用于原产地交货，卖方同意在规定日期或期限内在双方商定的地点将货物置于买方控制之下。

2. 在运输工具上交货—FOB(Free on Board)。此术语又分为六种解释：

(1) 在内陆指定发货地点的指定内陆运输工具上交货。

(2) 在内陆指定发货地点的指定内陆运输工具上交货，运费预付到指定的出口地点。

(3) 在内陆指定发货地点的指定内陆运输工具上交货，减除至指定地点的运费。

(4) 在指定出口地点的指定内陆运输工具上交货。

(5) (指定装运港)船上交货。

(6) 进口国指定内陆地点交货。

3. 在运输工具旁交货——FAS(Free Along Side)。按此术语，卖方所报价格包括将货物交到各种运输工具旁边，如果在FAS后面加上“Vessel”字样，则表示“船边交货”。

4. 成本加运费——CFR(Cost and Freight)。按此术语，卖方所报价格包括将货物运到指定目的地的运输费用。

5. 成本加保险费、运费——CIF(Cost, Insurance and Freight)。按此术语，卖方所报价格包括货物的成本、海洋运输保险费和将货物运到指定目的地的一切运输费用。

6. 目的港码头交货——EX Dock(Named Port of Importation)。按此术语，卖方所报价格包括货物的成本和将货物运到指定进口港的码头所需的全部费用，并交纳进口税。

本定义主要适用于美洲国家，在很多解释上与其他惯例不同，因此，使用本定义或对该地区交易时要慎重，不要轻易使用。

（三）《2000年国际贸易术语解释通则》

在国际贸易的长期实践中，形成了一些价格术语，但各国对同一价格术语往往有不完全相同的解释，这给贸易的顺利进行带来一定的障碍，因此，对国际贸易中普遍采用的价格术语，提供统一的解释就显得非常重要。基于这种情况，国际商会于1936年制定了《国际贸易术语解释通则》，后来该通则于1953年、1967年、1976年和1980年先后进行了四次修订和补充。鉴于电子数据交换(EDI)通讯方式的广泛运用以及运输技术的变化，国际商会又于1989年11月通过了《1990年国际贸易术语解释通则》(以下简称《1990通则》)。

在20世纪末，国际商会国际商业惯例委员会广泛征求各方意见，通过调查、研究和讨论，对《1990通则》再次进行修订，并于1999年9月公布了《2000年国际贸易术语解释通则》(以下简称《2000通则》)，定于2000年1月1日正式生效。

在《2000 通则》的使用过程中，由于区域经济一体化的发展导致无关税区进一步扩大，运输方式的变革及对运输安全的更多关注直接推动了对《2000 通则》贸易术语的修订。国际商会于 2007 年发起对《2000 通则》进行修订的动议，于 2010 年 9 月发布了《2010 年国际贸易术语通则》(以下简称《2010 通则》)，并于 2011 年 1 月 1 日起生效。

为了对《2000 通则》实施修订，国际商会历时 3 年，组织调查、发现和研究问题，对七十多年以来的国际贸易活动进行了全面的回顾和总结，在修订的过程中，修订小组的成员们集思广益，兼顾协调了来自世界各地使用者的大量反馈意见，力求使新的版本能够将贸易规范推向一个新的高度，使之更加贴近当今的贸易实际。从这一点来看，国际贸易术语解释通则修订的意义是深远和伟大的。我们应该尽早熟悉和掌握《2010 年国际贸易术语解释通则》的规则，以利于更好地与国际接轨。

链 接

表 2-1-1

《2010 通则》11 种贸易术语的分类

适合任何运输方式的贸易术语	EXW (Ex Works)	工厂交货
	FCA (Free Carrier)	货交承运人
	CPT (Carrier Paid to)	运费付至
	CIP (Carrier and Insurance Paid to)	运费/保险费付至
	DAT (Delivered at Terminal)	指定运输终端交货
	DAP (Delivered at Place)	指定目的地交货
	DDP (Delivered Duty Paid)	完税后交货
适合海运和内河航运的贸易术语	FAS (Free Along Side Ship)	装运港船边交货
	FOB (Free on Board)	装运港船上交货
	CFR (Cost and Freight)	成本加运费
	CIF (Cost, Insurance and Freight)	成本、保险费加运费

链 接

表 2-1-2

《2010 通则》贸易术语买卖双方义务对照表

《2010 通则》将每种贸易术语买卖双方各自的责任、风险和费用均用 10 个项目列出，相互对照，一目了然。

（续上）

A 卖方责任	B 买方责任
A1 卖方的一般责任	B1 买方的一般责任
A2 许可证、授权、安检通关和其他手续	B2 许可证、授权、安检通关和其他手续
A3 运输合同和保险合同	B3 运输合同和保险合同
A4 交货	B4 收取货物
A5 风险转移	B5 风险转移
A6 费用划分	B6 费用划分
A7 通知买方	B7 通知卖方
A8 交货凭证	B8 交货证明
A9 检查、包装和标志	B9 货物检验
A10 协助提供信息及相关费用	B10 协助提供信息及相关费用

思考题

1. 什么是国际贸易术语？
2. 关于贸易术语的国际惯例有哪几种？
3. 试比较《2000 通则》与《2010 通则》的异同。

案例分析

法律与国际贸易惯例是有本质不同的，国际贸易惯例本身不是法律，其适用是以当事人的意思自治为基础的。据此，有同学认为，既然国际贸易惯例对贸易当事人来说不具有强制约束力，那么，了解与掌握国际贸易惯例就无关紧要了。问：这种想法是否正确？为什么？

第二章

《2010 通则》中的 11 种贸易术语

《2010 通则》中共有 11 种价格术语，其中最主要的价格术语是 FOB、CIF、CFR、FCA、CPT 和 CIP，前 3 种价格术语是国际贸易中最常用的，仅适用于海洋运输和内河运输；后 3 种是根据前 3 种发展而来的，适用于各种运输方式。

第一节　适合于水上运输方式的 3 种常用贸易术语

本节将就适合于水上运输方式的 3 种常用贸易术语的含义、买卖双方的义务和责任、风险和费用的划分界限以及在使用中应注意的问题等作较为详细的介绍。

一、FOB

FOB (Free on Board ... named port of shipment)——装运港船上交货(……指定装运港)，是指卖方必须在合同规定的装运期内在指定的装运港将货物交至买方指定的船上，并承担货物在装上船之前的一切费用和货物灭失或损坏的风险。FOB 术语的后随地点必须是出口国的装运港，本术语只适用于海洋运输和内河运输。

(一) 买卖双方的义务划分

根据《2010 通则》对 FOB 的解释，买卖双方的主要义务如下。

1. 卖方义务。

(1) 卖方必须在约定的日期或期限内，在指定的装运港，将符合销售合同规定的货物按照该港口的习惯方式交至买方指定的船上，并给予买方说明已按照规定交货的充分通知。所谓“充分”，是指时间上必须及时，内容上必须详尽，一般应以电讯方式将装船的具体情况告知买方。

(2) 卖方必须自担风险和费用，取得任何出口许可证或其他官方许可，并在需要办理海关手续时，办理出口货物所需的一切海关手续。

(3) 卖方必须承担货物在装运港装上船之前的一切与货物有关的费用和货物灭失或损坏

的风险。

(4) 卖方必须自负费用,向买方提供商业发票和证明货物已交至船上的交货凭证、运输单据或具有同等作用的电子信息。

2. 买方义务。

(1) 买方必须按照销售合同规定支付价款。

(2) 买方必须自负费用,订立从指定的装运港运输货物的合同,并给予卖方有关船名、装船地点和要求交货时间的充分通知。

(3) 买方必须自担风险和费用,取得任何进口许可证或其他官方许可,并在需要办理海关手续时,办理货物进口和在必要时从他国过境的一切海关手续。

(4) 买方必须承担货物在装运港装上船之后的一切与货物有关的费用和货物灭失或损坏的风险。

(5) 买方必须收取卖方按合同规定交付的货物,接受按合同规定提交的交货凭证。

(6) 买方为其自身利益考虑,应负责办理保险手续并支付保险费。

概括地说,FOB 术语买卖双方的责任和义务可用表 2-2-1 说明:

表 2-2-1

FOB 术语买卖双方主要责任和义务划分一览表

卖　　方	买　　方
交货(按合同规定)、移交单据	付款、接单、提取货物
办理出口清关手续、支付费用	办理进口清关手续、支付费用
	租船订舱、支付运费
	办理保险、支付保险费
承担货物在装运港装上船之前的一切风险	承担货物在装运港装上船之后的一切风险

链　接

【案例与思考】

有一份出售一级大米 300 吨的合同,按 FOB 条件成交,装船时经公证人检验,符合合同规定的品质条件,卖方在装船后已及时发出装船通知,但航行途中,由于海浪过大,大米被海水浸泡,品质受到影响,当货物到达目的港时,只能按三级大米的价格出售,因而买方要求卖方赔偿损失。问:卖方是否应该赔偿?

【案例评析】

在上述情况下,卖方对该项损失不需负任何责任。根据 FOB 术语,买卖双方以"货物装上船"作为风险界限,货物在装运港装上船以前的风险由卖方承担,装上船以后的风险由买方承担。在本案中,卖方已完全履行了自己的义务,将货在装运港装船时及时

（续上）

发出了装船通知，且装船时大米已经过检验并被证明为合格，船公司开具的也是清洁提单，因此，买方应该视具体情况向承运人或保险公司索赔大米的损失。

（二）使用FOB术语应注意的问题

1. 关于船货衔接问题。在FOB术语下，卖方要在规定的时间和地点完成装运，而运输工具是由买方负责安排的，因此存在一个船货衔接问题，要防止出现“货等船”或“船等货”。这就要求买方在合同规定的装运时间派船接货，并及时向卖方发出“到船通知”。如果买方未能按时派船，这包括未经对方同意提前将船派到和延迟派到装运港，卖方都有权拒绝交货，由此产生的各种损失均由买方承担。如果买方指派的船只按时到达装运港，而卖方却未能备妥货物，那么责任由卖方承担。

2. 关于装船费用的问题。在装运港的装船费用主要是指与装船有关的一些支出，如平舱费、理舱费、捆扎费、加固费等。以FOB条件买卖时，如果使用班轮运输，由于班轮一般管装管卸，一切费用都包括在运费之内，则装卸费用由支付运费的一方即买方负担。但租船时，船方是否负责装卸由租船合同具体规定，而且在许多合同中，船方不负责装卸，因此需明确买卖双方有关费用的负担。FOB由买方负责签订运输合同并支付运费。故而，在目的港的卸货费用理应由买方负担，而装运港的装船费用通常可以用FOB的变形来加以明确。

(1) FOB班轮条件(FOB Liner Terms)，是指装船费用按班轮条件来办理，即由支付运费的一方(即买方)负担。

(2) FOB并理舱(FOB Stowed, FOBS)，是指卖方负责将货物装入船舱并负担包括理舱费在内的装船费用。

(3) FOB并平舱(FOB Trimmed, FOBT)，是指卖方负责将货物装入船舱并负担包括平舱费在内的装船费用。若买方租用自动平舱船时，卖方应退回平舱费用。

(4) FOB吊钩下交货(FOB Under Tackle)，是指卖方将货物运到船舶吊钩所及之处，从货物起吊开始的装船费用由买方负担。由于吊钩下可能在码头，也可能是驳船，而且大件货物涉及岸吊和浮吊的租用，易引起争议，因此，一般不用此变形。

还有如：FOB Stowed and/or Trimmed; FOB Stowed and Secured; FOB Stowed and Lashed 等。

以上FOB变形只涉及装船费用，风险划分不变。

另外，要注意某些国家的某些港口对FOB有关装船费用的特别解释。例如 FOB Liverpool：除非合同另有规定，卖方需负责将货装到利物浦港口的船上并理好舱。

FOB London：除非合同另有规定，卖方需负责将货物装到伦敦港口的船上，但不负责平舱及理舱费用，风险以货物实际装到船上为界。

因此，在实际业务中，如果采用租船方式且对装船费用未作明确规定的，一定要注意有关国家的习惯做法，以免产生不必要的麻烦。

3.《1941年美国对外贸易定义修订本》对FOB术语的特殊解释。美国对FOB的解释与上述解释有差异，主要表现在以下两个方面。

(1) 美国对 FOB 笼统地揭示为任何一种运输工具上交货。因此,从美国进口货物签订 FOB 合同时,必须在 FOB 后加缀“Vessel”(船)字样,并列明装运港名称,才表明卖方在装运港船上交货。

(2) 在费用负担上,规定买方要支付卖方协助提供出口单证的费用以及出口税和因出口而产生的其他费用。

链 接

【案例与思考】

某公司从美国进口瓷制品 5 000 件,外商报价为每件 10 美元 FOB Vessel New York,我方如期将金额为 50 000 美元的即期信用证开抵卖方,但美商要求将信用证金额增加至 50 800 美元,否则,有关的出口关税及签证费用将由我方另行电汇。问:美商的要求是否合理?为什么?

【案例评析】

美商的要求是合理的。根据《1949 年美国对外贸易定义修订本》的规定,在 FOB Vessel 术语下,买方要支付卖方协助提供出口单证的费用以及出口税和因出口产生的其他费用,而我方开出的信用证中未包含此项费用。因此,美商的要求是合理的。

二、CFR

CFR(Cost and Freight ... named port of destination)——成本加运费(……指定目的港)是指卖方必须在合同规定的装运期内在装运港将货物交至运往指定目的港的船上,承担货物装上船之前的一切货物灭失或损坏的风险及由于各种事件造成的任何额外费用,并负责租船订舱,支付至目的港的正常运费。CFR 术语的后随地点必须是进口国的目的港,本术语只适用于海洋运输和内河运输。

(一) 买卖双方的义务划分

根据《2010 通则》对 CFR 的解释,买卖双方的主要义务如下。

1. 卖方义务。

(1) 签订从指定装运港将货物运往目的港的合同;在买卖合同规定的时间和港口,将合同要求的货物装上船并支付到目的港的运费;装船后及时通知买方。

(2) 承担货物在装运港装上船之前的一切费用和风险。

(3) 取得出口许可证或者其他官方证明,并办理货物出口所需的一切海关手续。

(4) 提交发票,运输单据,或具有相同作用的电子信息。

2. 买方义务。

(1) 接受卖方提供的有关单据,受领货物,并按合同规定支付货款。

(2) 承担货物在装运港装上船之后的一切风险。

(3) 取得出口许可证或者其他官方证明,并办理货物出口所需的一切海关手续,支付关税

及其他相关费用。

概括地说，CER 术语买卖双方的责任和义务划分可用表 2-2-2 说明：

表 2-2-2

CFR 术语买卖双方主要责任和义务划分一览表

卖　　方	买　　方
交货(按合同规定)、移交单据	付款、接单、提取货物
办理出口清关手续、支付费用	办理进口清关手续、支付费用
租船订舱、支付运费	
	办理保险、支付保险费
承担货物在装运港装上船之前的一切风险	承担货物在装运港装上船之后的一切风险

从表 2-2-2 可以看出，CFR 与 FOB 贸易术语的不同点就在于办理租船订舱、支付运费这项责任上，CFR 这项责任由卖方承担，FOB 则由买方承担。

(二) 使用 CFR 术语应注意的问题

1. 装船通知的重要性。以 CFR 术语成交，必须特别注意的是，卖方在货物装船之后一定要及时向买主发出装船通知，以便买方及时办理投保手续。

2. 卖方的装运义务。以 CFR 术语成交，虽然是卖方负责安排运输，但卖方必须按合同规定期限发运货物，卖方的随意延迟装运或提前装运行为都属违约，买方将有权拒收货物或提出索赔。另外，按照惯例，卖方在安排运输时，只需按照通常的航线和使用通常的船只即可，买方无权对此提出过多要求。

3. 关于卸货费用的承担。在使用租船运输时，如前所述，买卖双方需明确装卸费用的负担，以 CFR 术语成交，由卖方负责签订运输合同和支付运费，故而装运港的装船费用理应由卖方承担，而为了明确以 CFR 术语成交的交易在卸货费上的问题，在买卖双方商订合同时，可以在原术语后附加下列短语，以表明卸货费用由谁负担的具体条件。

(1) CFR 班轮条件(CFR Liner Terms)。由卖方或船方承担货物的卸货费，包括驳船费和码头费。

(2) CFR 卸至岸上(CFR Landed)。由卖方承担将货物卸到码头上的各项有关费用，包括驳船费和码头费。

(3) CFR 舱底交货(CFR Ex Ship's Hold)。买方负担货物到达目的港后自船舱起吊直至卸到码头的卸货费用。

(4) CFR 吊钩交货(CFR Ex-Tackle)。卖方负担货物从舱底吊至船边卸离吊钩为止的费用。

链　接

【案例与思考】

我方以 CFR 贸易术语与客户签约成交某出口商品一批，我方于 10 月 1 日凌晨 2 点装船完毕，受载货轮于当日下午起航。因 10 月 1 日为我国法定国庆假日，2 日又适

（续上）

逢星期例假，我方未及时向买方发出装船通知，至 3 日上班时突然收到买方急电，报告说货轮已于 2 日下午 4 时遇难沉没，货物全部灭失，要求我方赔偿全部损失。问：我方是否该承担责任？

【案例评析】

货物损失应由我方承担。因为在 CFR 术语成交的情况下，租船订舱和办理投保手续分别由卖方和买方办理。因此，卖方在装船完毕后应及时向买方发出装运通知，以便买方及时办理投保手续，否则由此产生的风险应由卖方承担。本案中，由于我方未及时发出装运通知，导致买方未能及时办理投保手续，因此我方应承担全部责任。

三、CIF

CIF(Cost, Insurance and Freight ... named port of destination)——成本加保险费、运费(……指定目的港)，是指卖方必须在合同规定的装运期内在装运港将货物交至运往指定目的港的船上，承担货物装上船之前的一切货物灭失或损坏的风险及由于各种事件造成的任何额外费用，并负责办理货运保险，支付保险费，以及负责租船订舱，支付从装运港到目的港的正常运费。CFR 术语的后随地点必须是进口国的目的港，本术语只适用于海洋运输和内河运输。

（一）买卖双方的义务划分

根据《2010 通则》对 CIF 的解释，买卖双方的主要义务如下。

1. 卖方义务。

(1) 卖方必须在约定的日期或期限内，在指定的装运港，将符合销售合同规定的货物交至运往指定目的港的船上，并给予买方已按照规定交货的充分通知，以便买方能够为受领货物而采取通常必要的措施。

(2) 卖方必须自担风险和费用，取得任何出口许可证或其他官方许可，并办理出口货物所需的一切海关手续。

(3) 卖方必须承担货物在装运港装上船之前的一切货物灭失或损坏的风险及由于各种事件造成的任何额外费用。

(4) 卖方必须自负费用向买方提供商业发票和证明货物已交至船上的交货凭证、运输单据或具有同等作用的电子信息。

(5) 卖方必须自负费用按照通常条件订立运输合同，经由惯常航线，将货物用通常可供运输合同所指货物类型的海轮(或船只)装运至指定目的港。

(6) 卖方必须按照合同规定，自负费用取得货物保险，并向买方提供保险单或其他保险凭证，以使买方或任何其他对货物具有保险利益的人有权直接向保险人索赔。

2. 买方义务。

(1) 买方必须按照销售合同规定支付价款。

(2) 买方必须自担风险和费用，取得任何进口许可证或其他官方许可，并在需要办理海关

手续时，办理货物进口和在必要时从他国过境的一切海关手续。

(3) 买方必须承担货物在装运港装上船之后的一切货物灭失或损坏的风险及由于各种事件造成的任何额外费用。

(4) 买方必须收取卖方按合同规定交付的货物，接受按合同规定提交的交货凭证。

概括地说，CIF术语买卖双方主要责任和义务划分可用表2-2-3说明：

表2-2-3

CIF术语买卖双方主要责任和义务划分一览表

卖　方	买　方
交货(按合同规定)、移交单据	付款、接单、提取货物
办理出口清关手续、支付费用	办理进口清关手续、支付费用
租船订舱、支付运费	
办理保险、支付保险费	
承担货物在装运港装上船之前的一切风险	承担货物在装运港装上船之后的一切风险

从表2-2-3可以看出，CIF与CFR贸易术语的不同点就在于办理保险并支付保险费这一项责任，CIF这项责任由卖方承担，CFR则由买方承担。

链 接

【案例与思考】

某进出口公司以CIF伦敦向英国某客商出售供应圣诞节的应节杏仁一批，由于该商品的季节性较强，买卖双方在合同中规定：买方须于9月底以前将信用证开抵卖方，卖方保证不迟于12月5日将货物交付买方，否则，买方有权撤销合同。如卖方已结汇，卖方仍需将货款退还买方。问：该合同是否还属于CIF合同？为什么？

【案例评析】

本案中合同性质已不属于CIF合同。因为：① CIF合同是“装运合同”，即按此类销售合同成交时，卖方在合同规定的装运期内在装运港将货物交至运往指定目的港的船上，即完成了交货义务，对货物在运输途中发生灭失或损坏的风险以及货物交运后发生的事件所产生的费用，卖方概不承担责任。而本案的合同条款规定卖方必须于12月5日前将货物实际交给买方，这显然已经改变了“装运合同”的性质。② CIF是典型的象征性交货，在象征性交货的情况下，卖方凭单交货，买方凭单付款，而本合同条款规定：“如卖方已结汇，卖方仍需将货款退还买方”，该条款已改变了“象征性交货”下卖方凭单交货、买方凭单付款的特点。由此可见，本案的合同性质已不属于CIF合同。除非卖方有绝对把握能保证12月5日前到货，否则是绝对不应答应这样的合同条款的。

(二) 使用 CIF 术语时应注意的问题

1. CIF 术语属于装运合同。由于 CIF 术语后面跟的是目的港,所以一直被称作"到岸价",其实这种叫法是不准确的,它容易被人们误解为卖方负责将货物运到目的港并承担到此为止的一切费用和风险,这与 CIF 本身的含义是相违背的,必须加以注意。

2. 关于保险的有关规定。按 CIF 术语达成的交易,卖方必须为买方代买保险。买卖双方在订立合同时应该对保险险别、保险金额等问题作出明确规定,以防发生争议,如果没有具体规定,按照国际惯例,卖方一般只需投保最低险别,最低保险金额应包括合同规定的价款另加 10%(即发票金额的 110%)。

3. 关于象征性交货问题。所谓"象征性交货",是针对"实际交货"而言的。象征性交货是指卖方只要按期在约定地点完成装运,并向买方提交合同规定的,包括物权凭证的有关单据,就算完成了交货的义务,而无需保证到货。CIF 就是一种典型的象征性交货。

4. 关于租船运输方式下卸货费用的确定问题。以 CIF 术语成交,如前述的 CFR 一样,如果采用班轮运输,有关装卸货费用均由班轮公司负责,实际上由支付运费的一方即卖方负担。而在租船运输中,有关装货费用可理解为由支付运费的一方(卖方)负担,卸货费则可用 CIF 的变形来解决,有关 CIF 的变形主要有以下几种。

(1) CIF 班轮条件(CIF Liner Terms),是指卸货费用按班轮条件办理,即由支付运费的一方(卖方)负担。

(2) CIF 舱底交货(CIF Ex—ship's Hold),是指买方负担将货物从目的港船舱舱底起吊、卸到码头的费用。

(3) CIF 卸到岸上(CIF Landed),是指货物到达目的港后,包括驳船费和码头捐在内的卸货费由卖方负担。

(4) CIF 吊钩交货(CIF Ex—tackle),是指卖方负担货物从舱底吊至船边卸离吊钩为止的费用。

链 接

【案例与思考】

我国某进出口公司与外商按 CIF Landed London 条件成交出口一批货物,合同规定,商品的数量为 500 箱,以信用证方式付款,5 月份装运。买方按合同规定的开证时间将信用证开抵卖方。货物顺利装运完毕后,卖方在信用证规定的交单期内办好了议付手续并收回货款。不久,卖方收到买方寄来的货物在伦敦港的卸货费和进口报关费的收据,要求我方按收据金额将款项支付给买方。问:我方是否需要支付这笔费用?为什么?

【案例评析】

我方应负担卸货费用,但不需要负担进口报关费。因为本案中,我国某进出口公司按"CIF 卸至岸上"成交,"卸至岸上"(Landed)仅表示卖方要负担卸货费;并不改变 CIF 的交易条件,即进口手续由买方办理,进口报关费由买方负担。因此,我方应负担卸货费而不应负担进口报关费。

链　接

表 2-2-4

FOB、CFR、CIF 异同点一览表

		卖　方	买　方
相同点		1. 装货,充分通知 2. 出口手续,提供证件 3. 交单	1. 接货 2. 进口手续,提供证件 3. 受单、付款
		4. 都是装运港交货,风险、费用划分一致,都是以货交船上为界 5. 都是凭单交货、凭单付款,属于"装运合同""象征性交货"性质 6. 都仅适合于海洋运输和内河运输	
不同点	FOB		租船订舱、支付运费(F) 办理保险、支付保险费(I)
	CFR	租船订舱、支付运费(F)	办理保险、支付保险费(I)
	CIF	租船订舱、支付运费(F) 办理保险、支付保险费(I)	

第二节　适合于各种运输方式的 3 种常用贸易术语

本节将就适合于各种运输方式的 3 种常用贸易术语的含义、买卖双方的义务和责任、风险和费用的划分界限以及在使用中应注意的问题等作较为详细的介绍。

一、FCA

FCA(Free Carrier ... named Place)——货交承运人(……指定地)是指卖方必须在合同规定的交货期内在指定地或地点将经出口清关的货物交给买方指定的承运人监管,并承担货物被交由承运人监管为止的一切费用和货物灭失或损坏的风险。本术语适用于各种运输方式。

需要说明的是,交货地点的选择对于在该地点装货和卸货的义务会产生影响。若卖方在其所在地交货,则卖方应负责装货,若卖方在任何其他地点交货,卖方不负责卸货,即当货物在卖方的运输工具上,尚未卸货,而将货物交给买方指定的承运人或其他人或由卖方选定的承运人或其他人处置时,交货即算完成。

(一) 买卖双方主要责任义务的划分

根据《2010 通则》对 FCA 的解释,买卖双方的主要义务如下。

1. 卖方义务。

(1) 卖方必须自担风险和费用,取得任何出口许可证或其他官方许可,并在需要办理海关手续时，办理出口货物所需的一切海关手续。

(2) 卖方必须在指定的交货地点，于约定的交货日期或期限内，将货交给买方指定的承运人，并给予买方说明已按照规定交货的充分通知。

(3) 卖方必须承担货物被交由承运人监管为止的一切与货物有关的费用和货物灭失或损坏的风险。

(4) 卖方必须自负费用向买方提供商业发票和证明货物已交给承运人的交货凭证、运输单据或具有同等作用的电子信息。

2. 买方义务。

(1) 买方必须自费订立自指定地承运货物的合同，支付运费，并将承运人名称及其他有关信息及时通知卖方。

(2) 买方必须承担货物被交由承运人监管之后的一切与货物有关的费用和货物灭失或损坏的风险。

(3) 买方必须收取卖方按合同规定交付的货物，接受按合同规定提交的交货凭证或相等的电子信息，并按合同规定支付货款。

(4) 买方必须自担风险和费用，取得任何进口许可证或其他官方许可，并在需要办理海关手续时，办理货物进口和在必要时从他国过境的一切海关手续。

(5) 买方应对货物在运输途中可能发生的灭失或损坏的风险取得货物保险，订立保险合同，并支付保险费。

概括地说，FCA 术语买卖双方的责任划分可用表 2-2-5 说明：

表 2-2-5

FCA 术语买卖双方主要责任划分一览表

卖　　方	买　　方
交货(按合同规定)、移交单据	付款、接单、提取货物
办理出口清关手续、支付费用	办理进口清关手续、支付费用
	办理运输、支付运费
	办理保险、支付保险费
承担货物交给承运人处置之前的一切风险和费用	承担货物交给承运人处置之后的一切风险和费用

(二) 使用 FCA 术语应注意的问题

1. 交货点和风险的转移。由于 FCA 适用于各种运输方式，它的交货点需按不同的运输方式和不同的指定交货点而定。总的来说有以下几种。

(1) 交货点在卖方所在地，则当货物被装上由买方指定的承运人的收货运输工具上，卖方即完成了交货义务。

(2) 交货点在买方所在地，且在卖方的送货工具上(未卸下)，被交由买方指定的承运人处置时，卖方即完成了交货义务。

(3) 买方安排运输，FCA 适用于各种运输方式，包括公路、铁路、江河、海洋、航空运输以及多式联运。采用这一交货条件时，买方要自费订立从指定地点启运的运输契约，并及时通知

卖方。如果买方有要求，或者根据商业习惯，卖方也可因买方的请求而按通常条件为买方代为订立运输契约，但费用和风险要由买方承担。反之，如卖方不愿意按买方的请求或商业习惯协助买方订立运输合同，也必须及时通知买方，以便买方另作安排。否则，遗漏安排运输，也会引起额外的费用和风险。

2. 集合化的费用负担。由于在 FCA 术语下，卖方要承担完成交货义务之前所发生的一切费用，而采用 FCA 术语时，货物大都作集合化或成组化包装，因此，卖方应注意将货物集合化所需的费用也计算在价格之内。

链 接

【案例与思考】

我国某进出口公司向新加坡某贸易公司出口香料 15 公吨，对外报价为每公吨 2 500美元 FOB 湛江，装运期为 10 月份，集装箱装运。我方于 10 月 16 日收到买方的装运通知，为及时装船，公司业务员于 10 月 17 日将货物存于湛江码头仓库，不料货物因当夜仓库发生火灾而全部灭失，以致货物损失由我方承担。问：在该笔业务中，我方若采用 FCA 术语成交，是否需要承担案中的损失？为什么？

【案例评析】

我方若选择 FCA 术语成交，则可以在货物运至湛江码头时(或之前)将货物交给承运人，不必承担本案中的损失。本案采用集装箱运输，若采用 FCA 术语成交，比 FOB 术语成交多以下好处：① 可以提前转移风险；② 可以提早取得运输单据；③ 可以提早交单结汇，提高资金的周转率；④ 可以减少卖方的风险责任。这样，不但我方不用承担本案中的风险，还可以提早取得运输单据，提早交单结汇。

二、CPT

CPT(Carriage Paid to ... named place of destination)——运费付至(……指定目的地)，是指卖方支付货物运至指定目的地的运费，在货物被交由承运人保管时，货物灭失或损坏的风险，以及由于在货物交给承运人后发生的事件而引起的额外费用，即从卖方转移至买方。本术语适用于各种运输方式，包括多式联运。

(一) 买卖双方的责任划分

根据《2010 通则》对 CPT 的解释，买卖双方的主要义务如下。

1. 卖方义务。

(1) 办理出口清关手续，自费订立运输合同，按期将货物交给承运人，以运至指定目的地，并向买方发出货物已交付的充分通知。

(2) 承担货物交付承运人以前的一切费用和货物灭失与损坏的一切风险，以及从装运地至目的地的通常运费。

(3) 向买方提交约定的单证或相等的电子信息。

(4) 在买方自负风险和费用的情况下，按买方要求提供买方安全清关和后续所需的单据和信息。

2. 买方义务。

(1) 从卖方交付货物时起，承担货物灭失和损坏的一切风险。

(2) 支付除通常运费之外的有关货物在运输途中所产生的各项费用和卸货费。

(3) 在目的地从承运人那里受领货物，并按合同规定受领单据和支付货款。

(4) 自负风险和费用，取得进口许可证和其他官方文件，办理进口报关手续。

(5) 在卖方自负风险和费用的情况下，按卖方要求提供卖方运输、出口和安全清关所需的信息。

概括地说，CPT 术语买卖双方的主要责任划分可用表 2-2-6 说明：

表 2-2-6

CPT 术语买卖双方主要责任划分一览表

卖　　方	买　　方
交货(按合同规定)、移交单据	付款、接单、提取货物
办理出口清关手续、支付费用	办理进口清关手续、支付费用
办理运输、支付运费	
	办理保险、支付保险费
承担货物交给承运人处置之前的一切风险和费用	承担货物交给承运人处置之后的一切风险和费用

(二) 使用 CPT 术语应注意的问题

1. 及时向买方发出已交货通知。卖方将货物交给承运人后，应及时向买方发出货已交付的通知，以便买方能及时办理保险及在目的地受领货物。关于这一问题的重要性及其处理方法，可参阅 CFR 术语中的有关阐述。

2. 关于风险划分的界限问题。按照 CPT 术语成交，虽然卖方要负责订立从启运地到指定目的地的运输契约，并支付运费，但是卖方承担的风险并没有延伸至进口国的目的地。按照《2010 通则》的解释，货物自交货地点至目的地的运输途中的风险由买方承担，而不是卖方，卖方只承担货物交给承运人控制之前的风险。

链　接

【案例与思考】

我国某公司以 CPT 条件出口一批服装，公司按期将货物交给指定承运人，但运输途中由于天气原因延期了 1 个月，错过了销售季节，买方以此向该公司提出索赔。问：此项损失由谁承担？

（续上）

【案例评析】

买方应承担该项损失。根据CPT术语，当卖方在指定交货地点将货物交给承运人处理后风险便转移给买方，即货交承运人后的风险由买方承担。在本案中，卖方已履行了自己的义务，按期将货物交给指定承运人，至于交货后在运输途中因天气原因产生的损失应由买方承担，因此买方无权向出口公司索赔。

三、CIP

CIP(Carriage and Insurance Paid to ... named place of destination)——运费、保险费付至(……指定目的地)，是指卖方负责安排运输和投保，并支付相应的运输费用和保险费用，在货物被交由承运人保管时，货物灭失或损坏的风险以及由于在货物交给承运人后发生的事件而引起的额外费用，即从卖方转移至买方。与CPT术语相同，本术语适合于各种运输方式。

（一）买方双方责任的划分

根据《2010通则》对CIP的解释，买卖双方的主要责任如下。

1. 卖方责任。

(1) 卖方必须自担风险和费用，取得任何出口许可证或其他官方许可，并在需要办理海关手续时，办理出口货物所需的一切海关手续。

(2) 卖方必须自费订立将货物运往指定目的地的运输合同，并支付有关运费。

(3) 卖方必须在合同规定地点和日期将货物交给承运人，并给予买方已交货的充分通知。

(4) 卖方必须承担货物被交由承运人监管为止的一切与货物有关的费用和货物灭失或损坏的风险。

(5) 卖方必须对货物在运输途中可能发生的灭失或损坏的风险取得货物保险，订立保险合同，并支付保险费。

(6) 卖方必须自负费用向买方提供商业发票和证明货物已交给承运人的交货凭证、运输单据或具有同等作用的电子信息。

2. 买方责任。

(1) 买方必须承担货物被交由承运人监管之后的一切与货物有关的费用和货物灭失或损坏的风险。

(2) 买方必须收取卖方按合同规定交付的货物，并按合同规定支付货款。

(3) 买方必须接受按合同规定提交的交货凭证或相等的电子信息。

(4) 买方必须自担风险和费用，取得任何进口许可证或其他官方许可，并在需要办理海关手续时，办理货物进口和在必要时从他国过境的一切海关手续。

从上述责任划分可以看出CIP术语有关买卖双方的责任划分，只要将FCA买方责任中第(1)、(2)两项责任归在FCA卖方责任中即可。

买卖双方的有关义务和责任可以用表2-2-7说明。

表 2-2-7

CIP 术语买卖双方义务和责任划分一览表

卖　　方	买　　方
交货(按合同规定)、移交单据	付款、接单、提取货物
办理出口清关手续、支付费用	办理进口清关手续、支付费用
租船订舱、支付运费	
办理保险、支付保险费	
承担货交承运人控制之前的一切风险和费用	承担货交承运人控制之后的一切风险和费用

（二）使用 CIP 术语应注意的问题

1. 卖方办理保险。在 CIP 条件下，如果买卖双方事先未在合同中规定保险险别和保险金额，卖方只需按最低责任的保险险别取得保险，最低保险金额为 CIP 合同价款的 110%，并以合同货币投保。

2. 合理确定价格。与 FCA 相比，CIP 条件下的卖方要承担较多的责任和费用。他要负责办理从交货地至目的地的运输，承担有关的运费；办理货物保险，并支付保险费。因此，卖方在对外报价时，要认真核算成本和价格。

链　接

【案例与思考】

我国大连一家公司以 CIP 术语成交向韩国 H 公司出口一批饲料，目的地为韩国釜山。卖方在合同规定时间备妥了货物，并将货物交给了承运人。在办理装运手续时，考虑到运输里程较短，而且在以往的贸易中也不曾发生过意外，因此便没有为货物投保。货物经承运人承运后，顺利运达目的港韩国釜山。卖方得知货物顺利抵达后，便携单据向银行议付，结果遭到了拒付，原因是银行认为单据中缺少保险单，与信用证的付款要求不符。卖方则以货物已经安全抵达，而且货物完全与合同相符，保险单已失去效力为由进行抗辩。问：银行拒付是否有理？为什么？

【案例评析】

银行拒付有理。因为采用 CIP 术语成交时，属于象征性交货性质，卖方是凭单交货，买方是凭单付款，只要卖方如期向买方提交了合同规定的全套合格单据，即使货物在运输途中损坏或灭失，买方也必须接受有关单据并履行付款义务；反之，如果卖方提交的单据不符合要求，即使货物完好无损地运达目的地，买方仍有权拒收单据、拒付货款。本案中卖方所交单据不全，银行就据此有权拒付。

链 接

FCA、CPT、CIP 与 FOB、CFR、CIF 的区别

从 FCA、CPT、CIP 3 种价格术语的责任划分可以看出，买卖双方的主要责任依然是运输和保险，同时，这两项责任也是这 3 种价格术语的差别所在。因此，这 3 种价格术语买卖双方责任划分的基本原则与 FOB、CFR、CIF 3 种术语是基本相同的，但由于它们所适用的运输方式完全不同，所以还是有区别的，具体表现在以下几个方面：

1. 适用的运输方式不同。FOB、CIF、CFR 仅适用于海洋运输和内河运输；而 FCA、CPT、CIP 适用于任何运输方式和多种运输方式的联运。

2. 交货地点及风险、费用转移界限不同。FOB、CFR、CIF 3 种术语的交货地点均为出口国装运港，风险和费用的划分则以装运港货装上船为界；FCA、CPT、CIP 3 种术语的交货地点应视不同的运输方式和不同的约定而定，它可以是出口地的某运输工具上，也可以是承运人的运输站或其他地点，至于风险和费用则于卖方将货物交由承运人处置时转移至买方。

3. 装卸货费用负担不同。FOB、CFR、CIF 3 种术语，在租船运输情况下，有关装卸货费用必须通过价格术语的变形或合同的具体规定来确定。而 FCA、CPT、CIP 3 种术语由于其风险费用的转移以货交承运人为界，因此就不存在上述问题，装卸货费用均由支付运费的一方承担。

4. 运输单据不同。FOB、CFR、CIF 条件下，卖方一般提供已装船海运提单；而 FCA、CPT、CIP 条件下，卖方提交的运输单据因运输方式的不同而不同，如备运提单、海运单、铁路运单、航空运单、国际多式联运单据等。

5. 运费负担不同。按 FOB、CFR、CIF 术语，运费主要是指从装运港到目的港的海运运费；而按 FCA、CPT、CIP 术语，运费则包括从出口国指定地点到进口国指定地点的费用，其中可能涉及一种或多种不同的运输方式，运费也就是一种或几种运输方式的运费之和。

6. 保险的内容不同。FOB、CFR、CIF 主要涉及的是海洋货物运输保险；FCA、CPT、CIP 则涉及各种运输方式下的货物保险，若涉及多种不同的运输方式，保险费用则为多种不同的运输方式的投保费用之和。

表 2-2-8

FOB、CFR、CIF 与 FCA、CPT、CIP 的区别

比较项目	FOB CFR CIF	FCA CPT CIP
运输方式	海运和内河运输	各种运输方式
承运人	船公司	船公司、铁路局、航空公司或多式联运承运人

（续上）

（续表）

比较项目	FOB CFR CIF	FCA CPT CIP
交货地点	装运港船上	视不同运输方式而定
风险转移界限	装运港货交船上	货交承运人处置后
装卸费用负担	FOB的各种变形以明确装船费用由谁负担 CFR、CIF 的种变形以明确卸货费用由谁负担	FCA 卖方负担装船费，CPT、CIP 卖方负担卸货费，不存在术语变形
运输单据	已装船清洁提单	提单、海运单、内河运单、铁路运单、航空运单或多式联运单据
术语后随地名	FOB 后加注装运港名称，CFR、CIF 后加注目的港名称	FCA 后加注装运地名称 CPT、CIP 后加注目的地名称

第三节　其他 5 种贸易术语

除了前 2 节所述 6 种常用的国际贸易术语外，《2010 通则》还包括以下 5 种贸易术语。

一、EXW

EXW(Ex works ... named place)——工厂交货(……指定地点)，是指卖方将货物从工厂或仓库交付给买方，除非另有规定，卖方不负责将货物装上买方安排的车或船上，也不办理出口报关手续。买方负担自卖方工厂交付后至最终目的地的一切费用和风险。如买方不能直接或间接地办理货物出口报关手续时，则不宜采用此贸易术语。EXW 是卖方责任最小的贸易术语。

(一) 买卖双方的主要义务

根据《2010 通则》对 EXW 的解释，买卖双方的主要义务如下。

1. 卖方的主要义务。

(1) 卖方必须按照合同约定的日期或期限，在指定的地点将未置于任何运输车辆上的货物交给买方处置。

(2) 卖方必须提供符合销售合同规定的货物和商业发票或有同等作用的电子信息，以及合同可能要求的、证明货物符合合同规定的其他任何凭证。

2. 买方的主要义务。

(1) 买方必须按照合同规定支付价款。

(2) 买方必须自担风险和费用，取得任何出口和进口许可证或其他官方许可，在需要办理海关手续时，并办理货物出口和进口的一切海关手续。

(3)买方负担卖方货物交给买方处置之时起的一切风险和费用。

(4)接受卖方按合同规定交付的货物,接受与合同相符的单据。

概括地说,EXW术语买卖双方的责任划分可用表2-3-1说明:

表2-3-1

EXW术语买卖双方主要责任划分一览表

卖　　方	买　　方
交货(按合同规定)、移交单据	付款、接单、提取货物
	办理出口清关手续、支付费用 办理进口清关手续、支付费用
	租船订舱、支付运费
承担买方处置货物之前的一切风险和费用	承担卖方交货之时起的一切风险和费用

(二)采用EXW术语应注意的问题

1. EXW贸易术语代表了商品在产地或储存地交货的贸易条件,根据实际交易地点的不同,该术语可变形为工场交货(Ex Factory)、仓库交货(Ex Warehouse)等。

2. EXW术语下,出口手续由买方负责办理,如果买方不能直接地或间接地办理出口手续,则不应采取此术语。

3. EXW是《2010通则》所解释的11种贸易术语中,卖方义务最小的贸易术语。EXW由于适合采购物流中的集运要求,目前已使用得日益广泛。

二、FAS

FAS(Free Alongside Ship ... named port of shipment)——装运港船边交货(……指定装运港),是指卖方将货物运至指定装运港的船边或驳船内交货,并在需要办理海关手续时,办理货物出口所需的一切海关手续,买方承担自装运港船边(或驳船)起的一切费用和风险。

(一)买卖双方的义务划分

根据《2010通则》对FAS的解释,买卖双方的主要义务如下。

1. 卖方的主要义务。

(1)卖方必须在买方指定装运港、在买方指定的装货地点、在约定日期或期限内,按照该港习惯方式将货物交至买方指定的船边,并给予买方充分的通知。

(2)卖方必须自担风险和费用,取得任何出口许可证或其他官方许可,并在需要办理海关手续时,办理货物出口所需的一切海关手续。

(3)负担货物在装运港交至买方指定船边之前的费用和风险。

(4)卖方必须提供符合销售合同规定的货物和商业发票或有同等作用的电子信息,以及合同可能要求的、证明货物符合合同规定的其他任何凭证。

2. 买方的主要义务。

(1)买方必须按照销售合同规定支付价款。

(2) 买方必须自付费用，订立自指定的装运港运输货物的合同，并给予卖方船名、要求装货地点和要求交货时间的充分通知。

(3) 买方必须自担风险和费用，取得任何进口许可证或其他官方许可，并在需要办理海关手续时，办理货物进口和从他国过境所需的一切海关手续。

(4) 负担货物在装运港交至买方指定的船边之后的一切费用和风险。

(5) 收取卖方按合同规定交付的货物，接受与合同相符的单据。

概括地说，FAS 术语买卖双方的责任划分可用表 2-3-2 说明：

表 2-3-2

FAS 术语买卖双方主要责任划分一览表

卖　　方	买　　方
交货(按合同规定)、移交单据	付款、接单、提取货物
办理出口清关手续、支付费用	办理进口清关手续、支付费用
	租船订舱、支付运费
承担货交船边之前的一切风险和费用	承担货交船边之后的一切风险和费用

(二) 采用 FAS 术语应注意的问题

1. 对 FAS 的不同解释。在与北美一些国家交易时，要使用 FAS 且等同于《2000 通则》中 FAS 的含义时，必须在 FAS 后面加上“Vessel”字样，才表示“船边交易”。

2. 关于装运点的选择问题。由于买卖双方风险和费用划分的界限在指定的装运港，港口作业习惯的不同，会导致相关费用的差异。因此，买卖双方应对指定装运港具体的装运点作出明确的规定。若买方没有对具体的装运点作出规定，则卖方有权在指定装运港选择最合适的装运点。

三、DAT

DAT(Delivered at Terminal ... named terminal of destination)——运输终端交货(……指定运输终端)，是指卖方将货物运至指定目的港或目的地的指定运输终端(或称运输集散站)，并将货物从抵达的运输工具上卸下交由买方处置，即为完成交货。运输终端(或称运输集散站)意味着任何地点，例如码头、仓库、集装箱堆场或公路、铁路、空运货站等。卖方承担货物卸下后完成交货之前的一切风险。

根据《2010 通则》对 DAT 的解释，买卖双方的主要义务如下。

(一) 买卖双方的义务划分

1. 卖方的主要义务。

(1) 卖方必须在约定的日期或者期限内，在指定目的地的运输终端将货物交给买方处置。

(2) 卖方必须自担风险和费用，取得出口许可证和其他官方文件，办理出口手续。

(3) 卖方必须自付费用，订立运输合同，将货物运至指定的运输终端。

(4) 承担货物在指定运输终端卸下后交买方处置之前的费用和风险。

(5) 卖方必须提供符合合同规定的货物和商业发票或有同等作用的电子信息。

2. 买方的主要义务。

(1) 买方必须按照销售合同规定支付价款。

(2) 买方必须自担风险和费用，取得进口许可证或其他官方文件，办理进口手续。

(3) 买方负担货物在运输终端交买方处置之后的费用和风险。

(4) 在卖方按规定交货时受领货物。

概括地说，DAT 术语买卖双方责任划分可用表 2-3-3 说明：

表 2-3-3

DAT 术语买卖双方责任划分一览表

卖　　方	买　　方
交货，移交单据	付款，接单，提取货物
办理出口清关手续，支付费用	办理进口清关手续，支付费用
订立运输合同，支付费用	
承担货物在指定运输终端卸下后交买方处置之前的费用和风险	承担货物在指定运输终端卸下后交买方处置之后的费用和风险

(二) 采用 DAT 要注意的问题

1. DAT 与《2000 通则》的 DEQ(目的港码头交货)相近，不同的是 DAT 涵盖了各种运输方式和范围更广泛的运输终端，而非仅仅局限于水运码头。因此，交易双方应对“指定运输终端”进行精确的规定，以免因说明不清而给履约带来不便。

2. 以 DAT 术语成交，卖方应当在“指定运输终端”将货物从运输工具上卸下来，并承担卸货费。有的时候，交易双方会有需要由卖方承担将货物由运输终端运至另一地点的需求，且要求由卖方承担风险和费用，在这种情况下，也可使用本术语来签订合同。

四、DAP

DAP(Delivered at place ... named place of destination)——指定目的地交货(……指定目的地)，是指卖方将货物运至进口国指定目的地，将还在运输工具上可供卸载的货物交由买方处置时，即为交货。卖方承担将货物运往指定目的地的一切风险。买方自行负责从运输工具上卸载货物，并承担可能发生的费用和一切风险。但如运输合同中已包含了在目的地的卸货费用，该费用仍应由卖方承担。

根据《2010 通则》对 DAP 的解释，买卖双方的主要义务如下。

(一) 买卖双方的义务划分

1. 卖方的主要义务。

(1) 卖方必须在约定的日期或期限内，在指定的目的地将在运输工具上尚未卸下的货物交给买方处置。

(2) 卖方必须自负风险和费用，取得出口许可证和其他官方文件，办理出口手续。

(3) 卖方负责订立运输合同，支付运费，将货物运至指定目的地。

(4) 承担货物在目的地交买方处置之前的费用和风险。

(5) 提供符合合同规定的货物及商业发票或有同等作用的电子信息。

2. 买方的主要义务。

(1) 按照销售合同规定支付价款。

(2) 买方必须自担风险和费用,取得进口许可证和其他官方文件,办理进口手续。

(3) 负担货物在指定地点交买方处置之后的风险和费用。

(4) 在买方按规定交货时接受货物。

概括地说,DAP 术语买卖双方责任划分可用表 2-3-4 说明:

表 2-3-4

DAP 术语买卖双方责任划分一览表

卖　　方	买　　方
交货(按合同规定),移交单据	付款,接单,提取货物
办理出口清关手续,支付费用	办理进口清关手续,支付费用
订立运输合同,支付运费	
承担货物在指定目的地交买方处置之前的费用与风险	负担货物在指定地点交买方处置之后的费用与风险

(二) 采用 DAP 要注意的问题

1. 买卖双方必须对指定的地点进行精确的规定,如未明确规定或按照惯例也无法确定具体的交货点,则卖方可在目的地选择最适合其交货目的的交货点。

2. 如果卖方订立运输合同支付的运费中包含了卸货费,除非买卖双方另有约定,否则卖方无权向买方索偿。

五、DDP

DDP(Delivered Duty Paid ... named place of destination)——进口国完税后交货(……指定目的地),是指卖方将货物运至进口国指定地点,将在交货运输工具上尚未卸下的货物交付给买方,卖方负责办理进口报关手续、支付在需要办理海关手续时在目的地应交纳的任何进口税费。卖方负担将货物交付给买方前的一切费用和风险。DDP 是卖方责任最大的贸易术语,如卖方无法直接或间接地办理进口清关手续,则不宜采用本术语。

(一) 买卖双方的主要义务

根据《2010 通则》对 DDP 的解释,买卖双方的主要义务如下。

1. 卖方的主要义务。

(1) 卖方必须在约定日期或交货期内,在指定的目的地将在交货运输工具上尚未卸下的货物交给买方或买方指定的其他人处置。

(2) 卖方必须自担风险和费用,取得任何出口和进口许可证或其他官方许可文件,办理出口和进口手续。

(3) 卖方必须自付费用,订立运输合同,将货物运至指定的目的地。

(4) 负担货物在指定目的地交买方处置之前的费用和风险。

(5) 提供符合合同规定的货物和商业发票或有同等作用的电子信息。

2. 买方的主要义务。

(1) 买方必须按合同规定支付价款。

(2) 在卖方按规定交货时，受领货物。

(3) 承担货物在指定目的地交由买方处置之后的一切费用和风险。

概括地说，DDP 术语买卖双方责任划分可用表 2-3-5 说明：

表 2-3-5

DDP 术语买卖双方主要责任划分一览表

卖　　方	买　　方
交货(按合同规定)、移交单据	付款、接单、提取货物
办理出口清关手续、支付费用 办理进口清关手续、支付费用	
租船订舱、支付运费	
负担货物在指定目的地交买方处置前的费用与风险	承担货物在目的地买方处置之后的一切费用和风险

(二) 采用 DDP 术语应注意的问题

1. 按照《2010 通则》的解释，用 DDP 术语成交，进口手续由卖方办理。如果卖方不能直接或间接地办理进口清关手续，则不应使用此术语。在使用 DDP 时，如当事人双方希望将进口时所要支付的一些费用(如增值税)从卖方义务中排除，则应在销售合同中写明。

2. 对本术语的选用应充分估量卖方的能力与交易的具体条件。DDP 术语是《2010 通则》所解释的 11 种术语中卖方责任、义务、风险最大的一种，选用本术语前卖方应格外慎重，如不具备能力和条件，应避免使用。

链　接

表 2-3-6

《2010 通则》中其他 5 种贸易术语对比表

	交 货 地 点	出 口 手 续	进 口 手 续	适用的运输方式
EXW	出口国工厂	买方	买方	各种或任何
FAS	出口国装运港船边	卖方	买方	水运
DAT	进口国指定运输终端	卖方	买方	各种或任何
DAP	进口国指定地点	卖方	买方	各种或任何
DDP	进口国指定地点	卖方	卖方	各种或任何

链 接

表 2-3-7

《2010 通则》11 种贸易术语对比表

英文缩写	中文全称	交货地点	风险划分	出口报关	进口报关	适用的运输方式	标价时后注
EXW (Ex Works)	工厂交货	卖方处所	买方处置货物后	买方	买方	任何方式	指定地点
FCA (Free Carrier)	货交承运人	出口国内地、港口	承运人处理货物后	卖方	买方	任何方式	指定地点
CPT (Carrier Paid To)	运费付至指定目的地	出口国内地、港口	承运人处理货物后	卖方	买方	任何方式	指定目的地
CIP (Carrier and Insurance Paid To)	运费、保险费付至指定目的地	出口国内地、港口	承运人处理货物后	卖方	买方	任何方式	指定目的地
DAT (Delivered at Terminal)	指定运输终端交货	进口国指定运输终端	买方在指定运输终端收货后	卖方	买方	任何方式	指定运输终端
DAP (Delivered at place)	指定目的地交货	进口国指定目的地	买方在指定地点收货后	卖方	买方	任何方式	指定目的地
DDP (Delivered Duty Paid)	指定目的地完税后交货	进口国指定目的地	买方在指定目的地收货后	卖方	卖方	任何方式	指定目的地
FAS (Free Along Side Ship)	装运港船边交货	出口国装运港口	货交船边后	卖方	买方	水上运输	指定装运港
FOB (Free on Board)	装运港船上交货	出口国装运港口	货物装上船	卖方	买方	水上运输	指定装运港
CFR (Cost and Freight)	成本加运费到指定目的港	出口国装运港口	货物装上船	卖方	买方	水上运输	指定目的港
CIF (Cost, Insurance and Freight)	成本加保险加运费到指定目的港	出口国装运港口	货物装上船	卖方	买方	水上运输	指定目的港

思考题

1. FOB、CIF 两种贸易术语的使用对买卖双方的义务有哪些规定？
2. FOB、CIF 两种贸易术语的使用分别应注意哪些事项？

3. 试列表比较 FOB、CFR 和 CIF 这 3 种贸易术语的异同点。

4. 举例说明贸易术语变形的意义和作用。

5. FCA、CPT、CIP 与 FOB、CFR、CIF 有哪些区别?

6. 试写出《2010 通则》中 11 种贸易术语的中英文全称和英文缩写。

7. 采用 EXW、DDP 贸易术语成交有哪些注意事项?

8. DAT 和 DAP 贸易术语买卖双方的主要责任和义务是如何划分的? 比较它们的异同点。

案例分析

1. 我方与荷兰某客商以 CIF 条件达成一笔交易,合同规定以信用证方式支付。卖方收到买方开来的信用证后,及时办理了装运手续,并制作好一整套结汇单据。在卖方准备到银行办理议付手续时,收到买方来电,得知载货船只在航海运输途中遭遇意外事故,大部分货物受损。据此,买方表示将等到具体货损情况确定以后,才同意银行向卖方支付货款。问:卖方可否及时收回货款? 为什么? 买方应如何处理此事?

2. 我国某进出口公司甲公司与澳大利亚乙公司签订了出口大豆合同,采用的贸易术语为 FCA,集装箱装运,装运期为 4 月份。甲公司于 3 月 31 日收到乙公司的装运通知,为及时装船,甲公司于 4 月 1 日将货物交给承运人存于上海码头仓库。当天晚上货物因仓库火灾全部灭失。问:甲公司是否应承担损失? 为什么?

3. 我国某进出口公司对日本某客户发盘,供应棉织浴巾 4 000 打,每打 CIF 大阪 80 美元,装运港为中国大连;现日商要求我方改报 FOB 大连价。问:我出口公司对价格应如何调整? 如果最后按 FOB 条件签订合同,买卖双方在所承担的责任、费用和风险方面有什么区别?

4. 我国某贸易公司按照 FAS 条件从加拿大进口一批木材,在装运完成后,国外卖方来电通知我方付款赎单,并要求支付装船时的驳船费。问:对卖方的要求,我方应如何处理?

5. 法国出口商向荷兰进口商出口 80 000 件餐厅用纸巾,合同约定采用 DDP 术语,交货地点在荷兰的鹿特丹,交货时间为 2008 年 10 月 11 日。卖方备好货后,通过公路运输将货物于 10 月 11 日运抵鹿特丹交货地点。在卸货费用上,双方发生了争执,买方坚持由卖方承担卸货费用。问:买方的要求是否合理? 为什么?

第三章 买卖合同中的价格条款

在交易磋商中，价格自始至终是买卖双方最为关心的问题，价格条件当然是买卖合同中最主要的一项交易条件。价格不仅关系到贸易利益在买卖双方之间的分配，价格还与其他交易条件有着密切的关系。在贸易实践中，合理运用价格制定方法，选用有利的计价货币，适当采用与价格有关的佣金和折扣，正确制定进出口商品价格和认真订好合同中的价格条款，对做好进出口贸易、提高经济效益，具有十分重要的意义。

第一节 价格制定的原则和方法

价格制定是指在国际贸易中，经过核算后，向对方报价或接受对方的报价，确定商品的成交价格。价格制定是一个复杂的问题，必须遵循一定的原则，采用科学的方法。

一、价格制定的原则

我国进出口商品的作价原则是：在贯彻平等互利的原则下，根据国际市场价格水平，结合国别（地区）政策，并按照我们的购销意图来确定适当的价格。

国际贸易中的商品价格是受多种因素影响的，进出口作价除了应遵循上述基本的作价原则外，还应考虑下列因素。

（1）商品的质量和档次。

（2）运输距离。

（3）交货地点和交货条件（贸易术语）。

（4）季节性需求的变化。

（5）成交数量。

（6）支付条件和汇率变动的风险。

（7）国际市场价格动态。

此外，交货期的远近、市场销售习惯和消费者爱好的不同、产品所处生命周期的不同阶段、国际市场经营策略的选择等，均对价格的确定有不同程度的影响。

二、价格制定的方法

一般说来，买卖双方事先确定价格。但是，在实际业务中，有的买卖双方认为应以将来某个时间的市场价格作为具体的成交价格，或者根据实际情况的需要调整价格，于是，买卖双方事先不确定价格或确定一个基础价格，具体的成交价格等以后确定。因此，价格制定的方法有以下几种。

（一）固定价格

固定价格是指明确规定的具体价格，通常是指货物的单价。合同订立后，即使市场价格发生很大变化，该价格也不再变动，买卖双方必须按该价格进行货款结算。如果合同中没有其他特殊约定，一般应理解为固定价格。在有的合同中，也有对此作出明确规定的，如“合同一经生效，价格不得因市场变化而调整”。

（二）非固定价格

非固定价格即一般业务上所说的“活价”，适用于行情频繁变动、价格涨落不定且交货期较长的合同，可以使买卖双方避免承担市价变动的风险。从我国进出口合同的实际做法看，主要有以下几种。

1. 具体价格待定。它是指在价格条款中不规定出具体价格，而是规定定价时间和定价方法或只规定作价时间而不规定作价方法。例如，在合同中规定，以某月某日某地的有关商品交易所中该商品的收盘价为准或以此为基础再加或减若干美元。待定价格的使用，主要是由于某些货物的国际市场价格变动频繁，幅度较大，或者交货期较远，买卖双方对市场趋势难以预测，但又有订约的意向，于是，约定价格待定。

2. 暂定价格。暂定价格是指在合同中先确定一个价格，以后在某个时间，再由双方按照当时的国际市场价格商定最后价格。在我国的出口业务中，有时在与信用可靠、业务关系密切的客户洽商大宗货物的远期交易时，偶尔也有采用这种暂定价格的做法。例如，在合同中规定如下：

“每公吨 200 美元 CIF 纽约。备注：该价格以装船月的 3 个月期货平均价加 8 美元计算，并以此开立信用证。”

3. 滑动价格。滑动价格是在某些货物贸易中，如成套设备、大型机械等，从合同订立到履行交货所需要的时间较长，为避免原材料和工资的变动带来的风险，先在合同中规定一个基础价格，在交货时或交货前一定时间，按原材料和工资变动的指数作相应调整，以确定应实际支付的价格。例如，在合同中规定如下：

以上基础价格将按下列调整公式根据×××（机构）公布的××××年×月的工资指数和物价指数予以调整。

调整公式：

$$P_1 = P_0(a + bM_1 \div M_0 + cW_1 \div W_0)$$

式中 P_1——调整后价格；

P_0——基础价格；

M_1——交货时的原材料价格；

M_0——原材料的基础价格；

W_1——交货时的工资；

W_0——基础工资；

a——管理费在价格中所占的比重；

b——原材料在价格中所占的比重；

c——工资在价格中所占的比重；

a、b、c 三者之和应为 100%。

（三）部分固定价格，部分非固定价格

为了照顾买卖双方的利益，解决在定价方法上可能存在的分歧，可以采用部分固定价格、部分非固定价格的方法。尤其是分期交货的合同，可以在订约时将交货期近的价格固定下来，其余的在交货前一定期限内由双方议定价格。

链 接

固定作价和非固定作价的优缺点

固定作价：

优点：明确、具体，便于成本的控制和核算。

缺点：交易者需要承担从订约到交货付款以致转售时价格变动的风险，当行市发生剧烈变动时，信用不好的商人可能寻找借口撕毁合同，从而影响合同的履行。

非固定作价：

优点：可暂时解决交易双方在价格方面的分歧；可解除客户对价格不确定问题的顾虑；可使交易双方排除价格风险。

缺点：先订约后定价的做法，给成本的控制和核算带来一定的难度，并使合同的履行带有一定的不稳定性和不确定性，万一双方在作价时无法达成一致意见，合同就会面临无法履行的风险。

采用固定价格与非固定价格的注意事项

在实际业务中，针对固定价格的不足，应注意以下几点。

1. 必须对影响商品供求的各种因素进行细致的研究，并在此基础上，对价格的走势作出判断，以此作为决定合同价格的依据。

2. 要通过各种途径了解客户的资信情况，慎重选择订约对象。

为防止非固定价格对合同带来的不稳定因素出现，在采用非固定价格时应注意以下几点。

1. 明确规定作价标准。合同中明确订立了作价标准，有利于在将来双方协商价格时取得一致意见，从而保证合同的执行。

（续上）

2. 谨慎选择作价时间。为了使出口方安全收汇，保证合同顺利履行，应谨慎选择作价时间，尽量在装船前或装船时作价。

3. 充分考虑采用非固定价格时对合同成立的影响，由于按有关国际公约或有关国家法律规定，在采用非固定价格时，合同有效成立的条件是要规定作价办法或原则即可，因此，在采用非固定价格时，应尽可能将作价方法订得明确具体。

第二节　国际贸易报价

一、国际贸易报价的形式

国际贸易中，贸易商通常使用单价。单价一般由四项内容组成：计量单位、单位价格金额、计价货币和贸易术语。例如：每公吨 200 美元 CIF 纽约（USD 200 per MT CIF NewYork）。

每公吨	200	美元	CIF 纽约
计量单位	单位价格金额	计价货币	贸易术语

二、贸易术语的选用

国际贸易中，可供买卖双方选用的价格术语有很多，由于各种价格术语都有其特定的含义，不同的价格术语，买卖双方所承担的责任、义务、风险也不同，价格术语选择正确与否直接关系到买卖双方的经济利益，因此，它是双方都十分重视的问题之一。在我国的对外贸易中，选用贸易术语时，一般要综合考虑以下几个因素。

（一）选用价格术语必须体现平等互利的原则

我们必须按照平等互利的原则在双方自愿的基础上选择价格术语。选择双方熟悉的，对买卖双方都较为便利的价格术语，如 FOB、CIF、CFR 3 种价格术语，已成为各国商人经常使用的价格术语。且双方风险的划分界限是以货交上船为界，这有利于双方履行合同。

（二）选择价格术语时应考虑本国保险业和运输业的情况

出口时争取使用 CIF 术语，这将有利于促进我国保险业和运输业的发展，也有助于我方做好船货衔接，按时履行合同。

（三）必须考虑国外港口装卸条件和港口惯例

各国港口装卸条件不同，装卸费和运费水平也不一样，并且某些港口还有一些习惯做法，交易中往往难以把握。如果我们进口时，国外装运港的条件较差，费用较高，则力争采用 CIF 或 CFR 术语，或者用 FOB Stowed 或 FOB Trimmed；出口时，如果目的港条件较差，费用较高，我方应力争用 FOB 术语成交，如果必须使用 CIF 或 CFR 术语，则应选用其变形 CIF Ex ship's hold 或 CFR Ex ship's hold。

（四）适合所使用的运输方式

按照贸易术语的国际惯例，每种贸易术语都有其所适用的运输方式。FOB、CFR

和 CIF 术语只适用于海洋运输和内河运输，而不适用于空运、铁路和公路运输。如果合同规定用空运、铁路或公路运送货物，则应选用 FCA、CPT 或 CIP 术语。在出口货物中，如果货物是以集装箱运输或多式联运方式运输的，不采用 FCA、CPT 和 CIP 术语而仍使用 FOB、CFR 或 CIF，则会存在将我方的风险，从货交承运人延伸到装运港越过船舷的缺点。

（五）有利于资金的融通和周转

如果以远期信用证或托收远期方式支付，则采用 CIF 或 CFR 条件对买方有利，因为这两种贸易术语的运费和保险费由卖方负担。卖方支出这两笔费用后，买方的付款却是远期的，这样，买方得到了资金融通。如果采用即期信用证或托收即期支付，在运费、保险费所占成本比较大时，选择 FOB 对买方是有利的。因为在 FOB 术语下，一般是运费到付，买方可以减少开证金额和费用。此外，在出口时，卖方采用 CIF 或 CFR 术语可以及时装运货物，加速收汇；而如果采用 FOB 方式，买方船舶延期到达，将影响卖方获取提单的时间，从而影响卖方的资金周转。

（六）有利于安全收汇或安全收货

在贸易术语的选用方面，涉及如何保障出口收汇和进口收货问题。在出口业务中，一般要求采用 CIF 术语而不是 FOB 术语，是有安全方面的考虑在内的。如果采用 FOB 术语，买方租船订舱，有可能与承运人勾结，越过向银行赎单的正常渠道，向承运人无单提货，随后采用破产的手段，骗取货物。同样，在进口业务中，一般要求采用 FOB 术语而不是 CIF 或 CFR 术语，也是有其意义的。在 CIF 或 CFR 术语下，因为有国外卖方租船或订舱，如果国外卖方所安排的船只不当，或与船方勾结出具假提单，将使我进口方收不到货。

（七）按实际需要灵活掌握

当国外买方在向我国购买大宗商品时，为了力求在运价和保险费上得到优惠，往往希望自行租船装运货物和办理保险，此时若我方出口企业同意采用 FOB 术语，就可促成交易的迅速达成。有些国家为了扶持本国保险事业的发展，规定其进口贸易必须在本国投保，在此情况下，我方出口企业也可以同意使用 FOB 术语以示合作。在进口业务中，如果我方进口的货物的数量不多，也可采用 CIF 术语成交。

三、不同贸易术语之间的单位价格金额的改报及其换算

在国际贸易中，有时候卖方报出某种贸易术语下的价格，而买方希望要求改报其他贸易术语下的价格，如将 CIF 价改报为 FOB 价。一般地，在保证出口方销售收入不变的情况下，报 CIF 价与报 FOB 价所要考虑的因素是出口方要支付运费和保险费，因此，扣除这两种费用就是 FOB 价。现将最常用的 FOB、CIF 和 CFR 3 种贸易术语价格之间及正在推广使用的 FCA、CPT 和 CIP 3 种贸易术语之间的换算方法及公式介绍如下。

1. CIF 价换算为 FOB 价：

FOB 价＝CIF 价－I(保险费)－F(运费)

2. CIF 价换算为 CFR 价：

$$\text{CFR价}=\text{CIF价}-\text{I(保险费)}$$

3. FOB价换算为CIF价：

$$\text{CIF价}=\frac{\text{FOB价}+\text{F(运费)}}{1-\text{保险费率}\times(1+\text{投保加成率})}$$

4. FOB价换算为CFR价：

$$\text{CFR价}=\text{FOB价}+\text{F(运费)}$$

5. CFR价换算为FOB价：

$$\text{FOB价}=\text{CFR价}-\text{F(运费)}$$

6. CFR价换算为CIF价：

$$\text{CIF价}=\frac{\text{CFR价}}{1-\text{保险费率}\times(1+\text{投保加成率})}$$

7. FCA价换算为CPT价：

$$\text{CPT价}=\text{FCA价}+\text{F(运费)}$$

8. FCA价换算为CIP价：

$$\text{CIP价}=\frac{\text{FCA价}+\text{F(运费)}}{1-\text{保险费率}\times(1+\text{投保加成率})}$$

9. CIP价换算为FCA价：

$$\text{FCA价}=\text{CIP价}-\text{I(保险费)}-\text{F(运费)}$$

10. CIP价换算为CPT价：

$$\text{CPT价}=\text{CIP价}-\text{I(保险费)}$$

11. CPT价换算为CIP价：

$$\text{CIP价}=\frac{\text{CPT价}}{1-\text{保险费率}\times(1+\text{投保加成率})}$$

12. CPT价换算为FCA价：

$$\text{FCA价}=\text{CPT价}-\text{F(运费)}$$

链　接

出口货物的成本核算

1. 出口商品盈亏率。出口商品盈亏率是指该种商品的出口盈亏额与出口总成本的比率。其中，出口盈亏额是指出口销售人民币净收入与出口总成本的差额。公式表示如下：

出口商品盈亏率＝(出口销售人民币净收入－出口总成本)÷出口总成本 ×100%

出口总成本＝出口商品的进货价＋出口前的一切费用(包括国内运费、加工整理费、商品流通费、杂费、经营管理费、税金、利息等)

出口销售人民币净收入＝FOB价×外汇牌价

2. 出口商品换汇成本。出口商品换汇成本是指以某种商品的出口总成本与出口所得的外汇净收入之比，

（续上）

计算出用多少人民币换回1美元。出口换汇成本如果高出银行的外汇牌价，则出口为亏损；反之，说明出口有盈利。公式表示如下：

出口商品换汇成本＝出口总成本（人民币）÷出口销售外汇净收入（美元）

出口商品换汇率＝1÷换汇成本

第三节　佣金与折扣

在磋商交易和计算价格时，有时会涉及佣金和折扣。正确掌握和运用佣金和折扣，可以达到扩大销售、增加经济效益的目的。

一、佣金

（一）佣金的含义及表示方法

佣金（Commission）又称手续费（Brokerage），是指买方（如由他委托第三者采购）或卖方（如由他委托第三者推销）付给“第三者”的报酬。佣金分“明佣”和“暗佣”两种，在价格中体现佣金的为明佣，在价格中看不出含佣，但实际上含佣的为暗佣，合同中的含佣价，通常指明佣。

含佣价可以用文字表示，例如：

每箱25美元CFR鹿特丹包含佣金2%

USD25 per case CFR Rotterdam including 2% commission

含佣价也可在贸易术语后面加注“佣金”的英文缩写字母“C”并注明佣金的百分比来表示，例如：

每箱25美元CFR C2%鹿特丹

USD25 per case CFR C2% Rotterdam

暗佣表面上与净价没有区别，除非买卖双方事先另有约定，如果有关价格对含佣未作表示，通常应理解为不含佣的价格。不含佣金的价格称为“净价”，即卖方可照价全数收款，不另支付佣金。有时为了明确起见，在净价的贸易术语后加“Net”字样。例如：

每箱25美元CFR鹿特丹净价

US $25 per case CFR Rotterdam net

（二）佣金的计算方法

佣金计算有关应用在实际业务中，一般按成交额为计算佣金的基数，用公式表示：

$$\text{佣金}=\text{含佣价}\times\text{佣金率}$$

由此又可得出两个公式：

$$\text{净价}=\text{含佣价}\times(1-\text{佣金率})$$

$$\text{含佣价}=\text{净价}\div(1-\text{佣金率})$$

具体到某一贸易术语：

$$\text{FOB含佣价}=\frac{\text{FOB净价}}{1-\text{佣金率}}$$

$$\text{CFR 含佣价}=\frac{\text{CFR 净价}}{1-\text{佣金率}}$$

$$\text{CIF 含佣价}=\frac{\text{CIF 净价}}{1-\text{佣金率}}$$

但 CIF 有其特殊性，所以上述 CIF 含佣价的公式也可以表示如下：

$$\text{CIF 含佣价}=\frac{\text{CFR 净价}}{1-\text{佣金率}-(1+\text{投保加成率})\times\text{保险费率}}$$

（1）净价改报佣金价：

例：某商品 CFR 价 2 000 元，试改为 CFR C4%价，并保持卖方的净收入不变。

解：含佣价＝净价÷（1－佣金率）＝2 000÷（1－4%）＝2 083.33（美元）

（2）调整含佣价的佣金率：

例：已知 CFR C3%为 1 200 美元，保持卖方净收入不变，试改报为 CFR C5%。

解：先把 CFR C3%价改为 CFR 价

佣金＝含佣价×佣金率＝1 200×3%＝36（美元）

CFR 价＝CFR C3%价－佣金＝1 200－36＝1 164（美元）

再把 CFR 价改为 CFR C5%

$$\text{因为 CFR 含佣价}=\frac{\text{CFR 净价}}{1-\text{佣金率}}$$

所以

$$\text{CFR C5\%}=\frac{\text{CFR 净价}}{1-5\%}=1\,225.26\text{(美元)}$$

链 接

出口报价计算示例

【例题】

出口陶瓷茶具，进价每套 150 元，包括了 17%增值税，出口陶瓷制品的退税率为 9%。单件包装体积为 0.5×0.4×0.25 立方米，20 英尺集装箱可装 500 箱。问：报出陶瓷餐具 FOB、CFR 和 CIF 美元单价。

已知：国内费用：出口一个 20 英尺集装箱需发生的费用有杂运费 800 元，商检费 150 元，报关费 50 元，港区杂费 50 元，公司业务费 1 200 元和其他费用 900 元。

海洋运费：陶瓷餐具从上海至加拿大多伦多 1 个 20 英尺集装箱的包箱费率 1 750 美元。

货运保险：CIF 成交金额的基础上加 10%投保中国人民保险公司海运货物保险条款中的水渍险、碰损破碎险和战争险，费率分别为 0.5%、0.3%和 0.16%。

客户佣金：成交价格的 5%。

报价利润：报价的 10%。

报价汇率：6.8 元人民币兑换 1 美元。

（续上）

【答案】

成本：含税成本：150元/套

退税收入：150÷(1+17%)× 9% =11.5385(元)

实际成本：150−11.5385= 138.4615(元/套)

报价数量：500套

费用：国内费用：(800+150+50+50+1 200+900)÷500=6.3(元/套)

出口运费：1 750×6.8÷500=23.8(元/套)

客户佣金：报价×5%

保险费：CIF报价×110%×0.96%

利润：报价×10%

报价：FOB报价=成本+费用+利润

=实际成本+国内费用+客户佣金+预期利润

=138.4615+6.3+报价×5%+报价×10%

FOB C5 =(138.4615+6.3)÷(1−5%−10%)

=170.3076(元人民币/套)

=25.05(美元/套)

CFR报价=成本+费用+利润

=实际成本+国内费用+出口运费+客户佣金+预期利润

=138.4615+6.3+23.8+报价×5%+报价×10%

CFR C5 =(138.4615+6.3+23.8)÷(1−5%−10%)

=198.3076(元人民币/套)

=29.16(美元/套)

CIF报价=成本+费用+利润

=实际成本+国内费用+出口运费+海运保险费+客户佣金+预期利润

=138.4615+6.3+23.8+报价×110%×0.96%+报价×5%+报价×10%

CIF C5 =(138.4615+6.3+23.8)÷(1−110%×0.96%−5%−10%)

=200.8023(元人民币/套)

=29.53(美元/套)

二、折扣

(一) 折扣的含义及表示方法

折扣(Discount)是指卖方按原价给予买方一定百分比的减让，一般由买方在付款时预先扣除。国际贸易中常用的折扣形式有品质折扣、数量折扣、季节折扣、现金折扣、特别折扣等。

在合同中，通常用文字说明的方法表示折扣，例如：

每公吨2 500港元CIF香港减2%折扣

HK $2 500 per M/T CIF Hong Kong less 2% Discount

与佣金一样,如果有关价格对折扣未作表示,通常应理解为不给折扣的价格。有时为明确起见,特地加列“净价”字样。

例如:

每公吨 2 500 港元 CIF 香港净价

HK $2 500 per M/T CIF Hong Kong Net

(二)折扣的计算方法

折扣=金额×折扣率

折实售价=原价×(1-折扣率)

例:某出口商品对外报价为 FOB 上海价每打 50 美元,含 3%折扣,如出口该商品1 000打,试计算其折扣额和实收外汇各为多少?

解:折扣=含折扣总金额×折扣率=1 000×50×3%=1 500(美元)

折实售价=原价×(1-折扣率)=50×(1-3%)=48.5(美元)

实收外汇=1 000×50-1 500=48 500(美元)

链 接

佣金的支付方法

佣金的支付要根据中间商提供服务的性质和内容而定。支付方法有两种:① 交易达成时就向中间商支付佣金。② 卖方收到全部货款后,再另行支付佣金。第①种情况下,虽交易已达成,但万一合同无法履行,委托人仍要向中间商支付佣金,在实践中很少采用。第②种情况对委托人比较有利。为避免误解,除要明确规定委托人与中间商之间权利与义务之外,委托人最好事先与佣金商达成书面协议,明确规定支付佣金的方法,在实践中,通常采用第②种方式,即所谓“先收后付”。

通常,佣金可在合同履行后逐笔支付,也可按月、季、半年,甚至一年汇总支付。

第四节 计价货币的选择及风险防范

在国际贸易中,买卖双方使用何种货币主要依据双方自愿进行选择,在选用货币时应根据国家的方针政策、外汇市场的变动,以及使用的货币本身可否兑换、是否稳定等因素综合考虑而决定。

一、计价货币的选择

计价货币的选择,一般来说有三种情况:使用卖方国家货币、使用买方国家货币和使用第三国货币。对任何一方来说,使用本国货币,承担的风险较小,但如果使用外币则可能要承担外汇汇率变动所带来的风险，因为当今国际金融市场普遍实行浮动汇率制，汇率上下浮动是必然的，任何一方都有可能因汇率浮动造成损失。

如果我国与对方国家之间有贸易支付协定，则应使用协定中的货币。如果我国与一些发展中国家订有贸易支付协定，协定货币为瑞士法郎。如果我国与对方国家无支付协定，一般应选用"可兑换性货币"，即可以在国际外汇市场上自由买卖的货币，也称自由外汇。可兑换性货币根据币值是否稳定，也有软、硬之分。所谓硬货币，是指币值比较稳定且呈上浮趋势；软货币是指币值比较疲软且呈下浮趋势。我国出口商品原则上应选用硬货币，而进口商品原则上应争取用软货币支付。当然在选用货币问题上，我国还是应遵循平等互利的原则，双方协商，按照促进出口或进口交易的实际情况，全盘考虑，灵活机动。

二、货币风险的防范

目前，国际金融业务已相当发达，为货币风险的防范提供了多种途径。结合我国的实际情况，比较实用和简单易行的方法主要有以下几种。

1. 选择适当的货币。选择何种货币计价和结算是产生外汇风险的开始，我们应在选择货币时就尽量避免产生外汇风险。

(1) 争取以本币作为结算货币。

(2) 进口选择软货币，出口选择硬货币。

理论上进口选择软货币，出口选择硬货币，经营者可以从中获利，但应注意的是，货币的软硬是相对而言的，且有一定的时间性。在某一时期是软货币，而过一时期可能会变成硬货币，这种变化是难以预料的，因此，经营者在正确选择了货币之后还应在有利时机通过金融交易将汇率固定下来，才能达到最终避免外汇风险的目的。

(3) 如果出口时使用了软货币，应相应提高报价；进口时使用硬货币，应相应压价。

(4) 进口选择高利率货币，出口选择低利率货币。

(5) 以多种外币软硬搭配报价。

2. 通过金融交易进行保值。金融交易是指通过银行作外汇买卖，以减少外汇变动所带来的风险。目前银行为进出口商提供的用于保值的外汇交易主要有即期、远期和期权交易。

3. 通过业务分散化来减少汇率风险。经营者可通过业务分散化，如在扩大出口业务的同时兼营进口业务、进出口国别地区分散、增加高附加值产品出口以及资产和负债货币币种分散化等措施来减少汇率变动的风险。

4. 通过支付时间的"提前错后"减少汇率风险。在进口业务操作中，如企业预计外币对本币汇率将上升时，则应设法加速支付货款的时间，这样，在外币正式升值前，企业就可以以较少的本币换成外币支付货款，这就叫"提前"。在出口业务操作中，如一出口商预计本币的汇率将上升时，他就设法将收款期限延长，诸如以承兑交单(D/A)或远期信用证方式代替原先的付款交单(D/P)或即期信用证方式下办理出口。这样，待外汇汇率正式上升时，企业按新的汇价结算，每一单位外币，就可换到比原先多的本币，这就是所谓的"错后"。

除此之外，还有不少减少外汇风险的方法，如订立黄金保值条款、特别提款权保值条款等。由于这些内容属于国际金融范围，这里不作介绍。

链 接

多种外币搭配报价法

其方式主要有两种:一是软硬搭配。交易双方对报价僵持不下时,可考虑提出“软币和硬币实行搭配的方案”,使软币和硬币各占一半,或以合理的比例混合而成。另一种是“一篮子货币”报价。这是比较稳妥的办法。因为货币的软硬是相对的,且是不断变化的,由几种货币或若干货币组成的“一篮子货币”(如特别提款权、欧元等),其最大的优点在于其比价比较稳定,即使国际外汇市场发生剧烈变动,其组成货币的强弱地位也可相互抵销。

思考题

1. 国际贸易中单价一般是由哪四项内容构成的? 请举例说明。
2. 在国际贸易中有哪几种计价办法? 应如何运用?
3. 在对外报价中,如何使用贸易术语?
4. 在选择使用计价货币时,应如何防范货币风险?
5. 佣金和折扣的含义分别是什么?
6. 佣金的表示方法有哪两种? 举例说明。
7. 折扣可以如何表示? 举例说明。

案例分析

1. 公司向香港客户报水果罐头 200 箱,每箱 132.6 港元 CIF 香港,客户要求改报 CFR 香港含 5%佣金价。问:假定保险费相当于 CIF 价的 2%,在保持原报价格不变的情况下,① CFR C5%香港价应报多少? ② 出口 200 箱应付给客户多少佣金? ③ 某公司出口 200 箱可收回多少外汇?

2. 我国某出口商品每千克 300 美元 CFR C2%纽约。问:① CFR 净价和佣金各为多少? ② 如果对方将佣金增加到 3%,我方同意,但出口净收入不能减少,CFR C3%应如何报价?

3. 出口商品对外报价为 FOB 上海价每件 50 美元,含 3%折扣。问:其折实售价是多少?

第三篇 货物的交付

【本篇导读】

国际贸易货物的交付离不开国际货物运输和保险。国际货物运输是随着国际贸易的发生而发展的，它是国际贸易的一个重要组成部分。国际货物运输不同于国内运输，它具有线长面广、中间环节多、情况复杂多变和风险大等特点。为了多快好省地完成进出口货物运输任务，必须合理地选用各种运输方式，订好买卖合同中的各项装运条款，正确缮制和运用各种运输单据，并掌握与此相关的运输基本知识。

由于国际贸易中的商品从卖方转到买方手中，往往需要经过长时间、远距离的运输，并且在整个运输过程中，又要经过多次装卸、存储、搬运，商品难免会遇到这样或那样的风险而遭受损失。为了保障货物遭到损失后能得到一定的经济补偿，买方或卖方一般都在货物装运之前向保险公司投保货物运输险。国际货物运输保险的种类很多，其中包括海运货物保险、陆运货物保险、空运货物保险和邮运货物保险。本篇的学习，将有助于您了解货物运输保险的基本知识；熟悉不同运输方式下的货运保险条款；掌握办理货物运输保险的基本做法。

第一章 国际货物运输

国际货物运输是国际贸易中必不可少的一个环节。为了按时、按质、按量完成国际货物的运输任务,买卖双方在订立国际货物买卖合同时,都需要合理选定运输方式。选择合适的运输方式,对买卖双方都是一个重要的问题,它不仅关系到货物的安全和费用高低,还关系到货物运送速度的快慢以及货物的销售和使用等问题。因此,在选择运输方式时,必须根据货物的特点、数量、费用、运输距离、风险程度、运输能力、装卸地点、气候等因素以及国际政治形势、运输技术等情况进行综合考虑。

国际货物运输方式包括海洋运输(Sea Transport; Ocean Transport)、铁路运输(Rail Transport)、航空运输(Air Transport)、公路运输(Road Transport)、邮政运输(Parcel Post Transport)、管道运输、大陆桥运输以及由各种运输方式组合而成的国际多式联运(International Multimodal Transport)等。

第一节　海洋运输方式

江海运输分为海洋运输和内河运输两类,由于海洋运输通航能力大,而且船舶运载能力也大,运价却相对低廉,因此海洋运输已成为国际贸易中最主要的运输方式。

一、海洋运输概述

海洋运输是指利用海轮在各国港口之间,通过一定的航区和航线进行货物运输的一种方式。海上运输是历史悠久的国际货物运送方式。由于国际贸易是在世界范围内进行的商品交换,所以说,地理条件决定了海上运输的重要作用。目前,国际货物总运量中2/3以上的货物运输是利用海上运输完成的,因此,它是国际货物运输中最主要的运输方式。海洋运输之所以被广泛采用,是因为它与其他国际货物运输方式相比,具有以下明显的优点。

1. 运载量大。随着造船技术的不断发展和日臻完善,船舶正朝着大型化发展。目前远洋运输多为万吨级巨轮,其运载能力远远大于铁路运输和公路运输。

2. 通过能力强。海上运输是利用四通八达的天然航道在海上进行运输，它不受道路限制，如遇政治、经济、贸易及自然等条件的变化，可随时改选最有利的航线。

3. 运费低。海上运输所通过的航道均系天然形成，加上运量大，航程远，分摊到每吨货物的运费成本就很少，单位运费约为铁路运费的1/5，公路运费的1/10，航空运费的1/30。相对于陆、空运输来说，海洋运输费用较低，因此可降低商品成本。

当然海洋运输也存在不足，主要是海洋运输的速度相对较慢，一般多在每小时10～20海里之间，如要提高航行速度，则燃料的消耗将大增。且海洋运输受气候和自然条件的影响很大，如河流航道和一些港口受季节影响较大：冬季结冰，枯水期水位变低，难以保证全年通航。受运输条件的限制，海洋运输的安全性和准确性相对较差。

根据海洋运输船舶的经营方式不同，海洋运输可分为班轮运输（Liner Transport）和租船运输（Shipping by Chartering；Charter Transport）。

二、班轮运输

（一）班轮运输的含义和特点

班轮运输又称定期船运输（Regular Shipping Liner），是指船舶按固定的航线、港口以及事先公布的船期表航行，并按事先公布的费率收取运费的客货运输业务。它主要是用于零星成交、批次较多、到港分散的货物运输。对于停靠的港口，无论货物数量多少，一般都可以接受托运。

班轮运输具有以下特点。

1. “四固定”。即固定船期、固定航线、固定停靠港口和相对固定的运费费率。班轮公司为了使货主掌握班轮抵达和驶离各停靠港口的日期，一般都将预先制定的一定时间内的船期表印发给有关货主或在报刊上公布。

2. “一负责”。即货物由班轮公司负责配载和装卸，班轮运费包括货物在装运港的装货费、在目的港的卸货费以及从装运港至目的港的运输费用和附加费用。班轮公司和托运人双方不计滞期费和速遣费。

3. 班轮公司和货主一般不订立书面合同，双方的权利、义务和责任豁免以船方签发的提单条款为依据。

4. 承运货物比较灵活，不论数量、品种，只要有舱位就可以接受。尤其对国际贸易中的杂货、零星货的运输更为适宜。目前，班轮较多采用集装箱船，装卸效率和安全性较高。

5. 一般是在码头仓库交货，对货主十分便利。

6. 同一航线上的船型相似并保持一定的航班密度。这可保证商品既不脱销，又不集中到货，适应均衡供应市场的需要，使商品能以合理的价格卖出。

班轮运输的当事人是班轮承运人和托运人。承运人是班轮运输合同中承担提供船舶并负责运输的一方，托运人是提供货物并委托承运人进行运输的一方。有时，在运输中还涉及双方的代理人——船舶代理人和货运代理人。

班轮承运人和托运人责任和风险的划分一般以船舷为界。承运人的基本义务是在一定期限内将货物完好无损地运到约定的地点，交给收货人；托运人的基本义务是按约定的时间准备好要托运的货物，以保证船舶能够连续作业，并及时支付有关的费用。

（二）班轮运费

1. 班轮运价(Liner Freight)与运费。班轮运价是班轮公司为运输货物向货主收取的单位货物的价格，也就是班轮公司为运输单位货物所消耗的人力、物力以及为运输货物所支付的有关方面的费用。

影响班轮运价的主要是运输成本、货物本身的价值和特性、运输量大小、航程的距离、燃油的价格和船员的工资水平以及航运市场供求关系的变化等。班轮运价一般由班轮公司通过定期公布的运价本得以体现。运价本(Freight Tariff)又称运价表，是班轮公司承运货物向托运人据以收取费用的费率表的汇总，一般有等级费率表和列名费率表两种不同的形式。

班轮运费是承运人向托运人收取的报酬。其中基本运费等于运费费率与运量之积，可表示如下：

$$F = f \times Q$$

式中 F——基本运费；

f——运费费率；

Q——运量。

2. 班轮运费构成。班轮运费一般由基本运费和附加运费构成，即：

$$\text{班轮运费} = \text{基本运费} + \sum \text{附加运费} (i=1,2,\cdots,n)$$

基本运费是从装运港到目的港的基本费用，它构成班轮运费的主体。它根据基本运价(Basic Freight Rate)和计费吨计算出来。基本运价按航线上基本港之间的运价给出，是计算班轮基本运费的基础。基本运价主要是按照成本定价原则确定的，影响运价的主要因素是各种成本支出，包括船舶的折旧费、燃油费、修理费、港口使用费(如装卸费、吨税和港口停泊等费用)、管理费、船员工资等。基本运价形式多样，如普通货物运价、个别货物运价、等级运价、协议运价、集装箱运价等。

附加运费是由于有些货物需要特殊处理，或者由于有突发事件的发生或客观情况变化等原因，船方根据不同情况为了弥补在运输中额外开支或费用而加收的费用。班轮运费中的附加费名目繁多，主要包括以下几种。

(1) 燃油附加费(Bunker Adjustment Factor or Bunker Surcharge，简称 BAF 或 BS)。这是由于燃油价格上涨而加收的费用，是一项主要的附加费，几乎所有的航线都有这种附加费。它的计算多用基本运费乘以燃油附加费率的方法。

(2) 港口附加费(Port Surcharge)。这是由于一些港口设施差、装卸效率低或港口使用费过高而增加了承运人的运输成本，承运人为了弥补这些损失而加收的附加费。

(3) 港口拥挤附加费(Port Congestion Surcharge)。这是由于港口拥挤，船舶抵港后需长时间等泊，为弥补船期损失而收取的附加费。

(4) 绕航附加费(Deviation Surcharge)。这是由于某些原因船舶不能按正常航线而必须绕道航行，从而增加开支而加收的附加费。当航线恢复正常，该项费用即取消。

(5) 货币贬值附加费(Currency Adjustment Factor，CAF)。这是由于国际金融市场汇率发生变化，为弥补支付运费的货币贬值造成的经济损失而收取的费用。

(6) 转船附加费(Transhipment Surcharge)。对于那些运往非挂靠港口、数量没有达到直航要求或者目的港口不在班轮航线上的需要在中途港转运的货物而加收的费用。要注意的是：转船附加费应为基本运费加上燃油附加费后再乘以转船附加费率。

(7) 直航附加费(Direct Additional)。这是托运人要求承运人将其托运的货物从装货港，不经过转船而直接运抵航线上某一非基本港时所增收的附加费。该非基本港本来班轮是不去挂靠的，但如果在班轮的航线上，港口条件适合停泊，特别是装载的货物达到一定重量，比如有的班轮公司规定商品在400公吨以上，有的规定在1 000公吨以上，船舶是可以挂靠的，但要交纳一定数量的费用，这种费用就称为直航附加费。

(8) 选港附加费(Additional for Optional Destination)。由于买卖双方贸易的需要，在货物托运时尚不能确定具体卸货港，需要在两个或两个以上的卸货港中选择，为此而加收的费用。一般要求货方在货物抵达第一个卸货港48小时前告知船方选择。

(9) 变更卸货港附加费(Additional for Alternation of Destination)。这是由于某种原因，货方要求改变原来规定的卸货港，从而加收的费用。如改卸的港口运价低于原卸港口的运价，则已收运费不予退还。

(10) 超重、超长附加费(Heavy Lift，Long Length Additionals)。一件货物的毛重或长度超过规定重量(一般规定为3公吨)或长度(一般规定为9米)，视为超重货物或超长货物。由于这类货物装卸和配载比较困难，故需要增加开支，为此而增收的费用就是超重、超长附加费。

(11) 洗舱费(Cleaning Tank Charges)。船舶运输散装油类货物时，装前要洗刷船舶使之符合装运条件，有的还要经过检验部门验收并出具证明，因此租船人要交纳一定费用。

3. 班轮运费的计收标准。根据商品种类的不同，一般可采用下面几种标准。

(1) 按货物的毛重计收，即重量吨(Weight Ton)，在运价表中用“W”表示，一般以每1公吨为计算单位，吨以下取两位小数，也有按长吨或短吨计算的。

(2) 按货物的体积计收，即尺码吨(Measurement Ton)，在运价表中用“M”表示，一般以1立方米为计算单位，也有按40立方英尺为1尺码吨计算的。

(3) 按货物的毛重或体积计收。在运价表中用“W/M”表示，由船公司选择其中收费较高的一种计收运费。按惯例，凡1重量吨货物其体积超过1立方米或40立方英尺者即按体积收费；反之，1重量吨货物其体积不足1立方米或40立方英尺者，即按重量计收。

(4) 按货物的价格计收运费，也称从价运费。在运价表中用“Ad Val”或“A. V. ”表示。一般按货物的FOB价格的百分比计算运费。

(5) 按货物重量或体积或价值三者中选最高的一种计收，在运价表中，以“W/M or A. V. ”来表示。也有按货物重量或体积计收，然后再加收一定百分比的从价运费，在运价表中以“W/M plus A. V. ”表示。

(6) 按货物重量或尺码选择其高者，再加上从价运费计收。运价表中以“W/M plus Ad Val”表示。

(7) 按货物的件数计收，适用于包装固定且包装内的数量、重量、体积固定不变的货物，如汽车、火车头，按辆计费；活牲畜如牛、羊等论头计费。

(8) 临时议定运价(Open Rate)。即由货主与船公司临时协商议定，适用于大宗低值货物，如粮食、豆类、煤炭、矿砂等。

(9) 起码费率(Minimum Rate)。它是指按每一提单上所列的重量或体积所计算出的运费，尚未达到运价表中规定的最低运费额时，则按最低运费计收。

应当注意，如果不同商品混装在同一包装内，则全部运费按其中较高者计收。同一票商品如

包装不同，其计算标准及等级也不同。托运人应按不同包装分列毛重及体积，才能分别计收运费，否则全部货物均按较高者收取运费。另外，同一提单内如有两种或两种以上不同货物，托运人应分别列出不同货物的毛重或体积，否则全部货物均将按较高者收取运费。

4. 班轮运费的计算步骤。班轮运费的计算，可遵循下列程序和步骤：

(1) 据货物的英文名称，从运费表的货物分级表中，按字母顺序查出货物的计费等级和计收运费的标准。

(2) 从航线费率表中查出有关货物的基本费费率以及各项需支付的附加费费率。

(3) 该货物的基本费费率和附加费费率之和即为每一运费吨的单位运价。

(4) 用该货物的计费重量吨或尺码吨乘以单位运价即得出总运费额。

5. 班轮运费计算公式。班轮运费的计算公式如下：

$$F=F_b+\sum S$$

式中　F——运费总额；

F_b——基本运费总额；

S——某一项附加费（$\sum S$:各项附加费的总和）。

基本运费是所运货物的计费吨与基本运费费率的乘积，即：

$$F_b=f\times Q$$

式中　f——基本运费费率；

Q——计费吨。

附加运费是各项附加费的总和。附加费按基本运费或按计费吨计算，各项附加费按基本运费的一定百分比计算时，附加费的总额应为：

$$\sum S=(s_1+s_2+\cdots+s_n)F_b=(s_1+s_2+\cdots+s_n)\times f\times Q$$

式中　$s_1,s_2,\cdots,s_n$——某一项附加费率。

因此，运费总额的计算公式如下：

$$\begin{aligned}F=F_b+\sum S&=fQ+(s_1+s_2+\cdots+s_n)\times f\times Q\\&=(1+s_1+s_2+\cdots+s_n)\times f\times Q\end{aligned}$$

【例 1】　某公司出口货物一批共 200 箱，总毛重为 16.2 公吨，总体积为 23.316 立方米，由大连到欧洲某港口。试计算某企业应付船公司运费。

首先按货物英文名称从货物分级表中查出该货属于 10 级货，计费标准是“M”，然后再按航线查出 10 级货每运费吨基本运费为 US $40，另加燃油附加费 10%，该批货物的运费为：

每立方米的单位运价为：

$$40+40\times10\%=44（美元）$$

该货物总的运费为：

$$23.316\times44=1\,025.904（美元）$$

【例 2】　以 CFR 价格条件出口加拿大温哥华一批罐头水果汁，重量为 8 公吨，尺码为 10 立方米，求该批货物总运价。

解：

(1) 先查水果汁准确译名为“Fruit Juice”。

（2）从有关运本中以“货物分级者”查出相应的货名为 8 级，计算标准为 M，即按尺码吨计算运费。

（3）再查中国—加拿大航线等级费率表，得知 8 级货物相应的基本费率为每吨219元。

（4）另查得燃油附加费为 20%，港口附加费为 15 元/运费吨。

（5）计算运费＝[（219＋219×20%）＋15]×10＝283.80×10＝2 838（元）。

链　接

计算基本运费注意点

第一，若不同商品混装在同一包装内，则全部运费按其中较高者收取。

第二，同一票货物若包装不同，其计费等级和标准也不同。除非货运人按不同包装分列毛重和体积，则全部货物均按较高者计收运费。

第三，若同一提单内有两种以上的货名，如果托运人未列明不同货名的毛重和体积，则全部货物也均按较高者计收运费。

三、租船运输

租船运输是指租船人向船东租赁船舶用于货物的运输。在租船运输业务中，航期、航线、运价、港口等均不固定，装卸费及船期延误按租船合同规定划分及计算。双方的权利、义务和责任豁免按租船合同的规定执行。

租船运输分为定程租船（Voyage Charter）和定期租船（Time Charter）两类。

应当注意，大宗商品进出口贸易采用租船运输时，除了应正确分析运费占进出口商品总成本的比例外，还应预测国际航运市场运费的行市发展趋势，以选择适当的贸易术语。

（一）定期租船

定期租船是指由船舶所有人将船舶出租给承租人，供其使用一定时期，承租人向船东给付租金的租船运输方式。租期可长可短，短则数月，长则数年。

其特点如下。

（1）船货双方的权利与义务在其租船合同中订明。

（2）租赁期间，船舶的经营管理由承租人负责。

（3）船方提供适航的船舶，船员薪金、伙食等费用以及保持船舶具有适航价值而产生的有关费用，均由船方负担。

（4）船舶经营过程中产生的燃料费、港口费、装卸费和垫舱物料费等项开支，均应由租船人负担。

（5）定期租船的租金，一般是按租期每月每季载重吨若干金额计算。

（6）不计滞期费和速遣费。

另有光船租船（Bare Boat Charter），又称“净船期租船”，属于定期租船的一种。船舶所有人只提供一艘空船，一切人员配备及运营维修的费用均由承租人负担，实际上属于单纯的财产租赁。

（二）定程租船

定程租船又称航次租船，是指由船舶所有人负责提供船舶，在指定港口之间进行一个航次或数个航次，承运指定货物的租船运输，包括单航次租船、来回航次租船、连续航次租船和连续来回程航次等方式。与定期租船相比，定程租船具有以下特点。

（1）船舶的经营管理由船方负责。

（2）船方除对船舶航行、驾驶、管理负责外，还应对货物运输负责。

（3）在使用多次的情况下，运费按所运货物计算。

（4）租船双方的责任和义务以租船合同为准。

（5）规定一定的装卸期限或装卸率，计算滞期费和速遣费。

另有一种称为航次期租（Time Charter on Trip Basis，TCT），它是以完成一个航次运输为目的，按完成航次所花的时间和约定的租金率计算租金的方式。

相对于定期租船来说，出口商使用更多的是定程租船，主要用于运输批量较大的大宗初级产品，如粮食、油料、矿产品和工业原料。定程租船的运输费用主要是定程租船运费，有时还包括装卸费、速遣费和滞期费，通常都在租船合同中订明。在定程租船运输中，如果由于租船人的原因，致使未能在租船合同规定的时间内完成装船或者卸货，致使船舶留港时间增加，会增加船东港口费用的负担和遭受船期损失，此时，租船人应当按照实际滞延的时间向船东支付补偿金，即称为滞期费。如果由于租船人的原因，使得装船或者卸货提前完成，船舶早日离港可以节约船东对港口费用的负担并使其获得船期利益，因此，对所节约的时间，船东要给予租船人一定的奖励，即称为速遣费。

（三）租船运输合同及其主要内容

租船合同（Charter Party）是指租船人按一定的条件向船东租用船舶或船舶的部分舱位，双方就相互间的权利和义务所达成的合同。

租船合同的主要条款是：船租双方当事人的名称、货物的名称、货量、装卸港口、船舶的受载日和解约日、船名、船籍、运费和装卸费用、装卸期限、滞期费和速遣费等。此外，租船合同还有一些专门性条款，如租船人责任终止条款、船东责任条款、共同海损清算条款等。

在租船合同中，经常通过国际用语说明由承运人和船东关于货物装卸费用相应的承担责任，具体如表 3-1-1。

表 3-1-1

船货双方关于货物装卸费用划分的固定用语表

固定用语	简称	含义
Liner Terms(Gross Terms)	班轮条件	船方负责装货和卸货，租金中包括装卸费
Free Out	F. O.	船方管装不管卸，租金中包括装货费不包括卸货费
Free In	F. I.	船方管卸不管装，租金中包括卸货费不包括装货费
Free In and Out	F. I. O.	船方不负责装卸，租金中不包括装卸费
Free In and Out，Stowed and Trimed	F. I. O. S. T.	船方不负责装卸，也不负责理仓和平仓，租金中不含有关费用

链 接

表 3-1-2

定程租船与定期租船的区别

	依据	船租双方的责任和义务	船舶的经营管理	船方是否要对货物运输负责	租金或运费	是否规定滞期费和速遣费
定程租船	按航程租赁船舶	以定程租船合同为准	船方负责	是的	一般按装运货物的数量计算	规定
定期租船	按期限租赁船舶	以定期租船合同为准	承租人负责	不是的	一般按租期每月每吨若干金额计算	不规定

链 接

BILL OF LADING

<table>
<tr><td colspan="2">1) SHIPPER</td><td colspan="4" rowspan="7">10) B/L NO.
CARRIER:
COSCO
中国远洋运输(集团)总公司
CHINA OCEAN SHIPPING (GROUP)CO.
ORIGINAL
COMBINED TRANSPORT BILL OF LADING</td></tr>
<tr><td colspan="2">2) CONSIGNEE</td></tr>
<tr><td colspan="2">3) NOTIFY PARTY</td></tr>
<tr><td>4) PLACE OF RECEIPT</td><td>5) OCEAN VESSEL</td></tr>
<tr><td>6) VOYAGE NO.</td><td>7) PORT OF LOADING</td></tr>
<tr><td>8) PORT OF DISCHARGE</td><td>9) PLACE OF DELIVERY</td></tr>
<tr></tr>
<tr><td colspan="6">11) MARKS 12) NOS. &KINDS OF PKGS 13) DESCRIPTION OF GOODS 14) G. W. (kg) 15) MEAS(m³)</td></tr>
<tr><td colspan="6">16)</td></tr>
<tr><td colspan="6">17) TOTAL NUMBER OF CONTAINERS
OR PACKAGES (IN WORDS)</td></tr>
<tr><td>FREIGHT & CHARGES</td><td>REVENUE TONS</td><td>RATE</td><td>PER</td><td>PREPAID</td><td>COLLECT</td></tr>
<tr><td>PREPAID AT</td><td colspan="2">PAYABLE AT</td><td colspan="3">21) PLACE AND DATE OF ISSUE</td></tr>
<tr><td>TOTAL PREPAID</td><td colspan="2">18) NUMBER OF ORIGINAL B(S)L</td><td colspan="3" rowspan="3">22)</td></tr>
<tr><td colspan="3">LOADING ON BOARD THE VESSEL</td></tr>
<tr><td>19) DATE</td><td colspan="2">20) BY</td></tr>
</table>

图 3-1-1 提单样张

第二节 海洋运输单据

海洋运输单据是承运人收到承运货物后签发给托运人的证明文件，主要包括两种，即海运提单（Bill of Lading，B/L）和海运单（Sea Waybill）。

一、海运提单

海运提单简称提单，是指用以证明海上货物运输合同和货物已经由承运人接受或者装船，以及承运人保证据以交付货物的单据。

（一）提单的性质及作用

提单的性质和作用表现为三个方面。

1. 提单是货物收据，表示提单签发人已经收到了提单所列货物。

2. 提单是运输协议的证明，在班轮运输中，提单列明了承运人与托运人相互之间的权利和义务。

3. 提单是物权凭证，收货人或提单的合法持有人有权向承运人提取提单上列明的货物。它可以在船舶到达该货物应运抵的目的港之前办理转让手续，或凭以向银行办理抵押贷款手续。

链 接

有关惯例对于提单签发者提出的要求

国际商会制定的《跟单信用证统一惯例（2007 年修订本）》第十九条中指出，签发提单的人，不仅要签名，还必须在签发提单时明示他的身份，否则可能遭到拒付。

目前，签发提单大致有四种情况：

（1）承运人签字的提单。

（2）承运人的署名代理人签字的提单。

（3）船长签字的提单。

（4）船长署名代理人签字的提单。

（二）提单的内容

一般情况下，提单包括正面和背面条款。

1. 提单正面条款。

（1）托运人提供并填写部分，包括托运人、收货人、被通知人、货名及件数、标志及件数、重量和体积等。

（2）承运人印就与填写部分，常见的印就内容有：外表状况良好条款、内容不知条款及承认接受条款。

2. 提单背面条款。提单背面条款主要是规定承运人与货方之间的权利、义务和责任豁免，是双方处理争议时的主要法律依据。（提单样张见图 3-1-1）

（三）提单的种类

常见的提单主要有以下几类。

1. 按提单上有无不良批注，分为清洁提单(Clean B/L)和不清洁提单(Unclean B/L)。

(1) 清洁提单是指货物装船时“表面状况良好”，承运人在提单上未加任何有关货物受损或包装存在缺陷的不良批注。

(2) 不清洁提单是指承运人在提单上加有货物受损或包装存在瑕疵等“货物表面状况”不良的批注。

在进出口业务中，通常都要求卖方提供清洁提单。尤其是在信用证支付方式下，银行对运输单据的要求更为严格。《UCP600》第 27 条规定：“银行只接受清洁运输单据，清洁运输单据指未载有明确宣称货物或包装有缺陷的条款或批注的运输单据。”此条款表明，银行将不接受不清洁运输单据，除非信用证特别授权。

2. 按货物是否装船，分为已装船提单(On Board B/L 或 Shipped B/L)和备运提单(Received for Shipment B/L)。

(1) 已装船提单是指承运人在货物已经装上指定船舶后所签发的提单。已装船提单和使用的贸易术语密切结合，如 FOB、CFR、CIF 术语，肯定需要提供“已装船提单”。

(2) 备运提单又称收讫待运提单，是指承运人已收到托运货物，等待装船期间所签发的提单。这种提单可作为正式运输单据使用，也可以在货物装船后，由承运人或其指定的代理人在备运提单上，注明装船日期并签名证实，使之成为已装船提单。在实际业务中，只要进口方不强调货物必须装船才能取得提单，卖方就可采用 FCA、CPT、CIP 等术语，这样卖方只要把货物交给承运人就可将包括备运提单在内的所有单据送交银行押汇或将单据寄出收款。

3. 按提单收货人的不同，分为记名提单(Straight B/L)、不记名提单(Open B/L)和指示提单(Order B/L)。

(1) 记名提单是指提单的“收货人”栏内具体写明了收货人名称的提单。由于这种提单只能由提单上指定的收货人提取货物，不能转让给第三者，因此记名提单不能流通。

(2) 不记名提单是指提单的“收货人”栏内不写具体的收货人名称，而仅写“To Bearer”(交持单人)的提单。不记名提单是可转让的提单，转让手续简便，无须作任何背书，仅凭交付即可。但这种提单风险较大，一旦遗失或被盗，提单持有人即可凭手中的提单向船公司提取货物。

(3) 指示提单是指“收货人”栏内填上“To Order of ××”(凭××人指示)，或“To Order”(凭指示)字样的提单。这种抬头的提单可以转让，但需要作“背书”手续。发出指示的人不同则背书人不同。如为“To Order of Shipper”，转让时应由“托运人”背书；如为“To Order of ×× Bank”，转让时应由该指定的“银行”背书；如为“To Order of Consignee”，则由“收货人”背书。对于收货人栏为“To Order”，习惯上称为“空白抬头”的提单，虽然未列明具体的“指示人”，根据业务惯例，转让时由“托运人”背书。

4. 按运输方式不同，分为直达提单(Direct B/L)、转船提单(Transhipment B/L)和联合运输提单(Combined Transport B/L)。

(1) 直达提单是指承运人签发的,货物从装货港装船后,中途不经过转船而直接运抵卸货港的提单。

(2) 转船提单是指在装货港装货的船舶不直接驶达货物的目的港,而要在中途港换装其他船舶运抵目的港,由承运人为这种货物运输所签发的提单。

(3) 联合运输提单是指货物由海路、内河、铁路、公路和航空等两种以上不同运输工具共同完成全程运输时所签发的提单,这种提单主要用于集装箱运输。

5. 按运费支付方式不同,分为运费预付提单(Freight Prepaid B/L)和运费到付提单(Freight to Collect B/L)。

(1) 运费预付提单是指承运人在卖方支付运费的情况下签发的提单。

(2) 运费到付提单是指承运人在装货港签发的提单,待货到目的港后,由收货人与承运人结算运费的提单。

6. 按船舶营运方式不同,分为班轮提单(Liner B/L)和租船提单(Charter Party B/L)。

(1) 班轮提单是指由班轮公司承运货物后所签发给托运人的提单。

(2) 租船提单是指承运人根据租船合同而签发的提单。这种提单受租船合同条款的约束。

7. 按提单的使用效力不同,分为正本提单(Original B/L)和副本提单(Copy B/L)。

(1) 正本提单是指在法律上和商业上都是公认有效的提单。这种提单上一般由承运人、船长或其代理人签名盖章并注明签发日期。正本提单上必须标明"正本"(Original)字样。

(2) 副本提单是指提单上没有承运人、船长或其代理人签名盖章而仅作为工作上参考之用的提单。

链 接

对外寄出正本海运提单应注意的问题

无论银行或出口方对外寄出正本提单时一般要用快递或挂号,以免丢失。如正本提单在两份或两份以上一定分开寄出。提单签发人对丢失的正本提单是不再补签的。在实际业务中,买方经常要求出口方在装船后直接寄出提单,此时应注意买方是否已预付全部货款;如果在托收或信用证方式下应十分当心对方拒付货款。

8. 其他种类提单。

(1) 虚假提单。有一类提单被认定为属托运人与承运人的合谋欺诈行为,在这种情况下,收货人可以"伪造提单"为由拒绝提货,并可向法院起诉,扣留船舶,要求赔偿。这种提单我们称为虚假提单,承运人出具这样的提单,将承担较大风险,即使承运人与托运人事前签有保证性文件,但由于这种文件本身不合法,不受法律保护,托运人随时可以摆脱责任。常见的虚假提单除不清洁提单外,还有:① 倒签提单(Antedated B/L),是指货物实际装船完毕的日期迟于合同或信用证规定的最迟装运日,为使提单日期符合合同或信用证规定,托运人要求承运人在提单上倒填装船日期的提单。② 预借提单(Advanced B/L),是指货物尚未装船,而信用证

的有效期已到(一般为双到期信用证),托运人为做到"及时交单",且"单证相符",而要求承运人预先借出提单,以此签发的提单。

需要提出的是,倒签提单和预借提单,均需托运人提供担保函才能获得,英、美、法等国对担保函不承认,亚洲、欧洲一些国家认为只要未损害第三者利益,便不属非法,不过仍应严加控制。

虚假提单虽在实际业务中时有发生,但这是托运人和承运人串通起来弄虚作假的行为,侵犯了提单持有人的合法权益,一旦被揭露,后果严重,应当引起注意。一旦进口方发现提单弄虚作假,承担责任的不仅是托运人,承运人也难辞其咎。

(2) 电子提单。电子提单是一种利用 EDI 系统对海运途中货物所有权进行转让的程序。电子提单采用现代电子通讯网络(EDI 技术)传递单据,较传统的文件传递节省了时间和费用。

采用电子提单这种提货方式,货物所有人在转让物权时应通知承运人,经承运人确认后由承运人通知被转让人,经被转让人确认后,承运人便销毁前手货物持有人的密码,然后向被转让人发出一个新的密码。

(3) 舱面货提单(On Deck B/L)。舱面货提单又称甲板提单。这种提单银行一般不愿接受。因为货置舱面受损的可能性很大,且承运人对其风险不负赔偿责任。在发生共同海损时,这种风险损失也得不到分摊。因此,托运人必须加保甲板险(又称舱面险)方可解决可能发生的风险损失问题。舱面提单上应注明"在舱面"字样,对于活动物、危险品和体积过大的货物,只能装在甲板上运输,这时出具的提单为舱面提单。

(4) 运输代理行提单(House B/L)。运输代理行提单是指运输代理人签发的提单,它只是运输代理人收到托运货物的收据,而不是可以转让的物权凭证。因此,银行一般不接受这种提单。除非信用证另有授权,银行将只接受运输代理行出具的表面上载有以下两项注明之一的运输单据:① 作为承运人或多式运输经营人的运输行的名称并由其签署。② 承运人或多式运输经营人的名称,并由作为承运人或多式运输经营人的具名代理人的运输行签署。

(5) 过期提单(Stale B/L)。过期提单又称滞期提单,是指由于出口商在取得提单后未能及时到银行议付的提单。因不及时而过期,形成过期提单,过期提单是对银行结算而言的一种提单,但它在运输合同下并不是无效提单,提单持有人仍可凭其要求承运人交付货物。

链 接

【案例与思考】

某公司以 CIF 马赛条件成交一批冻品,对方开来的信用证规定:最迟装船期和议付期均为 10 月 31 日,不准转船。出口方预计中远公司某船于 10 月下旬到港,10 月 29 日开始装船,11 月 2 日才能装完,于是以担保函向船方预借 10 月 31 日已装船提单并于当日送银行议付。经议付行审核无误,即寄送开证行索偿。不料此船装完这批货物后,冷冻机于 11 月 4 日损坏,不得不将该批货物卸下由中远公司另行安排船只运输,因此而耽误约 1 个月,至 11 月 30 日才运出。货到马赛时已超过圣诞节这一旺销季节。客户以实际到货船名与结汇单据船名不符,同时以货物不适当地迟交影响市价为由,要求赔偿 30 万美元。问:

（续上）

（1）什么叫预借提单？

（2）本案例的银行是否应该付款？

（3）卖方应如何处理？

【案例评析】

（1）所谓预借提单，是指货物在装船前或装船完毕前，托运人为及时结汇而向承运人预先借用的“已装船提单”。

预借提单的出现是因为信用证或买卖合同规定的装运期或信用证有效期已到，托运人因故未能及时备妥货物或者因为船期延误，货物尚未装船或未能装完船，为及时结汇而采取的一种变通办法。这种做法既违约又违法，因为隐瞒了迟期交货责任，违反了合同的“诚实信用”这一原则，通常被视为欺诈。一旦使第三者蒙受损害，签发预借提单的船公司或承运人就要负赔偿责任。签发预借提单比倒签提单风险更大：因为货物尚未装船或未装船完毕，货物能否安全装船，是否能全部装船，将在什么时间装船，货物装船时的状况都不得而知，但提单业已发出，对提单善意持有人的交付义务已经存在。

（2）信用证业务，银行只管单据不管货物，而且只管单据的表面，即银行仅以确定单据表面上是否符合信用证条款为准。所以，只要受益人提供的单据表面上符合信用证条款的规定，银行就应该付款。因此，虽然本案的受益人提供的提单是不合法的，但其表面与信用证条款相符，银行就应该付款。

（3）以上分析了预借提单的问题，再来看关于“转船”的问题，船公司在提单背面条款中均列有“自由转船条款”，由于合理转船而造成的风险损失，船方不负责任。对于卖方处理此案时，首先要明确以下两点：

第一，如果买方向卖方索赔，卖方可按CIF贸易术语的解释。在CIF条件下，卖方的责任是在装运港将货物装上船并提交货运单据就算完成交货任务，至于货物延迟到港的责任问题，应由收货人向承运人索赔。

第二，如果收货人向船方提出索赔，而船方出示发货人的保函以求免责的话，收货人即可以承运人与托运人串通欺骗第三者为理由，向当地法院控告并要求法院扣船。在此情况下，船方就不得不服从法院判决作出赔偿。但应注意，问题到此并未根本解决，因为船方持有托运人的保函。当他依法向收货人作出赔偿后，势必根据保函所提保证条件向托运人索赔，以求得补偿。到此，托运人也就无法推卸责任。所以说，这种以保函方式预借提单的做法，其风险最终还是会落到托运人的头上。对此，不可不慎。

基于以上分析，卖方在具体处理此案时，可分两头同时进行：

第一，如果我方所提供的全套单据符合信用证规定，则应请议付行促开证行如期付款。

（续上）

第二，立即去函向客户说明CIF条件下卖方的责任，同时说明载货轮船临时发生机件故障不得不转船装运这一实际情况，以争取对方谅解。对于货物迟到，销售旺季已过，致使对方遭受损失这一事实，表示可以理解，建议协商解决。

第三，立即设法通过国外其他渠道了解该商品现时的市场价格，以及圣诞节期间的市场价格，做到心中有底，作为与对方协商时的基础。切不可让对方“漫天要价”，盲目地讨价还价。这样，不但问题难以解决，而且会引起对方步步紧逼。总之，这个问题由于我方存在预借提单这一弱点，拒赔或不赔是不可能的，只能尽量争取少赔。

二、海运单

（一）海运单的产生

自从1500年提单问世后，海运中货物权利的转移就一直是通过提单的转让来实现的。提单则成了国际海运的唯一媒凭。但是，近500年的实践足以将利用提单在目的港交货的不便和风险全部表露出来。

其一，如按正本提单放货，当货到而提单未到收货地或收货人还未经承兑或付款取得正本时，就会出现因货等提单而引起延迟卸货或码头拥挤现象。

其二，由于海运提单是所载货物的物权凭证，取得提单的人就有权支配该货物，如果第三者非法得到提单，就可以取货，因此提单对收货人来说就存在着一定的风险。

要解决这两个问题，就要在不必使用提单的情况下，尽量使用海运单(Sea Waybill)，使货物一到目的港，就能及时卸交。1990年6月，在国际海事委员会第34届大会上，满票通过了《1990年国际海事委员会海运单统一规则》。

（二）海运单的性质

海运单是发货人和承运人之间的货物运输合同的凭证。海运单是一种物流单证，不是货物的物权凭证，故不得转让。

（三）海运单的作用

海运单主要有以下三种作用。

(1) 承运人收到由其照管的货物的收据证明。

(2) 它是承运人与托运人之间订立海上货物运输合同的证明。

(3) 在解决经济纠纷时，可作为货物担保的基础。

（四）海运单的使用

海运单作为契约证明，应根据承托双方一致同意的条件来签发。但是，如经托运人请求，也可以签发两份或两份以上正本。运输契约的海运单通常只签发一份正本。

海运单流转的程序是：租船公司签发运单给托运人；租船公司在船舶到达卸货港前约一个星期向通知运单上标明的具体收货人发出到货通知；收货人签署完这个到货通知，并退还给船代理；船代理据以签发提货单给收货人；船抵港后，收货人凭提货单提货。

链　接

提单与海运单的区别

提单是货物的象征，提单的合法持有人有权凭提单正本要求承运人交付货物。在国际市场上，指示提单和不记名提单的持有人可以转让提单，或是凭提单向银行办理质押贷款。提单的转让一般通过背书来完成，包括记名背书与空白背书两种方式，记名背书即在提单背面批注 Endorsed to ×××，或 Deliver to ×××，再由背书人签字盖章；空白背书由背书人在提单背面签字盖章，不另作其他任何记载。海上货运单简称海运单(Sea Waybill;Ocean Waybill)，仅仅具有提单的前两个属性，它不是物权凭证，不能流通转让，且必须是记名的，承运人将货物交付给其所载明的收货人。当前，由于海运单提货方便，费用节省，便于防止假单据欺诈，而且利于电子数据交换系统的使用，海运单的使用范围逐渐扩大，但是提单仍然是最主要的海运单据。

三、电子提单

最近几年，国际运输领域已开始利用现代化的计算机技术，通过电子数据交换系统，来实现运输途中货物支配权的转移。这种技术的使用替代了传统的提单，这无疑是一场深刻的革命。

（一）电子提单及其特点和优点

电子提单是一种利用电子数据交换(Electronic Data Interchange，EDI)系统对海运途中的货物支配权进行转让的程序。

该程序具有三个特点：① 卖方、发货人、银行、买方、收货人均以承运人为中心，通过计算机密码通告运输途中货物所有权的转移时间和对象。② 在完成货物的运输过程中，通常不出现任何书面文件。③ 收货人只需出示有效身份证明，由船舶代理验明即可提货。电子提单完全改变传统提单通过背书转让物权的方式取而代之以密码通知来实施货物所有权转移，变成谁有密码，谁就拥有货物所有权。

电子提单的优点是：可快速、准确地实现货物支配权的转移；可方便海运单的使用，当海上运输航程较短时，则可避免传统提单因为邮寄而可能出现的船到而提单尚未寄到的现象；可防冒领和避免误交，由于整个过程的高度保密性，它能大大减少提单欺诈行为的发生。

（二）电子提单的运用

假设卖方与买方签订了一个 CIF 买卖合同，根据 EDI 系统，上述合同履行的过程如下。

1. 卖方向承运人订舱，承运人根据双方都同意的条款进行确认。

2. 卖方提供货物的详细说明，承运人确认承运这批货物。卖方同时向承运人指明银行。

3. 卖方将货物交给承运人，承运人向卖方发送一个收到该批货物，但同时可做某些保留的电讯。这里所讲的“保留”，是诸如“货物的品质、数量是由卖方提供的，承运人对具体情况不明”之类的保留。在电讯上，承运人给卖方一个密码，卖方在此后与承运人的电讯往来中可用此密码，以保证电讯的鉴定和完整。

4. 承运人将货物装船后通知卖方，同时通知银行。

5. 卖方凭信用证即可取款，货物支配权由卖方转移到银行。卖方告诉银行谁是买主。这时承运人即销毁与卖方之间电讯密码，并向银行确定，给银行一个新的密码。

6. 买方支付货款并获得货物支配权后，银行则通知承运人货物权利的转移。承运人即销毁与银行之间的密码，向买方确定其对货物的控制权，并给一个密码。

7. 船舶抵达目的港后，承运人通知买方。买方指定一个收货人，否则自己就是收货人。

8. 收货人实际接收货物后通知承运人，买方对货物的支配权终止。此时，承运人销毁与买方之间的密码。

第三节　陆路运输方式

陆上运输方式主要指铁路运输(Rail Transport)和公路运输。特别在货物启运地或者目的地为非港口时，除非采用航空运输，一般都采用国内铁路运输或者国内公路运输与海洋运输相结合的方式。

一、铁路运输

铁路运输是现代运输业的主要运输方式之一。在国际货物运输中，铁路运输具有运载量大、运行速度快、成本低、运输准确性和连续性强、受气候自然条件影响小等特点和优势。因此，在国际贸易中，铁路运输在国际货运中的地位仅次于海洋运输。其特点有：它一般不受气候条件影响，可终年正常运行，而且速度较快，运量较大，具有高度的连续性，风险小，手续简单。铁路运输在我国国民经济中占有重要地位，在我国对外贸易中更是起着非同一般的作用。

铁路把欧亚大陆连成一片，从而为发展我国与其他亚洲国家、欧洲各国之间的经济贸易关系提供了十分有利的条件。我国与朝鲜、蒙古、独联体、越南等国的进出口货物，绝大部分是通过铁路来运输的。在我国与东欧、西欧、北欧和中东地区一些国家之间，也可以采用国际铁路运单，它既代表货物的所有权，又是中国香港收货人的提货证明，也是货运双方的运输契约和承运人的货物收据。

铁路运输主要包括国际铁路货物联运和对我国港澳地区的铁路运输两部分。

(一) 国际铁路货物联运

国际铁路货物联运是使用一份统一的国际联运票据，由铁路部门负责经过两国或者两国以上铁路的全程运送，并且在由一国铁路当局向另一国移交货物时，不需发货人和收货人参加。它通常是基于有关的国际条约进行的，主要是欧洲大陆主要国家间的《国际铁路货物运送公约》(简称《国际货约》)和由我国、蒙古、朝鲜、越南、前苏联、前东欧各国签订的《国际铁路货物联运协定》(简称《国际货协》)。国际铁路货物联运的单据主要是铁路运单正本和副本。

采用国际铁路货物联运，有关当事人事先应有书面约定。我国于 1954 年加入了《国际铁路货物联运协定》。它促进了我国边境贸易的发展，加强了我国与国际货协国家之间的贸易往来，又将欧洲大陆连接，方便了同西北欧国家的贸易，具有手续简便、节省运输时间、降低运输中风险、加速资金周转、减少运输费用等优点。为了适应东欧、北欧一些国家的需要，1980 年，我国成功地试办了通过西伯利亚大陆桥实行集装箱国际铁路联运，货运里程比海运可缩短1/3 或 1/2。1992 年，东起我国连云港，途经陇海、兰新、北疆铁路进入独联体直达荷兰鹿特丹的第二条欧亚大陆桥运输的正式营业，进一步加快了货运速度，促进了我国外贸发展。

（二）对我国港澳地区的铁路运输

对港铁路运输由内地段运输和港九段运输两部分组成，是一种特殊的租车方式的两票运输。对港铁路运输，实际上是两段铁路运输的联运，一般由外运公司以联运承运人的身份签发从启运地至中国香港的承运货物收据，对货物的全程运输负责，并作为出口人收汇和香港收货人提货的凭证。

到中国澳门地区的货物运输没有铁路可以直通，内地省份运货至澳门的，都要先办理国内段铁路运输，经广州转运至澳门。

二、公路运输

公路运输又称汽车运输，是一种现代化的运输方式。它不仅可以直接承担跨国货物运输，而且也是车站、港口和机场集散进出口货物的重要手段。公路运输具有机动灵活、速度快和方便等特点，尤其是在实现“门到门”运输中，更离不开公路运输。公路运输在我国对外贸易中占有重要地位。我国同许多周边国家有公路相通，我国同这些国家的进出口货物，可以经由国境的公路运输来完成。此外，内地对香港和澳门的部分货物进出境运输也是通过公路运输完成的。

第四节 航空运输方式

航空运输是一种现代化的运输方式，它是利用飞机通过空中航线来进行的。与海运、陆路运输相比，航空运输速度快，故适用于运送易腐商品、鲜活商品和各种急需物资。目前，我国空运日益发展，进口商品采用空运的主要有电脑、成套设备中的精密部件、电子产品等；出口商品主要有丝绸、纺织品、海产品、水果、蔬菜等。

一、航空运输的特点

航空运输有其他运输方式无法比拟的优越性，其特点如下。

1. 有较快的运送速度。航空运输的航线不受地形条件限制，故运送速度快。在时间就是金钱的今天，航空运输已成为国际市场上商品竞争强有力的手段。

2. 可节省包装、保险、利息等费用。航空运输由于速度快、货物周转期短，存货可相应减少，资金回收较为迅速，从而大大节省利息费用。此外，航空货运中货损、货差情况较少，包装材料相对简化，可降低包装费和保险费。

3. 安全、准确。航空管理制度较为完善，货物破损率较低，如使用空运集装箱运送，则更为安全。

4. 适于鲜活、易腐和季节性货物的运送。鲜活、易腐货物对时间要求高，如果运输时间过长，则会使货物丧失其原有使用价值。对季节性货物，则要求在季节到来之前运到市场，否则过期将无法销售，以致货物滞存仓库，增加费用。

5. 航空运输费用较高，运量有限。与其他运输方式相比，其缺点在于运费较高，且运量有限，多在运送急需、贵重、时令鲜活产品时采用。

空运方式下，航空公司一般只负责空中运输，货物在始发机场交给航空公司之前的接货、报关等以及货到目的地接货、送货等业务均由航空货运公司办理，并负担其间的一切风险和费用。航空货运公司可以是货主或航空公司的代理，也可以是双重代理。在我国，这样的机构是中国对外贸易运输总公司。

二、航空运输的方式

根据运输货物的不同需要，航空运输方式主要有班机运输(Airliner Transport)、包机运输(Chartered Carrier Transport)、集中托运(Consolidation Transport)和航空快递业务(Air Express Service)。

(一) 班机运输

班机是指定期开航的，具有固定航线、固定始发站、目的站和途经站的运输飞机。通常，班机运输采用客货混合型飞机，但也有些较大的航空公司在一些航线上另辟有使用全货机的货运航班。采用班机运输方式，收货人和发货人都能确切掌握起运和到达时间，非常有利于市场急需货物、贵重货物及技术资料的运输。

(二) 包机运输

包机运输是指租机人租用整架飞机运送货物的运输方式。其中，租机人可能是一个发货人或航空货运代理公司，也可能是几家航空货运代理公司或发货人联合包租。即分为整架包机或部分包机，前者适用于运送大批量货物，运费比班机低；后者适用于多个发货人，但货物到达站是同一地点的货物运输。

(三) 集中托运

集中托运是指航空货运代理公司把若干单独发运的货物组成一整批，向航空公司办理托运，用一份总运单将货物集中发运到同一到站，或者运到某一预定的到站，由航空货运代理公司在那里的代理人收货、报关、分拨后交给实际收货人。集中托运的运价比国际空运协会公布的班机运价低7%～10%，因此发货人比较愿意将货物交给航空货运公司安排。

(四) 航空快递业务

航空快递业务可分为机场到机场、桌到桌、派专人送。航空快件传送是目前国际航空运输中最快捷的运输方式。它不同于航空邮寄和航空货运，它由一个专门经营该项业务的公司和航空公司合作，通常为航空货运代理公司或航空速递公司，派专人以最快的速度在货主、机场、用户之间运输和交接货物。该项业务是在国际上两个空运代理公司之间通过航空公司进行的，主要用于运送样品、资料等轻便急需的货物。

三、航空运单和运费

(一) 航空运单

在航空运输中，航空公司或者航空货运代理公司作为承运人签发航空运单(Air Waybill, AWB)作为其接受货物的依据以及与托运人之间运输合同的证明，可凭以办理议付结汇。但它不是物权凭证，不能凭以提货，不能背书转让，航空运单必须是记名的，货到目的地后，收货人凭承运人发出的到货通知书提货。

航空运单依据签发人不同分为主运单和分运单。前者是航空货运公司接受客户托运后，将货物集中向航空公司托运，由航空公司签发的，后者是货到目的地后，由航空货运代理公司向各个客户签发的，它们的法律效力基本相同。

（二）航空运费

航空运费一般按照 W/M 方式计算，即取货物实际重量（千克）与体积重量（6 000 立方厘米折合 1 千克）中高者计算。

1. 计费重量（Chargeable Weight）。运费水平都是由国际航空协会统计。计费重量是指据以计算运费的货物的数量。它有重货（Heavy Density Cargo）、轻货（Light Weight Density Cargo）和多件货物之分。

2. 公布的直达航空运价。公布的直达航空运价是指航空公司在运价本上直接注明承运人对由甲地运至乙地的货物收取的一定金额。直达运价又分为四种，即特种货物运价（Specific Commodity Rates，SCR）、等级货物运价（Class Rates Ⅲ Commodity Classification Rates，CCR）、普通货物运价（General Cargo Rates，GCR）和起码费（Minimum Charges，MC）。

3. 非公布的直达航空运价。如果甲地至乙地没有可适用的公布的直达运价，就实行非公布的直达航空运价。它包括比例运价（Construction Rate）和分段相加运价（Combination of Rate）。

4. 航空附加费。航空附加费主要有声明价值费（Valuation Charges）、制单费、货到付款附加费、提货费。

链 接

航空运输的承运人

航空运输公司只负责从一个机场将货物运至另一个机场，而对于揽货、接货、报关、订舱及在目的地机场提货和将货物交付收货人等方面的业务，则全由航空货运代理（空代）办理。航空货运代理可以是货主的代理，也可以是航空公司的代理。中国对外贸易运输总公司既是中国民航的代理，也是我国各进出口公司的货运代理。

第五节 邮政运输方式

邮政运输又称邮件运输，是一种最简便的运输方式，包括普通邮包和航空邮包两种。

国际邮政运输具有国际多式联运和“门到门”运输的性质，托运人只需向邮局办理一次托运手续，一次付清邮资并取得邮包收据即可。邮件在国际的传递由各国的邮政部门负责办理，邮件到达目的地后，收件人即可凭当地邮局到件通知和身份证明提取邮件。根据公约，各国对邮政包裹的重量和体积有严格的限制，如每件包裹重量不得超过 20 千克，长度不得超过1米。另外邮费也较昂贵，因此邮件运输适合运送小型仪器、机器零件、金银首饰以及样品、图纸、文件等贵重零星物品。目前，国际特快专递（EMS）业务发展十分迅速。

我国与很多国家签订有邮政包裹协议和邮电协议，对这些国家的邮运，可按照协议规定办理。我国参加了万国邮政联盟（Universal Postal Union，UPU），简称“邮联”。邮联的宗旨是组成一个国际的邮政领域，相互交换邮件；组织和改善国际邮政业务，有利于国际合作的发展；推广先进经验，给予会员国邮政技术援助。按UPU的要求，我国邮政部门在办理对外寄送邮包时，每件重量不得超过20千克，长度不得超过150厘米（公分）。

邮政业务一般由国家办理。在国际上，各国邮政之间订有协定和公约，并形成全球性的邮政运输网，从而使邮政包裹的传递畅通无阻，四通八达。

第六节　集装箱运输方式

集装箱又称“货柜”“货箱”。集装箱是一种容器，能反复使用，即具有一定的强度和刚度的专供周转使用并便于机械操作和运输的大型货物容器，因其外形像一只箱子，又可集装成组货物，故称集装箱。

集装箱运输（Container Transport）即以集装箱作为运输单位进行货物运输，它可以适用于公路、铁路、海洋、航空等多种运输方式。目前，它已成为国际上普遍采用的一种重要的运输方式。

一、集装箱运输的优点

1. 在全程运输中，可以将集装箱从一种运输工具直接方便地换装到另一种运输工具，而无须接触或移动箱内所装货物。

2. 货物从发货人的工厂或仓库装箱后，可经由海陆空不同运输方式一直运至收货人的工厂或仓库，实现“门到门”运输而中途无须开箱倒载和检验。

3. 集装箱由专门设备的运输工具装运，装卸速度快，效率高，质量有保证，减少货损货差。

4. 节省各项费用，降低货运成本，据国际航运界报道，集装箱运费要比普通件杂货运费低5%～6%。

5. 节省货物运输的包装，简化理货手续。集装箱箱体作为一种能反复使用的运输设备，不但能起到保护货物的作用，还能降低货物运输时的包装费用。

6. 可露天作业，露天存放，不怕风雨，节省仓库。

因此，现代运输中集装箱被广泛地采纳。

二、集装箱运输货物的交接方式

集装箱运输是将一定数量的单件货物装入标准规格的金属箱内，以集装箱作为运送单位所进行的运输，可适用于海洋运输、铁路运输及国际多式联运。

集装箱运输有整箱货（Full Container Load，FCL）和拼箱货（Less Container Load，LCL）之分。整箱货一般由发货人在工厂或者仓库进行装箱，并直接运交集装箱堆场（Container

Yard,CY)等待装运,货到目的地后,收货人可以直接到目的地集装箱堆场接货,这种交接方式称为堆场到堆场(CY—CY)。拼箱货是指货量不足一个整箱,一般需要由承运人在集装箱货运站(Container Freight Station,CFS)负责将不同发货人的货物拼装在一个集装箱内,货到目的地后,承运人在目的地集装箱货运站拆箱将货物分拨,收货人就此提货,这种交接方式称为货运站到货运站(CFS—CFS)。其中,当交接方式为CY—CY时,则发货人整箱交货,收货人整箱接货;当交接方式为CFS—CFS时,则发货人拼箱交货,收货人拆箱接货。此外,集装箱运输也可以实现"门到门",即由承运人在发货人工厂或者仓库接货,在收货人工厂或者仓库交货。

集装箱的交接方式应在运输单据上予以说明。国际上通用的表示方法如下所述。

(一) 整箱交/整箱收,即FCL/FCL

集装箱的具体交接地点有以下四种情况。

1. Door to Door,即"门到门",是指在发货人的工厂或者仓库整箱交货,承运人负责运至收货人的工厂或仓库整箱交收货人。

2. CY to CY,即"场到场",是指发货人在起运地或装箱港的集装箱堆场整箱交货,承运人负责运至目的地或卸箱港堆场整箱交收货人。

3. Door to CY,即"门到场",是指在发货人的工厂或者仓库整箱交货,承运人负责运至目的地或卸箱港堆场整箱交收货人。

4. CY to Door,即"场到门",是指发货人在起运地或装箱港的集装箱堆场整箱交货,承运人负责运至收货人的工厂或仓库整箱交收货人。

(二)"拼箱交/拆箱收",即LCL/LCL

该具体交接方式只有一种情况,为CFS to CFS,即"站到站"。这是指发货人将货物运往起运地或装箱港的集装箱货运站,货运站将货物拼装后交承运人,承运人负责运至目的地或卸箱港的集装箱货运站进行拆箱,当地货运站按件拨交各个有关收货人。

(三)"整箱交/拆箱收",即FCL/LCL

该具体交接地点有以下两种情况。

1. Door to CFS,即"门到站",是指在发货人的工厂或者仓库整箱交货,承运人负责运至目的地或卸货港的货运站,货运站拆箱按件拨交各个有关收货人。

2. CY to CFS ,即"场到站",是指发货人在起运地或装箱港的集装箱堆场整箱交货,承运人负责运至目的地或卸货港的集装箱货运站,货运站负责拆箱拨交各个有关收货人。

(四)"拼箱交/整箱收",即LCL/FCL

该具体交接地点也有两种情况。

1. CFS to Door,即"站到门",是指发货人在起运地或装箱港的集装箱货运站按件交货,货运站进行拼箱,然后由承运人负责运至目的地收货人工厂或仓库整箱交货。

2. CFS to CY,即"站到场",是指发货人在起运地或装箱港的集装箱货运站按件交货,货运站进行拼箱,然后,承运人负责运至目的地或卸箱港的集装箱堆场,整箱交收货人。

每个集装箱有固定的编号,装箱后封闭箱门的钢绳封印上印有号码。集装箱号码和封印号码可替代运输标志,显示在主要出口单据上,成为运输中的识别标志和货物特定化的记号。

第七节 国际多式联运

国际多式联运又称国际联合运输，是在集装箱运输的基础上产生和发展起来，有机结合各种单一运输方式的一种国际性的连贯运输方式。国际多式联运是指“按照多式联运合同，以至少两种不同的运输方式，由多式联运经营人将货物从一国境内接管货物的地点运至另一国境内指定地点交付的货物运输”。

随着集装箱运输软硬件成套技术趋于成熟，到20世纪80年代，集装箱运输已进入国际多式联运时代。国际多式联运利用集装箱，通过采用海、陆、空等两种以上的运输手段，完成国际间的连贯货物运输。开展国际多式联运是实现“门到门”运输的有效途径。

一、国际多式联运的特征与优点

构成国际多式联运必须具备以下特征或称基本条件。

1. 必须具有一份多式联运合同。该运输合同是多式联运经营人与托运人之间权利、义务、责任与豁免的合同关系和运输性质的确定依据，也是区别多式联运与一般货物运输方式的主要依据。

2. 必须使用一份全程多式联运单据。该单证应满足不同运输方式的需要，并按单一运费率计收全程运费。根据托运人的要求，它可以做成可转让的，也可以做成不可转让的。

3. 必须是至少两种不同运输方式的连续运输，如为海/海、铁/铁、空/空联运，虽为两程运输，但不属于多式联运。这是一般联运与多式联运的一个重要区别。在单一运输方式下的短途汽车接送也不属于多式联运。

4. 必须是国际的货物运输。这不仅是区别于国内货物运输，主要是涉及国际运输法规的适用问题。

5. 必须由一个多式联运经营人对货物运输的全程负责。多式联运经营人是指其本人或者通过其代表订立多式联运合同的人，负有履行联运合同的义务，他不是托运人的代理，也不是实际承担运输方的代理。他可为实际承运人，办理全部或者部分运输，也可以是无船承运人，将全程运输交由各运输段实际承运人来履行。

6. 必须是全程单一的运费费率。运费一次收取，包括运输成本(各段运杂费的总和)、经营管理费和合理利润。

二、国际多式联运责任制

国际多式联运由一个多式联运经营人对货物运输的全程负责，按照多式联运经营人在多大范围内承担赔偿责任。目前的国际集装箱多式联运责任制主要有三种类型，即统一责任制、网状责任制和《联合国国际货物多式联运公约》，该公约综合前两者，采用“修正统一责任制”。目前，国际上大多数国家，包括我国，采用网状责任制。

网状责任制又称混合责任制，是指多式联运经营人对货主承担的全部责任局限在各个运输部门规定的责任范围内，也就是由经营人对集装箱的全程运输负责，而对货物的灭失、损坏或延期交付的赔偿限额，则根据各运输方式所适用的法律规定进行处理，如海上区段按《海牙

规则》处理，铁路区段按《国际铁路运输公约》处理，公路区段按《国际公路货物运输公约》处理，航空区段按《华沙公约》处理。

链 接

国际多式联运的运输组织形式与陆桥运输

国际多式联运严格规定必须采用两种或两种以上的运输方式进行联运，因此这种运输组织形式可综合利用各种运输方式的优点，充分体现社会化大生产大交通的特点。目前主要的组织形式是海陆联运、陆桥运输(Land Bridge Service)、海空联运等，其中海陆联运是国际多式联运的主要组织形式。

在国际多式联运中，陆桥运输起着非常重要的作用。所谓陆桥运输是指采用集装箱专用列车或卡车，把横贯大陆的铁路或公路作为中间“桥梁”，使大陆两端的集装箱海运航线与专用列车或卡车连接起来的一种连贯运输方式。严格地讲，陆桥运输是一种海陆联运形式。

陆桥运输主要有以下几条路线。

(一) 西伯利亚陆桥

西伯利亚陆桥是以俄罗斯西伯利亚铁路作为陆地桥梁，把太平洋远东地区与波罗的海和黑海沿岸以及大西洋口岸连接起来。此条陆桥地跨欧亚两洲，因而又称为“欧亚陆桥”。

西伯利亚陆桥运输东起海参崴的纳霍特卡港和东方港，横贯欧亚大陆，西至莫斯科，然后分三条线路，以“铁—铁”、“铁—公”、“铁—海”方式完成全程运输，到达中东、地中海沿岸国家，中亚、西亚国家，以及欧洲各国。西伯利亚陆桥已成为远东地区往返欧洲之间的一条重要运输路线，我国对外贸易货物运输也主要利用这条陆桥。

(二) 北美陆桥

北美陆桥是指美国和加拿大以本土横贯东西的铁路、公路作为桥梁，连接太平洋和大西洋的运输方式。它是连接远东至欧洲运输，途经北美的陆桥。

美国的陆桥运输有三条：

第一条：小陆桥运输(Mini-Land Bridge)。即远东地区的货物海运至美国西部太平洋口岸，转装铁路或公路运至东部大西洋口岸(波士顿、迈阿密)或南部墨西哥湾口岸(布朗斯维尔、坦帕)。

第二条：微桥运输(Micro-Land Bridge)。即远东地区的货物海运至美国西部太平洋口岸，换装铁路或公路集装箱专用列车，运往美国中东部内陆城市及五大湖地区的周边城市。

第三条：内陆公共点运输(Overland Common Point，OCP)。即远东地区的货物海运至美国西海岸口岸，转铁路或公路运往落基山脉以东的内陆地区(即 OCP 地区)OCP 运输方式，可享受比一般直达东海岸港口低约 3%～5%的优惠内陆运输费率。

（续上）

（三）新欧亚大陆桥

新欧亚陆桥东起我国连云港，西至荷兰鹿特丹，连接我国境内的陇海、兰新、北疆铁路，在新疆的阿拉山口出境，与哈萨克斯坦的德鲁日巴站相接，经由俄罗斯、波兰、德国直达荷兰鹿特丹，将我国和独联体、东欧、西欧国家的铁路连接起来，从而形成了一条新的国际运输大动脉。

第八节　买卖合同中的装运条款

国际货物买卖合同中的装运条款通常包括装运时间、装运港（或发货地）和目的港（或目的地）、分批装运和转运等内容。有的合同还视交易需要列明运输方式、选派运输工具以及有关费用负担等事项。现将最常见的条款扼要介绍如下。

一、交货时间

在国际贸易中，存在着“交货”（Delivery）和“装运”（Shipment）两种不同的用语，因此，也就有“交货时间”（Time of Delivery）和“装运时间”（Time of Shipment）两种不同的提法。但就严格的意义而言，“交货”与“装运”各有其不同的概念。

链　接

“交货”和“装运”的区别

“装运”的原意是指将货物交由船方运往约定目的地的行为，即一般实务中所称的装船；而“交货”则是指卖方自愿将其对货物的占有权转移给买方的行为。在涉及运输的买卖合同中，卖方把货物交给承运人或在转运或联运情况下交给第二承运人以运交给买方，也是交货。现代国际贸易大都使用F组与C组贸易术语，使用这类术语的货物买卖合同为装运合同（Shipment Contract），在这类交易中，卖方在装运港或启运地将货物装上运输工具或交付给承运人或第一承运人以运交买方就算完成交货义务。在此情况下，“交货”和“装运”是一致的。因而在实务中，往往也把这两个词混合起来使用，“交货时间”与“装运时间”成为同义词。国际商会《跟单信用证统一惯例》的历次版本对此也作了相应规定。但是，应当指出，在使用F组、C组术语的装运合同项下，货物交给“承运人”的“交货”，在运输单据转让以前，特别是在CIF、CFR等通过海洋运输的情况下，货物的所有权并未转移到买方手中，所以，这种“交货”只是“推定交货”（Constructive Delivery）。从这个意义而言，“交货”与“装运”又有所不同。因此，即使是“装运合同”，也不宜任意混用，在买卖合同中规定履行交货的时间条款，似以使用“装运时间”为宜，以免引起误解。

按照各国法律，凡规定有装运时间的买卖合同，卖方必须按照规定时间装运货物，如果提前或延迟，均构成违约，买方有权拒收货物，解除合同，同时提出损害赔偿要求。事实上，是否按时交付或装运货物直接影响到买方能否及时取得货物，以满足其使用或转售的需要。而且就卖方来说，达成交易后，备货、安排运输、办理各项手续，也都需要一定的时间。所以，交货时间对买卖双方都是一个重要问题，通常均须在买卖合同中作出明确规定。按照《销售合同公约》第 33 条规定，如买卖合同未就交货时间作出规定，则卖方应在合理时间内交货。

但是，在实际业务中，各种因素复杂多变，有时还会产生一些难以预料的情形，因此，交货时间，一般是规定一个期限，而不是某个具体日期。期限有长有短，可以是 2 周、3 周或 1 个月内交货，也可以是 2 个月、1 个季度或更长一些时间。目前常用的有以下几种规定方法。

(一) 装运时间的规定方法

1. 规定具体的装运时间。

(1) 规定在某月内装运。例如：1 月份装运(Shipment during Jan.)，按此规定，全部成交货物可在 1 月 1 日到 1 月 31 日这一期限内的任何一天装运。

(2) 规定在某月月底或以前装运。例如：6 月底或以前装运(Shipment at or before the end of June)，即自订立合同之日起，最迟不超过 6 月 30 日装运。

(3) 规定在某月某日或以前装运。例如：7 月 15 日或以前装运(Shipment on or before July 15th)，即自订立合同之日起，最迟不超过 7 月 15 日装运。

(4) 跨月装运，即规定在某 2 个月、3 个月或几个月内装运。例如：1/2 月份装运或1/2/3 月份装运(Shipment during Jan. /Feb. 或 Jan. /Feb. /March shipment)，即货物可分别在 1 月 1 日到 2 月 28 日止或 1 月 1 日到 3 月 31 日止这一期限内的任何一天装运。

以上 4 种方法，都明确规定了具体的期限，在国际贸易中应用较广。这样规定，卖方可有一定时间备货和安排运输，买方也可预先做好支付货款和接货的准备。

2. 规定收到信用证后若干天装运。对某些外汇管制较严的国家和地区，或专为买方制造的特定商品，为了防止买方不按时履行合同而造成损失，也可采用规定在收到信用证后一定时间内装运。例如：收到信用证后 30 天内装运(Shipment within 30 days after receipt of L/C)。

由于交货期是以买方开出信用证为前提，如买方拖延或拒绝开证则卖方仍很被动，因而一般还应同时规定开到信用证的期限。例如：买方必须不迟于(某月某日)将信用证开到卖方[The L/C must reach the seller not later than ... (date)]。

3. 收到信汇、电汇和票汇后若干天装运。采用汇付方式收款时可使用这种方法。

4. 笼统规定近期装运。在买方急需而卖方又备有现货的情况下，也有采用近期交货术语。例如：立即装运(Immediate Shipment)，即期装运(Prompt Shipment)，尽快装运(Shipment as soon as Possible)。

由于对近期交货术语的含义解释，在各国、各地和各行业中并不完全相同。因此，除买卖双方对它们的解释已有一致的理解者外，应尽量避免使用。《跟单信用证统一惯例》(国际商会第 600 号出版物)在第 3 条中用专款对装运日期作出了明确规定："除非要求在单据中使用，否则诸如迅速地、立刻地或尽快地等词语将被不予理会。"

(二) 规定装运时间应注意的问题

规定交货或装运时间必须明确具体，同时为了保证按时履行合同义务，又必须根据需要和可能而定。在实践中,一般应结合以下情况考虑决定。

1. 货源情况。货源是履行出口合同的基础,在出口业务中规定交货时间必须与库存品种的规格和数量相适应。对尚待生产的货物,要考虑生产安排的可能性和生产周期长短。对于大宗交易的商品,如粮、油、矿砂、煤炭等,因交货数量大,一般以采取跨月交货条款为宜。

2. 运输情况。合同规定由我方负责安排运输时,对交货时间的规定,要考虑我国与有关国家间的运输能力、航线、港口条件等情况;对有直达船和航次较多的港口,装运期可短一些;对无直达船或较偏僻的港口,以及虽有直达船但航次较少的港口,装运期要规定长一些;对某些国家、地区,还要尽量避开冰冻期或雨季。必要时,还应规定分批装运条款,如雨季不宜装烟叶及散装粉状商品,夏季不宜装运沥青、牛羊油脂(如无冷藏设备)。

3. 市场情况。规定装运期要与国外市场需求的季节性相适应,特别是节日供应商品和临时特殊需要的商品,为了加强出口货物的竞争力和卖得合适的价格,应力争赶上销售季节装运;还要适当考虑航程的远近等因素,对进口商品应根据国内需要和国外市场供应情况规定装运期。

4. 商品情况。规定装运期,应考虑商品本身的性质和特点以及商品的加工、包装、检验和国内运输等条件。

二、装运港(发货地)和目的港(目的地)

(一) 装运港或发货地

货物的交付地点和交付时间一样,也是随合同所采用的不同贸易术语而有所不同。在采用F组、C组贸易术语的装运合同中,当卖方按合同规定在约定的装运港将货物装上开往目的港的船舶或在约定地点将货物交给承运人或第一承运人以运交买方就算完成了交货义务,因此,在采用这类条件的货物买卖合同中通常都应明确规定装运港(Port of Shipment)或发货地(Place of Departure)。

一般说来,装运港或发货地是由卖方根据便利货物装运出口的条件提出,经买方同意后确定的。在出口业务中,一笔交易合同通常只规定一个装运港或发货地,但在货物数量较大而货源又分散在几处的情况下,可以规定几个装运港或发货地。例如:天津和上海 Tientsin and Shanghai;天津/上海/大连 Tientsin/Shanghai/Dalian。如成交时具体装运港或发货地不能确定,也可规定中国口岸(China Ports)。

在出口业务中,装运港或发货地一般应选择接近货源所在地的港口或城市。同时要考虑国内的运输条件和费用水平;对以 FOB 条件达成而由买方派船装运的合同,还应考虑装运港口的水深并应与买方来船的大小相适应。

(二) 目的港或目的地

为便于安排运输,CIF、CFR 合同均需规定目的港(Port of Destination)。而在 CIP、CPT 合同中,则可规定目的港或者目的地(Place of Destination)。以 FOB、FCA 条件订立的出口合同虽由买方安排运输,但为防止买方把货物运往政策上不允许的国家或地区,或者我方与该国或地区的其他客户订有包销或独家代理协议的,或者有其他业务经营上的原因(如不同地区的做法不同),为防止产生与政策或专营权相抵触或不符我方经营意图的情况,也需要明确规定目的港或目的地,在必要时,还可在合同中明确作出只能销往何处,或不能销往何处的规定。

在实践中，目的港或目的地通常由买方提出，经卖方同意后确定。

（三）装运港和目的港的规定方法

1. 通常，装运港和目的港分别规定一个。例如：装运港——上海；目的港——东京。

2. 实际业务需要时，可以分别规定两个或两个以上的港口。

3. 有的国外进口商在与我洽谈交易时，还不便确定卸货地点，为了尽可能适应其业务需要，最大限度地简化提货转售手续，节省费用，有时要求采用规定“选择港”(Optional Ports)的办法，以便装船后选定其中某港口卸货。规定选择港是国际贸易中的习惯做法，在出口业务中，可根据国外客户的实际需要和我国运输可能，考虑接受。但核算售价须以运费最高的港口为基础，选择港必须以同一航线班轮的寄航港为限，并应明确选港附加费（Optional Additionals；Optional Charges）由买方负担，规定“选择港”的港口数目不得超过3个。托运人必须在船舶到达第一个港口前通知船方确定的卸货港口，否则船方有权在任一备选港卸货。

在合同中规定选择港的方法如下：CIF 伦敦/汉堡/鹿特丹，任选。选港附加费由买方负担 CIF London/Hamburg/Rotterdam optional. Optional charges for buyers account. 或 ... CIF London, Optional Hamburg/Rotterdam. Optional additionals for buyers account。

（四）在确定目的港或目的地时，以下问题应予重视

1. 必须明确具体，一般不要使用“欧洲主要港口”(European Main Ports, EMP)、“非洲主要港口”(African Main Ports, AMP)等笼统的规定方法。因为国际上对此并无统一解释，而且不同港口或地点的装卸条件、运杂费用也可能有极大差别；有的港口可能不是班轮经常停靠的港口，专门派船可能有困难，或者在经济上划不来。有的目的地可能运输条件不具备或设施很差，或者费用过于昂贵，因而有可能造成经济损失，甚至引起履约困难与不必要的纠纷和争议。

2. 合同规定以海上运输方式交运的交易，货物运往的目的港无直达班轮或航次很少的，合同中应规定允许转运的条款，如“允许转运（转船）”。

3. 目的港必须是船舶可以安全停泊的港口。应没有战争或武装冲突，否则，可能租船、定舱都会发生问题，承运人拒绝承运，保险公司拒绝承保。

4. 对内陆国家的贸易，而又采用 CIF 或 CFR 条件的，一般应选择距离该国最近的，我们能够安排船舶的港口为目的港。在采用多式联合运输情况下，除非联运承运人确能接受全程运输，一般也不可接受以内陆城市为目的地。

5. 在规定目的港时，还应注意重名问题。世界各国城市重名的很多。例如维多利亚(Victoria)港，全世界共有12个；的黎波里(Tripoli)在地中海的2个沿海岸国家利比亚和黎巴嫩就各有1个，悉尼(Sydney)在澳大利亚和加拿大也各有1个，波特兰(Portland)、波士顿(Boston)在美国和其他国家都有同名港。因此，为了防止误解，发生错装错运，凡有重名的港口或城市应加注国名，在同一国家有同名港或城市的，则还须加注其在所在国的部位。

三、分批装运和转运

分批装运(Partial Shipment)和转运(Transhipment)直接关系到买卖双方的利益。因此，往往是进出口合同中的重要内容，需要在交易磋商时即予确定。

（一）分批装运

分批装运又称分期装运(Shipment by Instalment)，是指一个合同项下的货物先后分若干

期或若干次装运。在国际贸易中，凡数量较大，或受货源、运输条件、市场销售或资金的条件所限，有必要分期分批装运到货者，均应在买卖合同中规定分批装运条款。如为减少提货手续，节省费用，在进口业务中要求国外出口人一次装运货物的，则应在进口合同中规定不准分批装运(Partial Shipment，not Allowed)条款。一般来说，允许分批装运和转运对卖方来说比较主动(明确规定分期数量者除外)，根据国际商会《跟单信用证统一惯例》规定，除非信用证作相反规定，可准许分批装运。但是，如果信用证规定不准分批装运，卖方就无权分批装运。因此为防止误解，如需要分批装运的出口交易，应在买卖合同中对允许分批装运(Partial Shipment to be Allowed)作出明确规定。规定允许分批装运的方法主要有两种：一是只原则规定允许分批装运，对于分批的时间、批次和数量均不作规定；二是在规定分批装运条款时具体列明分批的期限和数量。前者对卖方比较主动，可根据客观条件和业务需要灵活掌握，后者对卖方的约束较大，按《跟单信用证统一惯例》(国际商会第 600 号出版物，以下简称《ucp600》)规定，如信用证规定在指定的时期内分期支款及/或装运，而任何一期未按期支款及/或装运，除非信用证另有规定，信用证对该期及以后各期均告失效。所以，在出口业务中接受此项条款要慎重考虑货源和运输条件的可能性。

链 接

《UCP600》关于分批装运的规定

《UCP600》第 31 条关于分批装运的规定如下：

a. 除非信用证另有规定，允许分批装运。

b. 表明使用同一运输工具并经由同次航程运输的数套运输单据在同一次提交时，只要显示相同目的地，将不视为分批装运，即使运输单据上表明的装运日期不同或装货港、接管地或发运地点不同。如果交单由数套运输单据构成，其中最晚的一个装运日将被视为装运日。

含有一套或数套运输单据的交单，如果表明在同一种运输方式下经由数件运输工具运输，即使运输工具在同一天出发运往同一目的地，仍将被视为分批装运。

(二) 转运

转运是指自装货港或发运地或接受监督地到卸货港或目的地的运输过程中，货物从一运输工具卸下，再装上同一运输方式的另一运输工具或在不同运输方式运输情况下，货物从一种运输工具卸下，再装上另一种运输工具的行为。

货物在中途转运，容易受损和散失，延迟到达目的地的时间，但在无直达运输工具的情况下，转运就不可避免。因此，就有必要在买卖合同中规定是否允许转运，有时还要规定在何地和以何种方式转运的条款。但是，随着运输工具的不断改进和大型化，集装箱船、滚装船、母子船的不断涌现，以及各种新的运输方式的广泛运用，转运在实际业务中几乎已成为经常发生的现象，并成为能被各国贸易界人士接受的事实。《UCP600》规定，即使信用证不准转运，银行可接受表明转运或将予转运的运输单据，只要有关运输单据包括全程运输。

四、国际货物买卖合同中的装运条款

国际货物买卖合同中的装运条款通常包括交货时间、是否允许分批装运和转运以及分批装运和转运的方式、方法、地点等内容。

以下是常用的出口合同中的装运条款示例：

10/11/12月份装运，允许分批和转运（Shipment During Oct./Nov./Dec., with Partial Shipments and Transhipment Allowed）；

2000年1/2月份分两批装运（Shipment During Jan./Feb.,2000 in Two Lots）；

2000年1/9月份分两批大约平均装运（Shipment During Jan./Feb., 2000 in Two about Equal Lots）；

2000年1/2月份每月各装一批[Shipment During Jan./Feb., 2000 in Two Monthly Lots (in Two Monthly Shipments)]；

2000年1/2月份每月平均装运[Shipment During Jan./Feb., 2000 in Two Equal Monthly Lots(in Two Equal Monthly Shipments)]；

3/4月份分两次装运（During Mar./Apr. in Two Shipments）；

3/4月份分两次每月平均装运（During Mar./Apr. in Two Equal Monthly Shipments）；

3/4/5月份每月平均装运（During Mar./Apr./May in Threes Equal Monthly Shipments）；

3月份装500公吨；4月份装700公吨；5月份装1 000公吨（During Mar. 500 Metric Tons；During Apr. 750 Metric Tons；During May 1 000 Metric Tons）。

链 接

关于装卸时间、装卸率、滞期速遣费条款

通常在定程租船的大宗买卖合同中，会规定装卸时间、装卸率、滞期速遣费条款，这是一种奖罚条款。

1. 装卸时间（Lay Time）是指允许完成装卸任务所约定的时间。装卸时间的规定可用以下几种方法。

（1）按连续日（Running Days；Consecutive Days）计算。所谓连续日，是指午夜0点后连续24小时的时间。即便是星期日、节假日或雪雨日也不扣除。这对租船人十分不利，所以很少使用。

（2）按晴天工作日（Weather Working Days）计算。即按正常的工作日，除去周日、节假日或者由于天气因素如风雪、雷雾、冰雹等影响不能进行装卸工作的时间。

（3）按工作日（Working Days）计算。即按港口习惯，周日和节假日除外。

（4）按连续24小时晴天工作日（Weather Working Days of 24 Hours）计算。

除此之外，有时还有按“港口习惯速度尽快装卸”规定办理的，这种方法容易产生争

（续上）

议，尽量少用。

2. 装卸率(Load/Discharge Rate)是指每日装卸货物的数量。装卸率的高低关系到运费的水平，并且会影响到货价，所以必须从各个港口实际情况出发，掌握实事求是的原则。

3. 所谓滞期费(Demurrage)，是指负责装卸货物的一方，未能按合同规定的装卸期限完成装卸工作，从而应向船方交纳延误船期的罚金。

所谓速遣费(Dispatch Money)，是指负责装卸货物的一方在合同约定的时限内提前完成装卸工作，从而可以从船方取得奖金。按惯例，它是滞期费的一半。

由于两者有着密切联系，所以，在合同中必须合理地规定计算装卸时间的方法。合同中规定装卸时间的主要方法是以日为单位计算。

例如，按连续日计算：Weather Working Days of 24 Consecutive Hours(按24小时晴天工作日计算)等等。装卸的起算时间一般以船长向租船人或代理递交“装卸准备就绪通知书”后的一定时间起算。例如，上午递交，下午开始起算装卸时间，装卸的终止时间以装完或卸完的时间为准。

思考题

1. 什么是班轮运输和租船运输？分别简述其特点。
2. 各种提单的区别和各自的作用是什么？
3. 何谓“集装箱运输”和“大陆桥运输”？这两种运输方式各有哪些主要优点？
4. 海运单和海运提单的区别是什么？
5. 海陆空邮等运输方式中的运输单据有何区别？

案例分析

1. 有一批货物共100箱，由广州装运至纽约，船公司已签发了装船清洁提单。但货到目的港，收货人发现下列情况：① 5箱欠交；② 10箱包装严重破损，内部货物已散失50%；③ 5箱包装外表完好，箱内货物有短缺。试问：上述三种情况中，哪些应属船方或托运人的责任？为什么？

2. 我某公司与美国某客商以FOB条件出口大枣5 000箱，5月份装运，合同和信用证均规定不允许分批装运。我方于5月10日将3 000箱货物装上“喜庆”号轮，取得5月10日的海运提单；又于5月15日将2 000箱装上“飞雁”号轮，取得5月15日的海运提单，两轮的货物在新加坡转船，均由“顺风”号轮运往旧金山港。问：我方的做法是否合适？将导致什么结果？为什么？

第二章 国际货物运输保险

国际贸易中，货物往往需要经过长途运输。在运输、装卸和存储过程中，货物有可能遇到各种风险和遭受各种损失。为了保障货物在遭受损失时能得到经济上的补偿，买方或卖方就需要办理货物的运输保险。

国际货物运输保险是指保险人与被保险人订立保险合同，在被保险人交付约定的保险费后，保险人根据保险合同的规定，对被保险货物遭遇承保责任范围内的风险而受到损失时，按保险金额及损失程度，承担赔偿责任，它属于财产保险的范畴。

由于保险涉及买卖双方在货物发生风险损失时各自的切身利益，所以订立保险条款也就成了合同条款中的一个重要组成部分。为了有效地办理货物的运输保险，并使买卖合同中的保险条款规定得合理，我们必须深入了解和认真研究有关货运保险方面的问题。

第一节 海上货物运输保险的内容

国际上的保险业务一般分为：财产保险、责任保险、信用保险和人身保险四类。货物运输保险属于财产保险，财产保险是以物质财富以及同它有关系的利益作为标的物的一种保险。

一、保险的基本原则

投保人和保险人在签订保险合同时，应遵循一定的原则。

（一）可保利益原则

可保利益又称保险利益，是指投保人或被保险人在保险标的上因具有某种利害关系而享有的为法律所承认、可以投保的经济利益。

在保险合同中，被保险人要求保险人给予保障的并不是保险标的本身（如货物、房屋等），而是被保险人对保险标的所享有的经济利益。换言之，保险合同的标的或保险合同的客体是可保利益，而不是保险标的本身。

可保利益在海上保险中具体体现为被保险人对海上保险标的（如船舶、货物、运费、预期利润等）所享有的所有权或所承担的经济风险和责任。海上保险中的被保险人可因船舶、货物安全到达而获益，也可因保险标的损毁或灭失而蒙受经济上的损失或负有经济责任。

可保利益原则是保险的基本原则之一，是指投保人或被保险人必须对保险标的具有可保利益，才能同保险人订立有效的保险合同，如果投保人或被保险人对保险标的没有可保利益，则他们同保险人所签订的保险合同是非法的、无效的合同。

国际货物运输保险同其他保险一样，要求被保险人必须对保险标的具有保险利益，但需要指出的是：国际货运保险并不要求被保险人在投保时便具有保险利益，它只要求在保险标的发生损失时必须具有保险利益。这是由国际贸易的特点决定的。例如，在使用FCA、FOB、CFR、CPT条件达成交易时，由买方办理保险，但货物风险的转移是以货物越过装运港船舷或在出口国发货地或装运地交给承运人为界。显然，货物在置于船上或交付承运人风险转移之前，买方并无保险利益。若硬性规定投保人在投保时就必须具有保险利益，则无法按上述贸易术语达成合同。因此，在国际货运保险中，投保人在投保时并不要求一定要具有保险利益，只要有预期的保险利益也可允予投保，但保险仅在投保人具有保险利益时才真正生效。

（二）最大诚信原则

保险的最大诚信原则来源于海上保险。海上保险人在签订保险合同时，往往远离船、货所在地，对保险标的一般不作实际察看，仅凭投保人的说明来承保，因此特别强调投保人在作说明时要绝对诚实，实事求是。在诚信的基础上所订立的契约才是有效的。若一方欺骗另一方，则另一方可宣布契约无效。这一条原则主要是针对被保险人的。但是，如果投保人在不知情的情况下，对于遭受损失的货物进行投保，只要投保人能举证确实不明情况，保险公司也应赔偿。

（三）损失补偿原则

损失补偿原则是指当保险标的发生保险责任范围内的损失时，保险人应按照保险合同条款的规定履行赔偿责任，但保险人的赔偿金额不能超过保险单的保险金额或被保险人遭受的实际损失，保险人的赔偿不应使被保人获得额外的经济利益。所以，当保险标的发生保险责任范围内的损失时，保险人在对被保人理赔时应遵循以下几点原则。

1. 赔偿金额不能超过保险金额也不能超过实际损失。

2. 被保险人必须对保险标的具有可保利益，同时赔偿金额也以被保险人在保险标的中所具有的保险利益金额为限。

3. 被保险人不能通过保险赔偿而得到额外利益。即保险的赔偿是使被保险人在遭受损失后，经过补偿能恢复到他在受损前的经济状态，而不应使被保险人通过补偿而获得额外利益。

（四）近因原则

近因原则是保险理赔工作必须遵循的一项基本原则，也是在保险标的发生损失时，用来确定保险标的所受损失是否能获得保险赔偿的一项重要依据。

近因原则是指保险人只对承保风险与保险标的损失之间有直接因果关系的损失负赔偿责任，而对保险责任范围外的风险造成的保险标的损失，不承担赔偿责任。

实际业务中，造成损失的原因是多种多样的，而一般可以从以下两个方面来进行分析。

1. 只有一个单独的损失原因，且又在保险人的承保范围内，这一原因就是损失的近因，保险人应负责赔偿。

2. 如果造成损失的原因是两个或两个以上，就应作具体分析：① 造成损失的多个原因都在保险人的承保范围内，则保险人应负责赔偿。② 如果多个损失原因，既有承保范围内的，又有承保范围外的，则需区别对待。如前面的原因是承保范围内的，而后面的原因是承保范围外的，但它与前面的原因之间有必然的关系，则前面的原因是近因，保险人要负责赔偿。如前面的原因不在承保范围内，后面的原因在承保范围内且后面的原因是前面的原因的必然结果，那么前面的原因不是近因，保险人不需负责赔偿。

（五）利益转让原则

利益转让是指将保险标的利益，从一方转到另一方手中。在货物运输保险中，利益的转让一般都通过转让保险单的形式来实现。保险利益一经转让，转让人所持有的以他为利益方的保险单权利也同时让给受让人。由于运输货物的流通性很大，保险单可办理转让手续而无须得到保险公司的同意，无疑大大地便利了贸易各方。

（六）重复保险的分摊原则

如果被保险人以同一保险标的物向两家或两家以上的保险公司投保了相同的保险，在保险期限相同的情况下，其保险金额的总和超过该保险标的可保价值，称为重复保险。在重复保险的情况下，当保险标的发生损失时，为了防止被保险人获得双重赔偿，根据保险赔偿原则，将保险标的的损失在各保险人之间进行分摊。

二、海运保险的承保范围

在国际货物运输保险中，保险人是按照不同险别包括风险所造成的损失和费用来承担赔偿责任的。在保险业务中，风险、损失、费用和险别之间有着密切的联系。

（一）风险

风险的分类（见图 3-2-1）：

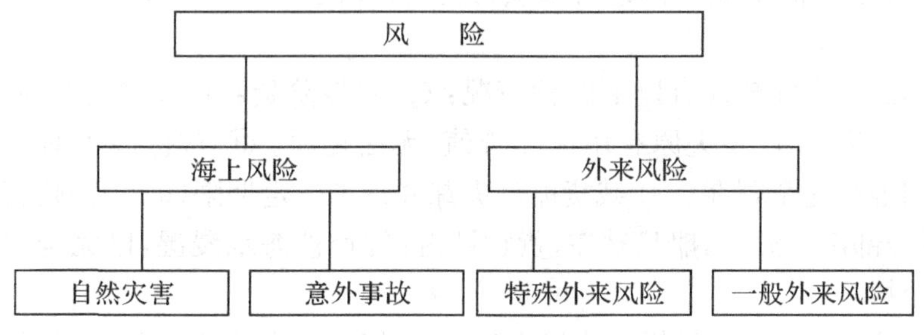

图 3-2-1　风险的种类

1. 海上风险（Perils of the Sea）。海上风险又称海难，是指海上发生的自然灾害和意外事故。海上风险对所有货物都可能造成影响。

（1）自然灾害（Natural Calamities）。自然灾害是指由于自然界变异而产生的具有破坏力量的现象，它不以人的意志为转移，如雷电、暴风雨、海啸、地震、洪水等。

（2）意外事故（Fortuitous Accidents）。意外事故是指由于偶然的难以预料的原因造成的事故，如船舶搁浅、触礁、沉没、互撞或遇流冰或其他固体物，如与码头碰撞以及失火、爆炸等原因造成的事故。

按照国际保险市场的一般解释，海上风险并非局限于海上发生的灾害和事故。那些与海上航行有关的发生在陆上或海陆、海河或驳船相连接之处的灾害和事故，如地震、洪水、火灾等，也属海上风险。对货物原有的缺陷、发货人的故意损失、商品的特性、货物的自然损耗以及运输延迟等原因导致的损失不包括在海上风险内。

2. 外来风险(Extraneous Risks)。外来风险是指由于海上风险以外的其他外来原因引起的风险，外来风险只对特定货物造成影响，包括一般外来风险(General Extraneous Risks)和特殊外来风险(Special Extraneous Risks)。一般外来风险包括偷窃、雨淋、短量、渗漏、破碎、串味、受潮、受热、钩损和锈损等。特殊外来风险包括战争、罢工、拒收、交货不到等。

(二) 损失

损失的分类(见图 3-2-2)：

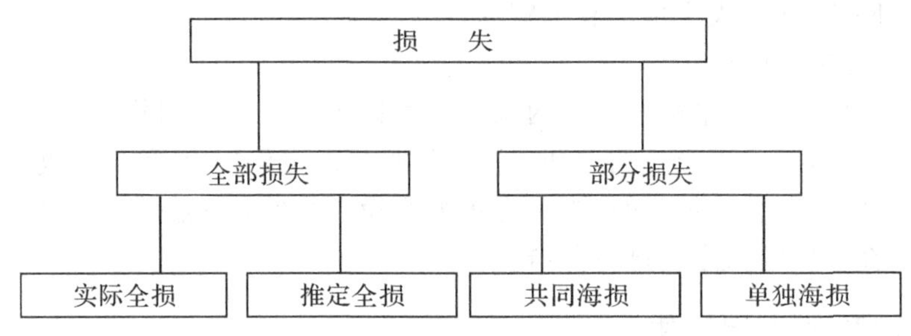

图 3-2-2　损失的分类

1. 全部损失(Total Loss)。被保险货物在运输过程中遭遇风险而导致货物实际全部灭失或构成推定全部灭失即为全部损失，简称全损，它分为实际全损(Actual Total Loss)和推定全损(Constructive Total Loss)两种。

(1) 实际全损。实际全损又称绝对全损，是指被保险货物完全灭失或已失去使用价值或原有用途。

构成保险标的的实际全损有以下四种情况：① 被保险货物的实体已经完全灭失。② 被保险货物遭受严重损害，已丧失原有用途和价值，无法复原。③ 被保险人对被保险货物的所有权已无可挽回地被完全剥夺。④ 载货船舶失踪并达到一定期限(6 个月)仍杳无音讯。

例如，船货全部沉入海底，船只被盗，货物被占；货物被海水浸湿，已完全失去使用价值等均可视为实际全损。

(2) 推定全损。推定全损是指货物发生保险事故后，实际全损已经不可避免，或者为了避免发生实际全损所需支付的费用与继续将货物运抵目的地的费用之和超过保险价值。在这种情况下，被保险人可以要求保险人按投保金额予以全部赔偿。但残损的货物，必须交由保险人处理。这种做法，称为“委付”(Abandonment)。

所谓委付，是指被保险人在保险标的物处在推定全损状态时，将货物的一切权利、义务都转给保险人，然后要求保险人按全损给予赔偿的一种做法。委付的条件是：要将被保险货物全部进行委付，并不得附带任何条件。委付经保险人同意之后才能生效，但保险人应当在合理的时间内将接受委付或不接受委付的决定通知被保险人。委付一经保险人接受，不得撤回。但当被保险人要求作推定全损赔偿时，必须向保险人发出“委付通知”(Notice of Abandonment)，经保险人同意后才能作全部损失处理。

例如，汽车运往销售地销售，每辆售价为 10 000 美元。途中船舶遇险，导致货物遭受严重损失。如要修复汽车，所需修理费用，再加上继续运往目的地费用，每辆车将超过 10 000 美元。此时，被保险人有权要求保险公司按投保金额予以全部赔偿，并将残损汽车交保险公司处理。

链 接

【案例与思考】

某货轮在海上航行时有一船舱突然发生火灾，危及船货的共同安全，于是船长下令灌水将火扑灭。事后经检查，该船舱中的 800 包棉花，除被烧毁部分外，剩下部分有严重水渍，只能作为纸浆原料出售给造纸厂，价格占原价的 30%，即损失了货价 70%；原装在该舱内尚有 300 包大米，经检查这 300 包大米只有水渍损失，而无烧毁或热熏的损失，经晒干处理后，作为次米出售，价格占原价的 40%。按照上述情况，棉花损失价值占原价的 70%，大米损失价值占原价的 60%。分析这两种情况的损失是否都属于部分损失？为什么？

【案例评析】

据“中国保险条款”，海上损失按照损失的程度可分为全部损失和部分损失两种。但在保险业务中，有一些例外情况。本例如果单纯从损失的程度来确定，它们都属于部分损失。但按照保险业务的习惯，对上述棉花的损失则认为是全部损失，而对大米的损失则认为是部分损失。在保险业务中，全部损失还可分为实际全损和推定全损。下列三种情况都可视为实际全损：① 货物的实际灭失；② 货物虽然没有实际灭失，但已完全失去使用价值；③ 货物既没有实际灭失，也没有完全失去使用价值，但货物原来的用途已完全改变，即已改变为其他用途。属于第一种情况的，如货物全部沉入海底，无法打捞；属于第二种情况的，如水泥被水浸泡后结成硬块；而本例中的棉花，就属于第三种情况，受到严重水渍的棉花，虽然可作为纸浆原料，削价出售给造纸厂，仍有造纸的使用价值，但作为棉花原来具有的纺纱织布等用途已完全丧失。因此，尽管货主可以收回 30%的价值，但在保险业务中则视作全部损失。

2. 部分损失(Partial Loss)。部分损失是指货物的损失没有达到上述全部损失的程度。按损失产生的原因不同，部分损失又可分为共同海损(General Average，G. A.)与单独海损(Particular Average，P. A.)两种。

(1) 共同海损。共同海损是指载货的船舶在海运途中遇到灾害、事故，威胁到船、货的共同安全，为了解除这种威胁，维护船、货的安全或者使航程得以继续完成，由船方有意识地、合理地采取措施所作出的某些特殊牺牲(如抛货)或支出某些额外费用(如雇用拖轮拖拉搁浅的船舶)。

构成共同海损必须具备以下条件：

第一，船方在采取紧急措施时，必须确有危及船、货的共同危险存在，且风险是不可避免地发生的，而不是主观臆测的。

第二，共同海损的危险必须是危及船、货各方的共同安全的，采取的措施是为了解除船、货的共同危险。若是仅为维护船舶一方或货物一方的利益而采取措施所造成的损失，则不能视为共同海损。

第三，共同海损的牺牲必须是有意识的、合理的行为所致，其支出的费用是额外的，且作出的牺牲和支出的费用是有效果的。

第四，共同海损的损失必须是共同海损措施的直接结果，即损失是由解除危险的措施造成的，而不是由风险本身造成的。

共同海损的牺牲和费用支出都是为了使船舶、货物和运费免于损失，因而应该由全体受益方，即船方、货方、运费收入方按最后获救的价值多寡，共同按比例分摊，这种分摊称为共同海损分摊(General Average Contribution)。然后各方再向各自的保险人索赔，共同海损分摊涉及的因素比较多，一般均由专门的海损理算机构进行理算。

链 接

【案例与思考】

有一载货海轮在航行中不幸触礁，船身左侧出现裂口，大量海水涌进，舱内部分货物遭浸泡。船长不得不将船就近驶上浅滩，进行排水，修补裂口。接着为了起浮又将部分笨重货物抛入海中。问：这一连串损失都是单独海损吗？假设共同海损共为 8 万美元，则各有关方面应如何进行分摊？（设船舶价值为 100 万美元，船上载有甲、乙、丙三家的货物，分别为 50 万美元、30 万美元、8 万美元，待收运费为 2 万美元）

【案例评析】

这一连串损失不都是单独海损。在上述损失中，只有船体撞裂和部分货物遭浸泡属于单独海损。将船只驶上浅滩以及由此而产生的一系列损失均属于共同海损。

确定共同海损的分摊有两个原则：① 分摊应以实际遭受的合理损失或额外支付的费用为准；② 经分摊后，应使遭受共同海损的一方与未遭受损失的其他关系方处于均等地位。

由此，对上述 8 万美元不论受损的各方或未受损的各方均应按原标的物价值比例分摊。分摊结果，如表 3-2-1 所示。

表 3-2-1

分摊结果

有关各方	标的物价值(万美元)	分摊比例	分摊金额(万美元)
船方	100	52.63%	4.210
货方：甲	50	26.31%	2.104
乙	30	15.79%	1.263
丙	8	4.21%	0.337
运费方	2	1.05%	0.084
合计	190	100%	8.00

(2) 单独海损。单独海损是指被保险货物受损后，尚未达到全部损失程度，仅为部分损失，而这部分损失不属于共同海损，它只涉及船舶或货物所有人单方面的利益损失，并不涉及其他方；同时仅指保险标的本身的损失，不包括由此而引起的费用损失。例如，载货船舶在海上航行遇到风浪，海水入舱造成部分货物受损；又如，某公司装运100箱货物出口，在运输途中，有10箱货被船上水管流出的热水浸泡损坏，类似这样的损失可称为单独海损。

链 接

共同海损和单独海损的区别和联系

共同海损与单独海损的区别主要表现为：

1. 在损失的构成上，共同海损既包括货物牺牲，又包括因采取共同海损措施而引起的费用的损失；单独海损仅指货物本身的损失，不包括费用项目。

2. 在致损原因上，共同海损是为了解除或减轻承保风险而人为采取合理措施而造成的；而单独海损是由承保风险直接造成的船、货损失。

3. 在损失的承担上，共同海损的损失是由受益各方按获救财产价值的大小比例分摊；而单独海损的损失由受损方自己承担。

共同海损和单独海损之间的联系表现为：

一般而言，单独海损先发生，进而引起共同海损，在采取共同海损措施之前的部分损失，一般被列为单独海损。

(三) 海上费用

海上风险不仅会造成海运货物的损失，还会产生费用方面的损失，即为抢救受损货物，防止损失进一步扩大而形成的费用，这部分费用就是海上费用，它一般也是由保险人支付，海上费用包括施救费用(Sue and Labour Expenses)和救助费用(Salvage Charges)。

1. 施救费用。施救费用是指被保险货物在遭遇承保责任范围内的灾害事故时，被保险人或其代理人，雇佣人或受让人，为了避免或减少货物损失，采取各种抢救措施所支出的合理费用。

我国和世界各国的保险法规或保险条款一般都规定：保险人对被保险人所支付的施救费用应承担赔偿责任，赔偿金额以不超过该批货物的保险金额为限。

我国《海商法》第240条有下列规定："被保险人为防止或者减少根据合同可以得到赔偿的损失而支出的合理费用，应当由保险人在保险标的赔偿之外另行支付。"但如上所述，保险标的赔偿与施救费用之和不能超过保险金额。

构成施救费用的条件如下。

(1) 对保险标的进行施救必须是被保险人或其代理人或受让人，其目的是为了减少标的物遭受的损失，其他人采取此项措施必须是受被保险人的委托，否则不视为施救费用。

(2) 保险标的遭受的损失必须是保单承保风险造成的。否则，被保险人对其进行抢救所支出的费用，保险人不予承担责任。

(3) 施救费用的支出必须是合理的。

2. 救助费用。救助费用是指被保险货物遭受承保范围内的灾害事故时，由保险人和被保险人以外的第三者采取救助措施并获成功，由被救方付给救助方的一种报酬。救助费用一般都可列为共同海损的费用项目，因为通常它是在船、货各方遭遇共同危难的情况下，为了共同安全由其他船舶前来救助而支出的费用。

在海上救助中，救助人与被救助人之间明确双方的权利与义务，一般都在救助开始之前或在求救的过程中订立救助合同（口头的或书面的）。

长期以来，在国际海上救助中普遍采用的救助合同格式是以英国的"无效果，无报酬"为原则的"劳合社救助合同标准格式"。在1980年的劳合社救助合同格式中，对"无效果，无报酬"的原则作了一些例外的规定：对于遇难的油船，救助人只要没有过失，即便救助无效，也可以获得合理的报酬。此外，在联合国国际海事组织于1989年4月主持召开的外交会议上通过的《1989年国际救助公约》中，对救助报酬的问题也作了若干新的规定，大意如下：如果救助人对危及环境的船货所进行的救助没有效果，按规定虽然得不到救助报酬，但救助人对其在救助中所支出的费用，有权要求被救船舶船东给予特别补偿。

在我国，中国贸促会海事仲裁委员会也制定有"海上救助契约格式"，这个格式所采用的也是"无效果，无报酬"的原则。

链 接

施救费用与救助费用的区别

施救费用与救助费用的区别主要有以下四点。

1. 采取行为的主体不同。施救是由被保险人及其代理人等采取的行为，而救助是保险人和被保险人以外的第三者采取的行为。

2. 给付报酬的原则不同。施救费用是施救不论有无效果，都予赔偿，而救助则是"无效果，无报酬"。

3. 保险人的赔偿责任不同。施救费用可在保险货物本身的保额以外，再赔一个保额；而保险人对救助费用的赔偿责任是以不超过获救财产的价值为限，亦即救助费用与保险货物本身损失的赔偿金额两者相加，不得超过货物的保额。

4. 与共同海损的联系。救助行为一般总是与共同海损联系在一起，而施救行为则并非如此。

第二节 我国海洋货物运输保险险别与条款

中国保险条款(China Insurance Clause，C. I. C.)是中国人民保险公司根据我国保险业务的实际需要，并参照国际保险市场的惯例制定的，于1981年1月1日公布。根据运输方式的不同，中国保险条款可分为海洋货物运输保险条款、陆运货物运输保险条款、航空货物运输保险条款、邮包货物运输保险条款等；对某些特殊的商品，还配备有海运冷藏货物、陆运冷藏货物、海运散装桐油及活牲畜、家禽的海陆空运输保险条款，以及适用于上述各种运输方式货物保险的各种附加险条款。这里我们重点介绍海洋货物运输保险条款。

一、承保责任范围

货物运输保险的险别，按照能否单独投保，可以分为基本险和附加险。基本险可以单独投保，附加险不能独立投保，只有在投保某一种基本险的基础上才能加保附加险。

(一) 基本险

基本险又称主险。我国海洋货物运输保险条款包括三种基本险别，即平安险(Free from Particular Average, F. P. A.)、水渍险(With Particular Average, W. P. A. 或 W. A.)和一切险(All Risks)。

1. 平安险的承保责任范围。

(1) 被保险货物在运输途中由于恶劣气候、雷电、海啸、地震、洪水等自然灾害造成整批货物的实际全损或推定全损。

(2) 由于运输工具遭受搁浅、触礁、沉没、互撞与流冰或其他物体碰撞以及失火、爆炸等意外事故造成货物的全部或部分损失。

(3) 在运输工具已经发生搁浅、触礁、沉没、焚毁等意外事故的情况下，货物在此前后又在海上遭受恶劣气候、雷电、海啸等自然灾害所造成的部分损失。

(4) 在装卸或转运时由于一件或数件整件货物落海造成的全部或部分损失。

(5) 被保险人对遭受承保责任内危险的货物采取抢救、防止或减少货损等措施而支付的合理费用，但以不超过该批被救货物的保险金额为限。

(6) 运输工具遭遇海难后，在避难港由于卸货所引起的损失，以及在中途港、避难港由于卸货、存仓以及运送货物所产生的特别费用。

(7) 共同海损的牺牲、分摊和救助费用。

(8) 运输契约订有"船舶互撞责任"条款，根据该条款规定应由货方偿还船方的损失。

2. 水渍险的承保责任范围。

(1) 平安险所承保的全部责任。

(2) 被保险货物在运输途中，由于恶劣气候、雷电、海啸、地震、洪水等自然灾害所造成的部分损失。

3. 一切险的承保责任范围。其承保责任范围是除包括上述平安险和水渍险的各种责任外，还负责被保险货物在运输途中由于一般外来风险所造成的全部或部分损失，如偷窃、钩损、碰损、受潮受热、淡水雨淋、短量和包装破裂等。可见，一切险是承担赔偿责任最大的险别。

上述三种基本险别，被保险人可以从中选择一种投保。险别不同，保险责任范围不同。一切险的保险范围和责任最大，水渍险次之，平安险则相对最小，因此，其保险费率也相应地由高到低而有所不同。

(二) 附加险

《中国保险条款》中的附加险有一般附加险(General Additional Risk)和特殊附加险两大类。

1. 一般附加险。一般附加险所承保的是由于一般外来风险所造成的全部或者部分损失，共有 11 个险别：

(1) 偷窃、提货不着险(Theft,Pilferage and Non-Delivery,T. P. N. D.)。承保在保险有效期内,被保险货物被偷窃,以及货物运抵目的地后,货物的整件未交的损失。

(2) 淡水雨淋险(Fresh Water and/or Rain Damage,F. W. R. D.)。承保货物在运输中由于淡水、雨水以及冰雪融化所造成的损失。海上货运保险中的淡水包括船上淡水舱水管漏水、冰雾融化以及舱汗等。

(3) 短量险(Risk of Shortage)。承保保险货物数量短少和重量的损失。通常指袋装或散装货的重量的短少,但不包括正常的途耗。保险公司必须查清外包装是否发生异常现象,如破口、破袋、扯缝等。如属散装货物,往往以装船重量和卸船重量之间的差额作为计算短量的依据。

(4) 混杂、玷污险(Risk of Intermixture and Contamination)。承保被保险货物在运输过程中,因混进了杂质或被污染所造成的损失。

(5) 渗漏险(Risk of Leakage)。承保流质、半流质、油类等货物,由于容器损坏而引起的渗漏损失;或因液体外流而引起的用液体浸泡的货物的变质、腐烂所致的损失。

(6) 碰损、破碎险(Risk of Clash and Breakage)。承保货物在运输过程中因震动、碰撞、受压造成的碰损和破碎损失。

(7) 串味险(Risk of Odour)。承保货物在运输过程中因受其他带异味货物的影响而造成的串味损失。例如,茶叶、香料、药材等在运输过程中受到一起堆放的毛皮、樟脑等异味的影响使品质受到损失。

(8) 钩损险(Hook Damage)。承保袋装、捆装货物在装卸或搬运过程中由于操作不当,使用手钩、吊钩等工具将货物的包装钩坏所造成的损失,并对包装进行修补或调换所支付的费用负责赔偿。

(9) 受潮、受热险(Damage Caused by Sweating and Heating)。承保货物在运输过程中由于气温突然变化或船上通风设备失灵,使船舱内的水蒸气凝结而引起的货物受潮或由于温度增高使货物发生变质的损失。

(10) 包装破裂险(Breakage of Packing)。承保因为包装破裂造成物资的短少、玷污等损失。此外,对于因保险货物运输过程中转运安全需要而产生的候补包装、调换包装所支付的费用,保险公司也应负责。

(11) 锈损险(Risk of Rust)。承保金属或金属类货物在运输过程中因生锈造成的损失,保险公司一般只对包装货物承保这一损失,并且这种生锈必须在保险期内发生,如原装时就已生锈,保险公司不予赔偿。

上述 11 种一般附加险不能独立承保,必须附属于基本险别项下,也就是说,只有在投保了基本险别以后,投保人才允许加保上述附加险。投保一切险后,上述附加险已包括在内。

2. 特殊附加险。特殊附加险包括下列几种。

(1) 战争险(War Risk)。承保战争或类似战争行为等引起的被保险货物的直接损失。保险公司对此种险别的承保责任范围包括: ① 由于战争、类似战争行为和敌对行为、武装冲突或海盗行为; ② 由此而引起的捕获、拘留、禁制、扣押所造成的损失; ③ 由于各种常规武器(包括水雷、鱼雷、炸弹)所造成的损失; ④ 由于上述原因所引起的共同海损的牺牲、分摊和救助费用,但对原子弹、氢弹等核武器所造成的损失,保险公司不予赔偿。

(2) 罢工险(Strikes Risk)。承保因罢工者、被迫停工工人、参加工潮、暴动和民变的人员采取行动或任何人的恶意行为所造成的被保险货物的直接损失,以及因上述行动或行为所引起的共同海损的牺牲、分摊和救助费用。但对在罢工期间由于劳动力短缺或不能使用劳动力所造成的被保险货物的损失,包括因罢工而引起的动力或燃料缺乏使冷藏机停止工作所致的冷藏货物的损失,以及无劳动力搬运货物,使货物堆积在码头淋湿受损,不负赔偿责任。

(3) 舱面险(On Deck Risk)。承保存放在舱面的货物按保险单所载条款负责的损失外,还负责被抛弃或被风浪冲击落水的损失。

(4) 进口关税险(Import Duty Risk)。承保被保险货物遭受保险责任范围以内的损失,而被保险人仍须按完好的货物价值完税。

(5) 拒收险(Rejection Risk)。承保被保险货物在目的港被进口国的政府或有关当局拒绝进口或没收所造成的货物的损失。

(6) 黄曲霉素险(Aflatoxin Risk)。承保被保险货物因所含黄曲霉素超过进口国的限制标准被拒绝进口、没收或强制改变用途所遭受的损失。

(7) 交货不到险(Failure to Deliver Risk)。承保被保险货物不论任何原因从装上船舶开始,在6个月内不能运抵原定目的地交货所造成的损失。但不承保提货不着险和战争险所承保的范围。

(8) 货物出口到香港(包括九龙)或澳门存仓火险责任扩展条款(Fire Risk Extension Clause-for Storage of Cargo at Destination Hong Kong,Including Kowloon,or Macao)。

被保险货物运抵目的地香港,包括九龙在内,或澳门卸离运输工具后,如直接存放于保单载明的过户银行所指定的仓库,本保险对存仓火灾的责任至银行收回押款,解除货物的权益为止,或运输险责任中止时起满30天为止。这一保险是为了保障过户银行的利益,货款通过银行办理押汇业务,在货主未向银行归还货款前,货物的权益属于银行。因此,保险单上必须注明过户给放款银行。在此阶段,货物即使到达目的港,收货人也无权提货,货物一般存放在过户银行指定的仓库中。如在存仓期间,发生了火灾,保险人负责赔偿。

二、承保责任的起讫期限

(一) 基本险的责任起讫期限

平安险、水渍险和一切险的承保责任的起讫期限采用"仓至仓"条款。

根据国际保险市场的习惯做法,中国人民保险公司的海洋运输货物保险条款规定的基本险保险责任起讫期限为"仓至仓条款"(Warehouse to Warehouse Clause,简称W/W Clause),即规定保险公司对被保险货物所承担的保险期限为:从被保险货物运离保险单上载明的启运港(地)发货人的仓库开始,包括正常运输过程中的海上、陆上、内河和驳船运输在内,一直到货物运达保险单所载明的目的港(地)收货人的仓库为止。该条款中所说的"运离",是指货物一经离开发货人仓库,保险责任即开始;所说的"到达",是指货物一经进入收货人仓库,保险责任即终止。对在仓库中发生损失概不负责。

如果货到目的港,因港口泊位拥挤或提单迟到等无法控制的原因,不能及时运到收货人仓库时,则保险有效期可延长60天,60天届满时,不论被保险货物有没有进入收货人的仓库,保险责任均告终止。如货物在60天内运达收货人仓库,则以运达时间为保险责任终止时间。若收货人提货后，并不运往仓库，就对货物进行分配、转运等，则保险责任终止于分配、转运之时。

（二）海运战争险的起讫期限

海运战争险的承保责任的起讫期限采用“岸到岸条款”。

战争险的责任起讫与基本险的责任起讫不同，不采用“仓到仓条款”，其责任起讫期限仅限于水上危险。它规定保险责任从货物装上保险单上所载明的启运港的海轮或驳船时开始，直到卸离保险单上所载明的目的港海轮或驳船为止。如果货物不卸离海轮或驳船，则保险责任最长延至货物抵达目的港之当日午夜起算满 15 天为止。如在中途港转船，则不论货物在当地卸载与否，保险责任以海轮抵达该港或卸货地点的当日午夜起算满 15 天为止，待货物再装上续运的海轮时，保险公司仍继续负责。

（三）罢工险的责任起讫

罢工险承保责任起讫采用“仓到仓条款”。

（四）扩展保险期限

被保险人可以要求扩展保险期限。例如，我们对某些内陆国家的出口业务，如在港口卸货转运内陆，无法按保险条款规定的保险期限在卸货后 60 天内到达目的地时，即可申请扩展。经保险公司出具证明予以延长，但需加收一定的保险费。但是，在办理扩展责任时，必须注意，在买卖合同的保险条款中对扩展期限和扩展地点应做具体明确的规定。对于没有铁路、公路、内河等正常运输路线的地区，除非事先征得保险公司同意，一般不能规定扩展保险责任，对于散装货一般也不办理扩展责任。

链　接

保险公司的除外责任

不论是平安险、水渍险或一切险，根据保险公司保险条款的规定，对下列各项损失和费用，概不负赔偿责任：

1. 被保险人的故意行为或过失所造成的损失。
2. 属于发货人责任所引起的损失。
3. 被保险人货物的自然损耗、本质缺陷、特性以及市价跌落所引起的损失或费用。
4. 在保险责任开始前，被保险货物已存在的品质不良或数量短差所造成的损失。
5. 属于海洋运输货物战争险条款和货物运输罢工险条款规定的责任范围和除外责任。
6. 运输延迟所引起的损失或费用。

第三节　英国伦敦保险协会海运货物保险条款

在国际保险业中，英国是一个历史最悠久和最发达的国家，它所制定的保险条款对世界各国影响很大。目前，世界上大多数国家在海上保险业务中直接采用英国伦敦保险协会所制定的“协会货物条款”(Institute Cargo Clauses, I. C. C.)。

“协会货物条款”最早制定于1912年,后来经过修订,新条款于1982年1月1日公布,1983年4月1日开始使用。新条款共有六种险别,它们是:

(1) 协会货物条款(A)[Institute Cargo Clauses(A), ICC(A)]。

(2) 协会货物条款(B)[Institute Cargo Clauses(B), ICC(B)]。

(3) 协会货物条款(C)[Institute Cargo Clauses(C), ICC(C)]。

(4) 协会战争险条款(货物)[Institute War Clauses-Cargo]。

(5) 协会罢工险条款(货物)[Institute Strikes Clauses-Cargo]。

(6) 恶意损害险条款(Malicious Damage Clauses)。

在六种险别中,ICC(A)、ICC(B)、ICC(C)是主险,协会战争险、罢工险和恶意损害险为附加险,前五种险都可以单独投保,第六种险不可以单独投保。

一、条款(A)的承保风险与除外责任

由于ICC(A)的承保责任范围最为广泛,不便把全部承保风险一一列出,采用列出“除外责任”的方式,即除了除外责任外,其他风险损失均予负责,它大体上相当于旧条款的一切险(All Risk)。ICC(A)险的除外责任有下列四类。

(一) 一般除外责任

一般除外责任是指被保险人故意的不法行为所造成的损失或费用;包装或准备不足或不当造成的损失和费用;保险标的自然渗漏、重量或容量自然损耗或自然磨损;保险标的内在缺陷或特性所造成的损失和费用;由于船舶所有人、经营者、租船人破产或不履行债务造成的损失和费用;由于使用任何原子武器或热核武器造成的损失和费用等。

(二) 不适航、不适货除外责任

不适航、不适货除外责任是指被保险人在保险标的装船时已知该船已经不适航,以及船舶、运输工具、集装箱等不适货的情况。

(三) 战争险除外责任

战争险除外责任是指由于战争、内战、敌对行为等所造成的损失和费用;由于捕获、拘留、扣留等(海盗除外)所造成的损失;由于漂流水雷、鱼雷所造成的损失。

(四) 罢工除外责任

罢工除外责任是指由于罢工、被迫停工所造成的损失或费用;由于罢工者、被迫停工工人等造成的损失或费用;任何恐怖主义者或出于政治动机而行动的人所致损失、费用。

二、条款(B)的承保风险和除外责任

ICC(B)的承保责任范围小于ICC(A),采用“列明风险”的方式,与原水渍险(WPA)比较,增加了船舶搁浅和倾覆、陆上运输工具倾覆或出轨、地震或火山爆发、浪击入海等条款,对不属于共同海损行为中的抛货责任和海水、湖水或河水进入船舶、驳船、运输工具的风险也可负责。

(一) 条款(B)的承保风险

条款(B)的承保是采用“列明风险”的方式。其承保的风险如下所述。

(1) 火灾、爆炸所造成的灭失和损害。

(2) 船舶、驳船的触礁、搁浅、沉没、倾覆。

(3) 陆上运输工具的倾覆或出轨。

(4) 船舶、驳船或运输工具同水以外的任何外界物体碰撞。

(5) 在避难港卸货。

(6) 地震、火山爆发或雷电。

(7) 共同海损牺牲。

(8) 抛货。

(9) 浪击落海。

(10) 海水、湖水或河水进入船舶、驳船、运输工具集装箱、大型海运箱或储存处所。

(11) 货物在船舶或驳船装卸时落海或跌落,造成任何整体的全损。

(二) 条款(B)的除外责任

ICC(B)的除外责任除对"海盗行为"和恶意损害险的责任不负责外,其余均与ICC(A)的除外责任相同。

三、条款(C)的承保风险和除外责任

条款(C)的承保风险只包括"重大意外事故"(Major Casualties)的风险,采用"列明风险"的方式。

条款(C)的承保责任范围是灭失或损害要合理归因于下列情况。

(1) 火灾、爆炸。

(2) 船舶或驳船触礁、搁浅、沉没或倾覆。

(3) 陆上交通工具倾覆和出轨。

(4) 船舶、驳船或运输工具同除水以外的任何外界物体碰撞。

(5) 在避难港卸货。

(6) 共同海损牺牲。

(7) 抛货。

ICC(C)比原平安险(FPA)的责任范围小,采用"列明风险"的方式,它仅对"重大意外事故"(Major Casualties)风险负责,对非重大事故风险和 ICC(B)中的自然灾害风险均不负责。与 ICC(B)比较,免除了由于地震、火山爆发、雷电、浪击落海、海水、潮水或河水进入船舶、驳船、运输工具等造成的损失,以及货物在装卸时落海或跌落造成的整件全损等。ICC(C)的除外责任与 ICC(B)完全相同。

四、协会新战争险、罢工险和恶意损害险条款

协会新战争险和罢工险条款与中国保险条款内容相比差别不是很大,也是采用"岸至岸"责任,与我国海运保险期限大体相同,但规定更为详细,其区别是协会新战争险和罢工险在需要投保时可以作为独立的险别进行投保。

恶意损害险是新增加的附加险别,承保除被保险人以外的其他人(如船长、船员)的故意破坏行为所造成的被保险货物的灭失或损坏,但出于政治动机的人的行为则应属于罢工险的承保范围。恶意损害的风险在 ICC(A)中未列为除外责任,故应作为承保责任,但在ICC(B)和

ICC(C)中均列为除外责任。因此,在投保ICC(B)或ICC(C)时,如欲取得这种风险的保障,应另行加保恶意损害险。

链 接

《中国保险条款》(CIC)与《协会货物保险条款》(ICC)的区别

在国际保险市场上,英国伦敦保险协会所制定的"协会货物保险条款"对世界各国有广泛的影响。现行的是1981年1月1日协会修订公布的,它规定了A险、B险、C险、战争险、罢工险和恶意损害险六种险别。其中,A险相当于中国人民保险公司中的一切险,其责任最广,并采用承保"除外责任"之外的一切风险的概括式规定方法。B险和C险则采用列明风险的办法把承保风险一一列举出来。B险大体相当于水渍险。C险承保的责任范围最小。六种险别中,只有恶意损害险属于附加险别。因此,除A险、B险和C险可单独投保外,必要时,战争险和罢工险可征得保险公司同意作为独立险别进行单独投保。

第四节 其他运输方式下的货物运输保险

除了海洋运输这种主要的国际贸易的运输方式下货物需要保险外,其他运输方式下的货物也需办理保险。其他运输方式下的货物运输保险是在海洋运输货物保险的基础上发展起来的。由于陆运、空运、邮包运输同海运可能招致的货物损失的风险种类不同,所以,陆运、空运、邮包货物运输保险与海上货运保险的险别及其承保责任范围也有所不同。尤其是随着国际贸易的发展,其他运输方式的国际货物运输量比重明显上升,陆上、航空、邮包及多式联运货物保险业务均脱离海上运输保险,各自形成独立的保险条款。

根据中国人民保险公司《中国保险条款》,适用于陆上、航空和邮政运输的险别主要有以下几种。

一、陆上货物运输保险

陆运保险的基本险别有陆运险(Overland Transportation Risks)和陆运一切险(Overland Transportation All Risks)。另外制定的陆运冷藏货物的专门险别——陆上运输冷藏货物险,也属基本险。在投保陆运基本险的基础上,还可以根据情况,加保附加险。附加险与海运货物保险一样,分为一般附加险和特殊附加险,如陆上运输货物战争险(火车)就是一种特殊附加险。

(一) 陆运险的承保范围

这个险别类似于海运保险中的"水渍险"。保险公司负责赔偿被保险货物在运输途中遭受自然灾害或由于陆上运输工具(仅限于火车和汽车)遭受碰撞、倾覆或出现出轨以及驳船在驳运过程中因遭受搁浅、触礁、沉没、碰撞,或由于遭受隧道坍塌、崖崩或失火、爆炸等意外事故所造成的全部或部分损失。此外，被保险人对遭受承保责任内风险的货物采取抢救，防止或减少货损而支付的合理费用，在不超过该批被救助货物保险金额的条件下，保险公司也负责赔偿。陆运险的承保范围不包括附加险。

（二）陆运一切险的承保范围

这种陆运险别的责任范围相似于海运保险中的“一切险”。即保险公司除承担上述陆运险的赔偿责任外，还负责货物在运输途中由于外来原因造成的全部或部分损失，即包括了一般附加险。

此外，还有冷藏货物险，也具有基本险的性质，其责任范围除包括陆运险的责任外，还负责赔偿由于冷藏设备在运输途中损坏而导致货物变质的损失。

（三）陆上货物运输保险的除外责任

(1) 被保险人的故意行为或过失所造成的损失。

(2) 属发货人责任范围的或被保险货物的自然消耗所引起的损失。

(3) 由于战争、罢工或运输延迟所造成的损失。

（四）陆上货物运输保险责任起讫期限

陆运险的责任起讫期限也采用“仓至仓条款”。保险人的责任自被保险货物运离保险单所载明的起运地仓库或储存处开始生效，包括正常陆运及有关水上驳运，直至该货物运达保险单所载明的目的地收货人的仓库或储存处或被保险人用作分派、分配的其他储存处所为止。如未运抵上述仓库或储存处，则以被保险货物运抵最后卸载的车站满 60 天止。如在中途转车，不论货物在当地卸车与否，保险责任从火车到达中途站的当日午夜起满 10 天为止。如果被保险货物在 10 天内重新装车续运，则保险责任继续生效。

在投保陆上货运保险时，还可加保一种或若干种附加险。例如陆运战争险（火车），是指承保直接由于战争、类似战争行为以及武装冲突所造成的损失，保险人的具体责任同海运战争险基本相似，即仅以铁路运输为限，其责任起讫不是“仓至仓”，而是以货物置于运输工具为限。加保陆运战争险时，保险人的责任起讫期限为自货物装上火车时开始，到在目的地卸离火车为止。如果被保险货物不卸离火车，则以火车到达目的地当日午夜起算，满 48 小时为止。

此外，陆上货物运输罢工险也是一种陆运附加险，其保险手续的办理也与海运货物罢工险相同，即在加保战争险的同时加保罢工险，不另收费，若仅要求加保罢工险，则按战争险费率收费。

二、我国航空运输货物保险险别与条款

中国人民保险公司 1981 年 1 月 1 日修订的《航空运输货物保险条款》规定：航空运输货物保险分为航空运输险（Air Transportation Risks）和航空运输一切险（Air Transportation All Risks）两种基本险别。在两种基本险的基础上，还可以加保航空运输货物战争险，这也是一种附加险。

（一）航空运输险的责任范围

航空运输险的责任范围与海洋货物运输保险条款中的“水渍险”相似，包括被保险货物在运输中遭受雷电、火灾、爆炸或由于飞机遭受恶劣气候或其他危难事故而被抛弃，或由于飞机遭受碰撞、倾覆、坠落或失踪等自然灾害和意外事故所造成的全部或部分损失。

(二) 航空运输一切险的责任范围

航空运输一切险的责任范围与海洋运输保险条款中的"一切险"相似,除包括航空运输险的各项责任外,还包括被保险货物由于一般外来原因所造成的全部或部分损失。

(三) 航空货物运输保险的除外责任

航空运输险和航空运输一切险的除外责任与海洋货物运输保险条款中基本险的除外责任基本相同。

(四) 航空货物运输保险责任起讫期限

航空货物运输保险的保险责任起讫也采用"仓至仓条款"。与海运、陆运货物保险的"仓至仓条款"不同的是,如果货物运达保险单所载明的目的地而未运抵收货人仓库或储存处,则以被保险货物在最后卸离飞机满 30 天时责任终止。如在上述 30 天内被保险货物需转送到非保险单所载明的目的地时,则自该项货物开始转运时责任终止。

在投保航空运输险时,还可以加保战争险等附加险别。如果被保险货物不卸离飞机,战争险的责任起讫期限则以载货飞机到达目的地当日午夜起算满 15 天为止。

三、我国邮包运输货物保险险别与条款

邮政包裹运输保险包括邮包险(Parcel Post Risks)和邮包一切险(Parcel Post All Risks)两种基本险别。在投保基本险的基础上,还可以加保邮包战争险。

(一) 邮包险的责任范围

邮政运输不外乎采用陆、空、海等常用的交通运输方式,因此,邮包险的责任范围包括水渍险、陆运险和航空运输险的责任范围。

(二) 邮包一切险的责任范围

邮包一切险的责任范围包括一切险、陆运一切险和航空运输一切险的责任范围。

(三) 邮政包裹运输保险的除外责任

邮包险和邮包一切险的除外责任与前几种运输保险的除外责任基本相同。

(四) 邮政包裹运输保险责任起讫期限

邮包保险的责任起讫期限是从邮包离开起运地寄件人处所运往邮局开始,至目的地邮局给收件人发出通知的当日午夜起满 15 天为止。在此期限内,邮包一经送交收件人处所,保险责任即告终止。如加保战争险,则责任起讫期限为被保险邮包经邮局收验后,从储存处所起运时开始生效,直到该邮包运达目的地邮局送交收件人为止。

链 接

卖方利益险和出口信用保险

货物运输保险除上述险种外,中国人民保险公司还曾承办两种独立的险别——卖方利益险(Contingency Insurance Clause-Cover Seller's Interest Only)和出口信用保险(Export Credit Insurance)。如今出口信用保险已由中国出口信用保险公司承保。

（续上）

1. 卖方利益险。卖方利益险是指在FOB(FCA)或CFR(CPT)条件下，采用了非信用证结算方式，万一货物在运输途中受损，买方又拒不付款赎单，若卖方事先投保了这一险别，可由保险公司赔偿卖方的损失。办理此项保险，保险公司是按海上一切险和战争险承保，费率按一切险的1/4再加上战争险的费率计收。

2. 出口信用保险。出口信用保险是一国政府鼓励本国出口的政策措施，指以出口贸易中国外买方按期支付货款的信用作为保险标的，或以海外投资中借款人按期还款的信用作为保险标的的保险，由债权人（出口商或贷款银行）为了保障自己的债权利益向本国政府指定的保险公司投保，保险人对被保险人（债权人）因国外买方或借款人到期不能履行清偿债务的义务而造成的相关损失负一定比例的经济赔偿责任。

开办出口信用证保险的目的是为了鼓励和促进本国出口贸易的发展，而不以盈利为目的。它不仅是出口商获取银行贷款的前提条件，也是出口商开拓新市场，扩大出口的安全保障。

第五节　进出口货物运输保险实务

在进出口货物运输保险业务中，被保险人需要选择确定投保的险别及保险金额、办理投保手续和交付保险费、领取保险单证以及在货损时办理保险索赔等。

一、确定投保险别及保险金额

（一）保险险别的选择

保险公司承担的保险责任是以投保的险别为依据的。不同的险别，保险公司承担的责任范围不同，保险费率也不同。因此投保人在确定投保险别时，应掌握两个原则：一是保障的充分性。即该投保的不漏保，否则在货物受损失时将得不到损失赔偿；二是保障的合理性。即不该投保的不投保，否则造成浪费。具体来说，选择投保险别时应考虑下列因素。

1. 风险与损失的关系及货物的残损规律。投保人应考虑被保险货物同运输中可能招致的风险与损失之间的关系以及货物的残损规律。因为不同种类的货物，在运输途中遭遇意外事故，其损失情况和程度是不同的，所以在选择投保险别之前，应分析各种风险对于货物致损的影响程度，以确定适当的险别。保险公司对于货物潜在的缺点及运输途中的自然损耗，一般是不承保的。

2. 货物的特性与包装。投保人要考虑货物的特性与包装状况，特别是一些容易破损的包装，对货物致损影响较大，选择险别时要考虑这一点。因为由于包装不良或由于包装不适合国际贸易运输的一般要求而使货物受损，保险公司是不负责任的。

3. 航行路线和停靠港口。投保人要考虑运输方式和运输路线及港口情况以及国际形势的变化等因素的影响。例如某些航线途经热带地区，如运输怕热货物且载货船舶通风又不良，就必然会增大货损。

按《2000年国际贸易术语解释通则》的规定，有办理保险义务的只有两个贸易术语——CIF和CIP。按CIF或CIP术语成交，货物在运输途中的风险由买方承担，但由于货价的构成中包含了货运保险费，所以办理货运保险手续，支付保险费是卖方的义务。买卖双方约定的险别通常为平安险、水渍险、一切险三种基本险别中的一种，还可在此基础上加保一种或若干种附加险。在买卖双方未约定投保险别的情况下，按惯例，卖方可投保保险公司承保责任范围最小的险别。在CIF或CIP术语的货价构成中，一般不包括战争险等特殊附加险的费用。以其他贸易术语成交，投保人是为自己承担的运输风险投保，不构成合同义务。但在实践中，这依然是运输保险的主要业务。

（二）保险金额的确定

保险金额(Insured Amount)又称投保金额，是指被保险人向保险公司投保的金额，既是保险公司承担的最高赔偿金额，也是计算保险费的基础。保险金额由投保人根据保险价值在投保时向保险公司申报，并由保险人与被保险人约定，保险金额不得超过保险价值，超过保险价值的，超过部分无效。保险价值一般包括货价、运费、保险费以及预期利润等。按CIF或CIP术语成交，买卖双方应该在合同中约定保险金额，而且保险金额通常为在发票金额的基础上增加一定的百分率，即所谓的“保险加成率”。如未约定，按惯例，保险金额通常按CIF或CIP总值加成10%计算，并以合同货币投保。加成的10%是作为买方的经营管理费用和预期利润。

保险金额的计算公式如下：

保险金额＝CIF(或者CIP)价×(1＋投保加成率)

我国进出口货物的保险金额，在原则上虽也按进口货物的CIF或CIP货值计算，但在目前，我国进口合同大都采用FOB(或FCA)条件。为简化手续方便计算，一些外贸企业和具有进出口经营权的企业与保险公司签订预约保险合同，共同议订平均运费率(也可按实际运费率计算)以及平均保险费率。

为了简化计算程序，中国人民保险公司制订了一份保险费率常用表，将CFR或CPT价格直接乘以表内所列常数，便可计算出CIF或CIP价格。

则保险金额计算公式如下：

保险金额＝FOB(FCA)价格×(1＋平均运费率＋平均保险费率)
保险金额＝CFR×(1＋平均保险费率)

（三）保险条款的选择

不同的保险条款，其责任有所不同。我国通常以中国人民保险公司(The People's Insurance Company of China，PICC)于1981年1月1日发布生效的货物运输保险条款为依据。但有时国外客户要求按照英国伦敦保险业协会货物保险条款为准，我方也可以融通接受。

二、办理投保和交付保险费

（一）办理投保

在CIF或CIP条件下，出口企业在向当地的保险公司办理投保手续时，应根据买卖合同或信用证规定，在备妥货物并确定装运日期和运输工具后，按规定格式逐笔填制投保单，并交付保险费。

投保应在风险转移至买方之前办理。保险用于保障被保险的标的在遭受意外风险时获得补偿，所以投保人应当在风险可能出现之前办理投保。进出口货物运输保险一般是按照“仓至仓条款”承保。

(1) 在 CIF 条件下，出口货物应在运离装运地仓库进入码头准备装船之前办理投保。

(2) 在 CFR 或 FOB 条件下，出口货物是由买方办理投保的，但货物在装运港装船之前这一段的保险仍需卖方自行办理。

(3) 进口货物的投保，应在风险转移给进口人承担之前办理为宜。

被保险人向保险公司投保，是一种签订契约的法律行为。被保险人习惯上多以书面形式提出，即填写《货物运输险投保单》(参见图 3-2-3)。投保单一式两份，一份由保险公司签署后交卖方作为接受承保的凭证；另一份则由保险公司留存，作为缮制、签发保险单据的依据。

<table>
<tr><td colspan="2">保险人：
CHINA PACIFIC INSURANCE
COMPANY LIMITED</td><td colspan="2">被保险人：
BEIJING YONG FENG
FOOD CORPORATION</td></tr>
<tr><td>标　记</td><td>包装及数量</td><td>保险货物项目</td><td>保险金额</td></tr>
<tr><td>N/M</td><td>1 000 CTNS</td><td>PUMPKIN SEEDS</td><td>USD 38 089.00</td></tr>
<tr><td colspan="4">总保险金额(大写)：U. S. DOLLARS THIRTY EIGHT THOUSAND EIGHTY NINE ONLY</td></tr>
<tr><td colspan="2">运输工具：HANJIN MARSEILLBS(船名)
装运港：XINGANG
货物启运日期：JAN. 27 2005
投保险别：COVERING FREE FROM PARTICULAR
AS PER INSTITUTE CARGO CLAUSES

保险代理：</td><td colspan="2">V. 0075E　(航次)
目的港：LONG BEACH
赔款地点：
LONG BEACH
IN USA

保单号次：
投保人盖章：
BEIJING YONG FENG FOOD CORPORATION
2005 年 1 月 26 日</td></tr>
</table>

图 3-2-3　海运出口货物投保单

各国保险公司的投保单格式不尽相同，但基本内容一致，一般都包括被保险人名称、运输标志、包装及数量、保险金额、运载工具、投保险别等事项。卖方填制投保单时，应遵循“最大诚信原则”，将有关保险货物的情况如实告知。投保单内容应与合同或信用证规定相符。

对于业务量大且频繁的外贸公司，在投保出口货物运输险时，为简化手续，经双方协商同意，一般可不填制投保单，而以发票、出口货物明细单等单据副本代替。

(二) 交付保险费

保险费是保险公司经营业务的基本收入。投保人交付保险费,是保险合同生效的前提条件。保险费的计算公式如下:

保险费=保险金额×保险费率=CIF价×(1+加成率)×保险费率
=CIF价×110%×保险费率

例如,某外贸企业按CIF条件出口一批货物,CIF总值为80 000美元,按发票金额加成10%投保一切险、战争险(一切险费率为0.3%,战争险费率为0.04%),保险费计算如下:

保险金额=CIF价×(1+投保加成率)
=80 000×(1+10%)=88 000(美元)
保险费=保险金额×保险费率
=88 000×(0.3%+0.04%)=299.2(美元)

保险费率是按照不同货物、不同目的地、不同运输工具和保险险别,由保险公司根据货物损失率和赔付率来制定的。目前,我国出口货物保险费率分为"一般货物费率"和"指明货物加费费率"两大类。前者适用于所有的货物,后者仅适用于特别订明的货物。

保险公司收到保险费后应提供保费收据(参见图3-2-4)。

中 国 人 民 保 险 公 司
THE PEOPLE'S INSURANCE COMPANY OF CHINA
保 费 收 据
PREMIUM RECEIPT

日期
Date:__________

兹收到
Received from ____________________

保费金额
the sum of ____________________

系付保费单第 号批单第 号之保费
being Premium on the polity No. __________ End. No. __________

承保金额
Amount Insured:__________
保率:水险
Rate:Marine:__________
战争险
War __________

保费由买方付
Prem Payable by Buyer

中国人民保险公司
P. P. 上海分公司

图3-2-4 保费收据

三、取得保险单据

保险单据既是保险公司对被保险人的承保证明,也是保险公司和被保险人之间的保险契约,它具体规定了保险公司和被保险人的权利和义务。在被保险货物遭受损失时,保险单据是被保险人索赔的依据,也是保险公司理赔的主要依据(保险单样张见图3-2-5)。

中 国 人 民 保 险 公 司
THE PEOPLE'S INSURANCE COMPANY OF CHINA
总公司设于北京　　一九四九年创立
Head Office: BEIJING　　Established in 1949

保 险 单
INSURANCE POLICY

保险单号次
POLICY NO.

中国人民保险公司(以下简称本公司)
THIS POLICY OF INSURANCE WITNESSES THAT THE PEOPLE'S INSURANCE COMPANY OF CHINA(HEREINAFTER CALLED "THE COMPANY")

根据
AT THE REQUEST OF 1)

(以下简称被保险人)的要求,由被保险人向本公司缴付约定的保险费,按照本保险单承保险别和背面所载条款与下列特款承保下述货物运输保险,特立本保险单。
(HEREINAFTER CALLED "THE INSURED") AND IN CONSIDERATION OF THE AGREED PREMIUM PAID TO THE COMPANY BY THE INSURED UNDERTAKES TO INSURE THE UNDER MENTIONED GOODS IN TRANSPORTATION SUBJECT TO THE CONDITIONS OF THIS POLICY AS PER THE CLAUSES PRINTED OVERLEAF AND OTHER SPECIAL CLAUSES ATTACHED HEREON

标　记 MARKS & NOS	包装及数量 QUANTITY	保险货物项目 DESCRIPTION OF GOODS	保险金额 AMOUNT INSURED
2)	3)	4)	5)

总保险金额:
TOTAL AMOUNT INSURED: 6)

保费 7)
PREMIUM: AS ARRANGED

费率 8)
RATE: AS ARRANGED

装载运输工具
PER CONVEYANCE SS. 9)

开航日期 10)
SLG ON OR ABT. AS PER BILL OF LADING

自
FROM 11)

至
TO 12)

承保险别:
CONDITIONS 13)

所保货物,如遇出险,本公司凭本保险单及其他有关证件给付赔款。
CLAIMS, IF ANY, PAYABLE ON SURRENDER OF THIS POLICY TOGETHER WITH OTHER RELEVANT DOCUMENTS

所保货物,如发生保险单项下负责赔偿的损失或事故,应立即通知本公司下述代理人查勘。
IN THE EVENT OF ACCIDENT WHEREBY LOSS OR DAMAGE MAY RESULT IN A CLAIM UNDER THIS POLICY IMMEDIATE NOTICE APPLYING FOR SURVEY MUST BE GIVEN TO THE COMPANY'S AGENT AS MENTIONED HEREUNDER.

14)

赔款偿付地点
CLAIM PAYABLE AT/IN 15)

日期 16)
DATE

上海
SHANGHAI

中国人民保险公司上海分公司
THE PEOPLE'S INSURANCE CO. OF CHINA
SHANGHAI BRANCH

General Manager

地址:中国上海中山东一路23号 TEL:3234305 3217466-44 Telex:33128 PICCS CN.
Address: 23 Zhongshan Dong Yi Road, Shanghai, China, Cable: 42001 Shanghai.

图 3-2-5　保险单样张

(一) 保险单据的种类

1. 保险单(Insurance Policy)。保险单俗称"大保单",是投保人与保险公司之间订立的正

式的保险合同。它除了在正面载明证明双方当事人建立保险关系的文字、被保险货物的情况、承保险别、理赔地点以及保险公司关于所保货物如遇险可凭本保险单及有关证件给付赔款的声明等内容外，在背面还对保险人和被保险人的权利和义务作了规定。保险单是使用最广的保险单据。

2. 保险凭证(Insurance Certificate)。保险凭证俗称“小保单”，是一种简化了的保险合同，它与正式保险单的区别在于：保险凭证只有正面的内容，无背面条款，一般标明按照正式保险单上所载保险条款办理。这种凭证除背面不载明保险人与被保险人双方的权利和义务等保险条款外，其余内容均与保险单相同，它与正式的保险单具有同样的法律效力，对双方当事人均有约束力。但近年来，为实现单据格式规范化，此类保险凭证已被不少保险公司废弃。

3. 预约保险单(Open Policy)。预约保险单又称“开口保险单”“预约保险合同”，是指经常有相同类型货物需要陆续分批装运时所采用的一种保险单。严格地讲，它是一种没有总保险金额限制的预约保险总合同，是保险人对被保险人将要装运的属于约定范围内的一切货物负自动承保责任的总合同。订立这种合同的目的是为了简化保险手续，又可使货物一经装运即可取得保障。在我国，预约保险单常用于进口业务中。

4. 联合凭证(Combined Certificate)。联合凭证又称“联合发票”，是一种将发票和保险单相结合的、比保险凭证更为简化的保险单证。保险公司将承保的险别、保险金额以及保险编号加注在投保人的发票上，并加盖印戳，其他项目均以发票上列明的为准。这种单证只有我国采用，并且仅适用于对港、澳地区的出口业务。

5. 批单(Endorsement)。保险单签发后，投保人如需要补充或变更其内容时，可根据保险公司的规定，向保险公司提出申请，经同意后即另出一种凭证，注明更改或补充的内容，这种凭证即称为批单。

保险单一经批改，保险公司即按批改后的内容承担责任。

(二) 保险单的缮制说明

保险单的填制主要有以下 13 个栏目。

1. The Insured(被保险人名称栏)。该栏是保险单的抬头，一般填出口商公司名称，若信用证另有规定的，按信用证规定填写。例如国外来证规定：“... issued to the order of ×× Bank”，则保险单的抬头必须作成“To the order of ×× Bank”。

2. Marks & Nos.(运输标志栏)。该栏一般参照发票上的货物标记填写。目前保险公司采取打上“As per Invoice No. ...”的做法，这是因为在办理保险索赔时，必须提供商业发票，可以参照发票进行核对。

3. Quantity(包装及数量栏)。该栏参照商业发票的相应项目填写。

4. Description of Goods(货物名称栏)。该栏应与信用证或商业发票上的名称一致。如果一张保险单不止一种商品，当货物名称很多时，可只使用大类商品名称。

5. Amount insured(保险金额栏)。该栏应在 CIF 基础上按信用证规定的加成计算，小数点后尾数一律进为整数，使用的币制与信用证的货币相同。大写与小写金额必须一致。

6. Premium and Rate(保费和费率)。该栏一般填打“As arranged”。若信用证要求标明保费及费率的，则应按要求填上具体的金额和费率。

7. Per conveyance s. s.(运输工具)。该栏如果是海运须注明船名、航次。如果转运的，并已知二程船名，则在一程船名后加打二程船名，否则在一程船名后填打“&/or steamers”。使用其他运输方式的，则分别填打“By Train”“By Airplane”“By Mail”等。使用“陆海联运”，则在一程船名后填打“&/or other conveyance”。

8. Slg. on or Abt(开航日期)。若有确切日期的应填写确切日期；若无确切日期的，海运用“As per B/L”，其他运输方式填相应的运输单据。

9. From ... to(运输起讫地)。一份保险单只能有一个装运港和一个目的港。如中途转船的，必须注名转运港名称，或打上“With Transshipment”。

10. Conditions(承保险别)。该栏按信用证上保险单条款列明的险别、加成填写。

11. Insurance Agent(保险代理人)。保险公司在目的地的代理人，应列有代理人名称、详细地址，以便收货人出险后提赔。

12. Claims payable at/in(赔付地点及货币名称)。这两项应按信用证规定填写。

13. Date and Place(保险单签发日期和地点)。保险单日期应不迟于货物装上运输工具之日期。根据《UCP600》规定，保险单据日期不得晚于装运日期，除非保险单据表明保险责任不迟于发运日生效。

保险单在填制时，还应注意以下几点。

第一，为了使进口商在取得货物所有权的同时，也取得该项保险的受益人地位。即使信用证未明确规定受益人必须对保险单进行背书的，受益人也必须将保险单背书给进口商，除非保险单已明确无须背书，其他人也可取得赔偿。如果信用证规定：“endorsed to the order of ×× Co.”，则该受益人在保险单背面空白处填“To the order of ×× Co.”，并盖章。

第二，理赔代理人的赔付地点必须是最终目的地，保险公司的代理人在该地赔付。若在当地没有，可填附近代理人。

第三，超过合同规定的附加险或超额保险费用应事先与进口人商定，争取由对方负担。或征求代理商同意，在其佣金中扣除。

（三）保险单的转让

在国际贸易中，海运保险单是可以经背书转让的单据。根据《INCOTERMS 2000》的规定，在CIP和CIF条件下，卖方必须向买方提供保险单或其他保险证据，以使买方或任何其他对货物具有保险利益的人可直接向保险人索赔。在这一情况下，通常卖方是保险单的被保险人，他通过背书将保险单转让给买方，从而使得买方可以凭保险单向保险公司索赔。

保险单的转让是指保险权益的转让，也就是被保险人将保险单所赋予的损害索赔权及相应的诉讼权转让给受让人。这种权利的转让与被保险货物本身所有权的转让是两种不同的法律行为。买卖双方交接货物并转移货物所有权，并不能自动转移保险单的权利，而必须由被保险人在保险单上以背书表示转让的意思，才能产生转让的效力。

各国海上保险法律，关于保险单的转让一般有以下规定。

1. 海运货物保险单可以不经保险公司同意而自由转让。

2. 海运货物保险单的转让，必须在保险标的所有权转移之前或转移的同时进行，如果所有权已经转移，事后再办理保险单的转让，这种转让是无效的，因为，被保险人将保险标的所有权转移给他人之后，他对保险标的已丧失了可得利益，保险单的转让也就失去了依据。

3. 在海运货物保险单办理转让时，无论损失是否发生，只要被保险人对保险标的仍然具有可保利益,保险单均可有效转让。

4. 保险单的受让人只能享有与原被保险人在保险单下所享有的相同的权利和义务,他不能取得优于原被保险人的权利。

5. 保险单转让后,受让人有权以自己的名义向保险人进行诉讼,保险人也有权如同对待原被保险人一样,对保险合同项下引起的责任进行辩护。

6. 保险单的转让,可以采取由被保险人在保单上背书或其他习惯方式进行。按照习惯做法,采用空白背书方式转让的保险单,可以自由转让;采用记名背书方式转让的保险单,则只有被背书人才能成为保险单权利的受让人。

四、保险索赔

保险索赔(Insurance Claim)是指当被保险的货物在保险责任有效期内发生属于保险责任范围内的损失,被保险人可向保险公司提出索赔。

(一) 被保险人提出索赔应具备的条件

(1) 被保险人是保险单的合法持有人。

(2) 被保险人要求赔偿的损失必须是承保责任范围内风险造成的损失。

(3) 被保险人必须拥有可保利益。可保利益又称保险利益或可保权益,是指被保险人对被保险货物因具有某种利害关系而享有的为法律所承认可以投保的经济利益。例如,在按FOB或CFR贸易术语成交条件下,保险是由买方办理的,而买方是在货物装船后才承担风险,亦即此时他才享有可保利益。

(二) 保险人索赔时应注意做好的几项工作

被保险人或其代理人向保险人索赔时,应做好下列几项工作。

1. 分清责任。当被保险货物运抵目的地,被保险人或其代理人提货时发现货物有明显的受损痕迹或短少等情况时,首先应分清责任,并向有关责任方提出索赔。比如,被保险人或其代理人在提货时发现货物包装有明显的受损痕迹,或整件短少或散舱货物已经残损,除向保险公司报损外,还应立即向承运人、海关、港务当局等索取货损货差证明,及时向有关责任方提出索赔,并保留追偿的权利,必要时还要申请延长索赔时效。

2. 及时向保险公司发出损失通知。当被保险人得知或发现货物已遭受保险责任范围内的损失,应及时通知保险公司,并尽可能保护现场。保险公司在接到损失通知后,即可采取相应措施。如会同有关方面进行检验、勘察损失程度,调查损失原因,确定损失性质和保险责任,查核发货人或承运人责任,采取必要的施救措施,并签发联合检验报告。检验报告是被保险人向保险公司索赔的重要证件。

3. 采取合理的施救措施。保险货物受损后,被保险人和保险人都有责任采取可能的、合理的施救措施,以防止损失扩大。因抢救、阻止、减少货物损失而支付的合理费用,保险公司负责补偿,但以不超过该批被救货物的保险金额为限。被保险人能够施救而不履行施救义务,保险人对于扩大的损失甚至全部损失有权拒赔。

4. 备齐索赔单证。被保险人在向保险人或其代理人索赔时,应提交索赔必需的各种单证,否则会使索赔的过程复杂化。按照保险惯例,被保险人在索赔时通常需提交的单证有:保险单或保险凭证正本、运输单据、商业发票、装箱单、磅码单、货损货差证明、货物残损检验报告、海事报告摘录、向承运人或其他第三者请求赔偿的有关文件和来往函电、费用清单及索赔清单等单据。

(1) 保险单或保险凭证。即保险人的承保证明,保险人是否负赔偿责任,就是依据保险单及其所列具体条款来确定的。

(2) 运输单据、发票、提单、装箱单或磅码单。即证明被保险货物原有状况的依据,对于货物残损情况有重要参考价值。

(3) 货物残损检验报告。即检验机构对受损货物实地检验的客观记录,证明被保险货物损失情况,是被保险人索赔的客观证据,也是保险人了解货物损失情况的重要依据。

(4) 海事报告摘录。即载货船舶在航行途中遭遇恶劣天气、意外事故或其他海难时,船长据实记录的报告。其目的在于证明航程中遭遇海难,船舶或货物可能招致损失,并且声明船长及船员已经采取一切必要措施,是人力不可抗拒的损失,船方应予免责。海事报告对于海难情况、货损原因以及采取的措施都有证明,对于确定损失原因和保险责任都有重要的参考作用。

(5) 向承运人或其他第三者请求赔偿的有关文件和来往函电。保险人可根据损失情况和理赔需要,要求被保险人提交其他证据。这些单据和文件是被保险人提赔的依据,保险人是否承担赔偿责任,除根据现场调查搜集的资料外,主要是依据这些文件进行判断。它是保险人审核理赔案件的重要内容之一。

(6) 费用清单及索赔清单。即被保险人为保全被保险货物采取合理措施所支付的费用以及货物残损检验费用的开支及各类其他费用明细说明。根据保险条款规定,这些费用均可从保险人处获得补偿。

5. 应了解索赔免赔的相关规定。当货物发生全损时,应赔偿全部保险金额,如果是部分损失,则应合理确定赔偿比例。对易碎和易短量货物的索赔,应了解是否有免赔的规定。保险业有两种规定办法:一种是不论损失程度均予赔偿,另一种是规定免赔率。免赔率是指保险人对于保险货物在运输途中发生的货损货差,在一定比率内不负赔偿责任。这是因为有些货物由于商品本身的特点或在装运作业过程中,必然会发生损失,是正常现象,而非偶然事故,保险公司不予赔偿。

6. 有关代位追偿和委付的问题。在保险业务中,当货物遭受承保范围内的损失但是损失应由第三方负责的时候,为了防止保险人双重获益,保险人在全部赔偿或部分赔偿后,要求被保险人转让其对造成损失的第三者责任方要求全损赔偿或相应部分赔偿的权利,这种权利就是代位追偿权。

当进出口货物处于推定全损状态时,被保险人向保险人发出通知,愿将本保险承保的被保险人对保险标的的全部权利和义务转让给保险人,而要求保险人以全部损失予以赔偿,这就是委付。如果被保险人不发出委付通知,保险人只按部分损失赔偿,如果发出委付通知并经保险人接受,则保险人按推定全损赔偿,并取得处理残损货物的权利。

根据国际保险业的惯例,保险索赔或诉讼的时效为自货物在最后卸离运输工具时起算,最多不超过 2 年。被保险人应在索赔时效内提出索赔或诉讼。中国人民保险公司为便利我国出口货物运抵国外目的地后及时检验损失,就地给予赔偿,已在 100 多个国家建立了检验或理赔代理机构。至于我国进口货物的检验索赔,则由有关的专业进出口公司或其委托的收货代理人在港口或其他收货地点,向当地人民保险公司要求赔偿。

链　接

关于免赔率的若干规定

免赔率分相对免赔率(Franchise)和绝对免赔率(Deductible)两种。

1. 相对免赔率。相对免赔率是指如果货损或货差的程度超过免赔率,保险公司在赔偿时不扣除免赔率,全部予以赔偿。

2. 绝对免赔率。绝对免赔率是指如果货损或货差超过免赔率,保险公司在赔偿时要扣除免赔率,只负责赔偿超过免赔率的部分。

相对免赔率和绝对免赔率的相同点是:如果损失数额不超过免赔率,均不予赔偿。两者的不同点是:如果损失数额超过免赔率,相对免赔率不扣除免赔率全部予以赔偿;绝对免赔率要扣除免赔率,只赔越过部分。

中国人民保险公司现在实行的是绝对免赔率,但现行的伦敦保险业协会的《协会货物条款》则无免赔率的规定。

链　接

订立保险条款应注意的问题

1. 应明确按什么保险条款进行投保,是按ICC条款还是按CIC条款。

2. 应明确投保险别,是平安险还是水渍险或一切险。如需另加某一种或某几种附加险也应一并写明。

3. 应明确由何方负责投保,如系FOB、CFR合同,应明确由买方负责投保,但卖方为避免工厂仓库至码头的运输风险可加保“仓至船”险(Before loading risk)。如系CIF、CIP合同,应明确由卖方负责投保,并规定投保金额和险别。

4. 应明确投保加成率,如超过10%,由此而产生的超额保险费应由买方负担。如加保战争险(SRCC),应明确“若发生有关的保险费率调整,所增加的保费由买方负担”。

5. 应明确不同保险条款的公布日期。CIC为1981.1.1,ICC为1982.1.1。

6. 保险单的签订日期不能迟于装运日期,如果货物在装运以后才签订保险合同,则货物从装运到签订保险合同的一段时间没有被保险。

7. 保险货币应与发票货币一致,以避免汇率风险。

8. 注意合同的价格条件与船舶的船龄与适航性。

以CFR或CIF价格条件成交的进口合同,是由出口方负责租船的。发货人关心的是运输费的高低,而不很重视船舶的船龄和适航性。对于进口方来说,不能因为投保了运输保险而不关心货运的安全系数。如果发货人与承运人互相勾结,以破旧船不装或

（续上）

少量装后，在途中故意沉没的情况也不是绝对没有。即使不存在欺诈行为，收货方也应注意船龄和适航性，按照国际惯例，保险公司对超过15年船龄的船舶所载货物的货运保险，要加收保险费。为使进口方避免负担增加的保险费，以CFR或CIF成交的合同中，应订明老船加费的条款。

思考题

1. 我国货物运输保险条款的险别有哪些？
2. 中国保险条款中的平安险、水渍险、一切险的责任范围如何？
3. 保险公司除外责任的范围有哪些？
4. 简述共同海损和单独海损的区别和联系。
5. 简述施救费用和救助费用的区别。
6. 保险索赔应注意做好哪些工作？

案例分析

1. 我方按CIF条件向中东某国出口一批货物，根据合同投保了水渍险附加偷窃提货不着险(W. A. Including TPND)。但在海运中，因美伊战争船被扣押。尔后进口商因提货不着便向保险公司索赔。问：结果如何？若被保险人当初投保水渍险加交货不到险(W. A. Including Failure to Deliver Risk)，其结果又将如何？

2. 我方按CIF纽约出口冷冻羊肉一批，合同规定投保一切险加战争险、罢工险。货到纽约后适逢码头工人罢工，货物因港口无法作业不能卸载。第二天货轮因无法补充燃料，以致冷冻设备停机。等到第五天罢工结束，该批冷冻羊肉已变质。问：如进口商向保险公司索赔，保险公司是否应该赔偿？

3. 有一载货海轮，在舱面上载有200辆卡车，在航行中遇到恶劣气候，海浪已将50辆卡车卷入海中，从而使海轮在巨浪中出现严重倾斜，如不立即采取措施，海轮随时有翻船沉没的危险。船长在危急关头，下令将其余的150辆卡车全部抛入海中，从而求得船身在风浪中保持平衡。问：以上各种损失分别属于什么性质？需分别投保何种险别，才能取得保险公司的赔偿？

4. 有一被保货物——精密仪器一台，货价为15 000美元，运载该货的海轮，在航行中同另一海轮发生互撞事故，由于船身的激烈震动，而使该台仪器受到损坏。事后经专家鉴定，认为该台仪器如修复原状，则需修理费用16 000美元，如拆卸为零件出售，尚可收回5 000美元。问：在上述情况下，这台受损仪器应属何种损失？保险公司又应如何处理这一损失案件？

5. 我方按CIF条件出口大豆1 000公吨，计10 000包。合同规定投保一切险加战争险、罢工险。货卸目的港码头后，当地码头工人便开始罢工。在工人与政府的武装力量进行对抗中，该批大豆有的被撒在地面，有的被当作掩体，有的丢失，总共损失近半。问：这种损失保险公司是否负责赔偿？

6. 有一批货物已按发票总值的110%投保了平安险(FPA)，运载该批货物的海轮于5月3日在海面遇到暴风雨的袭击，使得该批货物受到部分损失，损失货值为1 000元；该轮在继续航行中，又于5月8日发生触礁事故，使该批货物发生部分损失，损失货值为2 000元。问：保险公司是否负责赔偿？应赔多少？

7. 某公司以CFR广州从国外进口一批货物，并据卖方提供的装船通知及时向保险公司投保了水渍险，后来由于国内用户发生变更，进口公司即通知承运人货改卸汕头港。在货由汕头装车运往用户途中遇到山洪，致使部分货物受损。进口公司于是据此向保险公司索赔，但遭到拒绝。问：保险公司拒赔有无道理？为什么？

8. 广州某外贸公司按CFR马尼拉价格出口一批仪器，投保的险别为一切险及“仓至仓条款”。我方将货物用卡车由公司仓库运到黄埔港装船，但途中有一辆卡车翻车，致使车上所载部分仪器损坏。问：对此项损失应由哪方负责？保险公司是否应给予赔偿？

9. 中国香港某公司从法国某化工公司进口一批液体化工原料，到货时小部分货物因包装不善有轻微渗漏。中国香港公司发现后未采取任何措施，结果渗漏日益加重，最后导致火灾。事后中国香港公司以火灾是由包装不善引起为由，向法国公司索取全部损失的赔偿，但法国公司拒绝。问：为什么？

第 三 章
国际运输代理业务

国际贸易货物大都需要远涉重洋，故买卖双方都力求选择最佳的运输方式和运输工具，借助最好的承运人，以最低廉的运费实现货物的安全便捷运输，从而节省费用、降低成本。但在实践过程中，限于货主的人力、物力、财力、信息等资源的限制，货主事实上很难做到这一点，甚至由于不熟悉托运、提货、存储、报关和保险等环节的流程而造成不必要的延误或损失。正是在这样的背景下，国际货运代理应运而生了。国际货运代理人以货主利益为出发点，根据货主的不同要求，为货主提供相应的服务。由于国际货运代理人熟悉各种运输方式、运输工具、运输路线、运输手续和各种不同的社会经济制度、法律规定、习惯做法等，精通国际货物运输中各个环节的种种业务，与国内外各有关机构如海关、商检、银行、保险、仓储、包装、各种承运人以及各种代理人等等有着广泛的联系和密切的关系，并在世界各地建有客户网和自己的分支机构，从而具备了接受货主委托代办各种货物运输的有利条件。

第一节　国际货运代理人与国际贸易

在国际贸易活动中，国际货运代理扮演着重要角色。目前，国际货运代理人所从事的业务已超过了其原来狭义的概念范围，大量的国际货运代理人开始从事第三方物流业务。国际货运代理业务已成为国际贸易活动运输业务中的重要组成部分，国际货运代理人甚至被誉为“国际贸易运输的设计师和执行人”。

一、国际货运代理人的基本概念

“货运代理”一词，国际上尚没有公认的、统一的定义，但一些权威机构和工具书以及一些“标准交易条件”中都有一定的解释。

国际货运代理协会联合会对货运代理下的定义是：货运代理是根据客户的指示，并为客户的利益而揽取货物运输的人，其本人并不是承运人。货运代理也可以依据这些条件，从事与运送合同有关的活动，如储货（也含寄存）、报关、验收、收款。

根据我国 1995 年 6 月 29 日公布的《中华人民共和国国际货运代理业管理规定》，国际货运代理业被定义为："接受进出口业务货物收货人、发货人的委托，以委托人的名义或者以自己的名义，为委托人办理国际货物运输及相关业务并收取服务报酬的行业。"

二、国际货运代理人的主要作用

国际货运代理人是指根据委托人的要求，代办货物运输的业务机构。它们有的代表承运人向货主揽取货物，有的代表货主向承运人办托运，有的兼营两方面的业务。它们属于运输中间人的性质，在承运人和托运人之间起着桥梁作用。其作用具体表现在以下方面。

1. 为发货人服务。货运代理具有专门知识和技能，能争取以最迅速、最安全、最经济的方式实现货物的合理运输。货运代理代替发货人承担货物运输不同阶段的任何委托手续，为客户安排货物、包装、刷唛头，选择航线、船舶、航次，提供仓储、运输、集装箱的拼箱、分拨、货物交接、到港提货、报关、三检、订舱托运，代收代付各种费用等，并与运输有关方保持联系，跟踪货物运输全过程。

货运代理可以使托运人的发货时间缩短，国际货运代理收集的大量货物可以让专业承运人快速发货而不必等待集货发运。许多时候，托运人的小批量货物因暂时没有发往同样目的地的货物而无法发货，只有等待到一定数量后才可发运。货运代理能将小批量的货物集中成成组货物托运，使各方都能从中得益，使资源得以合理利用。货运代理把来自各种顾客手中的小批量装运整合成大批量装载，然后通过专业承运人进行运输。在目的地，货物代理人把大批量装载拆成原来的装运量。国际货运代理人的主要优势在于大批量的装运可以获得较低的费率，而且在很多时候可以使小批量装运的速度快于个别托运人直接和专业承运人打交道的速度。国际货运代理人收集的大量货物可以使货物集中一次发运到目的地，不用中途重新装运，减少了作业量，避免了货物因二次装运可能产生的破损。

2. 为承运人及其代理服务。货运代理人以合理的价格向承运人及其代理订舱，并将货物安全交接，代收海运费及其他附加费。国际货运代理可使专业承运人的规模经济效益提高，因为国际货运代理常常使小批量货物可以集中到达发运地，便于整合运输。并且缩短了专业承运人发出货物的时间，减少货物在专业承运人处的储存时间，提高了作业效率。

3. 为港口服务。港口是货物运输链中的重要节点。货运代理为运输的正常进行适时提供离港货源，按时提取到港物资，完成货物及单证的正常交接，协助港船方做好集装箱管理工作，大大地提高了港口的工作效率，加大了港口的吞吐量。

4. 为海关服务。当货运代理作为货主代理、办理有关进出口商品的海关手续时，他不仅代表他的客户，而且也必须与海关当局通力合作，负责在法定的单证中申报货物确切的金额、数量和品名，以使政府的税收不受损失。

5. 提供多式联运服务。在集装箱运输条件下，货运代理充当了主要承运人，并且承担或组织在一个单一合同下，通过多种运输方式，进行门到门的货物运输。他可以以当事人的身份与其他承运人或其他服务的提供者分别谈判并签约。但是，这些分拨合同不会影响多式联运合同的执行。也就是说，不会影响对发货人的义务和在多式联运过程中他对货损及灭失所承担的责任。在货运代理作为多式联运经营人时，通常需要提供包括所有运输和分拨过程的一个全面的一揽子服务,并对他的客户承担一个更高水平的责任。

6. 为其他部门服务。货运代理可充当企业的顾问,能就运费、货物包装、单证、结关、领事要求及金融等方面向企业提供咨询服务。货运代理通过在世界各贸易中心、交通枢纽建立客户网络和自己的分支机构,以便有能力控制货物的全程运输,并拥有相对稳定的客户群。货运代理不仅组织和协调运输,而且能影响新运输方式的创立和新运输路线的开发以及新费率的制定等,如为仓储、航空、汽车运输部门服务。

7. 充当第三方物流经营人。国际货运代理人还可能拥有自己的仓库和一定数量的运输工具,充当第三方物流经营人。国际货运代理人作为第三方国际物流经营人,其业务和流程是根据客户的不同要求来安排的。根据客户的要求,国际货运代理人可以作为仓储及集运分拨经营人,从事仓储配送和集运分拨业务;国际货运代理人也可以作为运输合同的当事人,如无船承运人、多式联运经营人,从事海运、多式联运业务。

总之,国际货运代理可以从事与国际物流相关的各个环节的工作,国际货运代理及其业务的发展,极大地促进了国际贸易的发展。

链 接

国际货运代理人的类型

基于不同的角度,国际货运代理人可划分为不同的类型。

(一) 按运输方式划分

(1) 国际海上货运代理。

(2) 国际陆路(铁路、公路)货运代理。

(3) 国际航空货运代理。

(4) 国际多式联运货运代理。

(二) 按法律特征划分

1. 中介型。中介型货运代理的特点是:其经营收入来源为佣金。即作为中间人,根据委托人的指示和要求,向委托人提供订约的机会或进行订约的介绍活动,在成功地促成双方达成交易后,有权收取相应的佣金。这种类型的企业一般规模小、业务品种单一。

2. 代理人型。代理人型货运代理的特点是:其经营收入来源为代理费。根据代理人开展业务活动中是否披露委托人的身份,可再细分为以下两种类型。

(1) 披露委托人身份的代理人。即代理人以委托人名义与第三方发生业务关系。传统意义下的代理人即属于此种类型,在英美法系国家,这类代理通常被称为直接代理、显名代理。

(2) 未披露委托人身份的代理人。即代理人以自己名义与第三方发生业务关系。在英美法系国家,这类代理通常被称为间接代理、隐名代理;在德国、法国、日本等大陆法系国家,这类代理通常被称为行纪人。在我国《合同法》委托合同一章,吸收了英美法

（续上）

系有关这类代理的相关规定。

3. 经营人型。经营人型又称当事人型。经营人型货运代理的特点是：其经营收入的来源为运费或仓储费差价，即已突破传统代理人的界线，成为独立经营人，具有承运人或场站经营人的功能。这种类型的货运代理既有仅局限于某一种运输方式领域，如海运中的无船承运人，也有从事多式运输方式运输组织的多式联运经营人，以及提供包括货物的运输、保管、装卸、包装、流通所需要的加工、分拨、配送和废品回收等等，以及与之相关的信息服务的物流经营人。

在实际业务中，根据需要与可能，国际货运代理，尤其是大型国际货运代理，总是力图同时兼有中介人型、代理人型和经营人型等多种功能，以便能向委托人提供全方位的服务，因此，现代国际货运代理大多扮演多重角色。

第二节　国际货运代理人与国际运输代理业务

一、国际货运代理人的基本权利、责任和义务

世界上一些国家在规定国际货运代理人的权利、义务和责任时，采用的是标准交易条款。标准交易条款总体上详尽地规定了货代公司和客户之间的合同关系，特别是对国际货运代理人的权利、义务和责任以及可采用的抗辩作了详细的规定。在无标准交易条款国家，国际货运代理人和客户签订的合同确定他们各自的权利、义务和责任。尽管各国的标准交易条款各不相同，国际货运代理人均被认为应合理地照管委托给他的货物；遵照客户向其发出的与运输有关的指示。

（一）国际货运代理人的职责

具体地说，货运代理人的基本职责是：① 代理人必须以通常应有的责任心努力履行代理职责，按照代理合同规定和委托人的指示负责办理委托事项。代理人必须在委托人授权范围内行事，否则将承担由此产生的一切后果。② 如实汇报一切重要事宜。在办理代理工作中必须向委托人提供真实的情况及资料。如果有任何的欺骗或隐瞒，因此而给委托人造成损失，委托人有权向代理人提出索赔并可撤销代理协议。③ 代理人负有保密义务。在代理合同有效期内及合同到期以后的一定时间内，不得向第三者泄露在代理过程中得到的有关保密资料。④ 代理人应如实向委托人收账。代理人有义务对代理过程中产生的费用向委托人提供正确的账目并收账，特殊费用应事先征得委托人同意。⑤ 国际货运代理应对自己没有执行合同所造成的货物损失负赔偿责任。如果货物的灭失和损害由他所委托的代理人在运输、装卸、交付、结关、仓储、单据的签发以及其他方面的行为或疏忽所致，货运代理人不承担任何责任，除非能证明他在选择代理上有失职行为。如果对于货物的灭失和损害，货运代理人能证明确定是第三方行为和疏忽造成，货运代理人应将情况报告委托人，并协助委托人向责任方提出赔偿。⑥ 国际货运代理人在作为承运人运输货物时，其责任从接受货物时开始，至目的地将货物交给收货人为止，或根据指示将货物置于收货人指定的地点也作为完成并已履行合同中规

定的交货义务。如货运代理人在发出交货通知一定时间后,收货人还没有前来提货,也作为货运代理人已履行了合同中规定的义务。⑦ 收货人在收到货物时发现货物灭失或损害,并能证明该灭失或损害是由货运代理人的过失造成的,即可向货运代理人提出索赔。一般情况下,索赔通知的提出不超过收到货物的一定期限,否则就作为货运代理人已完成交货义务。

（二）国际货运代理人的权利

国际货运代理人在承担义务的同时,当然也享有权利。一般地说,委托方应支付给代理人因货物的运送、保管、投保、报关、签证、办理单据以及为提供其他服务而引起的一切费用,同时还应支付由于货运代理不能控制的原因致使合同无法履行而产生的费用。对于上述费用,委托方在提货之前必须全部予以付清,方能取得提货权。否则货运代理人对货物享有留置权,并有权或以适当的方式将货物出售,以此来弥补应收取的费用。

二、国际货运代理人应具备的基本业务素质

国际货运代理人作为承运人和托运人之间的中介,需要兼顾和协调各方的利益,不仅要对委托的客户诚实守信,更应对运输方式及运输工具的特点、常见货物、有关的承运人、场站经营人、经营航线、挂靠港站、运价、结算、有关法律法规等方面的知识有全面的了解,才能充分发挥出自己的优势与特长。具体地说,国际货运代理人应该具备以下基本业务素质。

（一）具备良好的资信

资信包括资本和信誉两方面。目前,按有无资产划分,国际货运代理人可分为非资产型和资产型两种。其中,非资产型班轮代理,主要以提供单证服务、劳务服务、业务管理、专业技能和物流技术服务为主;而资产型班轮代理,则以拥有的仓储设施与集疏运工具为依托向客户提供全方位的物流服务。但无论哪种类型的国际货运代理都必须拥有一定的专业知识和技能,以及信息与业务关系网络,并本着平等互利的原则,处理好与委托人的关系,诚实守信,恪尽职守。

（二）熟悉有关法律、法规与政策

由于各国政治、法律、金融货币制度不同,政策、法令、规定不一,贸易、运输习惯和经营做法也有差别,很多国家对外贸易政策受政治、经济和自然条件的影响,对进出口货物有着不同的规定,因此,国际货运代理应对此有所了解。

（三）精通国际货运业务知识

国际货运代理工作的性质决定了国际货运代理人必须具有有关国际贸易运输方面的广博的专业知识、丰富的实践经验和卓越的办事能力。

（四）具有风险管理和防范意识

国际货运代理业务的复杂性决定了国际货运代理业务的风险性。国际货运代理的责任风险,是指国际货运代理企业在经营过程中对委托人或第三人的损失负有责任的可能性。责任风险带来的损失,可分为直接损失和间接损失。直接损失是指国际货运代理企业直接承担的责任;间接损失是由直接损失引起的,或在没有直接损失的情况下产生的。间接损失的表现形式很多,如企业信誉受损、业务量减少等等。一般而言,国际货运代理人所承担的责任风险主要产生于三种情况:① 国际货运代理人本身的过失所产生的。对于国际货运代理人在从事业务活动中因自身未能履行义务给委托人或第三人所造成的损失,是无权向任何人追偿的,故

只能自己承担风险。② 分包人的过失。在国际货运代理人以经营人身份从事业务活动时，国际货运代理人除了对自己的过失承担责任外，还必须对其委托的分包人的过失承担责任。理论上讲，国际货运代理人可以就因分包人的过失而向另一方所承担的赔偿而向分包人行使追偿权，但复杂的实际情况却使其无法全部甚至部分地从责任人处得到补偿，如分包人破产、追偿成本过高等等。③ 其他方面的原因。比如，在国际货运代理以经营人身份从事业务活动时，对于无法确定责任人的损害，以及约定分包人免责或者其应承担的责任小于国际货运代理对第三方承诺的责任等，都会使国际货运代理承担相应的风险。

（五）掌握货运代理市场营销管理知识

货运代理市场是竞争激烈的买方市场，对于货运代理企业来说，必须加强营销管理。营销管理的目的在于：引导或改变需求，提高营销能力；集中资源优势，降低运营成本，提升企业形象。货运代理营销管理的过程是：了解客户的潜在需求；准确分析市场竞争环境；科学地细分市场；提供完善的服务；建立相对稳定的客户群。

链 接

国际海上货运代理应具备的业务素质

1. 知货，即熟悉各种货物对运输的要求。货运代理应对普通杂货、集装箱货物、特种货物对运输的具体要求有一定的了解。

2. 知船，即熟悉船舶情况。货运代理要了解各主要班轮公司所属船舶的基本状况，包括国籍、船龄、载重量、舱容以及服务质量等等。

3. 知线，即熟悉国际班轮航线的现状与构成。目前，大多数航线有定期的班轮航行，暂无直达航线的港口可以通过一程船或支线船运至中国香港或日本、新加坡、韩国等中转港口进行转船运输。作为海运货运代理，需要熟悉各卸货港的所属航线，掌握主要定期班轮的航线情况。

4. 知港，即熟悉各装、卸港口的基本情况。各航线都有基本港和非基本港之分，一般基本港口都是一些条件较好的大港口，船舶班次多，而非基本港则往往装/卸条件差，又需要二次转船。作为货运代理，应掌握各航线的基本港口情况，并适时向货主提供咨询意见，对于非基本港口的货运，货运代理在接受委托前，需要与有关方面预先联系，并应建议货主在购销合同上订明“允许转船和允许分批装运”的条款。

5. 知价，即熟悉运价市场。货运代理人有义务为货主精打细算节约运费，这就要求在订舱租船前从不同的承运人、不同的运输方式和不同的运输途径方面着手进行比价工作，以减少运费支出。

6. 知规程，即熟悉运输业务操作规程及相关业务操作规程。货运代理人除了精通本公司的业务流程外，还应对其他有关部门，比如一关三检、码头、船公司等业务流程及其特殊规定予以全面的掌握，才能有效地开展业务活动。

思考题

1. 简述国际货运代理的主要作用。
2. 简述国际货运代理的业务范围。
3. 简述国际货运代理人应具备的基本素质。
4. 简述国际货运代理责任风险产生的来源。

案例分析

1. 发货人将1 000盒化妆品委托给广州一家国际货运代理,货运代理人接受该批货物后,向发货人签发了清洁的无船承运人提单,并收取了全程运费,然后自行将货物装箱,并以整箱委托船公司从广州运至韩国,在向船公司支付约定的运费后,船公司向该货运代理签发了清洁提单,货物运抵目的港后,铅封完好,但箱内却短少80盒化妆品。问:(1) 货运代理在本案中属于代理人还是承运人?(2) 船公司在本案中的角色是什么?是否有义务对该短少负责?

2. 某货运代理公司接受山西发货人的委托,代办4 000吨焦炭由天津出口至曼谷的运输。货运代理接受委托之后,通过天津某货运代理公司将货物装上"WT"轮,承运人天津某远洋公司的代理签发了运费预付提单。货物抵达目的港后,承运人的代理人声称没有收到运费,并通过曼谷当地警察扣留了货物,要求货运代理确认有关运费。为减少损失,货运代理被迫承认欠付运费,并支付了部分运费11万元人民币,同时出具了保函。在得到货运代理的保函之后,承运人的代理人才将货物交付给收货人。此后,承运人的代理人又通过扣留上述货物的出口核销单和出口退税单,迫使货运代理支付余下的运费20万元人民币。问:本案例中的承运人要求货运代理支付运费是否合理?该货运代理有无义务代托运人支付运费?对货运代理来说,值得吸取的教训有哪些?

第四篇 货款的结算

【本篇导读】

在国际贸易中,货款的收付是买卖双方的基本权利和义务。货款的收付直接影响双方的资金周转和融通以及各种金融风险和费用的负担,这是关系到买卖双方切身利益的问题。因此,买卖双方在交易磋商时,都力争约定对自己有利的支付条件。货款的结算主要涉及支付工具、付款时间与地点、支付方式等问题。本章内容包括结算工具、结算方式、不同结算方式的选择使用、国际贸易融资业务以及国际贸易结算的风险与防范。

第一章 结算工具

国际贸易货款的收付，采用现金结算的较少，大多使用非现金结算，即通过银行转账和/或使用票据代替现金作为流通手段和支付手段的信贷工具来结算国际的债权债务。票据是国际通行的结算和信贷工具，是可以流通转让的债权凭证。票据可分为汇票、本票(Promissory Note)和支票(Cheque 或 Check)，在国际货款结算中，主要使用汇票，有时也使用本票和支票。

第一节 汇 票

汇票作为一种有价证券，能准确无误地表达当事人的债权债务关系，并得到法律的有效保障。无论是银行汇票还是商业汇票，在国际贸易的结算中都被普遍运用。

一、汇票的定义

汇票(Bill of Exchange，简称 Draft 或 Bill)是一个人向另一个人签发的，要求见票时或在将来的固定时间，或可以确定的时间，对某人或其指定的人或持票人支付一定金额的无条件的书面支付命令。

根据定义，汇票涉及三个基本的当事人：出票人、付款人和收款人。

出票人，是开立汇票的人。

付款人，是接受支付命令付款的人。在进出口业务中，通常是进口人或其指定的银行。

收款人，是受领汇票所规定金额的人。在进出口业务中，通常是出口人或其指定的银行。

二、汇票的基本内容

按照各国票据法的规定，汇票的要项必须齐全，否则受票人有权拒付。根据日内瓦统一票据法的有关规定，汇票一般应包括下列基本内容。

(1) 应写明“汇票”字样，通常以“Exchange”或“Draft”表示。

(2) 无条件支付一定金额的命令。

(3) 付款人(Payer)又称受票人(Drawee)。

(4) 收款人(Payee)。

(5) 付款期限。常见的有即期付款、定期付款和延期付款。

(6) 出票人(Drawer)签字。汇票只有经有权签发的人签发才生效。

(7) 出票日期和出票地点。

(8) 付款地点。通常是付款人所在地。

我国《票据法》第23条作了以下规定:"汇票上记载付款日期、付款地、出票地等事项的,应该清楚、明确。汇票上未记载付款日期的,为见票即付。汇票上未记载付款地的,付款人的营业场所、住所或者经常居住地为付款地。汇票上未记载出票地的,出票人的营业场所、住所或者经常居住地为出票地。"

以上是任何一张汇票都须具备的项目,另外,各国票据法还允许汇票载有一些其他内容,如汇票号码、利息和利率、禁止转让、对成套汇票的说明、出票条款、无追索权的声明等。以下为中国银行上海分行的银行汇票样张。(图4-1-1)

BANK OF CHINA
本汇票有效期为一年
This draft is valid for one
year from the date of issue

号码
No.
金额
AMOUNT
日期
DATE

中国银行

致
TO:____________________

请 付
PAY TO:____________________

金 额
THE SUM OF:____________________

请凭本汇票付款划我 行账
PAY AGAINST THIS DRAFT. TO THE
DEBIT OF OUR ACCOUNT

中国银行上海分行
BANK OF CHINA SHANGHAI

图4-1-1 汇票样张

三、汇票的种类

汇票从不同的角度,可分为以下几种。

1. 按照出票人的不同,可分为银行汇票(Banker's Draft)和商业汇票(Commercial Draft)。

2. 按照是否附有货运单据,可分为光票(Clean Draft)和跟单汇票(Documentary Draft)。

3. 按照承兑人不同,远期汇票又分为商业承兑汇票(Commercial Acceptance Draft)和银行承兑汇票(Banker's Acceptance Draft)。

4. 按照付款时间的不同,可分为即期汇票(Sight Draft,Demand Draft)和远期汇票(Time Draft,Usance Draft)。

链 接

几种常见汇票的解释

1. 银行汇票。它是指出票人是银行,付款人也是银行的汇票。在国际结算中,银行汇票签发后,一般交汇款人,由汇款人寄交国外收款人向指定的付款银行取款。出票行签发汇票后,必须将付款通知书寄给国外付款行,以便付款行在收款人持票取款时进行核对。票汇中使用的就是银行汇票。银行汇票一般为光票,不随附货运单据。

2. 商业汇票。它是指出票人是工商企业或个人,付款人可以是工商企业或个人,也可以是银行的汇票。在国际结算中,商业汇票通常是由出口人开立,向国外进口人或银行收取货款时使用的汇票,商业汇票的出票人不必向付款人寄送付款通知书。商业汇票大都附有货运单据。

3. 光票又称净票或白票。它是指不附带货运单据的汇票。光票的出票人既可以是工商企业或个人,也可以是银行。付款人同样也可以是工商企业、个人或银行。光票的流通全靠出票人、付款或出让人(背书人)的信用。在国际结算中,一般仅限于贸易的从属费用、货款尾数、佣金等的托收或支付时使用。

4. 跟单汇票又称押汇汇票。它是指附有货运单据的汇票。跟单汇票的付款以附交货运单据,如提单、发票、保险单等单据为条件。汇票的付款人要取得货运单据提取货物,必须付清货款或提供一定的保证。跟单汇票体现了钱款与单据对流的原则,对进出口双方提供了一定的安全保证。因此,在国际货款结算中,大多采用跟单汇票作为结算工具。

5. 商业承兑汇票。它是指由工商企业履行承兑手续的远期汇票,其出票人是工商企业或个人。

6. 银行承兑汇票。它是由银行进行承兑的远期汇票,通常由出口人签发,银行对汇票承兑后即成为该汇票的主债务人。银行对商业汇票加以承兑改变了汇票的信用基础,使商业信用转换为银行信用。汇票经过银行承兑后,持票人通常能按期得到票款,从而增强了汇票的可接受性和流通性。

7. 即期汇票。它是指在提示或见票时立即付款的汇票。

8. 远期汇票。它是指一定期限或特定日期付款的汇票。远期汇票的付款时间,有以下几种规定办法:

(1) 见票后若干天付款(at ... days after sight)。

(2) 出票后若干天付款(at ... days after date of draft)。

(3) 指定日期付款(fixed date)。

四、汇票的使用

汇票的使用有出票、提示、承兑、付款等，如需转让，通常经过背书行为转让。汇票遭到拒付时，还要涉及作成拒绝证书和行使追索权等法律问题。

（一）出票

出票(To Draw)是指出票人在汇票上填写付款人、付款金额、付款日期和地点以及受款人等项目，经签字后交给受款人的行为。在出票时，受款人通常有三种写法。

1. 限制性抬头。例如，“仅付××公司”或“付××公司，不准流通”。这种抬头的汇票不能流通转让，只有××公司可收取货款。限制性抬头的汇票金额只能付给特定的抬头人。

2. 指示性抬头。例如，“付××公司或其指定人”(Pay to the Order of ...)。这种抬头的汇票，除××公司可以收取票款外，也可以经过背书转让给第三者，且由于需经原债权人背书，有一定的安全性，使用较广泛。

3. 持票人或来人抬头。例如，“付给来人”(Pay Bearer)。这种抬头的汇票无须由持票人背书，仅凭交付汇票即可转让，流通性最强，但安全性最差，凡在抬头人一栏中有“来人(Bearer)”字样，无论在其前后是否还有其他内容，均构成持票来人抬头。

（二）提示

提示(Presentation)是指持票人将汇票提交付款人要求承兑或付款的行为。付款人见到汇票称为见票(Sight)。提示可以分为两种。

1. 付款提示(Presentation for Payment)。即持票人向付款人提交汇票，要求付款。

2. 承兑提示(Presentation for Acceptance)。即远期汇票持票人向付款人提交汇票，付款人见票后办理承兑手续，到期时再付款。

无论是承兑提示还是付款提示，均应在规定的有效期内进行，否则丧失对其前手的追索权。特别是远期汇票的承兑提示和即期汇票的付款提示。

我国《票据法》规定，即期和见票后定期付款汇票自出票日后1个月提示付款或提示承兑；定日付款或出票后定期付款汇票应在到期日前向付款人提示承兑；已经承兑的远期汇票的提示付款期限为自到期日起10日内。

（三）承兑

承兑(Acceptance)是指付款人对远期汇票表示承担到期付款责任的行为。付款人在汇票上写明“承兑(Accepted)”字样，注明承兑日期，并由付款人签字，交还持票人。付款人对汇票作出承兑，即成为承兑人，承兑人有在远期汇票到期时付款的责任，不得以任何理由否认汇票的效力，拒绝对该汇票付款。

（四）付款

付款人向持票人支付汇票金额的行为称为付款(Payment)。对即期汇票，在持票人提示汇票时，付款人即应付款；对远期汇票，付款人经过承兑后，在汇票到期日付款。付款后，汇票上的一切债权债务即告结束。持票人获得付款时，应当在汇票上签收，并将汇票交给付款人作为收据存查。

（五）转让和背书

远期汇票在付款人承兑后至付款到期之前，可以在票据市场上流通转让。持票人转让

(Transferable)汇票的目的是为了提前得到票款。能转让的远期汇票有指示性抬头汇票和来人抬头汇票。前者转让时需经受款人背书(Endorsement);后者转让时则无须背书。

背书是转让汇票权利的一种法定手续,就是由汇票持有人在汇票背面签上自己的名字,或再加上受让人即被背书人的名字,并把汇票交给受让人的行为。经背书后,汇票的收款权利便转移给受让人。汇票可以经过背书不断转让下去。对于受让人来说,所有在他以前的背书人以及原出票人都是他的"前手";而对出让人来说,所有在他让与以后的受让人都是他的"后手",前手对后手负有担保汇票必然会被承兑或付款的责任。

背书的方式有三种。

1. 限制性背书(Restrictive Endorsement)。限制性背书即不可转让背书。

2. 空白背书(Blank Endorsement)也称不记名背书。票据背面只有背书人名称而无受让人签名。此类背书只凭交付即可转让。

3. 记名背书(Special Endorsement)。即汇票背面既有背书人签名,又注明被背书人。这种背书受让人可继续背书将汇票转让。

在国际市场上,一张远期汇票的持有人如想在付款人付款前取得票款,可以经过背书将汇票转让给银行或贴现行或金融公司,由它们从票面金额中扣减按一定贴现率计算的贴现息后,将余款付给持票人,这称为贴现(Discount)。银行贴现票款后,就成为汇票的持有人。它或者在市场上继续转让,或者在到期日向付款人索取票款。

(六) 拒付和追索

无论即期汇票,还是远期汇票,均有可能遭到拒付(Dishonour)。所谓拒付,包括拒绝付款和拒绝承兑两个内容。对汇票的拒付行为不一定要付款人正式表示不付款或不承兑,在付款人或承兑人死亡、逃匿、被依法宣告破产或因违法被责令停止业务活动等情况下,付款在事实上已不可能时,也作为拒付。在付款人对票据虽不明示拒付,但迟迟不付款或不承兑时,持票人也可认为票据已被拒付。

汇票被拒付,如拒付的汇票已经承兑,出票人可凭以向法院起诉,要求承兑汇票的承兑人付款。汇票被拒付,持票人除可向承兑人追偿外,还有权向其前手追索(Recourse),包括所有的前手,直至出票人。持票人行使追索权时,应将拒付的事实书面通知其前手,并提供被拒绝承兑或被拒绝付款的证明或退票理由书。在国外,通常要求持票人提供拒绝证书。按日内瓦统一票据法规定,拒绝证书或称拒付证书是一种由付款地的法定公证人或其他依法有权作这种证书的机构,如法院、银行公会等所作的证明付款人拒付的文件。持票人请求公证人做成拒绝证书,应将票据交出,由公证人持票向付款人再作提示,如遇拒付,公证人即按规定格式写一张证明书,连同票据交还持票人,持票人凭以向前手追索。

商业汇票通常开立一式两份分别寄发,以防遗失。但付款人只对其中一份承兑或付款。因此,汇票上都分别注明"付一不付二"和"付二不付一"字样。

第二节 本 票

票据除汇票外,还有本票和支票。这两种票据与汇票一样具有付款承诺或委托的无条件性。在国际贸易结算中,虽以使用汇票为主,但有时,尤其是采用汇付方式结算货款的交易,也有使用本票和支票的。本票是一种支付承诺。票据法对它作了一些特别的规定。

一、本票的定义

本票是一个人向另一个人签发的，保证于见票时或定期或在可以确定的将来的时间，对某人或其指定人或持票人支付一定金额的无条件的书面承诺。简言之，本票是出票人对收款人承诺无条件支付一定金额的票据。

由定义可知，本票的当事人分别是出票人和收款人。

1. 出票人，是指开立本票，向另一方承诺保证付款的人。因此，本票的出票人本身就是付款人，出票人始终处于主债务人的地位。

2. 收款人，是指本票上规定的接收款项的人。

二、本票的基本内容

按照我国《票据法》第 76 条规定，本票必须记载下列事项。

(1) 表明“本票”的字样。

(2) 无条件支付的承诺。

(3) 确定的金额。

(4) 收款人名称或其指定人。

(5) 出票日期和地点。

(6) 出票人签章。

本票上未记载规定事项之一的，本票无效。本票上未记载付款地，出票人的营业场所为付款地；未记载出票地的，出票人的营业场所为出票地。（本票样张见图 4-1-2）

£60 000. 00　　　　London, May 15, 2003

Three months after date I promise to pay John Tracy or order the sum of SIXTY THOUSAND POUNDS for value received.

William Taylor

图 4-1-2　本票样张

三、本票的种类

本票可分为商业本票和银行本票。由工商企业或个人签发的称为商业本票或一般本票。由银行签发的称为银行本票。商业本票有即期和远期之分。银行本票则都是即期的。在国际贸易结算中使用的本票，大都是银行本票。有的银行发行见票即付、不记载收款人名称的本票或是来人抬头的本票，它的流通性与纸币相似，可代替现钞流通，流通的范围一般仅限于出票银行所在地。我国票据法规定，本票专指银行本票。

四、本票的特点

与汇票相比，本票具有以下特点。

(1) 性质:本票允诺由自己收款,而不是命令他人付款。

(2) 当事人:本票只有出票人和收款人两个当事人,本票的付款人就是出票人。

(3) 承兑:由于本票的出票人与付款人是同一人,远期本票由他本人签发,就等于本人已经承诺在本票到期日付款,所以远期本票无须承兑。

(4) 份数:本票只能开出一式一份。

(5) 付款责任:本票的出票人始终是本票的主债务人,承担在规定期限内付款的责任。

第三节 支　票

支票是一种特殊的汇票,是以银行为付款人的即期汇票,它替代现金作为支付工具。在国际贸易中有时也使用支票(参见图 4-1-3)。

Cheque for £10 000.00 London,30th,May.,2003
Pay to the order of United Trading Co.
The sum of TEN THOUSAND POUNDS
To:Midland Bank
London
For ABC Corporation
London
(Signed)

图 4-1-3 支票样张

一、支票的定义

支票是指存款人向银行开立的无条件支付一定金额的委托或命令。因此,支票是以银行为付款人的即期汇票。

根据定义,支票有三个当事人,分别是出票人、付款人和受款人。

(1) 出票人,是在付款银行设有存款账户并有足够存款的储户。

(2) 付款人,是出票人在该处设有往来存款账户,并承担付款的银行。

(3) 收款人,是支票上指定的接收款项的人。收款人可以凭支票向银行直接提取现款。

二、支票的基本内容

支票应包括的基本内容有下列几项。

(1) 表明“支票”字样。

(2) 无条件的支付委托。

(3) 确定的金额。

(4) 出票日期和地点。

(5) 出票人签章。

(6) 付款银行名称、地址。

(7) 收款人或其指定人。

三、支票的种类

(一) 按是否可以支取现金分

按是否可以支取现金分，支票可以分为现金支票(Open Cheque)和划线支票(Crossed Cheque)。前者可以直接支取现金；后者只能通过银行转账收款，是由在支票正面划两条平行线而得名，我国的做法则是在支票正面记载"转账"字样。

划线支票分为两种。

1. 普通划线(General Crossing)支票，即在支票上仅划两条平行线，这种划线支票收款人可以委托任何银行向付款行收取票款；如果平行线中加记"不可流通"(Not Negotiable)，则出票人只对收款人负责；如果平行线中加记"收款人账户"(Account Payee)，则收款银行只能将票款付入该指定账户而不得直接付现。如图 4-1-4 示意。

①	②	③
	Account Payee	Not Negotiable

图 4-1-4 三种普通划线支票

2. 特殊划线(Special Crossing)支票，即在平行线中记载有收款银行的名称，收款人只能通过该指定银行向付款行提示付款。如图 4-1-5 示意。

Bank of China, Shanghai

图 4-1-5 特殊划线支票

(二) 按有无收款人记载分

按有无收款人记载分，支票可以分为记名支票和不记名支票。前者写明收款人姓名，在流通时以背书形式转让，取款时必须有收款人签章；后者无收款人记载或仅记载"付来人"(To Bearer)，付款人仅凭支票向持票人付款，转让时可以仅凭交付也可以背书转让。

链 接

常见的支票形式

保付支票(Certified Check)是指由付款银行在支票上加"保付"(Certified to Pay)字样并签章。支票一经保付，即由银行承担付款责任，其他债务人一概免责。持票人可以不受付款提示期限的限制，在支票过期后提示，银行仍要付款。

旅行支票(Traveller's Cheque)是指银行或旅行社为旅游者发行的一种固定金额的支付工具。旅行支票没有指定的付款人和付款地点，可在发行银行或旅行社的国外分支机构或代办点取款，金额较小较为方便。旅游者购买旅行支票须当着发行银行的面在支票上签字(初签)作为印鉴。到国外取款时仍须在支票上签字(复签)。初签与复签核对相符后方可取款，这种支票较为安全。

空头支票(Dud Cheque)是指出票人签发的票面金额大于在该银行存款的支票。空头支票将遭到银行的拒付，开出空头支票的人要负法律上的责任。

四、支票的特点

与汇票相比具有以下特点。

(1) 当事人,支票的出票人一定是银行存款客户,付款人一定是其开户行。

(2) 承兑,支票都是即期的,不需要经过承兑。

(3) 银行对支票可以保付。

(4) 出票人可以向付款银行发出办理支票止付手续的通知。

(5) 支票的主债务人是出票人。

(6) 支票只能开出一张。

链　接

关于支票与汇票、本票的区别

支票与汇票、本票虽均具有票据的一般特性,但也存在明显差异。主要体现在以下几个方面:

1. 当事人。汇票和支票均有三个基本当事人,即出票人、付款人和收款人;而本票的基本当事人只有两个,即出票人和收款人。

2. 证券的性质。汇票与支票均是委托他人的证券,故属于委托支付证券;而本票是由出票人自己付款的票据,故属于自付证券或承诺证券。

3. 到期日。支票均为见票即付;而汇票和本票除见票即付外,还可以作出不同到期日的记载。

4. 承兑。远期汇票需要付款人履行承兑手续。本票由于出票时出票人就负有担保付款的责任,因此无须提示承兑,但见票后定期付款的必须经出票人见票才能确定到期日,因此又有提示见票即"签见"的必要。支票均为即期,故也无须承兑。

5. 出票人与付款人的关系。汇票的出票人对付款人没有法律上的约束,付款人是否愿意承兑或付款,是付款人自己的独立行为,但一经承兑,承兑人就应承担到期付款的绝对责任;本票的付款人即出票人自己,一经出票,出票人即应承担付款责任;支票的付款人只有在出票人在付款人处有足以支付支票金额的存款的条件下才负有付款义务。

关于汇票、本票、支票的比较,如表 4-1-1 示意。

表 4-1-1

关于汇票、本票、支票的比较

	汇　票	本　票	支　票
性质	出票人给予付款人无条件支付命令,两者之间不必先有资金关系	出票人约定自己付款,是一种无条件付款承诺	出票人和付款人之间先有资金关系,支票只是一种取款的凭证

（续表）

	汇　票	本　票	支　票
当事人	出票人、收款人、付款人	出票人、收款人	出票人、收款人、付款人
主债务人	承兑前是出票人，承兑后是承兑人	出票人	出票人
付款人	付款人、承兑人、保证人	出票人	银行
出票人责任	担保承兑和付款	自负付款责任	担保支票付款
种类	1. 即期和远期 远期汇票需由承兑人签署承兑日期，提示承兑和办理承兑手续 2. 商业汇票和银行汇票	1. 即期和远期 一般无须提示承兑和办理承兑手续 定期本票则需签署日期，提示承兑 2. 商业本票和银行本票	见票即付只有银行支票
单据要求	一套（一式两份或数份）	一张正本，没有副本	一张正本，没有副本

思考题

1. 何为汇票？汇票有哪几种？
2. 汇票在市场上是如何流转使用的？
3. 背书方式有哪三种？
4. 本票是如何定义的？本票与汇票相比有哪些特点？
5. 支票是如何定义的？何谓空头支票？
6. 支票与汇票相比有什么特点？
7. 试比较汇票、本票与支票。

案例分析

甲交给乙一张经付款银行承兑的远期汇票，作为向乙订货的预付款，乙在票据上背书后转让给丙以偿还原欠丙的借款，丙于到期日向承兑银行提示取款，恰遇当地法院公告该行于当天起进行破产清理，因而被退票。丙随即向甲追索，甲以乙所交货物质次为由予以拒绝，并称已于10天前通知银行止付，止付通知及止付理由也同时通知了乙。在此情况下，丙再向乙追索。乙以票据系甲开立为由推诿不理。丙遂向法院起诉，被告为甲、乙与银行三方。问：法院将如何依法判决？理由何在？

第二章 汇付与托收

国际货款支付方式主要有汇付(Remittance)、托收(collection)和信用证(Letter of Credit,L/C)三种。本章主要介绍汇付和托收两种支付方式以及它们在国际贸易中的应用。

第一节 汇 付

汇款由于手续简单,银行手续费较少,已日益成为国际贸易和非贸易结算的一种重要支付手段。

一、汇付的定义

汇付又称汇款,是指付款人委托所在国银行,将款项以某种方式付给收款人的结算方式。在国际贸易中如采用汇付,通常是由买方按照合同约定的条件和时间,通过银行将货款交给卖方。

二、汇付方式的当事人

汇付方式涉及四个基本当事人,即汇款人(Remitter)、汇出行(Remitting Bank)、汇入行(Receiving Bank)和收款人(Payee or Beneficiary)。

1. 汇款人即付款人,在国际贸易中,通常是进口人,是买卖合同的买方。
2. 汇出行是接受汇款人的委托或申请,汇出款项的银行,通常是进口人所在地的银行。
3. 汇入行又称解付行(Paying Bank),即接受汇出行的委托,解付汇款的银行。汇入行通常是汇出行的代理行,出口人所在地的银行。
4. 收款人在国际贸易中,通常是出口人,买卖合同的卖方。

汇款人在委托汇出行办理汇款时,要出具汇款申请书。汇出行一经接受申请就有义务按照汇款申请书的要求,通知汇入行。汇出行与汇入行之间,事先订有代理合同,在代理合同规定的范围内,汇入行对汇出行承担解付汇款的义务。

三、汇付方式的种类

汇付方式可分为、电汇（Telegraphic Transfer，T/T）和票汇（Remittance by Banker's Demand Draft，D/D）2 种。

（一）电汇

电汇是指汇出行应汇款人的申请，拍发电传或 SWIFT 给在另一国家的分行或代理行指示解付一定金额给收款人的一种汇款方式。两者的不同主要在于汇出行通知汇入行的通讯方式不同。由于电讯方式速度快，银行占用汇款人汇款资金的时间短，所以电汇是最主要的汇付方式，当然电汇的银行手续费也较高。图 4-2-1 是电/信汇业务流程图。

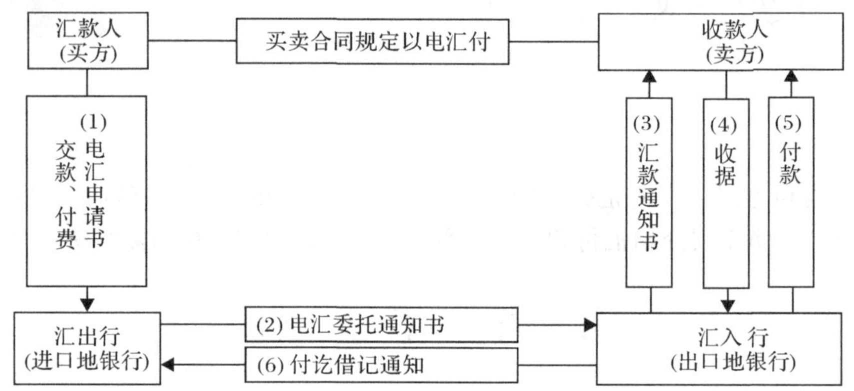

图 4-2-1　电/信汇业务程序图

上图的业务程序说明如下。

（1）汇款人填写汇款申请书，并交款付费。

（2）汇出行发出电汇委托书委托付款。

（3）汇入行向收款人发出汇款通知书。

（4）收款人向汇入行开出收据。

（5）汇入行将货款支付给收款人。

（6）汇入行向汇出行发出付讫借记通知书。

（二）票汇

票汇，即汇款人（进口人）使用汇票、本票或者支票等支付工具将货款主动交付收款人（出口人）。票汇中以使用银行即期汇票最为常见，一般指汇出行应汇款人的申请而开立以其在出口人所在地的分行或代理行（即汇入行）为付款人的银行即期汇票，并交予进口人，进口人再将该汇票交付给出口人，出口人可凭此向汇入行取款。

票汇除使用银行汇票外，近年来使用其他票据，如本票、支票等日益增多。在我国出口业务中使用票汇方式时，当收到国外进口商寄来的票据后，如付款银行在国外，出口企业均须委托当地银行通过付款地的国外代理行代为向付款行收款。收到国外代收行的收妥通知方可据以结汇。

票汇与电汇不同的地方，在于票汇的汇入行无须通知收款人前来取款，而是收款人持票向汇入行取款；汇票经收款人背书后可以在市场上转让流通，而信汇委托书则不能转让流通。图

4-2-2 是票汇业务程序图。

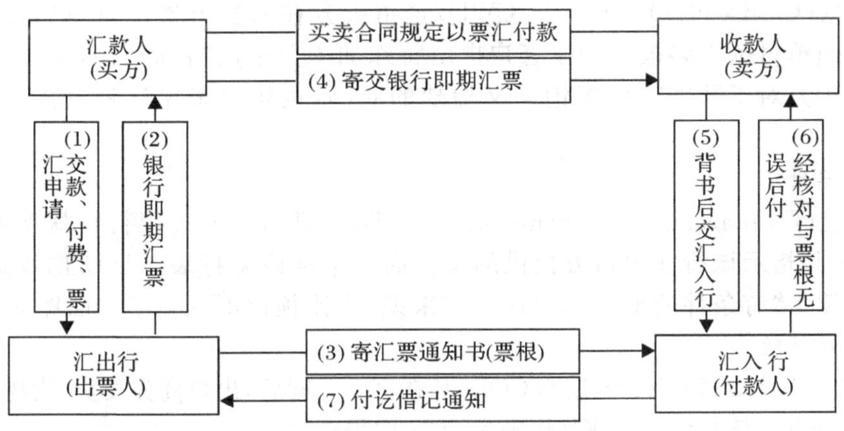

图 4-2-2 票汇业务程序图

上图的业务程序说明如下。

(1) 汇款人填写汇款申请书并交款付费。

(2) 汇出行作为出票行，开立以其账户行或代理行为解付行的银行即期汇票。

(3) 汇出行将汇票通知书(票根)寄给汇入行。

(4) 汇款人将银行即期汇票寄给收款人。

(5) 收款人背书后将汇票交给汇入行。

(6) 汇入行审核无误后将货款支付给收款人。

(7) 汇入行付款后向汇出行付讫借记通知。

四、汇付的性质

采用汇付方式，是否按照合同规定履行付款义务和何时履行，完全依赖于买方的信用，银行在其间完全是付款人(买方)的代理，只提供服务，不承担付款责任，因此汇付属于商业信用。因而，汇付方式主要用于关联企业以及其他联系密切、信用良好的企业间的赊销交易，或者是预付定金、分期付款等较为复杂的交易中。

五、汇付在国际贸易中的使用

在国际贸易中，进出口双方通过汇付安排付款与交货的方法主要有以下几种。

(一) 预付货款

预付货款(Payment in Advance)是指卖方要求买方先将货款的全部或一部分通过银行采用电汇、信汇、票汇的方法汇交卖方，卖方收到货款后，根据买卖双方事先签订的合同，在一定时间内或立即将货物发运并寄交货运单据至买方的支付方式。

预付货款在实践中用得很少，可能会用于以下几种情况：① 买卖的商品是进口商市场上急需的抢手货，进口商为取得高额利润，不惜预付货款；② 进出口双方关系十分密切，有时，进口商是出口商在国外的联号；③ 卖方货物紧俏，但卖方对买方的资信不了解，为收汇安全，卖方提出将预付货款作为发货的前提条件。

（二）随单付款

随单付款(Cash with Order，简称 CWD)是指买方在向卖方发出订单后，立即汇付货款给卖方。随单付款大多被应用于客户提出特殊加工要求的特殊商品，如手工艺品或小额贸易等。买方对于那些市场畅销而又稀缺的商品，也乐意采用这种方法，从而优先取得供应。

（三）凭单付汇

凭单付汇(Cash against Documents，简称 CAD)是进口方通过银行将款项汇给出口方所在地银行，并指示该行凭出口方提供的某些商业单据或某种装运证明把货款付给出口方。凭单付款是"有条件的汇款"，对进口方来说，要比预付汇款多了一层保证。

（四）货到付款

货到付款(Cash on Delivery，简称 COD)是在订立合同后，出口商先发货，货物到达目的地后，买方须将全部货款交付卖方或其代理人，方可取得货物。

（五）赊销

赊销(Open Account，简称 O/A)也属于交货后付款的一种。赊销的方法是，卖方将货物装运出口后，就将货运单证直接寄交买方，有关货款则寄入买方账户的借方，等约定期限(如半年或 1 年)届满时，再进行结算。

链 接

表 4-2-1

关于电汇、票汇两者的比较

汇付方式	结算手段	特点	
		优点	缺点
电汇(T/T)	委托汇出行以电报、电传等电讯手段发出付款委托通知书	安全、可靠，结算时间短、收款快	费用高
票汇(D/D)	以银行即期汇票为支付工具，由汇款人自行寄交收款人	1. 支付工具由汇款人自行传递 2. 经收款人背书后，汇票可在市场上流通 3. 收款人可自行持票向汇入行收款	

第二节 托 收

托收是出口人先行发货后，委托银行向进口人收款的一种方法。托收方式对买方比较有利，费用低，风险小，有时可以取得卖方的资金融通。因此，在贸易磋商中，进口方往往希望采用托收这种结算方式。

有关托收业务处理有专门的规则，各银行在处理跨国托收业务时通常遵循国际商会《托收统一规则》。

一、托收的定义

托收是指由接到委托指示的银行处理金融单据和/或商业单据以便取得承兑或付款，或者凭承兑或付款交出商业单据，或者凭其他条件交出单据。托收的定义包含了以下几层意思。

1. 托收是指银行收到的指示。

2. 单据是指金融单据和/或商业单据。

3. 光票托收是指不附商业单据的金融单据的托收。跟单托收是指对附有商业单据的金融单据或不附金融单据的商业单据的托收。

二、托收方式的当事人

托收方式的基本当事人有四个，即委托人(Principal)、托收行(Remitting Bank)、代收行(Collecting Bank)和付款人(Payer)。

1. 委托人是指开出汇票(或不开汇票)委托银行向国外付款人收款的出票人，通常就是合同中的卖方。

2. 托收行是指委托人的代理人，是接受委托人的委托转托国外银行向国外付款人代为收款的银行，通常为出口地银行。

3. 代收行是指托收行的代理人，是接受托收行的委托代向付款人收款的银行，通常为进口地银行。

4. 付款人通常就是合同的买方，是汇票的付款人。

三、托收的种类

托收分为光票托收(Clear Collection)和跟单托收(Documentary Collection)两种。其中，跟单托收按交付货运单据条件的不同，分为付款交单和承兑交单两种。付款交单又包括即期付款交单和远期付款交单。

(一) 光票托收

光票托收是指不附有商业货运单据的纯金融单据(汇票、支票、本票或其他取款凭证)的托收。现实中，有的托收附有的单据不是整套的货运单据，而是商业发票、垫付清单等，这种托收也被视为光票托收。光票托收一般用于佣金垫付费用等贸易从属费用或货款尾数、样品费等小额货款。

(二) 跟单托收

根据《国际商会托收统一规则》(URC522)的定义，跟单托收是指对两类单据的托收：一类是附有商业单据的金融单据；还有一类是不附金融单据的商业单据。

跟单托收按交付货运单据条件不同，分为付款交单(Documents against Payment，D/P)和承兑交单(Documents against Acceptance，简称 D/A)两种。

1. 付款交单。付款交单是卖方的交单须以买方的付款为条件，即出口人将汇票连同货运单据交给银行托收时，指示银行只有在进口人付清货款时才能交出货运单据。如果进口人拒付，就不能从银行取得货运单据，也无法提取单据项下的货物。付款交单按支付时间不同，又可分为即期付款交单(D/P at Sight)和远期付款交单(D/P after Sight)两种。

(1) 即期付款交单。即期付款交单是指出口人通过银行向进口人提示汇票和货运单据，进口人于见票(或见单)时即须付款，在付清货款后，领取货运单据。

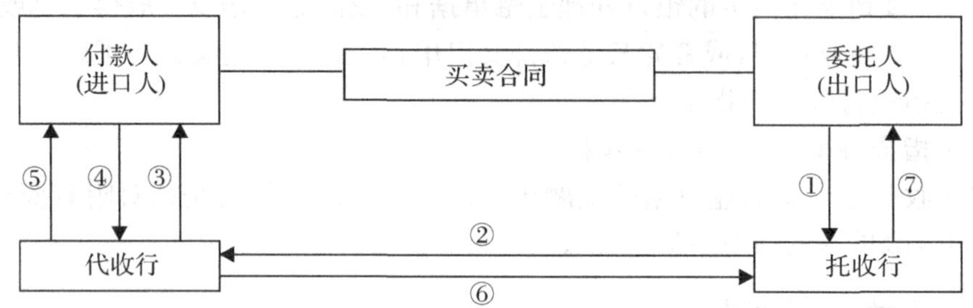

图 4-2-3 即期付款交单一般业务程序示意图

按即期付款交单一般业务程序示意图(见图 4-2-3)的程序编号说明如下：① 出口人按买卖合同规定装货后，填写托收申请书，开立即期汇票，连同货运单据(或不开立票据，仅将货运单据)交托收行委托代收货款。② 托收银行根据托收申请书缮制托收委托书，连同汇票(或没有汇票)、货运单据寄交进口地代收银行委托代收。③ 代收行按照委托书的指示向进口人提示汇票与单据(或仅提示单据)。④ 进口人审单无误后付款。⑤ 代收行交单。⑥ 代收行办理转账并通知托收行款已收妥。⑦ 托收行向出口人交款。

(2) 远期付款交单。远期付款交单是指出口人通过银行向进口人提示汇票和货运单据，进口人即在汇票上承兑，并于汇票到期日由代收银行再次向其提示时经付款后向代收银行取得单据。在汇票到期付款前，汇票和货运单据由代收行掌握。

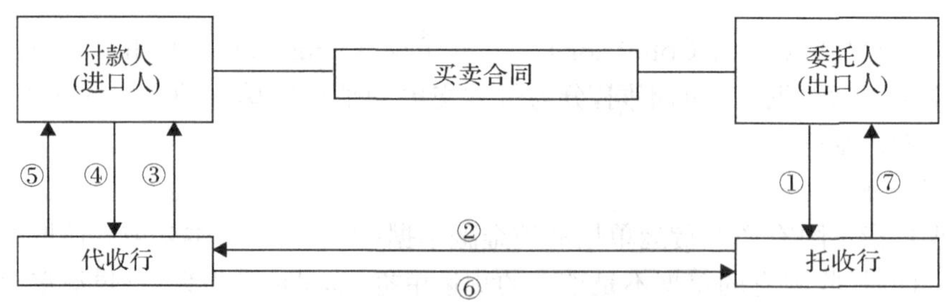

图 4-2-4 远期付款交单收付程序示意图

按远期付款交单收付程序示意图(见图 4-2-4)的程序编号说明如下：① 出口人按买卖合同规定装货后填写托收申请书，开立远期汇票，连同货运单据交托收行，委托代收货款。② 托收银行根据托收申请书缮制托收委托书，连同汇票、货运单据寄交代收行委托代收。③ 代收行按照委托书的指示向进口人提示汇票与单据，进口人经审核无误在汇票上承兑后，代收行收回汇票与单据。④ 进口人到期付款。⑤ 代收行向进口人交单。⑥ 代收行办理转账，并通知托收行：款已收到。⑦ 托收行向出口人交款。

从以上可以看出，无论是即期付款交单还是远期付款交单，进口商都必须先付清货款，然后才能取得货运单据。在远期付款交单的条件下，若货物已到目的港，经承兑后的汇票和单据已退回代收行，此时行市看涨，买方为了抓住有利的行市，可以通过两种方法提前提货转售：一是在付款到期日之前付款赎单；二是出具一张信托收据向代收行借出单据。其中以第二种较为常见，它是各国银行对进口人融资的通常做法。

2. 承兑交单。承兑交单是指出口人的交单以进口人的承兑为条件。进口人承兑汇票后，即可向银行取得货运单据，待汇票到期日才付款。承兑交单只适用于远期汇票的托收。

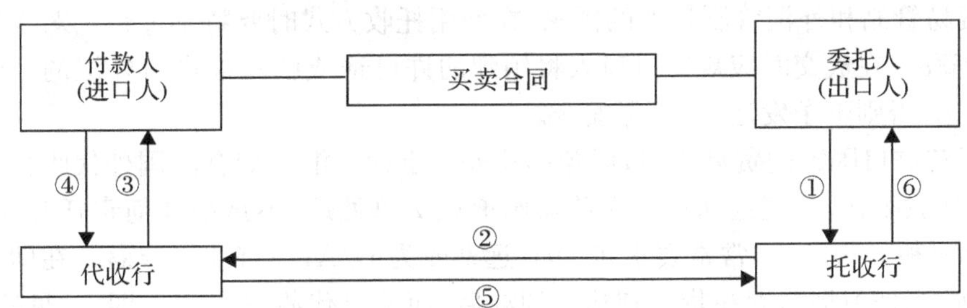

图 4-2-5 承兑交单收付程序示意图

按承兑交单收付程序示意图(见图 4-2-5)的程序编号说明如下：① 出口人按买卖合同规定装货后填写托收申请书，开立汇票，连同货运单据交托收行，委托代收货款。② 托收银行根据托收申请书缮制托收委托书，连同汇票、货运单据寄交代收行委托代收。③ 代收行按照托收委托书的指示，向进口人提示汇票和单据，进口人在汇票上承兑，代收行在收回汇票的同时，将货运单据交给进口人。④ 进口人到期付款。⑤ 代收行办理转账并通知托收款已收到。⑥ 托收行向出口人交款。

四、托收的性质和特点

托收方式属于商业信用，银行办理托收业务时，只是按委托人的指示办事，银行虽然处理金融票据和商业单据，但是，它完全是根据出口人的指示来处理，到底银行是否能收到货款，完全依赖买方的信用；即使银行不能从买方那里实际收到货款，银行只要已按照出口人的指示行事，它就不必承担任何责任。

托收方式对买方比较有利，费用低，风险小，有时可以取得卖方的资金融通。对卖方来说，即使是付款交单方式，因为货已发运，万一对方因市价低落或财务状况不佳等原因拒付，卖方将遭受来回运输费用的损失和货物不得已被迫低价转售或拍卖的损失。远期付款交单和承兑交单，卖方承受的资金负担很重，而承兑交单风险更大，因为买方只要承兑远期汇票，就可以取得运输单据，从而提取货物，一旦买方拒付，卖方可能要承担货款两失的风险。我国外贸企业以托收方式出口，主要采用付款交单方式，一般不采用承兑交单。在进口业务中，尤其是对外加工装配和进料加工业务中，往往对进口料件采用承兑交单方式付款。

五、使用托收时应注意的问题

托收对出口人有一定风险，特别是承兑交单风险更大，但对扩大出口有利。进口人可以免交开证押金和手续费，还有预借单据提货之便利。在我们出口业务中，应该根据不同货物的销售情况，不同客户、不同国家的贸易习惯，适当使用托收方式。为确保收汇安全，在出口贸易中采用托收方式时，应注意以下问题。

1. 调查了解进口人的资信情况、经营能力和经营作风。根据具体情况确定授信额度、成交金额与交货进度，避免买方借故资金紧张延期付款。国外代收行的选择要经过托收行的同意，才能利用。应该在调查研究的基础上，选择资信好的和经营作风正派的国外商人作为采用托收方式的交易对象。尽量不使用承兑交单。

2. 对贸易管制和外汇管制较严的国家，在使用托收方式时要特别谨慎。对于进口需要领取许可证的商品，在成交时应规定进口人将领到的许可证或已获准进口外汇的证明在发运有关商品前寄达，否则不予发运，以确保安全。

3. 要了解进口国家的贸易习惯，以免影响安全迅速收汇。如有的国外代收行只接受即期付款交单的托收委托，而把远期付款交单当作承兑交单处理，不承担任何责任和风险；有的国家银行对 D/P 概念很陌生，常常要求将 D/P 远期改为 D/A；还有的国家商人在即期付款交单情况下，要按“当地习惯”，即在货物到达目的港后，而不是代收行提示后即行“见票”，这种“习惯”在欧洲和非洲都有。按此“习惯”，万一货物到达不了目的港，进口商就可永不“见票”，永不付款。因此，为避免进口商以“当地习惯”为借口迟付或逃避付款，除应在出口合同中加列利息条款外，尚应明确规定进口商应在汇票第一次提示时即行付款或承兑。还可以在合同中明确规定“自装船后××天交单付款”。

4. 原则上应由我方办理保险，即争取以 CIF 或 CIP 条件成交，订立合同。如限于对方所在国的规定，必须由买方办理保险的交易，除应在货物装运后及时通知对方投保外，为保障我方利益，可由我方另行加保“卖方利益险”，以防万一货物遇险，买方未投保又不付款赎单时，可由我方自己向保险公司索赔。

5. 采用托收方式成交，提单不应以进口人为收货人，最好采用“空白抬头、空白背书”提单，为了维护我方出口利益，在取得代收行同意的条件下，也可以代收行作为提单抬头人。

6. 托收的单据种类、内容、份数应严格按照买卖合同规定办理，否则买方有权拒付。

7. 对托收方式的交易，要建立完善的管理制度，定期检查，及时催收清理，发现问题后应及时采取措施，以避免或减少可能发生的损失。

链 接

【案例与思考】

某年 4 月 9 日，某托收行受理了一笔付款条件为 D/P at sight 的出口托收业务，金额为 USD100 000.00，托收行按出口商的要求将全套单据整理后撰打了托收函一同寄给了美国一家代收行。单据寄出后一星期委托人声称进口商要求托收行将“D/P at sight”修改为“D/A at 60 days sight”。托收行在强调 D/A 的风险性后，委托人仍坚持要修改，最后托收行按委托人的要求发出了修改指令，此后一直未见代收行发出承兑指令。当年 8 月 2 日应委托人要求，托收行通知代收行退回全套单据。8 月 19 日托收行收到代

（续上）

收行寄回的单据，发现3份正本提单只有2份，委托人立即通过美国有关机构了解到，货物已经被进口商提走。此时托收行据理力争，要求代收行要么退回全套单据，要么承兑付款，但是代收行始终不予理睬，货款始终没有着落，而委托人又不愿意通过法律程序解决，事隔数年，货款仍未收回。

【案例评析】

D/P为付款交单(Documents against Payment)的简称，D/A为承兑交单(Documents against Acceptance)的简称，两者均属托收方式，但D/A比D/P风险更大。在D/A项下，进口人只要在汇票上承兑之后，即可取得货运单据，凭以提取货物，如果进口人到期不付款，出口人便会遭到款、货两失。此案中委托人应该意识到D/P改为D/A的风险在于进口方将把付款赎单改为承兑交单，即进口方在不付款只承兑的情况下就可以取得货运单据、获得货物，并且提单是以进口方为收货人，使得进口方很容易提货。根据《URC522》的有关规定，只要委托人向托收行作出了清楚明确的指示，银行对由此产生的任何后果不负责任，即后果由委托人自行承担。此外更有甚者，有时银行与外商勾结，造成出口方款、货两失。

1. 托收的性质为商业信用，银行不承担付款人必须付款的义务，出口人收款的保障取决于进口人的信用，因此，出口方在选择托收方式结算时，前提条件是买卖双方互相信任，只有在进口方信誉比较好的情况下，方能选择此方式。

2. 采用托收方式成交，提单不应做成“记名抬头”，即以进口人为收货人，最好采用“空白指示抬头”，即“To Order”，空白背书，避免进口方直接提货，便于银行处理提单的转让。

3. 在选用托收方式结算时最好选择D/P付款条件，D/A付款比D/P风险大。在实际操作中，对于大额出口业务可采用信用证和托收方式结合使用。切忌大额出口业务采用托收结算方式。

思考题

1. 以电汇形式进行货款结算，其业务是如何展开的？
2. 汇付的性质和作用如何？
3. 何谓托收？托收的性质和特点是什么？
4. 即期付款交单和远期付款交单的业务程序分别是怎样的？
5. 试比较承兑交单和远期付款交单。
6. 在使用托收时应注意哪些事项？
7. 根据表4-2-2的内容，按照不同的跟单托收条件分别填写承兑日、付款日、交单日。

表 4-2-2

跟单托收条件表

交易合同中规定的托收条件	代收银行向进口商提示汇票和单据的日期	进口商在汇票上作出承兑的日期	进口商向代收银行支付票款的日期	代收银行向进口商提交货运单据的日期
即期付款交单(D/P at sight)	5月6日			
远期付款交单见票后30天付款(D/P at 30 days after sight)	5月6日			
承兑交单见票后30天付款(D/A at 30 days after sight)	5月6日			

案例分析

1. 我某贸易有限公司向国外某客商出口货物一批，合同规定的装运期为2001年6月，D/P支付方式付款。合同订立后，我方及时装运出口，并收集好一整套结汇单据及开出以买方为付款人的60天远期汇票委托银行托收货款。单证寄抵代收行后、付款人办理承兑手续时，货物已到达目的港，且行情看好，但付款期限未到。为及时提货销售取得资金周转，买方经代收行同意，向代收行出具信托收据借取货运单据提前提货。不巧，在销售的过程中，因保管不善导致货物被火焚毁，付款人又因其他债务关系倒闭，无力付款。问：在这种情况下，责任应由谁承担？为什么？

2. 我国某公司向新加坡某商人以即期付款交单(D/P at sight)方式推销某商品，对方答复：如改为以见票后90天付款交单方式结算货款，并通过他指定的A银行代收则可接受。问：新加坡商人提出这项要求的出发点是什么？

第三章
信用证

和汇付和托收方式不同的是，信用证方式建立在银行信用的基础上。信用证方式结算，特别适用于双方缺少信任的国际贸易业务。

第一节　信用证的基本概念

信用证是随着商品经济和国际贸易的发展，在银行参与国际贸易结算时从仅提供服务逐步演变为既提供服务又提供信用和资金融通的过程中形成的。目前，信用证已成为国际贸易结算中被广为使用的最为重要的一种结算方式。

一、信用证的定义

信用证是指开证银行应申请人的要求并按其指示，向第三者开具的载有一定金额，在一定期限内凭符合规定的单据付款的书面保证文件。

信用证是国际货物买卖中常用的支付方式。与托收一样，信用证也分为光票信用证和跟单信用证两大类，由于在货物进出口中，一般都使用跟单信用证，因此，通常所指的信用证是跟单信用证。

根据国际商会《UCP600》(2007 年修订本)的解释，信用证是“一项不可撤销的安排，无论其名称或描述如何，该项安排构成开证行对相符交单予以承付的确定承诺。”简单地讲，信用证是一种银行开具的有条件承诺付款的书面文件。

信用证的支付方式把由进口人履行的付款责任转为由银行来履行付款责任，从而保证出口人能安全迅速地收到货款，买方按时收到货运单据，在一定程度上解决了进出口人之间互不信任的矛盾，同时也为进出口双方提供了资金融通的便利。

二、信用证的当事人

信用证的基本当事人有六个，即开证申请人(Applicant)、开证行(Opening Bank；Issuing

Bank)、通知行(Advising Bank;Notifying Bank)、受益人(Beneficiary)、议付行(Negotiating Bank)和付款行(Paying Bank;Drawee Bank)等。现分述如下。

1. 开证申请人又称开证人。它是指向银行申请开立信用证的人,即进口人或实际买主。如由银行自己主动开立信用证,此种信用证所涉及的当事人,则没有开证申请人。

2. 开证行。它是指接受开证申请人的委托,开立信用证的银行。它承担保证付款的责任,一般是进口人所在地银行。信用证一经开出,按信用证规定的条款,开证行负有承担付款的责任。

3. 通知行。它是指受开证行的委托,将信用证转交出口人的银行。它只证明信用证的真实性,并不承担其他义务。通知行一般是出口人所在地银行而且通常是开证行的代理行(Correspondent Bank)。

4. 受益人。它是指信用证上所指定的有权使用该证的人,即出口人或实际供货人。受益人通常也是信用证的收件人(Addressee),有按信用证规定签发汇票向所指定的付款银行索取价款的权利,在法律上以汇票出票人的地位对其后的持票人负有担保该汇票必获承兑和付款的责任。

5. 议付行。它是指愿意买入受益人交来跟单汇票的银行。在信用证业务中,议付行通常是以受益人的指定人和汇票的善意持票人的身份出现的,因此,它对作为出票人的信用证受益人的付款有追索权。

6. 付款行又称受票行(Drawee Bank)。它是指信用证上指定的付款银行。付款行通常是汇票的受票人。它一般是指开证行,也可以是指定的另一家银行,根据信用证的条款的规定来决定。

信用证的当事人除上述六个之外,根据需要还可能涉及的当事人有保兑行(Confirming Bank)、转让行(Transferring Bank)与偿付行(Reimbursing Bank)等。

保兑行是指应开证行请求在信用证上加具保兑的银行。它具有与开证行相同的责任和地位,对受益人独立负责,在付款或议付后,不论开证行发生什么变化,都不能向受益人追索。业务中通常由通知行兼任,也可由其他银行加具保兑。

转让行是指应受益人的委托,将信用证转让给信用证的受让人即第二受益人的银行。一般为通知行、付款行或保兑行。

偿付行也是付款行的付款代理,它不负责审单,只是代替开证行偿还议付行垫款的第三国银行。偿付行的付款不能视为开证行的付款。当开证行收到单据发现不符而拒绝付款时,仍可向索偿行(一般是议付行)追索。

三、信用证的主要内容

在国际贸易中,各国银行开出的信用证并没有统一的格式,但基本内容大致相同。总的来说,就是国际货物买卖合同的有关条款与要求受益人提交的单据,再加上银行保证。通常包括以下内容。

1. 信用证本身的说明:信用证编号、开证日期、到期日和到期地点、交单期限等。

2. 兑付方式:是即期付款、延期付款,还是承兑。

3. 信用证的种类：是否可以撤销、是否经另一家银行保兑、可否转让等。

4. 信用证的当事人：开证申请人、开证行、受益人、通知行等。此外，有些信用证还有指定的付款行、偿付行、承兑行、指定议付行等。

5. 汇票条款：包括汇票的种类、出票人、付款人、付款期限、出票条款及出票日期等。

6. 货物条款：包括货物的名称、规格、数量、包装、价格等。

7. 单据条款：通常要求提交商业发票、运输单据和保险单据，此外，还有包装单据，如装箱单、重量单，以及产地证、检验证书等。

8. 支付货币和信用证金额：包括币别和总额。币别通常应包括货币的缩写与大写，总额一般分别用大写文字和阿拉伯数字书写。信用证金额是开证行付款责任的最高限额，有时信用证还规定有一定比率的上下浮动幅度。

9. 装运与保险条款：装运港或启运地、卸货港和目的地、装运期限、可否分批装运、可否转运以及如何分批装运、转运的规定。以 CIF 或 CIP 贸易术语达成的交易项下的保险险别、投保的金额和保险条款等。

10. 特殊条款：主要根据每笔业务的不同需要而规定的一些条款，如要求××银行加以保兑；限制××银行议付等。

第二节 信用证的一般收付程序

跟单信用证有不同的类型，其业务程序也各有特点，但就其基本流程而言，大体要经过申请开证、开证、通知、交单、付款、赎单这几个环节。现以最常见的即期跟单议付信用证为例，说明其业务程序。

即期跟单信用证收付程序示意图(见图 4-3-1)的程序编号说明如下。

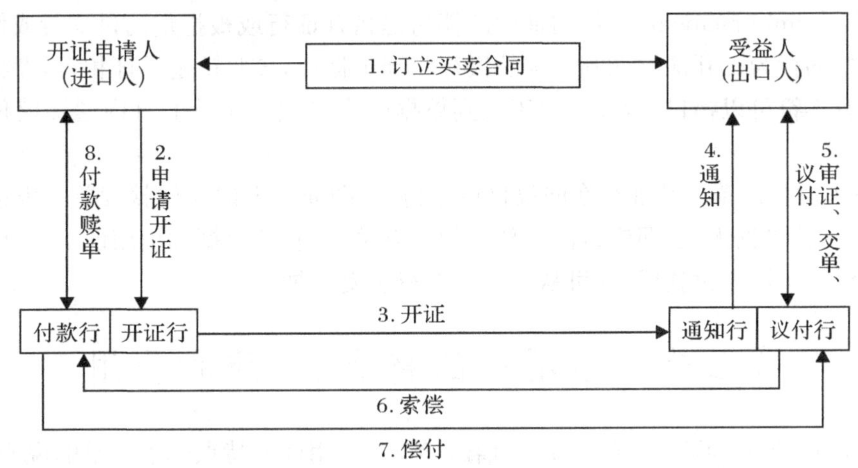

图 4-3-1 即期跟单信用证收付程序示意图

1. 订立买卖合同。进出口人双方先就国际货物买卖的交易条件进行磋商，达成交易后订立国际货物买卖合同，明确规定进口人以信用证方式支付货款，其中一般还应规定开证银行的资信地位、信用证的类型、金额、到期日、信用证开立并送达卖方的日期。

2. 申请开证。开证申请人即为合同的进口方，应按合同规定的期限向所在地银行（开证行）申请开证。申请开证时，申请人填写并向银行递交开证申请书，开证申请书的内容包括两个方面：一是指示银行开立信用证的具体内容，内容应与合同条款相一致，包括信用证金额和种类、货物描述、单价、数量、应当提交的单据等。二是关于信用证业务中申请人和开证行之间权利和义务关系的声明。其基本内容包括申请人承认开证行有权接受“表面上合格”的单据；保证单据到达后申请人如期付款赎单等。同时，申请人一般向开证行交付一定比例的押金或其他担保品。

3. 开证行开立信用证。开证行接受申请人的开证申请后，据其开立以出口人为受益人的信用证，并邮寄或电传或通过 SWIFT 电讯网络送交出口地的代理行（通知行），请他代为通知或转交受益人。

4. 通知行通知受益人。通知行收到信用证后，经核对签字印鉴或密押无误，立即将信用证转知受益人，并留存一份副本备查。

5. 交单议付。受益人对信用证的内容审核无误，即可根据信用证的规定发运货物，缮制并取得信用证规定的全部单据，开立汇票（或不开汇票，视信用证规定），连同信用证正本和修改通知书（如果有修改通知书），在信用证规定的有效期和交单期内，递交给通知行或与自己有往来的银行办理议付。议付是指由受益人向上述当地银行递交信用证规定的全套单据，银行在单证一致的前提下，扣除预付款的利息和手续费后，购进受益人出具的汇票和全套单据，因此俗称“买单”，又称“出口押汇”。议付是可以追索的。

6. 索偿。议付行办理议付后，根据信用证规定，凭单向开证行或其指定的银行（付款行或偿付行）请求偿付的行为。其具体做法是：由议付行按信用证要求将单据连同汇票和索偿证明（证明单据符合信用证规定）分次以航邮寄给开证行或其指定的付款行。

7. 偿付（Reimbursement）。信用证中的偿付是指开证行或被指定的付款行或偿付行向议付行进行付款的行为。开证行或其指定的银行收到单据后，核验认定单证相符，即将票款偿付议付行。如有不符可以拒付，应在不迟于收到单据的次日起 5 个营业日内通知议付行表示拒绝接受单据。

8. 申请人付款赎单。开证行在向议付行偿付后，即通知申请人付款赎单。申请人应到开证行审核单据，若单据无误，即应付清全部货款与有关费用，若单据和信用证不符，申请人有权向开证行拒付。申请人付款后，即可从开证行取得全套单据。

第三节　信用证的特点、性质和作用

2007 年修订的《UCP600》第 4、第 5 和第 7 条，对信用证的特点作了完整的说明。

一、信用证的特点

（一）信用证是一种银行信用（开证银行负有第一性付款责任）

信用证是开证行向受益人的付款承诺。《UCP600》第 7 条明确指出：自信用证开立之时

起，开证行即不可撤销地受到兑付责任的约束。第15条规定：当开证行确定提示相符时，就必须予以兑付。这表明信用证是一项约定(Arrangement)，按此约定，凭规定的单据在符合信用证条款的情况下，开证银行向受益人或其指定的人进行付款、承兑或议付。开证行处于第一付款人的地位，它的付款责任是首要的和独立的，因此，即使进口人失去偿付能力或者拒绝付款，只要出口人提交的单据符合信用证条款，开证行也有义务付款。因此，信用证是一种由开证银行以自己的信用作保证的银行信用。

(二) 信用证是一种独立的自足文件

信用证虽然是根据买卖合同开立的，但信用证一经开立，它就成为独立于买卖合同以外的契约。信用证的各当事人的权利和责任完全以信用证中所列条款为依据，不受买卖合同的约束，出口人提交的单据即使符合买卖合同要求，但若与信用证条款不一致，仍会遭银行拒付。所以，信用证是一项独立自主文件，开证银行和参与信用证业务的其他银行只按信用证规定履行自己的义务。

(三) 信用证是一种纯单据业务

在信用证方式之下，实行的是凭单付款的原则。《UCP600》第5条规定："在信用证业务中，各有关方面处理的是单据，而不是与单据有关的货物、服务或其他行为。"该惯例在第15条对此作了进一步的规定和说明，就是说银行处理信用证业务时，只凭单据，不问货物，它只审查受益人所提交的单据是否与信用证条款相符，以决定其是否履行付款责任。

值得注意的是，银行虽有义务"合理小心的审核一切单据"，但这种审核，只是用于确定单据表面上是否符合信用证条款。银行对任何单据表面的格式、完整性、准确性、真实性、伪造或法律效力或单据上规定的或附加的一般或特殊条件一概不负责任；对于单据所反映的货物的描述、数量、品质、状态、包装、交货、价格，或货物的发货人、承运人、运输商、收货人或保险人或其他任何人的诚信或行为及/或疏漏、清偿能力、履行能力或资信情况，也概不负责。

虽然银行只是根据表面上符合信用证条款的单据承担付款义务，但这种要求却十分严格。

总之，信用证业务的特点就是"一个原则，两个只凭"。"一个原则"就是"严格相符的原则"，要求"单内相符、单单相符、单证相符"；"两个只凭"就是指银行"只凭信用证，不问合同；只凭单据，不管货物"。

二、信用证的性质和作用

信用证是一种银行对出口人的有条件的付款承诺，是建立在银行信用基础上的，是一种银行信用。对出口人来说，其取得了银行信用只要做到与信用证规定相符，"单证一致，单单一致"银行就保证支付货款。对进口商来说，他可以通过信用证的单据要求，在一定程度上确保出口人按时、按质、按量交付货物。

信用证在国际贸易中如此广泛的使用，是因为它有以下一些积极的作用。

1. 信用证用银行信用取代了商业信用，基本解决买卖双方互不信任的矛盾。

2. 信用证便利了买卖双方向银行进行融通资金。银行可以通过打包贷款、叙做出口押汇向出口人融通资金，可以通过凭信托收据借单、叙做进口押汇向进口人融通资金。

3. 信用证促进和保证了国际贸易的扩大与发展。

链 接

表 4-3-1

汇付、托收、信用证结算方式的比较

项　目	汇　付	跟单托收	跟单信用证
信用性质	商业信用	商业信用	银行信用
顺逆汇	顺汇	逆汇	逆汇
使用的汇票	信汇和电汇不使用汇票，票汇多使用即期银行汇票	一般使用出口人开出的以进口人为付款人的商业汇票	一般使用出口人开出的以开证行(付款行)为付款人的商业汇票
卖方收款风险	如为交货后付款，风险较大；如为预付款，风险较小	风险较大，D/A 风险大于 D/P	风险较小
银行手续费	较少	一般	较高

第四节　信用证的种类

当前，在国际货物买卖中所使用的信用证种类较多。现介绍其主要类别。

一、跟单信用证和光票信用证

根据信用证项下的汇票是否附有货运单据划分，信用证可分为跟单信用证(Documentary Credit)和光票信用证(Clean Credit)。

1. 跟单信用证是指凭跟单汇票或仅凭单据付款、承兑或议付的信用证。这里的“单据”，是指代表货物所有权或证明货物业已装运的货运单据，包括运输单据、商业发票、保险单据、商检证书、产地证书、装箱单等。

2. 光票信用证是指开证行仅凭受益人开具的汇票或简单收据而无须附带货运单据付款的信用证。在国际贸易货款结算中，主要使用跟单信用证。

在国际货物买卖结算中，由于各种信用证的名称不同，它们在性质、银行的责任、收汇的快慢、安全的程度等方面都存在着差别。因此，买卖双方在签订合同时，必须就信用证的种类予以明确。

二、保兑信用证与非保兑信用证

保兑(Confirmed)是指一家银行开立的信用证,由另一家银行加以保证兑付。保兑行和开证行一样,对受益人承担首要的和独立的付款责任。经保兑的信用证称为保兑信用证(Confirmed L/C)。未经除开证行以外的其他银行保兑的信用证称为非保兑信用证(Unconfirmed L/C)。

经保兑的信用证意味着有两家银行向受益人负责,显然对受益人有利,可以说是一种最安全的信用证。但是,出口人是否要在合同中作出要求对方开立保兑信用证的规定,则应根据不同情况分别对待。

按照银行惯例,保兑银行出面保兑其他银行的信用证时都要收取一定的保兑费,这当然要增加买方的负担。而买方则往往通过压低合同价格的办法,将之转嫁给出口商。因此,从出口商的角度看,只要安全收汇有保证,就不必在规定对方开立信用证之外还要求保兑,以免在价格上吃亏。但如交易的金额较大,对开证行的资信又不十分了解或国际金融市场动荡,也可以要求使用保兑信用证,以确保安全。

三、即期信用证与远期信用证

按付款期限的不同,信用证可分为即期信用证(Sight L/C)与远期信用证(Usance L/C)两大类。

即期信用证是指按信用证的要求,凭卖方提示即期汇票和装运单据,或单凭装运单据开证行即予以付款的信用证。

远期信用证是指开证行或付款行收到符合信用证规定的单据后,不立即付款,而是待信用证规定的到期日再付款的信用证。

远期信用证又可分为两种,即银行承兑信用证(Acceptance L/C)和延期付款信用证(Deferred Payment L/C)。

银行承兑信用证是指开证行收到单据经审核无误后,在卖方开立的远期汇票上承兑,然后留下单据,承兑后的汇票则退回给受益人,等到期时再次提示付款。当然,受益人也可以在汇票到期之前,通过贴现收回货款。

延期付款信用证是指开证行在信用证上明确规定银行在受益人交单后若干天付款或货物装船后若干天付款。这种信用证无须开立汇票,因此也不具备贴现条件。

鉴于信用证的付款期限可以有不同的规定,因此在签订合同时,就必须明确,如凭即期信用证付款。如果约定远期付款,则必须明确付款期限、起算日期和一定的利息负担。

此外,在我国的进出口实践中,有时合同规定即期信用证付款,但在执行时,对方开立的信用证却要求受益人开立远期汇票,但明确指示银行按即期付款处理。有的则在证中列明由指定的银行负责承兑贴现,费用由开证行负担。这类信用证对受益人来说,仍然像开立即期汇票一样,在提示单据时立即收回货款,所以我国业务上习惯称之为假远期信用证(Usance Credit Payable at Sight)。买方之所以开立这种假远期信用证,有时是碍于进口国外汇管制办法不允许开即期信用证。但从根本上看,这是开证行利用第三家银行资金的一种办法。

链 接

表 4-3-2

即期信用证、延期付款信用证、承兑信用证、假远期信用证的比较

种类 比较项	即期信用证	延期信用证	承兑信用证	假远期信用证
是否需要汇票	需要或不要	不要	需要	需要或不要
汇票期限	即期		远期	远期
受票人	指定付款行		指定承兑行	开证行
付款方式	即期付款	延期付款	远期付款	即期付款
起算日		装运日、交单日或其他日	承兑日	承兑日
有无追索权	无	无	无	有

四、可转让信用证与背对背信用证

可转让信用证(Transferable L/C)是指经出口商请求、进口商同意,由开证银行在信用证上注明“可转让”字样,即授权受益人(即第一受益人、出口商)可以将信用证所列金额的全部或部分转让给出口商以外的第三者(第二受益人),使其有权使用转让后全部或部分金额的信用证。可转让信用证只能转让一次,但允许第二受益人将信用证重新转让给第一受益人。

在国际上,可转让信用证多应用于由中间商出面签订的合同,可转让信用证中,通常第一受益人是中间商,第二受益人为实际供货人,由中间商把信用证转由供应商执行。在我国,可转让信用证多在总公司与分公司或分公司与分公司之间转让。凡信用证中未注明“可转让”字样的,则不可转让。为了防止将信用证转让给资信欠佳的第二受益人而影响合同的执行,我国在签订进口合同时一般不规定开立可转让信用证的条款。

进口人开立可转让信用证,意味着他同意出口人将交货、交单义务由出口人指定的其他人来履行,但这并不等于买卖合同也已被转让。如果发生第二受益人不能交货,或交货不符合合同规定,单据不符合买卖合同的要求时,原出口人仍要承担买卖合同规定的卖方责任。

背对背信用证(Back to Back Credit)又称转开信用证,是指原证的受益人以原证为担保品,要求银行以第三人为受益人另行开立的一张与原证内容相似的新的信用证。背对背信用证通常以中间商(原证的受益人)为申请人,可见,背对背信用证多数用于中间商转售他人货物或转口贸易的场合。目前,在两国或两个地区之间,由于种种原因,不能直接发生贸易的情况下,也经常利用这种信用证。背对背信用证的采用一般无须在合同中作出规定,但在洽谈过程中,必要时也可就此作为一种默契。

五、对开信用证

对开信用证(Reciprocal L/C)是指两张信用证的开证申请人互以对方为受益人而开立的信用证,对开信用证的特点是第一张信用证的受益人(出口人)和开证申请人(进口人)就是第

二张信用证的开证申请人和受益人，第一张信用证的通知行通常就是第二张信用证的开证行。两张信用证的金额可以相等也可以不等，两证可同时互开同时生效，也可先后开立同时生效。对开信用证多用于易货交易或来料加工和补偿贸易业务，交易的双方都担心对方凭第一张信用证出口或进口后，另外一方不履行进口或出口的义务，于是采用这种互相联系，互为条件的开证办法，彼此得以约束。

六、循环信用证

循环信用证(Revolving L/C)的特点是信用证被受益人利用后能够重新恢复原金额再被使用，周而复始，直到规定次数或总金额用完为止。循环信用证一般用于分批交货的长期合同，目的是为了简化手续和减少开证押金。在订约时应明确下列两方面的问题。

首先，应明确金额恢复的办法。当前在这个问题上有三种做法，即自动恢复、非自动恢复和半自动恢复。

1. 自动恢复又称自动循环，即信用证在规定时期内被使用后，无须等待开证行通知，即自动恢复至原金额。

2. 半自动恢复又称半自动循环，即信用证在被利用后，开证行如未在一定时期内提出不能恢复原金额的通知，即可自动恢复至原有金额。

3. 非自动恢复又称非自动循环，即每使用一次后，需由开证行通知后恢复原金额。

其次，应明确信用证的金额是否可积累使用，即前一期的金额如未使用或留有余额，可否转入第二期继续使用。按照惯例，如信用证未明确可积累使用者，应理解为不能积累使用，也就是有的合同规定前空后不补的含义。故如果希望能积累使用，就应在买卖合同和信用证中予以明确。

链 接

表 4-3-3

可转让信用证与背对背信用证的比较

背对背信用证	可转让信用证
背对背信用证的开立，并非原始信用证申请人和开证行的旨意，而是受益人的旨意，申请人和开证行与背对背信用证无关	可转让信用证的开立是申请人的旨意，开证行同意，并在信用证上加列“Transferable”字样
凭着原始信用证开立背对背信用证，两证同时存在	可转让信用证的全部或部分权利转让出去，该证就失去那部分金额之存在
背对背信用证的第二受益人得不到原始信用证的付款保证	可转让信用证的第二受益人可以得到开证行的付款保证
开立背对背信用证的开证行与原始信用证的开证行是两家不同银行	转让行按照第一受益人的指示开立变更条款的新的信用证，通知第二受益人，原开证行地位不变，仍然是新证的开证行

第五节 信用证的有关条款

采用信用证付款时，为了明确责任，买卖双方一般需要在合同中就下列问题作出规定。

一、对开证行的规定

信用证是一种银行信用，开证行的资信如何，对受益人来说意义重大。因此，谨慎的卖方往往要求在合同中对开证行作出规定。最常见的是，规定由卖方可以接受的银行开证。

二、对信用证金额的规定

在一般交易中，通常要求开立足额信用证，即信用证的金额应为合同的全部金额。如合同规定有溢短装条款，信用证金额也应有相应表现。对于以到岸品质/数量为准的合同，也可以规定开立不足额的信用证。例如，合同金额的 96%，其余额待到货后，由买方根据到货的品质和数量，予以弥补。如果是这种交易，双方就需要在合同中明确规定信用证额度以及余额的支付办法。

三、信用证有效期和到期地点的规定

信用证的有效期，实际上就是开证行承诺付款的期限。超过有效期，银行即自动解除其付款承诺。为了使受益人在装船后能在合理的时间制单和办理议付的必要手续，一般都在合同中明确规定信用证的有效期。除规定有效期外，信用证还可规定交单期，如果没有规定，银行将拒绝接受迟于运输单据出单日期 21 天后提交的单据。

应该注意的是，信用证的到期地点与卖方可利用信用证的期限有密切的关系。目前，关于信用证的到期地点，基本上有两种规定办法：一是在出口地到期；一是在开证行所在地到期。如果是后者，受益人的单据就必须赶在到期日之前送达开证行。这无疑是缩短了有效期的天数，对卖方不利，因此，卖方往往在合同中要求明确在出口地到期。

四、对买方开证义务的规定

在合同规定以信用证付款的条件下，买方就负有开立信用证的义务。按照国际上的惯例，买方开证是卖方履行交货的先决条件。买方如不开证，卖方有权不履行交货，并可提出要求损害赔偿。按照许多国家法律的解释，买方不履行开证义务是构成严重违约的行为，卖方要求的损害赔偿可以是包括预期利润在内的损失。

买方的开证义务还包括另一个重要内容，即必须按时开证。如果合同规定有开证时间，则必须在时限内开证，如果合同未规定时限，应在装运期开始前的合理时间内开证，以便卖方能够在约定装运期开始前，得到付款的保证和自由选择装运期限内的任何时候发运货物。假如买方拖延开证时间，同样构成重大违约行为，对此，卖方既可以主张不交货，要求损害赔偿，也可以要求相应延长交货期限，买方不得无理拒绝，否则构成违约。

鉴于国际上在合同没有规定开证日期时，是以合理时间来衡量买方是否及时开证的。而所谓合理时间则是一个事实问题，其长短需视具体情况而定，执行起来容易因双方理解不同而发生纠纷，故为明确起见，应在合同中规定具体日期。例如，签约后××天，或装运期开始前××天，具体期限可视商品的性质及收购、制造情况而定。有的合同也有作出如订约后立即开证或尽快开证的规定。由于这类文句含义不清，缺乏统一解释，应避免使用。对于有些合同，尤其是FOB合同，买方为了避免过早开证造成资金积压和增加费用，可以规定在接到卖方货物备妥通知后若干天开证。在这种情况下，卖方的通知就成为买方开证的先决条件。

五、关于自动延期的规定

在我国的出口合同中，有时也规定，如果卖方未能按期装船，信用证自动延期××日。这种规定实际上放宽了装船期限，有利于交货和节省改证的手续及费用。但必须在信用证上列入相应的文句，否则不能起到应有的作用。

六、其他规定

为了调和买卖双方在选用支付方式方面的矛盾，节省买方的费用，利用资金融通，促成交易，也可采用部分信用证、部分托收的方式支付货款。在采用这种办法时，合同中必须明确，全套货运单据随托收交付，在买方付清托收项下的货款后进行交单，以保安全。

此外，双方还应规定卖方应予交付的单据。如系远期信用证也可列利息条款。

链 接

信用证的形式

信用证的开立通常用电文方式。目前最流行的是SWIFT系统所制定的格式。

1. SWIFT电讯概要

SWIFT的全称是环球银行间金融电讯协会(Society for Worldwide Inter-bank Financial Telecommunication S. C.)。该协会专门从事传递非公开性的国际的金融电讯业务，其中包括外汇买卖、证券交易、办理信用证业务、汇票业务及托收业务，同时，兼理国际的财务清算和银行间的资金调拨。协会总部在布鲁塞尔，通过电讯信息网络系统为国际金融业务提供快捷、准确、优良的服务。

2. SWFT信用证的特点

(1) 格式化和规范化：SWFT信用证有统一的格式和规范。

(2) 传递安全可靠：每一份SWFT信用证的发妥或未发妥会得到及时证实，未发妥的会指出原因，同时电脑对收发电序号进行严格控制。

（续上）

(3) 自动加核密押：SWIFT 信用证密押由电脑自动完成编押核押工作，SWIFT 密押组成以电文中每个字符为编押的依据，难以仿造。

(4) 高速度、低费用：SWIFT 的线路速度为普通电传的 48～192 倍，每份电讯的费用为普通邮件的 2/3 左右，为电传的 1/7。

链 接

SWIFT 信用证示例

TO：1751-22BKCHCNBJA20010512 BANK OF CHINA TIANJIN［收电行参考号及收电行名称（通知行）］

FM：1718-22CHGKJPJZAXXX28202 CHUGOKU BANK，LTD. OKAYAMA JAPAN［来电行参考号及来电行名称（开证行）］

MT：700 02（信用证格式）

27：SEQUENCE OF TOTAL：1/2（第 1 页 /共 2 页）

40A：FORM OF DOC. CREDIT：IRREVOCABLE（信用证类别）

20：DOC. CREDIT NUMBER：17-10-537（信用证号码）

31C：DATE OF ISSURE：991022（开证日期）

31D：EXPIRY DATE：991216 PLACE：IN CHINA（到期日及地点）

50：APPLICANT：MARUBENI CORPORATION 5-7 HONMACHI 2-CHOME CHOU-KU OSAKA JAPAN（开证申请人）

59：BENEFICIARY：TIANJIN ANIMAL BY-PRODUCTS IMPORT AND EXPORT CORP. 80 YANTAI STREET，TIANJIN CHINA（受益人）

32B：AMOUNT：CURRENCY：USD 46530，00（总金额）

41：AVAILABLE WITH/BY：ANY BANK BY NEGOTIATION（兑现方式）

42C：DRATS：AT SIGHT（汇票类型）

42：DRWEE：CHGKJPJZ（付款人）

43P：PARTIAL SHIPMENTS：ALLOWED（分批装运）

43T：TRANSHIPMENT：PROHIBITED（转运）

44A：LOADING IN CHARGE：SHIPMENT FROM CHINESE PORT（装运港）

44B：FOR TRANSPORTATION TO：OSAKA/NAGOYA JAPAN（目的港）

44C：LATEST DATE OF SHIP：991125（装运期）

（续上）

45A：DISCRIPTION OF GOODS：LIGHT GREY DEHAIRED GOATSWOOL (KVT02) CONTRACT NO. 9907JW518 1000KGS AT USD 47/KG CIF OSAKA/NAGOYA，JAPAN（货物及交易条件）

46A：DUCUMENTS REQUIRED：（应具备单据）+SIGNED COMMERCIAL INVIOCE IN DUPLICATE INDICATING CONTRACT NO

+ FULL SET OF CLEAN ON BOARD OCEAN BILLS OF LADING MADE OUT TO ORDER OF SHIPPER AND BLANK ENDORSED AND MARKED FREIGHT PREPAID AND NOTIFY APPLICANT

+ INSURANCE POLICY OR CERTIFICATE IN DUPLICATE，ENDORSED BLANK，FOR 110 PERCENT OF THE INVOICE VALUE，INCLUDING：OCEAN MARINE CARGO CLAUSES ALL RISKS AND OCEAN MARINE CARGO CLAUSES WAR RISKS OF PICC

+ WEIGHT LIST，CERTIFICATE OF ORIGIN/ QUALITY CERTIFICATE VETERINARY CERTIFICATE IN DUPLICAT

71B：DETAILS OF CHARGES：+ ALL BANKING CHARGES OUTSIDE JAPAN AND ITS CABLE CHARGES ARE FOR BENEFICIARY'S ACCOUNT（费用）

48：PRESENTATION PERIOD：（交单期）

DOCUMENTS TO BE PRESENTED WITHIN 21 DAYS AFTER THE DATE OF TRANSPORTATION DOCUMENTS BUT WITHIN THE VALIDITY OF THE CREDIT

49：CONFIRMATION：WITHOUT（保兑）

53：REIMBURSEMENT BANK：（清算银行指示）

THE NEGOTIATING BANK MUST SEND ALL DOCUMENTS AND THE DRAFTS TO US 15-20，MARUNOUCHI 1- CHOME，OKAYAMA JAPAN (P. O. BOX 28. OKAYAMA 700-91，JAPAN) IN TWO CONSECUTIVE AIRMAILS. IN REIMBURSEMENT，WE SHALL REMIT THE PROCEEDS ACCORDING TO THE NEGOTIATING BANK'S INSTRUCTIONS

47B：ADDITIONAL COND：（附加条件）

+ FIVE PERCENT MORE OR LESS IN QUANTITY AND AMOUNT IS ACCEPTABLE

+ BUYER'S COMMISSION OF ONE PERCENT MUST DEDUCTED OUT OF INVOICE AMOUNT

+ ONE COMPLETE SET OF NONNEGOTIABLE SHIPPING DOCUMENTS INCLUDING SIGNED ORIGINAL OF VETERINARY CERTIFICATE SHOULD BE SENT DIRECTLY TO APPLICANT

思考题

1. 什么是信用证?
2. 信用证的性质和作用如何?
3. 信用证付款方式涉及的当事人有哪些? 各当事人之间的相互关系怎样?
4. 信用证的主要内容有哪些? 它与货物买卖合同有什么关系?
5. 信用证其业务流程是怎样的? 请画图说明。
6. 简述信用证的特点。
7. 在国际贸易中常用的信用证有哪些? 各信用证的使用情况如何?
8. 什么是假远期信用证? 假远期信用证与即期信用证有什么区别?
9. 阅读下面信用证,并根据提出的问题填空:

Issue of a Documentary Credit

Sequence of Total	*27:	1/1
Form of Doc. Credit	*40A:	IRREVOCABLE TRANSFERABLE
Doc. Credit Number	*20:	ILCT507553
Date of Issue	31C:	020529
Expiry	*31D:	Date 020701 Place CHINA
Applicant	*50:	ABC CO. 30, MIDDLE NECK ROAD, GREAT NECK, N. Y.
Beneficiary	*59:	GUANGDONG TEXTILES I. AND E. CORP. 68 XIAO BEI ROAD, GUANGZHOU, CHINA
Amount	*32B:	Currency USD Amount 80 000.00
Pos. / Neg. Tol. (%)	*32A:	02/02
Available with/by	*41D:	ANY BANK IN CHINA BY NEGOTIATION
Drafts at ...	42C:	SIGHT
Drawee	42D:	JPMORGAN CHASE BANK
Partial Shipments	43P:	ALLOWED
Transshipment	43T:	ALLOWED
Loading in Charge	44A:	GUANGZHOU CHINA
For Transport to ...	44B:	NEW YORK
Latest Date of Ship.	44C:	020610
Description of Goods	44B:	LADIES JEANS ASSORTED STYLE AND COLOR ABOUT 800 DOZEN SHIPPING TERMS: FOB GUANGZHOU CHINA PLUS INSURANCE

Documents required 46A：

* COMMERCIAL INVOICE AND 4 COPIES

* CUSTOMS INVOICE AND 3 COPIES

* PACKING LIST AND 3 COPIES

* CERTIFICATE OF ORIGIN AND 3 COPIES

* FULL SET CLEAN BILLS OF LADING PLUS 2 NON-NEGOTIABLE COPIES CONSIGNED TO ORDER OF JPMORGAN CHASE BANK MARKED NOTIFY ABC CO. AND FREIGHT COLLECT EVIDENCING CONTAINERIZED SHIPMENT.

* BENEFICIARY'S CERTIFICATE CERTIFYING THAT COMMERCIAL INVOICE, PACKING LIST, ORIGINAL EXPORT LICENCE AND CUSTOMS INVOICE HAVE BEEN DESPATCHED BY COURIER DIRECT TO ABC CO.

Additional Condition 47A：

AN ADDITIONAL FEE OF USD 50.00 OR EQUIVALENT WILL BE DEDUCTED FROM THE PROCEEDS PAID UNDER ANY DRAWING WHERE DOCUMENTS PRESENTED ARE FOUND NOT TO BE IN STRICT CONFORMITY WITH THE TERMS OF THIS CREDIT.

THIS LETTER OF CREDIT IS TRANSFERABLE BY BANK OF CHINA, CHINA.

ANY TRANSFER (S) EFFECTED BY THE TRANSFERRING BANK MUST BE ADVISED TO US STATING 1. NAME OF TRANSFEREE. (S) 2. THE AMOUNT OF THE TRANSTER (S) AND 3. WHETHER OR NOT THE FIRST BENEFICIARY HAS ELECTED TO SUBSTITUTE THEIR DRAFT (S) AND/OR INVOICE FOR THOSE OF THE TRANSFEREE (S). IF WE DO NOT RECEIVE SUCH NOTICE UPON THE ORIGINAL BENEFICIARY, WE WILL CONSIDER THE DRAWING AS DISCREPANT AND MAY IN OUR SOLE JUDGEMENT APPROACH THE APPLICANT FOR A WAIVER OF THE DISCREPANCY (IES)

THIS TELETRANSMISSION IS THE OPERATIVE INSTRUMENT AND SUBJECT TO U. C. P. 1993 REVISION ICC PUBLICATION NO. 500 AND ENGAGES US IN ACCORDANCE WITH THE TERMS THEREOF.

PRESENTATION PERIOD 48：

DOCUMENTS MUST BE PRESENTED NOT LATER THAN 15 DAYS AFTER THE DATE OF SHIPMENT, BUT WITHIN THE VALIDITY OF THE CREDIT.

DETAILS OF CHARGES 78B： ALL BANKING CHARGES OUTSIDE USA FOR BENEFICIARY'S ACCOUNT

Confirmation	*49:	WITHOUT
Instructions	78:	PLEASE REFER TO OUR DOCUMENTARY CREDIT NUMBER R-225938 ON ALL COMMUNICATIONS WITH US
Send. To Rec. Info.	72 B49:	MAIL ACKNOWLEDGEMENT OF THIS LETTER OF CREDIT AND/OR ANY SUBSEQUENT AMENDMENTS NOT REQUIRED.

Trailer Order is < MAC:> <PAC:> <ENG:> <CHK:> <TNG:> <PDE:>

MAC:B2DEFB51

CHK:3D4F84D99341

(1) 开证人：
(2) 受益人：
(3) 信用证号码：
(4) 开证日期：
(5) 信用证有效期：
(6) 到期地点：
(7) 装运港：
(8) 目的港：
(9) 装运期限：
(10) 商品名称：
(11) 商品数量：
(12) 要求单据：
(13) 交单期限：
(14) 信用证是否保兑：
(15) 信用证是否可转让：
(16) 信用证金额：
(17) 信用证增减百分比：
(18) 汇票付款期限：
(19) 是否分批：
(20) 是否转船：
(21) 付款人：
(22) 单据不符点扣款：
(23) 数量增减幅度：

案例分析

1. 我国某公司按 CIF 大阪向日本出口一批货物，8 月 20 日由日本东京银行开来即期跟

单信用证，金额为50 000美元，装船期为9月份。信用证中规定，偿付行为纽约花旗银行，我中行收到证后于8月22日通知出口公司。8月底我方公司获悉进口方因资金问题濒临破产倒闭。问：在此情况下，我方应如何处理？并说明理由。

2. 我国某公司从国外进口大宗初级产品。合同中规定，允许分批装运，凭信用证方式支付。第一批货物装运后，卖方凭合格的单据取得货款。但买方提货后发现货物品质和数量均不符合合同规定，因而要求银行对后几批货物拒付。问：这一要求是否合理？

3. 我某公司向国外A商出口货物一批。A商按时开来即期议付信用证，该信用证由设在我国境内的外资B银行通知并加具保兑。我公司在货物装运后，将全套合格单据交B银行议付，收妥货款。但B银行向开证行索偿时得知开证行因经营不善已宣布破产，于是B银行要求我公司将议付款退还，并建议我方直接向买方索款。问：我方应如何处理？

4. 我国某出口公司按CIF HONGKONG出口一批工艺品，卖方按照规定找了一家船公司准备装运。此时买方来电称：此批工艺品现在急需，请改为空运，由此引起的卖方的损失及空运和海运运费的差价均由买家承担。由于时间紧，来不及改证，这笔款项将在货到后付给卖方。卖方考虑到双方的友好关系，及时按要求发了货。发货后，卖方备齐全套单据向银行议付，但是却遭遇到开证行的拒付。问：问题可能会出在哪儿？

第四章 银行保证书和备用信用证

银行保证书和备用信用证不是某种结算方式，而是为承担交易风险的一方提供信用保障的某种手段。这两种手段经常被应用于结算风险的保障上。

第一节　银行保证书

银行保证书是根据契约一方当事人的请求向受益人承诺，在委托人违约时由银行按照保证书规定的条件履行经济赔偿责任的一种信用保障手段。它可以适用于有风险的结算方式，也可以适用于比较复杂的结算方式，更可以适用于任何经济交易中，为承受风险的一方提供保障。

一、银行保证书的定义

银行保证书又称银行保函(Banker's Letter of Guarantee，简称 L/G)，是指银行向受益人开立的保证文件。由银行作为担保人，以第三者的身份保证委托人如未对受益人履行某项义务时，由担保银行承担保证书中所规定的付款责任。除非另有规定，银行保证书一经开立，不可撤销也不得转让。

二、银行保证书的当事人

银行保证书的基本当事人有三个。

1. 委托人(Principal)即申请人，是与受益人订立合同的执行人和债务人。

2. 保证人(Guarantor)又称担保人，即开立保证书的银行或其他金融机构。保证人根据委托人的申请，并在由委托人提供一定担保的条件下向受益人开立保证书，担保在保证书规定的付款条件满足时即行向受益人付款。

3. 受益人(Beneficiary)是在他与委托人之间订立合同的债权人，即当委托人未履行合同时可通过保证书取得货款或赔款的人。

银行保证书除了以上三个基本当事人以外，有时候还可能有转递行、保兑行和转开行等当事人。转递行是根据保证银行的请求将保证书转递给受益人的银行。保兑行是在保证书上加具保兑的银行。转开行是接受保证银行的请求，向受益人开立保证书的银行。

三、银行保证书的基本内容

一般地，银行保证书包括以下内容。

1. 基本栏目。包括保证书的编号，开立时间，当事人的名称、地址，有关工程项目或其他标的物的名称，有关合同或标书的编号和签约日期等。

2. 责任条款。这是银行保证书中最重要的条款。

3. 保证金额。保证金额是出具保证书的银行所承担责任的最高金额。

4. 有效期。即最迟的索赔期限，或称到期日，可以是一个具体的日期，也可以是某一行为或某一事件发生后的一个时期到期。

5. 索偿方式。一种是见索即付的保证书；另一种是附有某些条件的保证书。银行保证书通常是按不同情况，规定不同的索偿条件。目前常用的是见索即付银行保证书。

四、银行保证书的种类

1. 投标保证书(Tender Guarantee)是银行或其他金融机构应投标人的申请向招标人开立的保证书。保证投标人在开标前不中途撤销投标或片面修改投标条件；中标后不拒绝签约；中标后不拒绝交付履约保证金，否则，银行负责赔偿招标人一定金额的损失。

2. 履约保证书(Performance Guarantee)是银行应申请人的请求，向受益人开立的保证申请人履行某项合同项下义务的书面保证文件。在保证书有效期内如果发生申请人违反合同的情况，银行将根据受益人的要求向受益人赔偿保证书中所规定的金额。

具体地，在国际货物买卖中的履约保证书，又可分为进口保证书(Import Letter of Guarantee)和出口保证书(Export Letter of Guarantee)。

(1) 进口保证书是指银行应进口人的申请开给出口人的信用文件，保证在出口人按买卖合同交货后进口人一定如期付款，否则由保证银行负责一定金额的款项。

(2) 出口保证书是指银行应出口人的申请开给进口人的保证文件，明确规定，如出口人未能交货，银行负责赔偿进口人一定金额的款项。

五、银行保证书与信用证的异同

银行保证书与信用证都属于银行信用，但是它们之间有很大的区别。

链　接

表 4-4-1　　**银行保证书与信用证的比较**

区别项目	保证人的付款责任	使　用　场　合	付　款　依　据
信用证	开证行承担第一性的付款责任	履约，采用信用证支付时，只要交易正常进行，这种支款是必然要发生的	只凭符合信用证规定的单据付款，与合同无关
银行保证书	通常，保证银行的付款责任是第二性的；但是见索即偿保证书下银行付款是第一性的	产生违约情况时才予使用银行保证书	凭符合保出现实的文件以证实委托人违反合同而又不予赔偿时才进行偿付

第二节　备用信用证

《UCP600》把跟单信用证和备用信用证(Standby L/C)统称为信用证,并给了一个统一的定义。同样,《见索即付保函统一规则》声明:备用信用证在技术上也可属本规则范围之内,开立者如为方便起见,也可规定为适用《见索即付保函统一规则》。由此可见,备用信用证既具有信用证的特点,也具有银行保证书的特点。

一、备用信用证的定义

备用信用证是一种特殊形式的信用证,又称担保信用证或保证信用证,是开证行对受益人承担一项独立的、第一性的义务的凭证。在此凭证中,开证人未履约时,开证行保证为其支付。如果开证申请人按期履行合同的义务,受益人就无须要求开证行在备用信用证项下支付任何货款或赔款,这就是"备用"的由来。

二、备用信用证与一般信用证的异同

备用信用证属于一种跟单信用证,它们在最基本的方面有相同的特点。主要表现如下。

1. 通常在买卖合同的基础上开立,但是,一旦开立就都与这些合同无关,成为开证行对受益人的一项独立的义务。

2. 开证行所承担的责任都是第一性的。

3. 开证银行及其指定的银行均为凭符合信用证规定的凭证(单据)付款。

4. 均可适用《跟单信用证统一惯例》。

然而,备用信用证与一般信用证是有区别的。

链　接

表 4-4-2

备用信用证与一般信用证的比较

区别项目	适用情况	适用范围	开证行权利	收益人交单情况	风　险
备用信用证	适于当开证申请人未能履行合同的时候	可用于所有国际经济往来,适用于货物以外的多方面的交易	开证行也可不经申请人的请求而按其自身需要主动开立	通常只需受益人签发并提示申请人违约声明及在远期付款方式下签发并提示汇票	风险相对大
一般跟单信用证	常用于一笔具体交易的支付,是受益人按约履行合同过程中的支付	一般用于国际货物买卖	据申请人的申请,开证行才能据以开立信用证	通常要求受益人交大量商业单据	有押金或货运单据作抵押,承担的风险较小

三、备用信用证与银行保证书的异同

备用信用证是在有的国家(如美国、日本等)禁止银行开具银行保证书的情况下产生的,所以,备用信用证与银行保证书类似,同是银行信用,都是银行为其保证人提供担保,而且是作为开证申请人发生违约情况的时候使用。但是,两者仍有明显的区别。

链　接

表 4-4-3

备用信用证与银行保证书的比较

区别项目	付款责任	适用的法律规范和国际惯例	付　款　的　依　据
银行保证书	银行承担第二性的付款责任(见索即偿保证书下为第一性)	往往只能根据保证书的文字和担保人所在地的法律个别进行解释	在受益人开具的开证申请人未履行某项义务的书面声明之后,并提交保证书规定的文件,银行即予赔付
备用信用证	银行承担第一性的付款责任	可在 UCP600、URDG458 和 ISP98 三个惯例中任选一个适用的惯例,也可同时选择适用 UCP600 与 ISP98 两个惯例	备用信用证所规定的文件,通常是受益人开具的开证申请人未履行某项义务的书面声明和证明,银行与开证申请人和受益人之间的合同无关

思考题

1. 什么是银行保证书?
2. 银行保证书与信用证的关系怎样?
3. 什么是备用信用证?
4. 试比较备用信用证与银行保证书。
5. 试比较备用信用证与一般跟单信用证。

案例分析

国内 A 公司通过在某国的代理,参与该国 B 公司(受益人)的招标,并随后获得中标通知书,于是由某银行(担保行)出具履约保证书。担保行审核了有关材料后建议保函申请人联系受益人进行以下修改:

第一,原标书规定的保函金额为合同货价的 20%,比例过高,建议降至 10%以下。

第二,原标书、合同中允许分批装运,故建议保函中应当加列保函金额随申请人已经履约情况按照比例递减条款。

第三,原标书规定中标方接到中标通知书以后就出具银行保证书,同时与卖方签署合同,买方根据合同开立迟期付款信用证。担保行建议与受益人联系,争取先签合同,在收到该受益人开来信用证以后,再申请出具信用证项下的履约保证书。

但后来买方(保函受益人)先于保函的开立和买卖合同的签订,开来两笔信用证。保函申请人一再要求就按照买方要求开立履约保证书。接下来,卖方按照合同正常出货,接到申请人的有关说明后,担保行致电对方银行,要求确认保函失效并解除担保行责任。但随后就接到对方银行致电:保函受益人已经递交正式函件,声明保函申请人违约,并要求赔付全部保函金额,该行要求担保行偿付,已经开始计息。

经了解得知,保函申请人的第二批货物到港晚了两天,为保函受益人提供了索赔的理由。为了挽回信誉,担保行不得不赔付保函金额,并最终向保函申请人追索。

根据上述案例回答下列问题:

(1) 阅读上述案例后,请说明履约保证书的性质和目的。

(2) 如果按照担保行的第1、第2条建议,降低了保函金额和增加了按比例递减条款,对申请人会带来什么好处?

第五章

不同结算方式的选择使用

汇付、托收、信用证等是基本的结算方式。在一般的国际货物买卖合同中，通常只单独使用一种方式。但在特定情况下，也可在同一笔交易中把两种甚至两种以上不同方式结合起来使用。

链 接

表 4-5-1

汇付、托收、信用证三种结算方式的比较

结算方式	手续繁简	银行收费	资金负担	买方风险	卖方风险
预付货款(汇付)	简单	最小	不平衡	最大	最小
货到付款(汇付)	简单	最小	不平衡	最小	最大
付款交单(托收)	稍多	稍大	不平衡	较小	较大
承兑交单(托收)	稍多	稍大	不平衡	极小	极大
信用证	最繁	最大	较平衡	较大	较小

第一节 选择结算方式应予考虑的因素

综上所述，各种不同的结算方式，对国际货物买卖中的进出口人而言，各有利弊。因此，在

实际业务中，应针对不同国家(地区)、不同客户、不同交易的具体情况全面衡量。

在比较不同结算方式利弊的诸因素中，安全是第一重要问题，其次是占用资金时间的长短，至于办理手续费的简繁、银行费用的多少也应给予适当的注意。以下是我们在选择结算方式时经常需要考虑的一些问题。

一、客户信用

客户的信用是依法订立的合同能否顺利圆满地得到履行的决定性因素。因此，要在出口业务中做到安全收汇，在进口业务中做到安全用汇，即安全收到符合合同的货物，就必须事先做好对国外客户的信用调查，以便根据客户的具体情况，选用适当的结算方式，这是选用结算方式成败的关键和基础。对于不了解的客户或者信用不良的客户进行交易时，就应选择风险较小的方式。

二、经营意图

选用支付方式，应结合企业的经营意图。在交易磋商过程中，支付条件也是需要买卖双方反复磋商，且经常影响交易能否达成的重点问题。例如，在货物畅销时，卖方不仅可以提高价格，还可选择对自己最有利的结算方式；而在货物滞销时，不仅售价可能要降低，而且在结算方式上也需要作出必要的让步，否则就可能难以达成交易。

三、贸易术语

国际货物买卖合同中采用不同的贸易术语，它所表明的交货方式和适用的运输方式是不同的。在实际业务中，并不是每一种交货方式和运输方式都能适用于任何一种结算方式。因此，根据不同的交易情况，选择适当的贸易术语也是很重要的。

四、运输单据

如货物通过海上运输或多式联运，出口人装运货物后得到的运输单据一般为可转让的海运提单或可转让的多式联运单据。这些单据是货物所有权的凭证，可适用于信用证和托收方式结算货款。如货物通过航空、铁路或邮政运输时，出口人装运货物后得到的运输单据为航空运单、铁路运单或邮包收据，这些都不是货物所有权的凭证，因此，在这些情况下就不适宜做托收。

第二节　不同结算方式的结合使用

为保证安全、迅速收取外汇，加速资金周转，促进贸易的发展，进出口双方可以选择对自己有利的支付方式。在实际业务中，除使用某一种支付方式外，有时，也可以将几种不同的支付方式结合起来使用，如信用证与汇付、信用证与托收等结合使用。

一、信用证与汇付相结合

信用证与汇付方式都可单独使用，但有时也可结合使用。部分货款用信用证支付，余额用

汇付方式结算。采用这种方式，一般是数量有机动幅度的大宗产品交易，确切金额一时不能确定，双方事先约定，按信用证方式支付发票金额若干成，余额待货运到目的地后根据检验结果，按实际品质或重量计算，用汇付方式支付。例如，成交的契约货物是散装物，如矿砂、煤炭、粮食等，进出口商同意采用信用证支付总金额的 90%。其中余额部分 10%，待货到后经过验收，确定其货物计数单位后，将货款采用汇付的办法支付。

二、信用证与托收相结合

托收方式可以单独使用，但托收和信用证也经常一起结合使用。部分货款用信用证支付，部分货款用付款交单(D/P)方式支付则是使用较多的一种。一般做法是信用证规定出口人开立两张汇票，属于信用证部分的货款凭光票付款，而全套单据附在托收部分汇票项下，按即期付款交单或远期付款交单方式托收。但在信用证中列明如下条款，以示明确：

"货款的 50%应开具信用证，其余额 50%见票付款交单，全套货运单据应附在托收下部分项下，于到期时全数付清发票金额后方可交单。

50% of the value of goods by irrevocable letter of credit and remaining 50% on collection basis at sight, the full set of shipping documents are to accompany the collection item. All the documents are not to be delivered to buyer until full payment of the invoice."

三、托收与汇付相结合

出口人在采用托收方式收款的同时，要求进口人在货物发运前使用汇款方式预付一定金额的定金作为保证。当货物发运后出口人委托银行办理跟单托收时，在托收的货款中扣除已经预付部分的货款，如果托收金额被拒付，出口人可以将货物运回或就地将货物处理，以预付的部分抵偿货物运回的运费或降价就地处理。

四、汇付、托收、信用证三者相结合

在成套设备、大型机械产品和交通工具的交易中，因为成交金额较大，产品生产周期较长，一般采取按工程进度和交货进度分若干期付清货款，即分期付款和延期付款的方法，它们一般采用汇付、托收和信用证相结合的方式。

(一) 分期付款

买卖双方在合同中规定，在产品投产前，买方可采用汇付方式，先交部分货款作为定金，在买方付出定金之前，卖方应向买方提供出口许可证影印本和银行开具的保函。除定金外，其余货款可以按不同阶段分期支付，买方开立的信用证即期付款，但是最后一笔货款一般是在交货或卖方承担质量保证期满时付清。货物所有权则在付清最后一笔货款时转移。在分期付款条件下，货款在交货时付清或基本付清。因此，按分期付款条件所签订的合同是一种即期合同。

(二) 延期付款

在成套设备和大宗交易的情况下，由于成交的金额较大，买方一时难以付清全部货款，可采用延期付款的办法。其做法是，买卖双方签订合同后，买方一般要预付一小部分货款作为定金。有的合同还规定，按照工程进度和交货进度分期支付部分货款，但大部分货款是在交货后若干年内分期摊付，即采用远期信用证支付。延期支付的那部分货款，实际上是一种赊销，等于是卖方给买方提供的商业信贷，因此，买方应承担延期付款的利息。在延期付款的条件下，货物所有权一般在交货时转移。

五、备用信用证与跟单托收相结合

采用备用信用证与跟单托收相结合的方式，主要是为了在跟单托收项下的货款一旦遭到进口人拒付，可凭备用信用证利用开证行的保证追回货款，即在备用信用证项下，由卖方开立汇票与签发进口人拒付的声明书要求开证行进行偿付。为了表示其功能，在备用信用证中，必须明确载明如下条款：

"凭即期付款交单与备用信用证相结合的付款方式，在备用信用证中应列明以卖方为受益人，其金额为××并明确依××号信用证项下跟单托收，若付款人到期拒付，受益人有权凭本信用证签发汇票并出具托收被拒付的证明书，收取××号信用证项下的货款。

Payment available by D/P at sight with a Stand-by L/C in favor of seller for the amount of ×× as undertaking. The stand-by L/C should bear the cause: In case the drawee of the documentary collection under credit No. ×× fail to honor the payment upon due date, the beneficiary has the right to draw under this L/C by their draft with a statement stating the payment on credit No. ×× was not honored."

六、汇付与银行保函或备用信用证相结合

这种方式一般适用于交易金额大，生产周期长，采用分期付款或延期付款的商品，如大型设备、飞机、船舶等。其具体做法是：买方采用信汇方式支付若干定金。在每次支付之前，要求卖方向买方开立银行保函或备用信用证，以保证合同货物的交付。如果是卖方不能履行合同义务时，由担保行或开证行负责退回买方已交的定金，另外还要偿付利息。在延期付款的情况下，买方也可以通过银行向卖方开出银行保函或备用信用证以保证付款。在每次付款前，卖方必须提交必要的文件。

七、跟单托收与预付押金相结合

采用跟单托收并由进口人预付部分货款或一定比率的押金作为保证。出口人收到预付款或押金后发运货物，并从货款中扣除已收款项，将余额部分委托银行托收。托收采取付款交单方式。如托收金额被拒付，出口人可将货物运回，而从已收款项中扣除来往运费、保险费、利息及合理的损失费用。关于预付金和一定数量预付押金的数目应经协商而定。但为表示上述功能，在契约和信用证中，必须明确如下内容：

"装运货物系以由电汇或信汇方式向卖方提交预付金××为前提，其余部分采用托收凭即期付款交单。

Shipment to be made subject to an advanced payment or payment amounting ×× to be remitted in favor of seller by T/T or M/T and the remaining part on collection basis, documents will be released against payment at sight."

链　接

分期付款与延期付款的区别

分期付款是指按照交易双方商定的期次进行付款，每次付款的日期、所付的金额和利息均事先加以明确。

延期付款做法与分期付款相似，但是两者有所不同，主要区别在于：

1. 货款清偿程度不同。分期付款，其货款在交货时已付清或已基本付清。而延期付款的大部分货款是在交货后一个相当长的时间里分期摊付。

2. 货物所有权转移的时间不同。分期付款必须在付清最后一笔货款物权才转移给买方；而延期付款，物权一般在交货时即行转移，亦即转移物权在先，付清货款在后。

3. 支付利息不同。分期付款，买方没有利用卖方的资金，因而不存在利息问题；延期付款，由于买方利用了卖方的资金，所以需要向卖方支付利息。

思考题

1. 在选择采用何种结算方式时，应考虑哪些因素？
2. 常用的不同结算方式结合使用有哪些？

案例分析

我国某出口公司与美国进口公司有多年的贸易往来，2006 年 3 月双方签订钢材的买卖合同。合同规定：买方于装运月份前 30 天开立并送达卖方不可撤销即期信用证，规定 50%发票金额凭即期光票支付，其余 50%即期付款交单(D/P)。问：这样的支付条款是否妥当？

第六章 国际贸易融资业务

随着国际竞争的不断加剧，为了促进贸易业务的开展，银行往往向有资格的进出口商提供融资服务。国际贸易融资是外汇银行围绕着国际结算的各个环节为进出口商提供的资金便利的总和，包括银行向客户直接提供资金融通和为客户提供信用保证。企业通过贸易融资可以加快资金周转，改善财务管理，抓住贸易机会，扩大贸易总量。

一般地，在国际贸易结算中银行对出口商提供的融资业务主要有国际保付代理、出口押汇、打包贷款、票据贴现、出口信贷、包买票据等，对进口商提供的融资业务主要有进口押汇、提货担保及信托收据等。

第一节 国际贸易短期融资的主要形式

从历史发展的角度讲，国际贸易融资最先出现的是国际贸易短期融资。所以，一些国际贸易短期融资的形式已有较长的历史。随着国际贸易以及国际金融市场的发展，国际贸易短期融资的形式也在不断变化完善，国际贸易融资的内容也日益丰富。

一、国际保理

随着国际市场竞争的加剧，现代国际贸易的发展呈现出两个明显的趋势：一是以赊销（货到付款）和托收（承兑交单）等非信用证结算方式使用得越来越普遍；二是出口商对进口商的融资期限越来越长。付款期限的延长和付款方式的转变使得所有的出口企业面临着远期应收账款的资金占用和收款风险控制两大问题。单凭企业自身的能力已经无法解决这两个问题。在这种情况下，出口企业迫切需要金融机构提供某种服务来满足企业在贸易融资和风险控制方面的业务需求。出口保理业务由此应运而生，并越来越为进出口双方所接受。

（一）国际保理的定义

国际保理（International Factoring）是在国际贸易中以商品赊销（O/A）或承兑交单（D/A）为付款条件的情况下，由出口保理商向出口商提供包括对进口商资信调查、坏账担保、货款催收、销售分类账管理以及贸易融资等方面的综合性金融服务。简而言之，保理业务提供的是一

种集结算、风险担保、财务管理和融资为一体的综合性金融服务。

对出口商来说,国际保理业务能够保证其按期或提前收汇。保理商对进口商作资信调查后,将核准一定的信用额度,并在此额度内承担因进口商信用造成的坏账风险。出口商只要在额度内按时出口货物并按规定转让应收账款,就可以按期收汇。如果出口商向保理商申请保理融资业务,在保理商许可的条件下,可以提前获得不超过80%的融资。

（二）国际出口保理业务的当事人

根据是否涉及进出口两地的保理商,国际保理分为单保理和双保理。单保理又称单保理机制,是指仅仅涉及一个进口保理商或一个出口保理商的国际保理。双保理又称双保理机制,是指涉及出口保理商和进口保理商,由出口保理商通过进口保理商共同为出口商提供保理服务的国际保理。目前常用的是双保理机制,在这种机制下,每一笔保理业务一般都涉及四个当事人。

1. 出口商:对所提供的货物或劳务出具发票,其应收账款由出口保理商叙做保理的当事人。

2. 进口商:对由提供货物或劳务所产生的应收账款负有付款责任的当事人,通常是货物或劳务的购买者。

3. 出口保理商:在出口保理合同下对出口商的应收账款负责,并就进口商的履约行为对进口保理商负责的当事人。

4. 进口保理商:有责任向进口商催收由出口商出具发票表示的转让给出口保理商的应收账款,进口保理商对转让给它的并已承担信用风险的应收账款必须付款,即进口保理商对出口保理商承担担保付款的责任。

（三）国际出口保理的业务流程

1. 国际出口单保理业务的业务流程。按照国际惯例,国际出口单保理业务的一般做法是:买卖双方经交易磋商确定采用保付代理结算方式后,由卖方向进口国的保理商申请对进口商进行资信调查,并与之签订保付代理协议,向其提交需要确定信用额度的进口商名单。进口保理商对进口商进行资信调查,确定有关信用额度;出口商在信用额度内发货,并将有关发票和货运单据直接寄交进口商,然后将发票副本送交进口保理商。进口保理商负责应收账款的管理和催收,并提供100%的买方信用风险担保。进口商于应收账款到期日对进口保理商付款,进口保理商按保付代理协议规定的日期将全部款项扣除费用后,转入出口商银行账户。如果卖方有融资需求,进口保理商也可于收到发票副本后以预付款方式提供不超过发票金额80%的无追索权的短期贸易融资,剩余的20%的发票金额则在收到进口商(买方)付款之时,扣除有关费用及贴息后转入出口商的银行账户。

根据国际出口单保理业务的基本做法,可以将其业务以图4-6-1表示。

2. 国际出口双保理业务的业务流程。目前国际上的保理业务大多采用双保理业务的形式。在双保理业务中,由于出口保理商与进口出口保理商的共同参与,出口商得以享受全方位的服务,大大便利了其业务的拓展。

按照国际惯例,国际出口双保理业务的一般做法是:买卖双方谈判约定采用国际保理的结算方式。然后由卖方与本国的出口保理商,签订保付代理协议。接着由出口保理商与进口保理商签订委托协议。卖方将需要核定信用额度的进口商名单交给出口保理商,由其立即传送给进口保理商。进口保理商对各进口商进行资信调查,逐一核定相应的信用额度,并通过出口保理商通知出口商按核定的信用额度发货或提供服务。出口商履行合同后,将发票和装运单

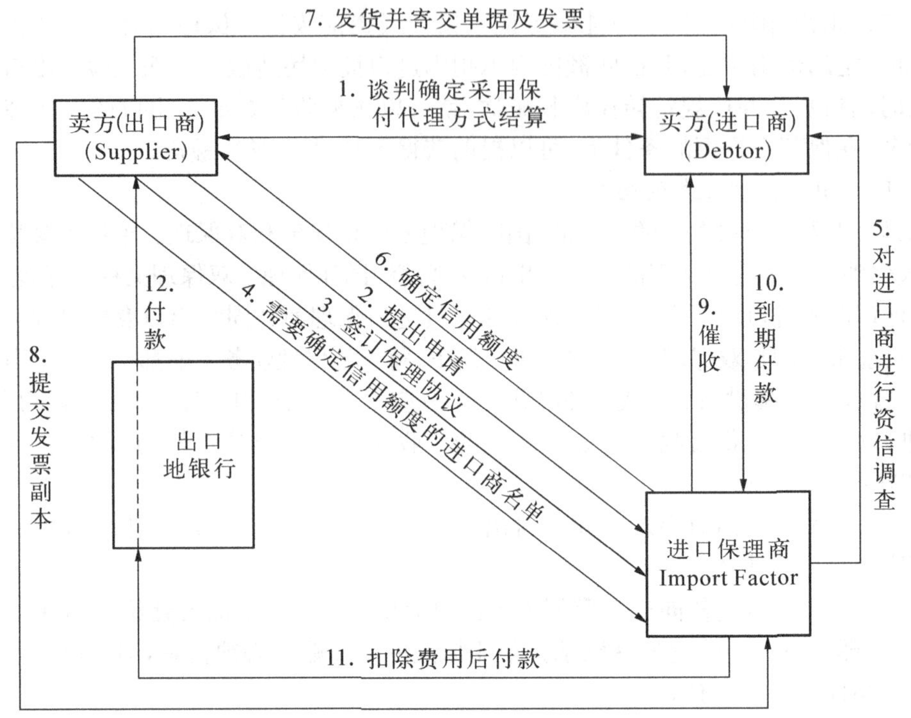

图 4-6-1 国际单保理业务流程

据或其他有关单据直接寄交进口商，发票副本送出口保理商。如有融资需求，出口保理商即以预付款方式向出口商提供不超出发票金额 80%的无追索权的短期贸易融资，并向进口保理商定期提供应收账款清单，由其协助催收货款。到期后，进口商将全部货款付给进口保理商，进口保理商则立即将等值价款付给出口保理商。出口保理商扣除有关费用及贴息后，将剩余 20%的货款付给出口商。如果进口保理商没有按照上述要求对出口保理商进行付款，进口保理商必须负责向出口保理商支付从应付款日至实际付款日之间的利息。

根据国际出口双保理业务的基本做法，可以将其业务以图 4-6-2 表示。

（四）国际保理融资的作用

1. 有利于扩大出口商的融资量和营业额。国际保理融资是基于对出口商合格的应收账款的转让，因此，它是随着销售量的扩大而同步扩大的。相对于传统的银行融资方法，国际保理融资可以让出口商获得更多的资金。

2. 有利于改善出口商的财务状况，实现更大收益。由于出口商可以在出货后立即从保理商处获得无追索权的预付款项，从而改善公司资产负债结构，提高公司的信用等级。

3. 有利于减少出口商的工作量，节约业务成本。国际保理融资方式手续简单易行，既不需要办理复杂的审批手续，也不像抵押贷款那样需要办理抵押品的移交和过户手续。而且保理业务的内容综合性强，它提供的服务项目有多种，具有较强的灵活性和适应性。出口商可根据本公司的实际情况，要求保理商提供该项业务的全部服务项目，或其部分服务项目。对于中小型企业，可以委托保理公司承担资信、托收、催收账款甚至代办会计手续，从而节省其人力和成本。

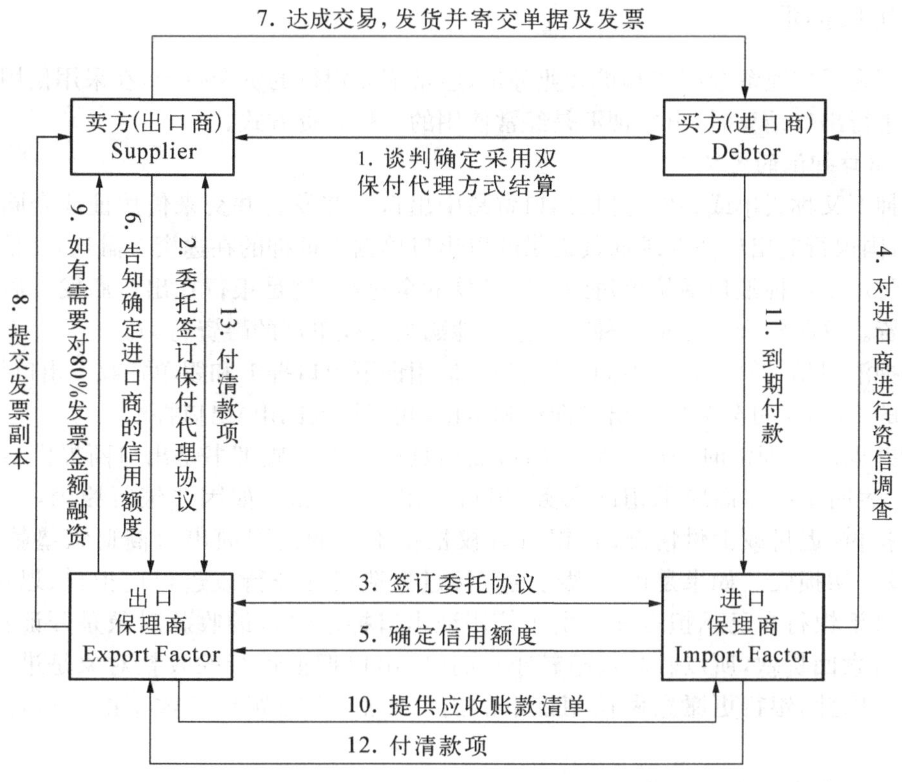

图 4-6-2　国际双保理业务的流程

链　接

表 4-6-1

国际保理与传统结算方式的比较

种类 / 项目	国际保理	汇付(货到付款)	托　收	信用证
债权风险保障	有	无	无	有
进口商费用	无	有	一般有	有
出口商费用	有	有	有	有
进口商银行抵押	无	无	无	有
提供进口商的财务灵活性	较高	较高	一般	较低
出口商竞争力	较高	较高(发货后汇付)	一般	较低
信用种类	银行	商业	商业	银行
出口商收汇风险	较低	较高	较高	较低

二、出口押汇

出口商为了加速资金周转和扩大业务量，经常依靠银行的资金融通，在采用信用证或跟单托收方式进行出口结算时，出口押汇是经常使用的一种融资方式。

（一）出口押汇的定义

出口押汇又称买单或买票，是指出口贸易中出口商在发货并交来信用证或合同要求的单据后，出口国银行应出口商要求向其提供的以出口单据为抵押的在途资金融通，在信用证业务中称为议付。出口押汇包括从议付到收回货款的全过程，这是银行在出口商发货后对其提供的短期融资。这种资金融通是一种有追索权地购买货权单据的融资行为。

出口押汇根据结算方式的不同，可以分为信用证下出口押汇和跟单托收下出口押汇；根据结算货币的不同，又可分为外币出口押汇和本币（我国指人民币）出口押汇。

银行办理出口押汇时一般都要求出口商出具质押书。质押书是出口商提供给银行的书面保证，它表明了出口商应承担的义务：银行做出口押汇时，如因非银行原因，发生开证行或进口商拒付、迟付或少付情况时，银行有权根据不同的情况向出口商追索垫款或短收货款、利息及一切损失。如果是由于银行的直接过失造成开证行或进口商拒付、迟付或少付，则由出口押汇银行自己承担责任。由于信用证出口押汇银行的收款对象是开证行，只要单证相符即可索回货款，所以收款风险较小；而托收出口押汇银行的收款对象是进口商，风险相对就大。因此，银行更愿意做信用证下的出口押汇，而对跟单托收下的出口押汇则较为谨慎。

（二）出口押汇的业务流程

根据信用证下的出口押汇业务的基本做法，可以将其业务以图 4-6-3 表示。

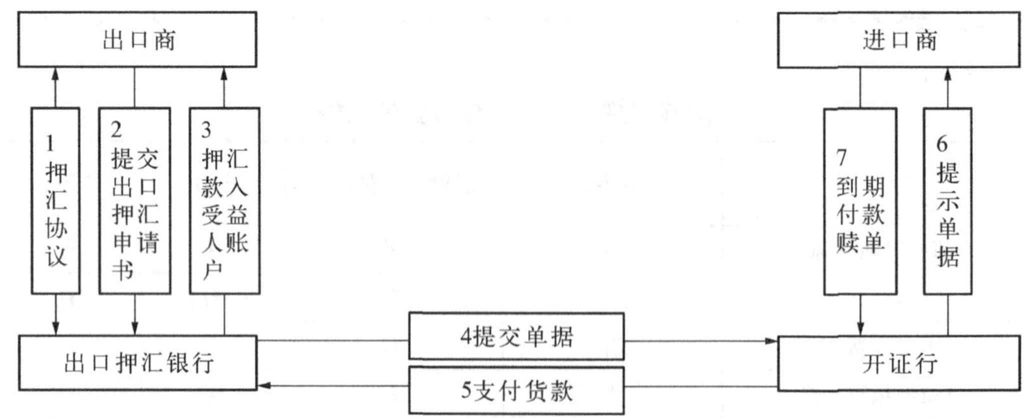

图 4-6-3　信用证下的出口押汇业务流程图

1. 出口商与出口押汇银行签订出口押汇总协议。

2. 出口商（信用证项下的押汇申请人应为信用证的受益人）凭有关信用证及全套单据连同出口押汇申请书提交出口押汇银行（通常为通知行或议付行），申请本贸易合同项下应收货

款的出口押汇。

3. 出口押汇银行审查单据合格后，将押汇款项扣除押汇息、手续费及其他应收费用（邮费等）后划入出口商（受益人）账户。

4. 出口押汇银行将单据寄交开证行索汇。

5. 开证行向出口押汇银行支付货款。

6. 开证行向进口商提示单据。

7. 进口商向开证行付款。

链 接

出口押汇的特点

1. 出口押汇是短期垫款，押汇期限一般不超过180天。

2. 押汇是预扣利息后，将剩余款项给予客户。

其中押汇利息的计算公式为：

$$押汇利息=融资金额\times融资年利率\times\frac{押汇天数}{360}$$

押汇天数的计算一般为：办理押汇日至预计信用证的收汇天数加上5～7天。

3. 押汇是银行保留追索权的垫款，不论何种原因，如无法从国外收汇，客户应及时另筹资金归还垫款。

办理出口押汇，如遇到开证行或国外客户拒付，或非因银行本身的缘故（如单据寄错、电报误发等）造成损失的，银行有权向申请人追回出口押汇款项及其由此产生的利息费用等。

4. 申请信用证下出口押汇需要具备一定的条件。

(1) 受益人必须提交出口信用证项下要求的全套单据，且原则上单证一致，单单一致，或单据虽有“不符点”，但已获得开证行授权议付。

(2) 受益人必须提交正本信用证；如该信用证项下有修改，必须同时提交修改书。

(3) 该信用证开证行必须资信良好，经营作风稳健。与银行合作情况正常，无不良记录且开证行所在国政治稳定，经济状况良好。

(4) 该信用证不属于限制他行议付信用证、可转让信用证、附带软条款信用证、要求提交非所有权运输单据的信用证及其他被银行认为不宜做出口押汇业务的信用证。

(5) 受益人必须提出申请并与银行签订出口押汇合同。

(6) 受益人必须在银行开立本币或外币账户，且应与银行保持稳定的业务往来。

5. 出口押汇业务中，出口押汇银行向开证行提交相关单据后，收汇如未能按时到账，银行应及时向开证行催收查询。如果是因为开证行无理拒付，应该按照国际惯例据理力争，并要求对方支付延付利息。

（三）出口押汇对出口商的好处

1. 加快了资金周转速度。出口商通过出口押汇可以在进口商支付货款前提前得到偿付，改善了其现金流量和财务状况。

2. 简化了融资手续。出口押汇融资手续相对于流动资金贷款等更简便易行。

3. 节省了财务成本。出口商在商业银行办理出口押汇时，还可以根据不同货币的利率水平，通过选择融资币种来实现财务费用的最小化。

（四）出口押汇与国际保理的比较

出口押汇跟国际保理一样，在进口商支付货款前，出口商就可以提前得到偿付，而且它们都属于短期融资，但是它们在适用的支付方式、融资期限、有无追索权等方面有所不同，具体如表 4-6-4 所示。

链 接

表 4-6-2

出口押汇和国际保理的比较

融资方式	适用支付方式	融资期限	有无追索权	备　注
国际保理	赊销和承兑交单	一般不超过 1 年	无追索权	一般可以融资不超过 80%的发票金额
出口押汇	信用证和托收	一般不超过 6 个月	通常有追索权	信用证下可融资全部汇票金额；在托收方式下可融资一部分汇票金额如 50%、70%或 80%等

三、打包贷款

打包贷款(Packing Loan)作为一种传统的出口贸易融资方式，早已在国内外商业银行广泛开展。在信用证结算方式下，当出口商收到信用证后，它可能并没有所要出售的货物，需要购买或者从事制造加工，因而需要一定的资金去支付原材料、生产及装运费用等。银行的打包贷款正是为了解决这部分资金的需要，使出口商在生产、采购等备货阶段可不必占用自有资金，从而缓解其流动资金压力，增强竞争能力，顺利开展出口业务。

（一）打包贷款的定义

打包贷款又称信用证抵押贷款，是指出口地银行为采用信用证方式结算的出口业务提供的以信用证正本为抵押的融资贷款。因为最初这种贷款是专向出口商提供出口商品的包装、运输费用的贷款，所以称作打包贷款。随着国际结算业务的发展，打包贷款的内涵已扩大到对出口商品的采购和加工生产而进行的融资。

打包贷款的金额一般不超过信用证金额的 80%，根据银行的资金情况和客户情况而定。通常，放款期限与信用证有效期相适应。

打包贷款是与信用证有关的贸易融资方式之一，出口商收到进口商开来的信用证后，需要资金支付材料、生产、装运等费用，可以将信用证交到银行，以信用证为还款保证，向银行申请出口货物装运前融资。当货物装运后，出口商把出口单据交贷款银行做议付，将所得款项偿还打包贷款。打包贷款时，银行虽持有受益人交来的信用证，但信用证仅是出口商有把握收到货款的证明，倘若出口商不如期装货或因其他原因不能按时出货发运，或者不能提示单证相符的单据时，贷款行就无收回贷款的保证。所以打包贷款，实质上是一种无抵押的信用放款。银行在做打包贷款时，可以实行循环额度控制，也可以采用逐笔审批的方法。

由于打包贷款是一种放款业务，贷款银行要承担风险，为确保贷出资金的安全，通常要求借款企业具备一定的条件，例如：① 企业要向银行提交有效的信用证正本或合同。② 不违反本国出口许可制度。③ 信用证规定的条款能保证得到履行。

（二）打包贷款的业务流程

1. 申请。打包贷款的出口商必须将信用证项下单据交给贷款银行做出口押汇或收妥结汇，贷款银行即从出口押汇或收妥结汇金额中扣还打包贷款本息和其他费用，如有还款不足部分，由贷款银行从出口商的存款账户划款归还贷款。如果出口商具备了银行所规定的打包贷款的条件，便可以向银行申请打包贷款。首先要填写打包贷款申请书，规定借款用途，连同信用证正本一起递交贷款行申请办理贷款手续。

2. 审查。银行的审查包括资信的审查和信用证的审查两个方面。贷款银行通过审查销售合同了解出口商资信，出口商能否按期、按质、按量完成交货任务。还要通过审查信用证了解开证行的资信，信用证中是否有约束性的软条款，能否控制物权单据以减少业务风险等。

3. 签约。签约即双方签订打包贷款合同。经审查，若银行同意出口商的申请，则双方磋商后即可签约。合同的内容除了有贷款货币、金额、期限、利率、还款方式、违约处理等项目外，还包括出口商的承诺，如出口商在此合同下的全部出口商品必须向银行所认可的保险机构投保；银行有权检查监督出口商对贷款的使用情况；有关打包贷款合同项下贷款债务的转移必须经银行同意等。

4. 发放。签约后银行便可向出口商发放贷款，在贷款发放之前，由银行经出口商在往来账户外另开专用账户，供出口商陆续支用贷款用。

5. 归还。提供打包贷款的银行承担议付行的义务，当出口商交单议付时，银行从议付款中扣除打包贷款的本金、利息和其他费用，也可按协议在收妥结汇时归还。

（三）打包贷款与出口押汇的区别

打包放贷和出口押汇一样，都是出口地银行对出口商的一种资金融通方式，但两者有明显的区别：

1. 行为发生的时间不同。出口押汇的行为发生在货物装运以后，即在出口商交货后通过押汇提前取得资金，而打包放款则发生在货物装运之前，即出口商为了备货、备料、加工的需要而要求银行融通资金。

2. 手续办理的繁简程度不同。出口押汇的手续比较复杂，办理出口押汇业务时，出口商需要填写总质权书和出口押汇申请书，有时还需要另外寻找担保人填具担保书；打包贷款的手续比较简单，在办理打包贷款业务时，出口商往往只需提交信用证和订立一份合同。

3. 银行垫款的依据不同。在出口押汇条件下，银行是以出口商提交的包括货运单据在内的全套出口单据作为垫款的依据，而在打包放款方式下，银行则是凭出口商提交的信用证作为要求预付款项的凭证。

4. 融资的金额大小不同。在押汇业务中，银行可以付足全额金额，而在打包放款业务中，银行通常仅付信用证金额的一部分。

链　接

打包贷款与国际保理的比较

打包贷款和国际保理都是短期融资方式，前者是一种相对传统而成熟的业务，后者是相对较新的业务，它们适用的支付方式不同，在追索权上也不同。具体如表 4-6-3 所示：

表 4-6-3

打包贷款与国际保理比较

融资方式	适用支付方式	融　资　期　限	有无追索权	备　　注
国际保理	赊销或承兑交单	一般不超过 6 个月	无	比较新
打包贷款	信用证	一般为 3 个月，最长不超过 1 年	有	比较传统的业务

四、票据贴现

在国际贸易中，出口企业为了加快资金周转，提高其资金利用效率，经常会使用未到期的期票向银行融通资金，这种融资的办法称为远期贴息取现、贴息取现或简称贴现。

（一）票据贴现的定义

票据贴现是收款人或持票人将未到期的汇票向银行申请资金融通，银行按票面金额扣除一定的利息后将余额支付给收款人的一项融资业务。票据一经贴现便归贴现银行所有，贴现银行到期可凭票据直接向债务人收取票款。所以，票据贴现实际上是银行购买未到期的期票的票据买卖。

票据到期或办理提示时，贴现银行应及时向票据承兑行或出票行提示付款，收回款项归还贴现款。票据提示后，如未能按时收回款项，银行应及时催收查询。如系票据承兑行或出票行无理拒付，应按照国际惯例据理力争，并要求对方支付延付利息。办理票据贴现业务，如遇到票据承兑行或出票行拒付、迟付、少付、扣款，或非贴现行原因造成损失的，贴现行有权向申请人追回贴现款项及由此产生的利息、费用等。

（二）票据贴现与议付的区别

票据贴现和议付是两个较易混淆的概念，但事实上这两者是有区别的。首先，两者对票据的要求是不同的，票据贴现要求必须有汇票，而议付不一定要有汇票，没有汇票而有货运单据也可以作议付，同时，票据贴现的汇票必须是远期汇票，而议付的汇票可以是即期汇票，也可以

是远期汇票，并且票据贴现的汇票必须是已承兑汇票，而议付的汇票并不要求是已承兑汇票。其次，两者对票据的处理方式也是不同的，汇票贴现后，贴现者可以持有汇票，也可以在当地票据市场再贴现，但议付并无二级市场，银行也不把汇票存在本行，而是送到国外去收取货款。再次，两者的收款时间有差异，在票据贴现方式下，汇票的到期日在贴现时是可以计算出来的，而议付时的收款日只能大体预估。

（三）汇票贴现的有关费用

远期汇票已经承兑但尚未到付款期时，持票人为了提前得到款项，可持汇票到贴现银行或贴现公司要求贴现。银行或贴现公司从汇票票面金额中扣去按当时的贴现率和贴现期计算的贴现息后，把余额即汇票现值净款付给持票人。银行或贴现公司贴现汇票付出对价成为汇票的持票人后，还可在市场上继续转让，最后由持票人在到期日向付款人索取票款。

在汇票贴现的过程中，会发生承兑费和贴现息，如果当事人所在国对汇票实施印花税，那么还会发生印花税。在这些费用中，远期付款交易的承兑费，一般由买方负担，但卖方要求承兑远期汇票的目的是为了贴现时，应由卖方负担。印花税一般由出票人负担，为了节省印花税，有的信用证并不要求提交汇票，而仅凭所开发票作为资金单据付款，或以收据代替汇票，这样就可以不出汇票而合理避税。

贴现息是由融资人承担的，贴现息的多少按一定的贴现率计算。贴现率一般略低于银行的放款利率，它的具体水平与有关当事人的信用状况紧密相关。通常情况下，汇票的主债务人如出票人、承兑人或保证人资信状况好，其贴现率就低；反之，则高。此外，汇票的出票条款也会影响贴现率的高低。一般说来，如果信用证项下出具的汇票既有正常的贸易背景，又有银行承兑，其贴现率就比较低。贴现率通常是以年率表示的，在计算贴现息时需要将它折合为日率。在实践中，不同货币条件下一年的折合天数不同，例如：美元和欧元一般是按 1 年折合 360 天来计算，而英镑则按 1 年折合 365 天计算。

链　接

汇票贴现息及净款的计算公式

贴现息＝票面金额×贴现天数/360（或 365）×贴现率

净款＝票面金额－贴现息

　　＝票面金额×[1－贴现天数/360（或 365）×贴现率]

（在上述公式中，贴现天数指距离付款到期日的天数）

五、进口押汇

（一）进口押汇的定义

进口押汇是进口地银行接受包括货运单据在内的全套进口单据作为抵押为进口商垫付货款的融资行为。

（二）进口押汇的种类

根据结算方式不同，进口押汇分为进口信用证押汇和进口托收押汇。

进口信用证押汇是信用证项下的进口押汇。在正常情况下，作为开证申请人的进口商在得到开证行单到付款的通知后，应立即将款项交开证行赎单，并且在付款以前是得不到单据从而不能提货的。但是，如果进口商的资信较好，并且信用证项下单据所代表的货物市场销售行情看好，能在短期内收回货款，那么银行可以根据有关协议代进口商先对外支付货款，并将单据提供给进口商以便其提货、销货，最后将贷款连同利息一并收回。

进口托收押汇是在付款交单的方式下，银行接受包括物权单据在内的托收单据为抵押向进口商提供的一种融资垫款。

总体上讲，进口押汇具有专款专用和逐笔申请、逐笔使用的特点，同时，进口押汇属于短期贸易融资，其融资期限一般不超过 90 天。但不管怎样，进口押汇是有利于进口商的，它可以使进口商在推迟对外付款的条件下先行取得货运单据，从而有利于加速其资金周转，提高经营效益。

（三）进口押汇的业务流程

1. 进口信用证押汇的业务流程（见图 4-6-4）。

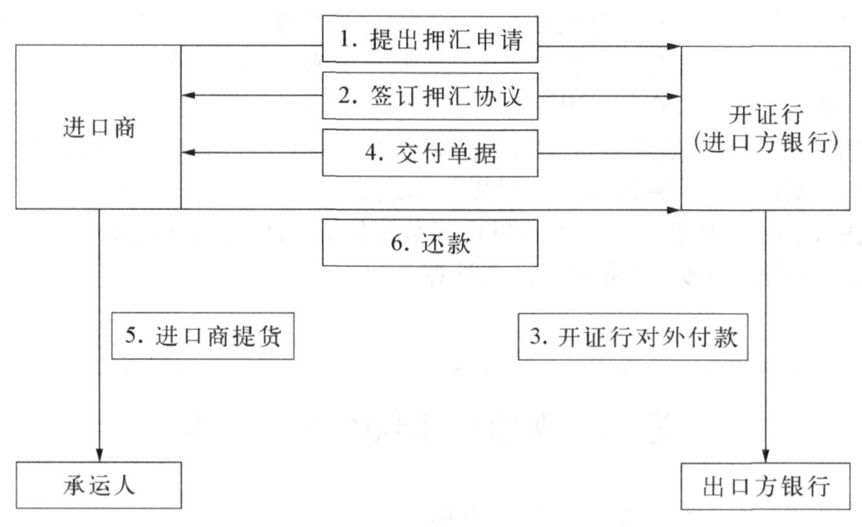

图 4-6-4　进口信用证押汇的业务流程图

（1）进口商向开证行提出押汇申请，开证行审核押汇条件。当信用证项下的单据到达开证行之后，作为信用证开证申请人的进口商向开证行提出进口押汇申请。进口押汇须逐笔申请，逐笔使用，通常不设额度，押汇期限一般不超过 90 天，即使为 90 天以内的远期信用证，其押汇期限与远期期限相加也不得超过 90 天。而且押汇款仅用于信用证项下的对外支付使用，不得用作其他项目使用。

由于进口押汇的还款资金是进口商的经营利润，风险较大，因此开证行必须对进口商的经营状况、资信程度有所了解。为了防范风险和损失，开证行可适当要求进口商提供一定的担

保、抵押或质押。此外，开证行还应对进口货物的市场行情有所了解，若货物的变现能力较强，则可适当放款押汇条件，否则应从严控制押汇条件。

(2) 签订进口押汇协议。进口押汇协议是开证行与进口商之间签订的确定双方权利义务的书面契约，其基本内容包括：押汇金额及进口商的付款义务、押汇期限及利率、进口商的保证条款、货权及其转移条款、违约条款。

(3) 开证行对外付款。开证行在收到出口方银行寄来的单据以后，应严格审单，如果单证相符，即可对外付款。

(4) 凭信托收据向进口商交付单据。在进口押汇业务中，信托收据(T/R)是进口商在未付款之前向银行出具的领取货权单据的凭证。银行根据进口押汇协议和信托收据将货权单据交付给进口商，进口商因此处于代为保管和销售货物的地位。

(5) 进口商凭单据提货及销售货物。进口商在向银行借出货权单据后，即可凭单据向承运人提货，并可销售货物或对货物做其他处理。

(6) 进口商归还贷款本息，换回信托收据。在约定的还款期到时，进口商应向银行偿还贷款及利息，并于还清本息后收回信托收据，解除还款责任。

2. 进口托收押汇的业务流程。进口托收押汇的基本业务流程是：当进口方银行收到托收单据后，根据进口商的押汇申请先行垫付货款，同时按照押汇协议将单据交予进口商，让其先行提货，随后再归还银行垫款。此时，银行通常要根据进口商的资信情况和抵押品情况核定一个押汇额度供其周转使用。

六、提货担保

在国际贸易中，有时候海运航程比较短，货物早于单据到达进口国，而信用证结算方式是纯单据业务，进口商是必须凭单据提货的。为了能够在货物到达时就及时提取货物，银行通过开展提货担保业务为进口商提供提货担保，使进口商在未支付进口货款的情况下就可利用银行担保先行提货、报关、销售和取得销售收入，借助这种融资方式，进口商在整个贸易过程中都不必占用自有资金。

(一) 提货担保的定义

所谓提货担保，是指当货物已运抵目的地而提单尚未寄到时，进口商可凭到货通知单请求开证行出具提货担保书，凭以从船务公司先行提货。该提货担保书中声明，正本提单到达后进口商应立即向船务公司提示，当船务公司因提货担保而蒙受损失时，由进口商及开证行负连带赔偿责任。

提货担保业务一般只适用于信用证方式结算项下代表货权的未达全套提单。托收、汇付方式项下和信用证结算方式项下的空运单、邮包收据以及其他不代表货权的货物收据均不予办理提货担保业务。银行通常仅对资信良好、实力较强、长期合作的企业提供提货担保业务。这种贸易融资特别适用于海运航程较短、货物早于单据到达的情况。

(二) 申请办理提货担保的条件

1. 申请人申办即期信用证项下提货担保所需资金应全额到位，进入保证金专户；申办远期信用证项下提货担保应由申请人提供担保，金额为其提交的副本发票金额。

2. 申请人必须提交到港货物的提单副本、发票副本或传真件，以备银行审核。

3. 申请人应明确保证以下事项。

(1) 即使单据存在“不符点”,申请人决不提出拒付。

(2) 正本提单到达后7个工作日内,凭正本提单向船公司赎回银行开立的担保书。

(3) 完全负责赔偿银行因出具提货担保书而可能遭受的任何损失。

(4) 以某银行贷款或备用贷款作开证保证的,应提供由此行信贷部门出具的同意放贷的证明。

(三) 提货担保的业务程序

1. 受理。申请人向银行提交申请文件,包括已签妥的提货担保申请书和提货担保书各一份和提单副本、发票副本或传真件等有关材料。

2. 审核。核对申请文件签章无误后,审查申请文件及有关材料中的内容,包括金额、货物数量、信用证号码、船名等是否相互一致并与银行信用证留底相符,以确定申请所提货物确系原信用证项下进口货物,并确保单据的表面真实性和一致性。

3. 核资。核准申请人资金到位情况,确定其已符合申请条件。

4. 签发。上述1～3步骤审核无误后,在提货担保书及提货担保申请书上加注银行业务编号,在提货担保登记本上按规定登记,填写“提货担保审批”,并申请加盖行章工作章。经审批并加盖行章后,将提货担保书交客户作提货之用。银行信用证留底上须加盖“本信用证项下货物已办理担保提货”的戳记,申请书归入相关信用证案卷。

5. 催单。向信用证指定银行查询,了解单据的有关情况,并督促议付行或交单行尽快交单。

6. 验单。待收到有关单据后,应审查其内容是否与提保书相符。如相符并确认申请人已凭担保书提货,则在正本提单上加盖“本提单我行已出具提货担保并已提货”的戳记。如不符需联络有关各方,即开证人、受益人、议付行、船公司等,寻求有效的解决办法来换回有关担保书。

7. 换回。申请人签字后,将验单无误的正本提单提交申请人,督促其按时向船公司换回担保书,交还银行。

链 接

提货担保对进口商的作用

1. 有助于进口商把握市场先机。在货物早于提单到达或者货物价格波动较大的情况下,银行出具的加签提货担保能使进口商提前办理提货,有利于进口商抓住市场机会,缩短贸易周期。

2. 有助于进口商减少资金占压。提货担保可以使出口商在未支付进口货款的情况下就可利用银行担保先行提货、报关、销售和取得销售收入,在整个贸易过程中都不必占用自有资金,有利于其资金的更快周转。

3. 可以改善进口商的现金流量。在提货担保业务中,进口贸易的现金流向是先流入后再流出,并且还能够增加其净现金流入量。

七、信托收据

在付款交单条件下，进口商为了不占用资金或减少占用资金的时间，或者为了抓住有利行市，不失时机转售货物，而提前付款赎单又有困难，希望能在汇票到期之前或在付款以前先提货，就可以凭信托收据向银行借单。

（一）信托收据的定义

信托收据(Trust Receipt，T/R)又称信托提单，是进口商向代收行提供的一种书面保证文件，请求延期付款，并凭信托收据借出货运单据先行提货。它表明进口商是以代收行受托人身份提货、报关、存仓、保险、出售，货物所有权归属代收行，所得销售款归代收行所有，并保证到期付款和收回信托收据。

凭信托收据借单提货是银行对进口商融资的一种通常做法。由于信托收据的目的是让客户在付款前先行提货进行加工销售或转卖，因此，应给予客户一定的时间以收回货款归还银行垫款。根据客户的业务性质和实际需求，这一期限可从半个月至几个月不等，但一般不超过半年。

（二）信托收据的额度

银行所核定的信托收据额度通常按一定的比例包含在开证额度内。例如，银行为某客户核定有1 000万美元的开证额度，其中，包括800万美元的信托收据额度，在这种情况下，客户应将其开证余额控制在1 000万美元之内，其中800万美元的信用证下单据可凭信托收据释放给开证申请人。

信托收据的额度与开证额度的比例主要是根据客户的经营范围、商品类别、行业习惯、资金周转速度等因素来决定。如客户主要经营转口贸易、鲜活易腐商品或季节性强的商品，信托收据的额度的比例应适当加大；反之，则可相应降低。根据开证额度的种类，信托收据的额度也可以相应地分为循环额度和一次性额度，其使用方法和掌握原则与开证额度相同。在信托收据项下的货款付清之前，有关部分的开证额度也不得恢复使用。

（三）信托收据的性质与作用

信托收据这种融资方式的性质实际上是一种信托关系。依据信托收据进口商与银行之间形成了信托关系，进口商以银行受托人的身份，根据信托收据上的条款，用信托收据换取货运单据，提取货物后出售这些货物，将出售货物的货款一次或分数次还给银行，以清偿其票款；而银行则是以信托人的身份，保留对货物的所有权，也就是以进口商的货物作为抵押品，直到票款完全得到清偿。进口商如违反信托收据上的条款，银行有权以货物所有人的身份，随时向进口商收回货款，以确保其债权。

信托收据的主要功能就是进口商凭以从银行获得资金融通，可利于其资金周转。假如某进口商从国外进口货物，当货物到达目的港时，通常汇票和货运单据已经寄到进口地银行。在即期付款信用证项下，开证行应该立即付款，进口商也应备款赎单，但若采用信托收据的融资方式，开证银行准许进口商凭信托收据换取单据提走货物，货物售出后获得货款交付开证行以赎回信托收据，这就是开证行凭信托收据对进口商的垫款。

在远期付款信用证项下，进口商需要在汇票到期日付款赎单，但有时会遇到货到赎单日未到的情形，为防止货物滞留港口码头，遭到损失或罚款，开证行或代收行允许进口商凭T/R借单先行提货，待到期日再偿还款项、正式赎单。这种融资方式对进口商极具吸引力，而信托方(开证行或代收行)须承担到期收不回款项的钱货两空的风险。

可见，在不同支付方式下使用 T/R，代收行承担的风险不同。在 L/C 项下凭 T/R 借单，因开证人（进口方）申请开证时已交付押金（保证金），开证行风险较小。而在远期托收项下凭信托收据借单（D/P、T/R），代收行则要承担较大风险。只有当进口人资信较好，或出口商愿意承担因 T/R 借单引起的所有风险时银行才愿以此方式融资。

第二节 国际贸易中长期融资的主要形式

随着科学技术日新月异地发展，不少国家的出口贸易结构发生了重大变化。由一般的商品出口转为成套设备、生产工艺和专有技术的出口，其技术含量高、贸易金额大、所需周期长，客观上需要出口国家能够提供类似出口信贷的融资方式。出口信贷属于国际贸易中长期融资方式，它是一国为支持和扩大本国大型成套设备等资本货物的出口，以对本国的出口给予利息补贴并提供信贷担保的方法，鼓励本国的银行对本国出口商或外国进口商（或其银行）提供利率较低的贷款，以解决本国出口商资金周转的困难，或满足外国进口商对本国出口商支付货款所需要的一种融资方式，其目的是增强本国出口企业在国际市场上的竞争能力。出口信贷的主要形式有卖方信贷、买方信贷和包买票据。

一、卖方信贷

（一）卖方信贷的定义

卖方信贷（Supplier Credit）是指在大型机械及成套设备等资本品的出口贸易中，为解决出口商以延期付款方式卖出设备时所遇到的资金周转困难，由出口商所在国银行（以下简称出口商银行）向出口商提供的低利率优惠贷款。

（二）卖方信贷的流程

在大型机电产品和成套设备的出口中，进口商往往希望出口商向其提供信用支持，而出口商本身提供信用支持的能力有限，于是出口商往往求助于出口信贷机构，出口卖方信贷实际上就是出口商通过将其贸易合同中的远期收汇的权益抵押给贷款银行，而从银行取得信贷融资的过程。与卖方信贷相关的贸易洽谈主要体现在有关货款支付的安排上。卖方信贷的流程见图 4-6-5 所示。

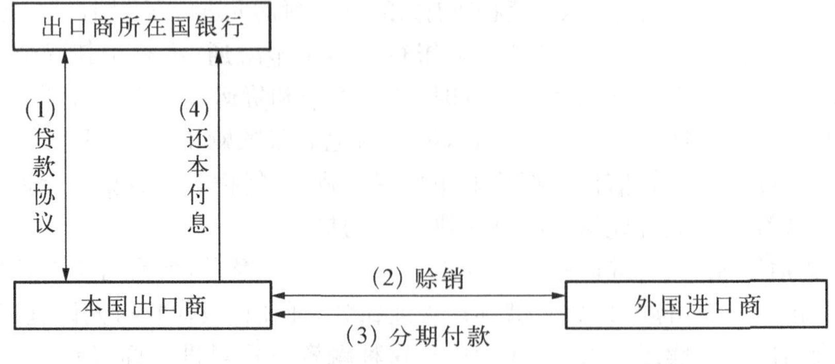

图 4-6-5 卖方信贷流程图

(1) 进出口贸易商进行贸易洽谈，确定采用赊销的方式出口并使用卖方信贷。出口商同意以赊销的方式向进口商出售成套设备，双方一般会作如下约定：进口商先预付10%～15%的定金，此后再支付10%～15%的现汇货款，其余70%～80%的货款可分期偿还。

(2) 出口商与出口商所在国银行进行卖方信贷洽谈。出口商在与进口商正式签订合同之前，应向出口商所在国拟贷款银行提出申请并提交相关材料。提交的材料主要有：出口商信贷申请报告、出口项目可行性分析报告、出口合同草本、进口商情况说明及相关资料、出口商国内采购合同草本、出口商的企业工商执照、近3年的会计报表、银行需要的其他有关材料等。

提供贷款的银行在受理并审核项目之后，一般会向出口商提出下列要求：贸易合同的现金支付一般要达到全部合同金额的15%，贸易合同的延期付款金额为贷款本金加利息，每半年偿还一次，以与贷款的偿还时间一致；确定延付期限，一般也就是借贷合同的还款期限；出口商必须向保险机构投保出口收汇险，将保险费打入货价，并将保险单收益权转让给贷款银行；确定在贸易合同下对延期付款作担保的国外银行或其他担保机构，其担保资格必须事先得到出口国贷款银行的确认。

(3) 进出口贸易合同与卖方信贷合同的正式签订与贸易合同、卖方信贷合同的履行。贸易合同的有关条款得到贷款银行确认后，出口商与进口商正式签署延期付款方式下的贸易合同，同时出口商向保险公司投保出口收汇险，并将保险项下的权益转让给贷款银行；出口商与贷款银行正式签署出口卖方信贷合同。在信贷合同中，出口商同意将其贸易合同下的远期收汇权益抵押给银行。

出口商在按期收到进口商通过进口国银行开来的信用证或保函并收妥定金后，出口商就可开始落实生产或采购拟出口商品，其备货工作的开展就开始涉及出口商的贷款提款问题。贷款提款一般有两种方式：一种是在出口商发货交单时，出口商按货款比例向贷款银行提款。这是卖方信贷比较规范的提款方式，因为只有在出口商按期交货后，他才能得到进口商银行开出的本票或承兑的汇票，贷款银行根据上述债权凭证才可以发放贷款。至于出口前期生产性资金，出口信贷一般不予考虑，并且认为贸易合同中15%或20%以上的现金支付可以解决前期生产资金问题。第二种是出口商在收妥定金采购原材料组织生产时，根据现金缺口向贷款银行提款。这种做法加大了出口信贷的风险，如果出口企业不能如约履行交货，那么出口商转让给贷款银行的远期收汇险保单及承诺抵押的远期收汇凭证都失去了意义，因此在这种情况下，贷款银行往往要求借款的企业提供一个如期履约的履约担保。

(4) 贷款的偿还。进口商在规定的期限内(一般每半年一次)偿还剩余货款以及因延期付款而需承担的相应利息。出口商以从进口商处收到的货款用于偿还本国的银行贷款。

二、买方信贷

(一) 买方信贷的定义

买方信贷(Buyer Credit)是指在大型机械及成套设备等资本品的出口贸易中，由出口商所在国的银行(简称出口商银行)为进口商或通过进口商所在国银行(简称进口商银行)为进口商提供的旨在扩大贷款国资本品出口的低利率优惠贷款。

(二) 买方信贷的方式

根据接受授信银行贷款主体的不同,买方信贷又可分为以下两种方式:

第一种,直接提供给进口商贷款,其流程如图 4-6-6 所示。

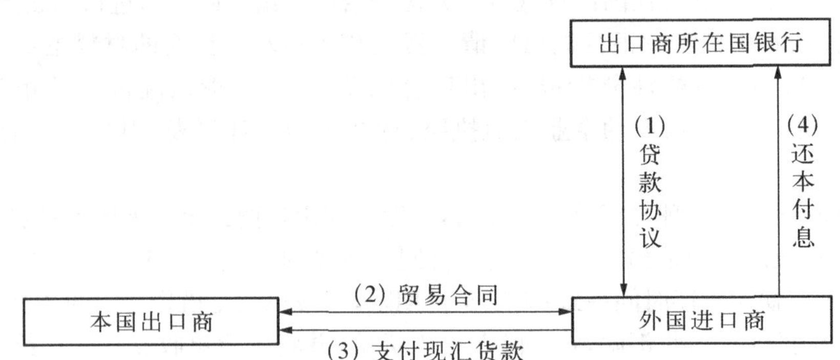

图 4-6-6 买方信贷流程图一(直接提供给进口商贷款)

第二种,通过进口商银行提供给进口商贷款,其流程如图 6-4-7 所示。

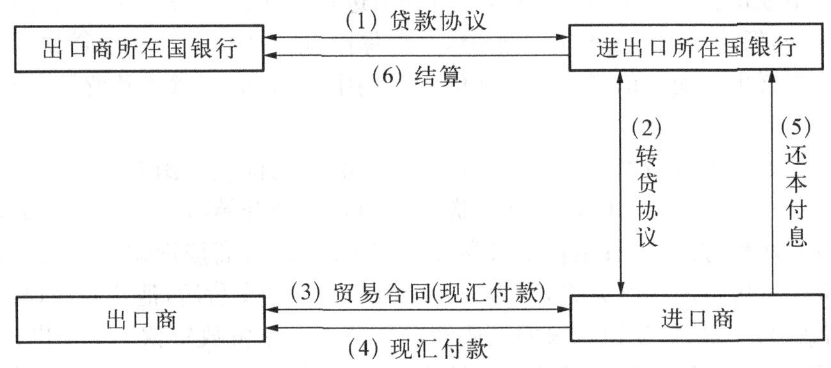

图 4-6-7 买方信贷流程图二(通过进口商银行提供给进口商贷款)

对比买方信贷的两种方式,显然,第二种方式所涉及的关系比较复杂。由于第二种方式实际上涵盖了第一种方式,所以特详述如下。

(1) 进出口商签订现汇贸易合同,并载明进口商将使用出口商银行提供的买方信贷支付货款。如果出口商银行不能提供买方信贷,则贸易合同不能生效。贸易合同签订后,进口商要支付一定比例的现汇定金,一般为货价的 15%。所以,买方信贷的使用与上述卖方信贷相同,首先要由出口商提出买方信贷意向的申请,并提供有关的资料,同时出口商还要办理保险及担保事项;银行在审查项目后,若愿意提供贷款,则应出具贷款意向书,并尽早参与出口合同的对外商务谈判,做好贸易合同与借款合同的衔接工作;在贷款银行与国外进口商或进口商银行签订出口买方信贷协议时,还应注意选择转贷行和担保行。出口买方信贷协议条款与卖方信贷协议条款相比要复杂得多。

(2) 由进口商银行与出口商银行签订贷款协议,也就是买方信贷协议。两种形式的买方信贷下的买方信贷协议的内容基本相同。

(3) 进口商银行将从出口国银行获得的贷款再转贷给本国进口商。

(4) 由进口商根据交货情况分批支付剩余的85%的货款。

(5) 由进口商根据信贷协议还本付息(一般为每半年一次),同进口商银行进行国内结算。

(6) 进口商银行与出口商银行进行债权债务的结算。

由于进口商银行的参与,增强了出口商银行贷款的安全性,因此,各国的买方信贷多采用这种形式。

链　接

买方信贷与卖方信贷的比较

买方信贷与卖方信贷都是本国政府为扶持本国商品的对外贸易提供的一种优惠性贷款,贷款期限一般在10年以内。这两种融资方式对出口商来讲是极有吸引力的,因为它可以满足本国出口商资金周转和外国进口商延期支付货款的需要,且贷款的利率较低。买方信贷与卖方信贷这两种融资方式都对申请的企业有严格的要求,能符合规定的企业为数并不太多。在这两种融资方式下,通常都要求出口商投保出口信用险,并要求银行提供还款担保或出口商提供财产抵押。

买方信贷与卖方信贷的区别在于贷款对象不同,卖方信贷是向本国的出口商直接贷款,而买方信贷是向进口本国商品的他国进口商提供贷款。区别如图4-6-8所示:

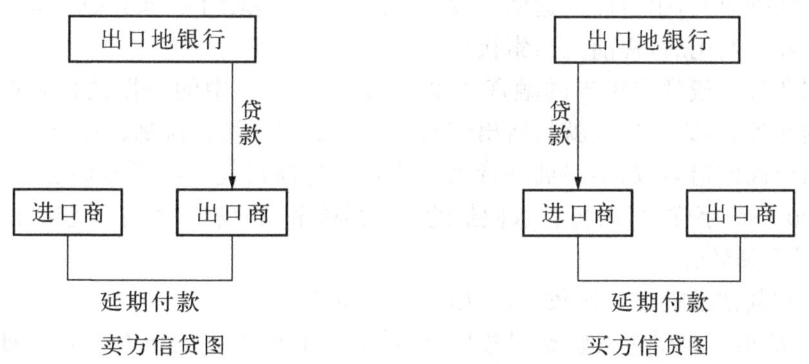

图4-6-8　买方信贷与卖方信贷比较图

由于卖方信贷是由出口国银行向本国出口商提供,风险相对较小,因此手续也相对于出口买方信贷简便灵活一些。

卖方信贷的币种以本币为主,而买方信贷的币种一般为国际上自由兑换货币。

对于卖方信贷而言,只要进口商开来信用证或打来定金,出口商就可以提取贷款,而在买方信贷中,出口商只能凭提单、发票等单证才能提取贷款,即买方信贷只是提供发运后的融资。

(续上)

从风险角度来说,对出口商而言,买方信贷下出口商为即期收汇,既无收汇风险,又无利率汇率风险;但在卖方信贷下,出口商虽可投保出口信用险,但仍需承担较大风险。

在使用出口卖方信贷时,由于出口商直接借款远期收汇,在其资产负债表上会显示出一笔巨大的负债和一笔应收账款,这将在一定程度上影响出口商以后的筹资,而在出口买方信贷下一般不会出现上述情况。

基于以上所述的各项因素,进出口商在签订贸易合同、选择出口信贷融资方式时,应从各方面周全考虑、反复比较后,再决定到底是争取采用买方信贷还是卖方信贷方式来进行贸易融资。

三、包买票据

随着国际贸易的发展与世界经济结构的变化,资本货物已由卖方市场逐步变为买方市场,进口商日益要求延长传统的90～180天的信贷期限。为了满足国际融资日益增长的需要,包买票据(Forfeiting)融资方式应运而生,它提供6个月以上10年以下的中长期融资。作为一种新型的融资工具,由于包买票据具有独特的防范风险和融资功能,它在欧美及亚太地区的贸易中已被广泛使用。

(一) 包买票据的定义

包买票据又称包买票据业务,是一种以无追索权形式为出口商贴现远期票据的金融服务。通过进行包买票据业务,出口商把远期应收账款的风险转嫁给了包买票据公司,并且在付出一定的包买票据业务费用后,提前无追索权地得到了出口款项。

包买票据业务一般都有正当的融资背景,包买票据业务中的票据的付款期限一般很长。叙做包买票据业务后,原持票人就将所出售的债权凭证的一切权益都转让给了包买商,而包买商则放弃对出口商的追索权,出口商在背书转让其作为债权凭证的票据时会加注“无追索权”(Without Recourse)字样,从而将收取债款的全部风险和责任都转嫁给了包买商。

(二) 包买票据的特点

包买票据和其他融资方式比较,具有以下几个特点。

1. 出口商从银行取得包买票据服务后,就放弃了对所出售的所有债权凭证的一切权益,他要在汇票或本票上加注“无追索权”字样,从而将收款的权利、风险及责任转嫁给银行;银行也放弃了对出口商的追索权,这是一种买断,与贴现及押汇的保留追索权不同。

2. 包买票据服务的交易多限于资本性商品。因包买票据办理后出口商即解除了经济责任,只在产品的质量和可靠性上对进口商负责。银行要负责收款,而且对出口商无追索权。所以有些商品不属于包买票据的服务范畴,特别是油料、矿物等原材料。而且从期限上看,包买票据提供的是中期贸易融资,也适合于资本性的商品交易。由于技术的改进、市场的发展和竞争的加剧,一些有实力的包买商也开始对非资本性的商品交易提供包买票据服务。

3. 包买票据大多数是中期融资,在3～7年之间,以5年为最多,但最长也可达10年。

4. 贴现率参照该票据的市场利率、进口商的资信等级及进口国家信用风险程度等事先商

定，是固定不变的，以完全自由兑换的货币计算，一般是美元、欧元等欧美市场最通用的货币。

5. 包买票据不仅有初级市场，而且还存在二级市场。包买商买下出口商的债权凭证后，为使资金不积压，便在二级市场上将一些票据转卖给其他的包买商。他可以出售某笔交易的全套票据，也可以只出售其中一期或几期。

链 接

包买票据与其他贴现业务的比较

包买票据业务具有明确的贴现业务特征，但与其他贴现业务相比较，包买票据又具有这样一些特点：

1. 最大的差别在于一般贴现是保留追索权的，而包买票据业务则无追索权，因而一般贴现业务下，如票据遭到拒付，办理贴现业务的银行将行使追索权；而包买票据下，办理贴现的出口地银行不得行使追索权，即出口商贴现汇票是一种买断，如汇票遭拒付，与出口商无关，从而汇票拒付的风险完全转嫁到办理包买票据业务的出口地银行。

2. 一般的票据贴现中，附带的银行担保并不是不可或缺的；而包买票据业务下必须有银行担保，而且担保银行必须是资信良好的一流银行。

3. 在一般贴现业务中，贴现的费用是贴现利息和手续费；而包买票据业务中，除上述两项费用之外，还可能涉及管理费（出口地银行接受办理包买票据业务安排所索取的费用）、承担费（出口地银行接受办理包买票据业务，必须预付一笔资金，从而产生相关的费用，一般是从确认做包买票据业务之日起算，到实际买进汇票时止，按一定费率和天数收取）等。不过，这些费用的全部或部分被转嫁给了进口商，因而货价会随之趋升。另外，如果出口商未能履行或撤销贸易合同，以致包买票据业务未能实现，包买票据业务的银行将向出口商收取罚款。

（三）包买票据的业务流程

1. 申请。出口商如果准备利用包买票据业务融资，应在向进口方报价前向包买商咨询并做口头申请，包买商如果提出条件而出口商又认为能够满足该条件时，出口商可向包买商提出正式申请。

2. 核准申请。包买商接到申请后，要进行一番调查和评估，以决定是否承做业务。一般地，要求第三者对进口商的资信和清偿能力进行担保。若包买商同意承做这笔业务，就会立即报价。

3. 报价。如果包买商的报价可以接受，出口商应在报价的有效期内要求包买商确认报价，该项确认将构成包买商明确的融资责任。同时，出口商将已确定的融资费用打入成本，向进口商提出报价。

4. 寄单及贴现付款。出口商发货后立即将运输单据寄存银行，包买商对票据审核无误后则立即按原报价函中的贴现率贴现付款。

5. 到期票据的清算和呆账处理。在票据快要到期前，包买商把即将到期的票据直接寄给担保人或保付人收款。

链　接

包买商开展包买票业务的动因

1. 增加银行业务品种,提升服务水平,增强竞争力。
2. 通过包买票据业务,取得较高的包买收益。
3. 包买票据业务的付款是建立在银行信用基础上的,风险相对较小。
4. 包买之票据易于在二级市场流通,可以有效地实现风险的分散和转移。
5. 正当持票人的地位受到票据法的保护,包买票据业务的风险并不太大。

(四) 包买票据对进出口商的利弊

1. 出口商使用包买票据的有利之处。

(1) 远期债务变成了现金,有效地解决了应收账款的资金占用问题,所以资金周转灵活了。

(2) 包买票据没有追索权,所以成交后出口商就不再负担此项资产管理和债款回收的工作及费用,也不必再监督货款的按期偿还。

(3) 由于风险都转嫁给了包买商,出口商不再承担利率风险、汇价风险、信用风险及政治风险等。

(4) 包买票据是固定利率,在交易的初期就商定了的,便于出口商确定条件,计算成本,将有关融资费用通过提高商品的价格转嫁给进口商。

(5) 因包买票据除使用汇票或本票外,通常并不需要其他的单据,因此单据的准备和提交简单易行。

(6) 包买商是否承做业务在很短的时间内即可作出答复,交易迅速,效率高。

(7) 可有选择地根据需要叙做包买票据业务,而不必像做保理业务那样不得不将所有应收账款全部转让。

(8) 包买票据业务具有保密性,不像银团贷款业务那样具有公开性。

2. 出口商使用包买票据的不利之处。

(1) 出口商必须保证其债权凭证满足三个条件,即正当交易、有效票据、有效担保,才能免除包买商的追索权。这就要求出口商必须了解进口商国家的有关商业票据和担保的法律与规定。

(2) 出口商须经进口商同意并能找到高资信担保人时,才能叙做包买票据融资。

(3) 由于包买商承担了所有的风险,所以费用稍高。

3. 进口商使用包买票据的有利之处。

(1) 包买票据的利率是固定的。

(2) 可自行选择任何可自由兑换的货币。

(3) 单据简单,办理迅速。

4. 进口商使用包买票据的不利之处。

(1) 由于出口商将融资费用计入货价,因此商品的成本稍高;而且进口商还要向担保人支付担保费用。

(2) 需要银行承兑或担保将长期占用其信用额度。

(3) 由于本国银行的票据担保，使得进口商不再能因为有关货物或服务的贸易纠纷而拖延或拒绝有关票据的到期付款。

链　接

包买票据与国际保理的比较

包买票据与国际保理都是近几年来发展较快的固定利率融资业务，都属于无追索权的贸易融资。然而它们之间在融资期限、适用领域、适用支付方式、融资金额以及融资风险方面均有所不同，具体如表 4-6-2 所示：

表 4-6-1

包买票据和国际保理的比较

融资方式	融资期限	适用领域	适用支付方式	融资金额	融资风险
国际保理	通常仅提供 180 天以内短期贸易融资	大多用于消费性货物交易	O/A 或 D/A 等非信用证支付方式	通常出口商最多只能得到发票金额 80%的融资	要承担有关汇价和迟付方面的残留风险
包买票据	6 个月以上 10 年以下的中长期融资	大多用于资本性货物交易	D/P 或 L/C 支付方式以及担保情况下的支付	可按票面金额获得融资	不用承担任何风险

思考题

1. 试比较国际保理与包买票据。
2. 试比较打包贷款与国际保理。
3. 出口押汇有哪些特点？
4. 试比较卖方信贷与买方信贷。

案例分析

某国大型成套设备出口企业 A 公司与非洲某国 B 公司有业务往来，B 公司表示有意向 A 公司购买大型成套设备，但由于财力有限，要求 A 公司提供延期付款的优惠。但 A 公司自身出于资金周转的需要，无力向 B 公司提供延期付款，而该公司又十分愿意做成这笔巨额的生意。后经双方协调，A 公司向本国福费廷公司申请办理包买票据业务。在包买票据业务下，通过简单的手续，A 公司向福费廷公司提交债权单据，申请融资。福费廷公司在收到 A 公司提交的债权单据后，按照签订的贸易合同向 A 公司提供了资金融通，而 B 公司也得到了所需要的延期付款的便利。一笔巨额交易就在引入包买票据方式之后顺利完成。问：适用于出口商的融资方式有哪些？其应用有哪些注意事项？

第七章 国际贸易结算的风险与防范

目前，国际贸易结算的基本方式有汇付、托收和信用证三种。汇付和托收方式下，买卖双方承担的风险的高低取决于对方是否诚实守信，这两种结算方式都是基于商业信用。信用证方式是一种银行信用，开证银行承担第一付款人的义务，相对于汇付、托收来说，买卖双方承担的风险都比较小，信用证是目前最为流行的一种结算方式。然而，没有无风险的支付方式，面对风险，特别是欺诈风险，企业采取一定的防范措施可以避免或减少风险。因此，本章将分别介绍汇付、托收和信用证结算方式下的风险和防范。

第一节 汇付结算方式下的风险与防范

在进出口贸易采用汇付方式结算货款的过程中，银行只提供服务而不提供信用，所以这是一种商业信用。对于出口商来说，如果能够争取到预付货款方式对其极其有利，但是如果是货到付款方式，出口商能否收到款项完全取决于进口商的商业信用，如果进口商不恪守信用，则出口商最终可能会面临钱货两空的风险。对进口商而言，能够争取货到付款的方式，对其是非常有利的；反之，如果采用预付货款的方式，进口商将面临钱货两空的风险。

一、汇付结算方式下的风险类型

1. 国家风险。由于各国政治、经济、法律因素的差异，有些国家政策规定，禁止本国银行将款项汇至或转汇至对其敌视的国家。

2. 技术风险。在汇付结算过程中，由于贸易商、银行等有关当事人的失误、工作差错及客观条件的限制等导致的国际贸易支付风险。

3. 外汇风险。汇率或利率在一定时间发生始料不及的变动，从而导致进出口商实际收益与预期收益或实际成本与预期成本发生背离，导致经济损失的可能性。

(1) 交易风险。由于外汇汇率波动而引起的企业应收账款与应付债务的价值发生的变化。如在进口贸易中，如果支付外币货款时，外汇汇率较合同签订时上涨了，进口商就会付出更多的本国货币或其他货币；在出口贸易中，如果收进外币货款时，外汇汇率较合同签订时下跌了，出口商就会收进更少的本币或其他货币。

(2) 会计风险。会计风险又称转换风险，是指由于汇率变化而引起企业资产负债表中某些外汇项目金额在折算成以本国货币表示的项目时可能产生的账面损失。

(3) 经营风险。它是指由于汇率变化而引起企业未来一定期间收益减少的一种潜在损失的风险。风险的大小取决于汇率变动对该企业产品的数量、价格及成本的影响程度。

4. 欺诈风险。这是最常见的风险。

(1) 利用票汇的业务程序进行欺诈。

(2) 利用电汇业务进行的欺诈。例如，电汇中，欺诈者冒充汇出行向解付行发去电传要求将汇款贷记某账户或付现金给某人。

(3) 伪造贸易商授权凭证进行欺诈。

二、汇付结算方式下的防范措施

1. 慎重采用汇付方式，对出口商而言，尤其要了解进口国外汇政策。

2. 在客户资信不佳或不明时，尽量不采用汇付结算方式。如果采用汇付方式，应委托银行或专业咨询机构进行客户资信调查，绝不与资信不良或不明的客户来往。

3. 汇付一般不用于金额较大的交易。

4. 出口商一旦收到国外寄来的票据，应委托银行或专业机构检验其真实性，必要时等收妥款项后才能发货。

第二节 托收结算方式下的风险与防范

托收方式下，银行只提供服务，不提供信用，银行办理托收业务时，只是按委托人的指示办事，银行虽然处理金融票据和商业单据，但是它完全是根据出口人的指示来处理，银行最后是否能收到货款，完全依赖买方的信用；即使银行不能从买方那里实际收到货款，银行只要已按照出口人的指示行事，它就不必承担任何责任。托收方式对买方比较有利，费用低，风险小，有时可以取得卖方的资金融通。对卖方来说，即使是付款交单方式，因为货已发运，万一对方因市价低落或财务状况不佳等原因拒付，卖方将遭受来回运输费用的损失和货物不得已被迫低价转售或拍卖的损失。远期付款交单和承兑交单，卖方承受的资金负担很重，而承兑交单风险更大，因为买方只要承兑远期汇票，就可以取得运输单据，从而提取货物，一旦买方拒付，卖方可能要承担货款两失的风险。

一、托收结算方式下的风险类型

国家风险、技术风险和外汇风险与汇付方式类似。至于欺诈风险，托收方式下有以下几种。

1. 使用假票据进行欺诈。

2. 冒用票据进行欺诈。

3. 使用空头支票进行欺诈。

4. 使用作废的票据进行欺诈。

5. 使用伪造、变造的委托收款凭证、汇款凭证、银行存单等其他银行结算凭证欺诈。

6. 签收无资金保证的汇票、本票或在出票时作虚假记载进行欺诈。

二、托收结算方式下的风险防范措施

1. 认真选择客户，掌握客户资信情况。

2. 合理控制交易额。一般不超过进口商的经营能力和信用程度。

3. 一般托收是适用于市场价格稳定、货物品质稳定的商品交易。

4. 慎做承兑交单(D/A)和远期付款交单(D/P 远期)。

5. 及时了解进口国贸易及外汇管理规定。

6. 密切关注交易商品的国际市场行情，在行情变化大时慎做托收。

7. 建立完善的管理制度，定期检查，及时催收清理，发现问题后应及时采取措施，以避免或减少可能发生的损失。

第三节　信用证结算方式下的风险与防范

跟单信用证提供了一套独特的可以普遍使用的方法，它具有诸多有利于买卖双方结算得以顺利进行的优点，是比汇付和托收更为安全的结算方式。然而，它也有自己的局限性。跟单信用证是银行有条件的付款的书面文件。它是纯单据业务，银行虽有义务“合理小心地审核一切单据”，但这种审核，只是用于确定单据表面上是否符合信用证条款。银行对任何单据表面的格式、完整性、准确性、真实性、伪造或法律效力或单据上规定的或附加的一般/或特殊条件一概不负责任；对于单据所反映的货物的描述、数量、品质、状态、包装、交货、价格，或货物的发货人、承运人、运输商、收货人或保险人或其他任何人的诚信或行为及/或疏漏、清偿能力、履行能力或资信情况，也概不负责。银行审核单据遵从“严格相符”的原则，但是该原则仅仅要求而且只能要求单据在表面上与信用证相符合，银行对任何单据的真实性和相应的法律效力等概不负责任。因此，信用证结算方式下同样存在种种风险隐患。

与汇付、托收相似，信用证结算风险包括国家风险、技术风险、外汇风险和欺诈风险。国家风险突出的表现为外汇管制造成的拒付或少付以及贸易管制造成的进出口许可证问题。技术风险主要体现为单证不符，从而遭受银行的拒付。对于欺诈风险，在信用证结算方式下，种类繁多。对于出口商来说，开证银行破产，对方开立假冒信用证或“软条款”信用证是主要的信用证欺诈风险。对于进口商来说，贸易伙伴伪造全套单据或仅仅伪造单据的内容都对买方构成极大的不利影响，此外，出口方与船方勾结进行预借提单或倒签提单对买方的按时收货构成威胁。

一、出口商可能遇到的信用证欺诈风险

1. 开证银行破产。信用证是一种银行信用，然而，如果开证银行是资信度很低的银行，大多为实力较弱的小银行，或是外汇短缺国家的银行，它们在开立信用证之后一旦倒闭或失信，对于出口商将产生很大影响。通常，出口商的付款请求权仅仅为普通破产债权人，而且法律程序复杂，最后出口商往往收不回货款。

2. 假冒信用证。假冒信用证是指那些缺乏成为有效信用证的必备条件而表现出自身虚

假性的信用证。其主要特征表现在以下方面：

(1) 电开信用证无密押或盗用密押，或声称使用第三家银行密押，而第三家银行确认电文没有加密。

(2) 函开假冒信用证或伪造开证行有权签字人员的签字。

(3) 信用证不经通知行通知而直接到达收益人手中，且信封无寄件人详细地址。

(4) 信用证格式为陈旧或过时的格式。

(5) 信用证条款自相矛盾或违背常规。

(6) 开证行行名和地址不清楚。

通常，在买卖合同列有出口商预付佣金或履约金等条款，且支付时间规定在出口商收到信用证后立即支付的情况下，进口商以假冒信用证骗取佣金或履约金。

3. "软条款"信用证。"软条款"信用证一般是指信用证表面上要式完备，但是规定了一些难以遵从的限制性条款，或者规定了一些含糊不清或责任不明的条款。这种信用证可随时因开证行或开证申请人单方面的行为而解除。"软条款"信用证使开证行的第一性付款责任大大削弱，使得进口商可以根据市场供求或自身资金余缺情况而随意拒绝付款或强行压价。

"软条款"信用证表现形式有：

(1) 规定船公司、船名、装运日期、起运港、目的港等需要由开证申请人通知或同意，或者规定另行以信用证修改方式通知。

(2) 无明确的保证付款条款，或明确表示开证行付款以进口商承兑汇票为前提。

(3) 要求提供不易获得的单据。

(4) 信用证开出后暂不生效，待进出口许可证签发后或通知后才生效。

(5) 规定必须在货物抵达目的地后经买方检验后方予付款或者规定品质检验证书须有进口商或开证行核实商检证上的签字与在开证行预留的印鉴相一致。

(6) 设置表面上不难办但实际上很难办甚至根本办不到的条款。例如，在海运提单中规定将内陆城市确立为装运港。

二、信用证结算方式下出口商的风险防范措施

1. 慎重选择贸易伙伴。在签订买卖合同之前要了解对方的资信，选择与资信良好的伙伴进行贸易往来。资信良好包括两方面的内容，即有履约能力而且能诚实守信地履约。进行资信调查，可以是通过银行调查，通过专门资信调查机构调查，通过驻外机构以及国际贸易联系网络进行。

2. 重视对国外开证行资信审查。出口商可以委托国内通知行审核开证行资信，如果发现开证行资信可疑，应要求进口商调换资信较好的银行作为开证行，或者要求资信度较好的大银行加具保兑。

3. 慎重订立买卖合同中的信用证条款。信用证的有效期必须合理，这样才能使受益人有合理充分的时间要求修改不合理条款以及安排装运。否则出口商没有充分时间要求修改不合理条款及安排装运，出口商很有可能要承担违反信用证条款责任，而进口商达到欺诈目的。信用证有关条款不能含糊其辞，尤其是单据条款和装运条款。

4. 提高结算工作人员素质，鉴别国际贸易中的假冒信用证。尤其要注意的内容包括对方

公司名称是否规范；地址、电话、传真号码是否真实准确。

5. 严格审核信用证，拒绝"软条款"信用证。在收到进口方开立过来的信用证之后，应明察秋毫，注意发现其中的"陷阱"条款，并坚决要求对方修改信用证上的此类条款。

三、进口商可能遇到的信用证欺诈风险

1. 全套单据是伪造的。信用证的受益人在货物根本不存在的情况下伪造出整套与信用证要求相符的单据，银行在审核的时候以表面上单证完全相符而无条件付款，继而进口商付款赎单，最后遭受损失。在伪造全套单据中，伪造提单是其中的核心内容，它是卖方在信用证方式下凭以结汇收取货款的主要单证。伪造提单通常有两种情况：一是伪造提单内容并以根本不存在的所谓某船公司的名义签发。二是设立假公司，伪造假提单。

2. 仅仅伪造单据的内容。这指的是单据是真的，表面上都符合信用证要求，货物也是真的，但是所装运的货物不是信用证所要求的货物，而是残、次品或废品或其他与信用证规定的货物毫不相干的物品。出口商以这种方式得逞的主要原因在于承运人只有检查货物表面状况的权利而无权随意打开货箱检查，这样，承运人无法知道货物的真实性而只要表面情况良好就给出口商开具清洁提单。

3. 预借提单和倒签提单。预借提单是货物还没有装船甚至还没有到达装运港，卖方便通过某种手段拿到相应的符合信用证规定的有效期的提单。倒签提单是在装运期晚于有效期，但卖方通过某种手段拿到相应的符合信用证规定的有效期的提单。不论是预借提单，还是倒签提单，都掩盖了货物应该在有效期内装运而没有装运或晚装运的真相，买方将不能收到货物或晚收货物。如果不能收货，买方最后将钱货两空；如果晚收货物，买方就承担了市场价格下跌或货物变质的风险。

四、信用证结算方式下进口商的风险防范措施

1. 慎重选择贸易伙伴。在签订买卖合同之前要了解对方的资信，选择与资信良好的伙伴进行贸易往来。

2. 合理选择价格条件，一般应争取用 FOB 贸易术语，如果选择了 CIF、CFR 贸易术语时，一定要利用船舶确认制度，对卖方所租船舶进行确认，而且，还要及时掌握船舶动向和行踪。

3. 随时保持警惕，多方了解出口方及船方信息。在发现问题后要迅速行动，查找证据，并与本地银行保持密切联系，以便严格按照国际惯例和国际公法的准则处理问题。

链 接

【案例与思考】

某年，我国某出口公司向巴基斯坦某进口商出口药品一批，价值 5 万美元，CFR 卡拉奇价。不久，巴基斯坦某银行开来了即期信用证，通过中国银行通知给了中国的出口商。信用证规定，出口商必须提供 SGS 商检证明。由于信用证开得晚，加之装运期和有效期很近，中国银行建议出口商要求进口商修改信用证，但进口商以改证费用过高为

(续上)

由拒绝修改。由于我出口公司首次办 SGS 证,手续不熟悉,因而错过了有效期。巴国的进口商也同意接受公司推迟装船的建议,并发传真予以确认。为了加快收汇的速度,我出口公司提交了不符点的保函委托中国银行代为寄单索汇。数天后,中国银行收到开证行的电传通知,以单据过了有效期为由拒绝付款。经与进口商联系,进口商称国内市场价格下跌,要求降价处理,降幅达 40%。出口公司向中国银行申请退单,但货运公司却称货不能出港。为防止滞港费的增加,减少费用,在几经商议未果的情况下,我出口公司只好同意降价。

【案例评析】

从本案例可以看出进口商有明显的欺诈行为。从推延开证到增加出口手续,进口商的目的就是尽量使出口商不能在信用证的有效期内出单,从而造成单证不符。

国际贸易是一项高风险和高收益的业务,外贸公司在从事此项业务时应加强自身的业务素质,多学习一些外国法律知识,特别是相关国家的惯例知识。例如,巴基斯坦的法律规定,进口货物抵卡拉奇港口后,如需转卖,需第一买主出具 NO OBJECTION CERTIFICATION 文件,如退还出口商还要履行再出口手续,并且还要巴国家银行等有关部门核对批准,并出具相关的证明,最后才能提交给商务部门批准,期间涉及的部门多、手续复杂、费用高。因此,从事对巴国出口的相关部门应对以上规定十分清楚。

在外贸实务中,出口商还要加强对进口商的资信调查,随时注意进口商的动态,以免给进口商以有机可乘。

思考题

1. 举例说明汇付结算方式下有什么风险,对此该如何防范?
2. 举例说明托收结算方式下有什么风险,对此该如何防范?
3. 举例说明信用证结算方式下有什么风险,对此该如何防范?

案例分析

我国 A 公司与外商签订了一笔进口钢材的合同,货物价值为 504 万美元,合同规定以信用证方式结算。A 公司依约对外开出信用证后,在信用证装运期内,外商发来传真称货物已如期装运。不久,开证行即收到议付行转来的全套单据,提单表明货物于某东欧港口装运,在西欧某港口转运至国内港口。单据经审核无不符点,开证行对外承兑。结果,A 公司坐等 1 个多月,货物依然未到,深感蹊跷,遂向伦敦海事局进行查询,反馈回来的消息是:在所述的装船日未有属名船只在装运港装运钢材。此时,信用证项下单据已经开证行承兑,且据议付行反馈回的信息,该行已买断票据,将融资款支付给了受益人。开证行被迫在承兑到期日对外付款,A 公司损失惨重。问:从本案例中,可以吸取到哪些教训?

第五篇　国际贸易争议的预防与处理

【本篇导读】

在国际贸易业务中，由于买卖双方处于不同的国家或地区，一般不当面交接货物，再加上经过长途运输或多次装卸后，货物到达目的地时易出现品质、数量、包装等与合同规定不符的情况，由此导致合同不能顺利履行并引起争议，或有可能导致索赔、仲裁和诉讼等问题的发生。

为保障买卖双方的利益，避免争议的发生，就需要有一个权威、公正、专业的检验机构对卖方交付货物的品质、数量、包装是否残损短缺等情况进行检验鉴定，并出具商检证书，作为买卖双方交接货物、支付货款的凭证，或在出现争议时，能以此作为凭证求得问题的妥善和圆满的解决。买卖双方在磋商交易时，应明确各方的责任和义务，特别是对于那些容易产生争议的条款，应格外慎重仔细，尽可能订得明确具体。除此之外，还要将违约后的补救措施，如索赔、罚金和仲裁以及不可抗力等问题作为合同条款予以详细规定。

第一章 商品检验

商品检验是国际贸易发展的产物。随着国际贸易的发展，商品检验已成为国际货物买卖过程中的一个重要环节和买卖合同中不可缺少的一项内容。

第一节 商品检验概述

国际贸易中，一般所指的商品检验有两种不同含义：一种含义是进口（或出口）国官方的专业政府机构对进出口商品实施的法定的带有强制性的检验检疫工作，暨法定检验。在我国，这样的机构通常是各地的出入境检验检疫局；另一种含义是指买卖双方（其中主要是买方）为了各自的商业利益考虑，委托第三方的检验机构对卖方交付或者拟予交付的货物进行品质、数量和包装的鉴定，以确定其是否与合同规定相一致，对于某些商品，还包括进行卫生检验和动植物病虫害检疫，检验的依据主要是以买卖合同（包括信用证）中所规定的有关条款为准。在我国，这样的"第三方检验机构"通常包括各地的出入境检验检疫局，以及经过注册登记的商业性的专业检验公司等商检机构。本章内容主要讲述其第二种含义，即委托检验、公正鉴定等。

商品检验工作是确定卖方交付的货物是否符合合同和法律要求的必不可少的环节。因此，在货物买卖合同中，应注意订好检验条款，明确检验时间和地点、检验机构、检验方法和标准，作为进行检验工作的依据。

一、商品检验的内容

1. 包装检验。包装检验是根据外贸合同、标准和其他有关规定，对进出口商品的外包装和内包装以及包装标志进行检验。

包装检验首先核对外包装上的商品包装标志（标记、号码等）是否与进出口贸易合同相符。对进口商品主要检验外包装是否完好无损，包装材料、包装方式和衬垫物等是否符合合同规定的要求。对外包装破损的商品，要另外进行验残，查明货损责任方以及货损程度。对发生残损的商品要检查其是否由于包装不良所引起。对出口商品的包装检验，除包装材料和包装方法必须符合外贸合同、标准规定外，还应检验商品内外包装是否牢固、完整、干燥、清洁，是否适于长途运输和保护商品质量、数量的习惯要求。

商检机构对进出口商品的包装检验，一般采取抽样或当场检验，或在衡器计重的同时结合进行。

2. 品质检验。品质检验又称质量检验，是指对进出口商品的品质、规格、等级等进行检验，以确定其是否符合外贸合同(包括成交样品)、标准等的规定。品质检验的手段有很多，包括感官检验、化学检验、仪器分析、物理测试、微生物学检验等。

品质检验的范围很广，大体上包括外观质量检验与内在质量检验两个方面。外观质量检验主要是对商品的外形、结构、花样、色泽、气味、触感、疵点、表面加工质量、表面缺陷等的检验；内在质量检验一般指对有效成分的种类含量、有害物质的限量、商品的化学成分、物理性能、机械性能、工艺质量、使用效果等的检验。同一种商品根据不同的外形、尺寸、大小、造型、式样、定量、密度、包装类型等，制定各种不同的规格。

3. 卫生检验。卫生检验主要是指对进出口食品进行检验，以确定其是否符合人类食用卫生条件，保障人民的健康和维护国家的信誉，主要属于法定检验的范畴。根据1995年起施行的《中华人民共和国食品卫生法》规定：“进口的食品，食品添加剂，食品容器、包装材料和食品用工具及设备，必须符合国家卫生标准和卫生管理办法的规定……进口前款所列产品，由口岸进口食品卫生监督检验机构进行卫生监督、检验。检验合格的，方准进口。”又规定：“出口食品由国家进出口商品检验部门进行卫生监督、检验。海关凭国家进出口商品检验部门出具的证书放行。”

4. 安全性能检验。安全性能检验是根据国家规定和外贸合同、标准以及进口国的法令要求，对进出口商品有关安全性能方面的项目进行的检验，如易燃、易爆、易触电、易受毒害、易受伤害等，以保证生产使用和生命财产的安全。目前，除进出口船舶及主要船用设备材料和锅炉及压力容器的安全监督检验，根据国家规定分别由船舶检验机构和劳动部门的锅炉、压力容器安全监察机构负责监督检查外，其他进出口商品涉及安全性能方面的项目，由商检机构根据外贸合同规定和国内外的有关规定及要求进行检验，以维护人身安全和确保经济财产免遭侵害。

商品检验除上述内容外，还包括船舱检验、残损鉴定、监视装载、签封样品、签发产地证书和价值证书、委托检验等多项内容。

二、检验标准与检验方法

(一) 检验标准

我国《商检法》规定，凡国家法律、行政法规规定有强制性标准或者其他必须执行的检验标准的进出口商品，依照法律、行政法规的检验标准检验；未规定检验标准的依照对外贸易合同约定的检验标准检验。在进出口业务中，商品的检验标准主要有成交样品、合同标准等。但若合同中未规定检验标准或规定不明确的，则以国家标准作为检验依据。目前尚无标准的，一般参照同类商品的标准，或由国内生产部门与商检机构共同确定。值得注意的是，合同中约定的作为检验依据的检验标准不能同国家有关法律、行政法规的规定以及国际惯例等相冲突，否则，该项合同内容是无效的。

(二) 检验方法

关于检验方法，也是个关键性问题，应该要在签订合同时作明确规定。因为检验方法不同，

其结果也往往不同，不明确检验方法，容易引起争议。在实践中，检验方法主要有：感官检验、化学检验、物理检验、微生物学检验等。在我国，检验方法的标准一般是由国家质检总局制订的。

链　接

商品检验的作用

商品检验在对外贸易中具有十分重要的作用，其作用主要体现在：

1. 维护国家信誉和出口产业整体利益，防止不合格商品的出口，促进出口商品质量的提高。

2. 严格把好进口商品质量关，保障国家和人民的利益。

3. 妥善处理履约过程中的争议，如在交货过程中发生货损、货差时，可以分清责任和避免争议，有助于处理索赔和理赔。此外，商检机构的鉴定业务和签发的鉴定证书，使得对外贸易中商品的交接、议付货款、计费、报关、纳税等更为方便。

三、进出口商品检验工作程序

国际货物买卖双方在交接过程中，通常有三个环节，即交付、检验或察看和接受或拒绝。除双方另有约定外，对货物进行检验是买方的一项基本权利。尽管如此，为明确起见，双方应在合同中作出具体规定。但是必须指出，买方对货物的检验权并非其接受货物的前提条件，买方对收到的货物可以选择是否进行检验，假如买方没有利用合理的机会对货物进行检验，就是放弃了检验权，也就丧失了拒收货物的权利。

我国由出入境检验检疫局完成的进出口商品检验工作，主要有四个环节，即接受报检、抽样、检验和签发证书（证单）。

1. 接受报检。报检是指对外贸易关系人向商检机构报请检验。报检时，需填写“报检申请单”，填明申请检验、鉴定工作项目和要求，同时提交对外所签买卖合同，成交小样及其他必要的资料。

2. 抽样。商检机构接受报检之后，及时派员赴货物堆存地点进行现场检验、鉴定。抽样时，要按照规定的方法和一定的比例，在货物的不同部位抽取一定数量的、能代表全批货物质量的样品（标本）供检验之用。

3. 检验。商检机构接受报检之后，认真研究申报的检验项目，确定检验内容，仔细审核合同（信用证）对品质、规格、包装的规定，弄清检验的依据，确定检验标准、方法，然后进行抽样检验、仪器分析检验、物理检验、感官检验、微生物学检验等。

4. 签发证书（证单）。在出口方面，凡列入《出入境检验检疫机构实施出入境检验检疫的进出境商品目录》（以下简称《法检目录》）内的出口商品，经商品检验合格后签发通关单。另外，凡合同、信用证规定由我国检验检疫局检验出证的，或境外要求签发检验证书的，根据规定签发所需证书；不向境外提供证书的，通常只发通关单。《法检目录》以外的出口商品，应由商检机构检验的，经检验合格发给商检证书后，方可出运。在进口方面，接受报检后，即签发通关单。进口商品经检验后，分别签发“检验检疫处理书”或“检验检疫证书”，未经检验合格，不准销售使用。

第二节　商品检验机构和商检证书

检验检疫机构的监督管理，对于维护我国在国际贸易业务中的国家声誉，保障国际贸易中各有关方面的正当权益，促进我国对外贸易的发展有着重要的意义。

我国进行商品检验的主要法律依据有《中华人民共和国进出口商品检验法》(经2002年修正)、《中华人民共和国进出境动植物检疫法》等。

一、商品检验机构

(一) 出入境检验检疫机构及其职责

我国的商检机构原为国家出入境检验检疫局(China Inspection and Quarantine，CIQ)及其设在全国各口岸的出入境检验检疫局。该机构由原国家进出口商品检验局、卫生部卫生检疫局、农业部动植物检疫局合并而成。原各机构相应的职责也统一由出入境检验检疫局负责。“三检合一”有利于消除口岸政出多门带来的重复管理、重复检验检疫、重复收费、通关效率低、企业负担重等一系列弊端。

2001年4月，国家质量监督检验检疫总局(AQSIQ)成立，简称国家质检总局，成为我国主管质量监督和检验检疫工作的最高行政执法机关。国家质检总局是主管全国出入境卫生检验、动植物检疫、商品检验、鉴定、认证和监督管理的技术执法机构。原国家质量技术监督局和原国家出入境检验检疫局的职能合并入总局，但合并以后，检验检疫职能不变。总局下属各地方机构，仍分为质量技术监督局和出入境检验检疫局。

检验机构的基本职责有三项，即对进出口商品实施法定检验检疫，办理进出口商品鉴定业务，对进出口商品的质量和检验工作实施监督管理。

1. 实施法定检验检疫。实施法定检验检疫是各地出入境检验检疫局的主要任务，即根据国家有关法令规定，由出入境检验检疫局对大宗的、关系国计民生的重点进出口商品、容易发生质量问题的商品、涉及安全卫生的商品以及国家指定由检验检疫机构统一执行检验的商品等实施强制性检验检疫，以维护国家的信誉及利益。

国家检验检疫机构及其各地的检验分支机构依法对指定的进出口商品实施法定检验，检验的内容包括商品的质量、规格、重量、数量、包装及安全卫生等项目，经检验合格并签发证单以后方准出口或在境内销售使用。法定检验的商品范围包括：

(1) 列入《实施检验的进出口商品目录》中的有关商品。

(2) 对进出口食品的卫生检验和进出境的动植物检疫。

(3) 对装运出口易腐烂变质食品、冷冻品的船舱、集装箱等运载工具的适载检验。

(4) 对出口危险货物包装容器的性能检验和使用鉴定。

(5) 对有关国际条约规定或其他法律、行政法规规定须经商检机构检验的进出口商品实施检验。

国际货物买卖合同规定由检验检疫机构实施检验时，当事人应及时提出申请，由检验检疫部门按照合同规定对货物实施检验并出具检验证书。

合格评定程序包括：抽样、检验和检查，评估、验证和合格保证，注册、认可和批准以及各项的组合。

2. 办理鉴定业务。对外贸易鉴定业务是凭对外贸易关系人（贸易合同的买方或卖方、运输、保险、仓储、装卸等各方）的申请或委托，由第三方公证检验鉴定机构对申请有关内容进行检验鉴定，出具权威的检验鉴定证书，作为对外贸易关系人办理进出口商品交接、结算、计费、报关、纳税和处理争议索赔的有效凭证。鉴定业务的范围包括对进出口商品的质量、数量、重量、包装检验鉴定、集装箱检验、进口商品的积载鉴定、残损鉴定和海损鉴定、装载进出口商品运载工具的适载鉴定、出口商品的装运技术鉴定、价值证明及其他业务。鉴定业务与法定检验的一个主要区别是凭申请或委托办理，而非强制性。因此各鉴定机构要想提高自己的知名度和信誉度，发展自己的业务，必须要做到态度公正严谨、结果科学准确、服务良好周到。

3. 对进出口商品的质量和检验工作实施监督管理。检验检疫机构依据国家法规，通过行政和技术手段对进出口商品的相关人员及检验检疫机构相关人员的检验工作实施监督管理。我国检验检疫机构从以下六个方面对进出口商品实施监督管理：

(1) 对法定检验范围以外的进出口商品的抽查检验。

(2) 对列入《法检目录》的出口商品进行出厂前的质量监督和检验。

(3) 对进出口商品质量的认证工作，准许认证合格的商品使用质量认证标志。

(4) 对经许可的检验机构的进出口商品检验鉴定业务活动进行监督。

(5) 对重点的进出口商品及其生产企业实行质量许可制度。

(6) 对经检验合格的进出口商品加施商检标志或封识等。

（二）国际上的检验机构

国际贸易中从事商品检验的机构大致可分为三类。

1. 官方机构。官方机构即由国家设立的检验机构。世界各国为了维护本国的公共利益，一般都制定检疫、安全、卫生、环保等方面的法律，由政府设立监督检验机构，依照法律和行政法规的规定，对有关进出口商品进行严格的检验管理，这种检验称为"法定检验"、"监督检验"或"执法检验"，如美国食品药物管理局（FDA）、我国的国家质检总局及下属各出入境检验检疫局等。

2. 非官方机构。非官方机构即由私人或同行业公会、协会等开设的检验机构。国际贸易中的商品检验主要由民间机构承担，民间商检机构具有公证机构的法律地位。比较著名的有：日本海外货物检验株式会社（OMIC）、美国保险人实验室（UL）、英国劳合氏公证行（Lloy's Surveyor）、法国船级社（B. V.）以及中国香港天祥公证行有限公司等。

3. 生产企业、用货单位设立的检测部门等。在实际交易中，究竟选用哪种检验机构，取决于各国的规章制度、商品性质以及交易条件等。检验机构的选定，一般是与检验的时间地点相联系的。在出口国工厂或装运港检验时，一般由出口国的检验机构检验；在目的港或买方营业处所检验时，一般由进口国的检验机构检验。买卖双方也可以约定由买方派人到供货的出口地检验或双方派人实施联合检验。

二、商检证书

商检证书是各种进出口商品检验证书、鉴定证书和其他证明书的统称，是对外贸易有关各方履行契约义务、处理索赔争议和仲裁、诉讼举证中，具有法律依据的有效证件，也是海关验放、征收关税和优惠减免关税的必要证明。商检证书的种类和用途如下所述。

1. 品质检验证书。即出口商品交货结汇和进口商品结算索赔的有效凭证。法定检验商品的证书，是进出口商品报关、输出输入的合法凭证。商检机构签发的放行单和在报关单上加盖的放行章有与商检证书同等的通关效力；签发的检验情况通知单同为商检证书性质。

2. 重量或数量检验证书。即出口商品交货结汇、签发提单和进口商品结算索赔的有效凭证；出口商品的重量证书也是国外报关征税和计算运费、装卸费用的证件。

3. 兽医检验证书。即证明出口动物产品或食品经过检疫合格的证件，适用于冻畜肉、冻禽、禽畜罐头、冻兔、皮张、毛类、绒类、猪鬃、肠衣等出口商品，是对外交货、银行结汇和进口国通关输入的重要证件。

4. 卫生/健康证书。即证明可供人类食用的出口动物产品、食品等经过卫生检验或检疫合格的证件。适用于肠衣、罐头、冻鱼、冻虾、食品、蛋品、乳制品、蜂蜜等，是对外交货、银行结汇和通关验放的有效证件。

5. 消毒检验证书。即证明出口动物产品经过消毒处理，保证安全卫生的证件，适用于猪鬃、马尾、皮张、山羊毛、羽毛、人发等商品，是对外交货、银行结汇和国外通关验放的有效凭证。

6. 熏蒸证书。即用于证明出口粮谷、油籽、豆类、皮张等商品，以及包装用木材与植物性填充物等，已经过熏蒸灭虫的证书。

7. 残损检验证书。即证明进口商品残损情况的证件，适用于进口商品发生残、短、渍、毁等情况；可作为受货人向发货人或承运人或保险人等有关责任方索赔的有效证件。

8. 积载鉴定证书。即证明船方和集装箱装货部门正确配载积载货物，作为证明履行运输契约义务的证件。可供货物交接或发生货损时处理争议之用。

9. 财产价值鉴定证书。即作为对外贸易关系人和司法、仲裁、验资等有关部门索赔、理赔、评估或裁判的重要依据。

10. 船舱检验证书。即证明承运出口商品的船舱清洁、密固、冷藏效能及其他技术条件是否符合保护承载商品的质量和数量完整与安全要求的证件，可作为承运人履行租船契约适载义务，对外贸易关系方进行货物交接和处理货损事故的依据。

11. 生丝品级及公量检验证书。即出口生丝的专用证书。其作用相当于品质检验证书和重量/数量检验证书。

12. 产地证明书。即出口商品在进口国通关输入和享受减免关税优惠待遇和证明商品产地的凭证。

13. 舱口检视证书、监视装/卸载证书、舱口封识证书、集装箱监装/拆证书。即证明承运人履行契约义务，明确责任界限，便于处理货损、货差责任事故的证明。

14. 价值证明书。即进口国管理外汇和征收关税的凭证。在发票上签盖商检机构的价值证明章与价值证明书具有同等效力。

15. 货载衡量检验证书。即证明进出口商品的重量、体积吨位的证件，可作为计算运费和

制订配载计划的依据。

16. 集装箱租箱交货检验证书、租船交船剩水/油重量鉴定证书。即契约双方明确履约责任和处理费用清算的凭证。

17. 植物检疫证书。即证明植物基本不带有其他的有害物，因而符合输入国或地区的植物要求。

18. 包装检验证书。即用于证明进出口商品包装情况的证书。

19. 温度检验证书。即证明出口冷冻商品温度的证书。

链　接

各种证单名称和作用的区别

商检机构签发出具的“证书”，通常都是给境外的海关、银行、企业机构验看的(多针对出口商品)，所以，我国商检机构签发的证书行文规则一般须是中英文(包括繁体中文)合璧缮制或全英文打印。证书上所列的项目名称、指标和行文格式等如有特殊要求，报检人(委托人)应事先声明，以免出证后发现不符合信用证要求。

商检证书可以由检验检疫局出具，也可以由合同规定的其他商业性检验机构出具，但须符合合同中事先指定的商检机构条款规定，否则视为不符合合同要求。

我国的检验检疫局签发的“通关单”，一般仅作我国境内海关通关用，与法检商品有关，所以仅用简体中文打印缮制。

第三节　检验条款的主要内容

检验条款是进行检验工作的依据，在国际贸易中，买卖双方应注意订好检验条款以维护双方的利益。进出口合同中的检验条款一般包括下列内容：有关检验权的规定、检验或复验的时间和地点、检验机构和检验检疫证书等。

一、检验时间和地点的规定

检验时间和地点的确定，实际上关系到在何时、何地确定卖方交货的品质和数量。如何规定检验的时间和地点，关系到买卖双方的切身利益，是双方在商订检验条款时的一个核心问题。

在国际货物买卖合同中，关于商品检验的时间和地点有各种不同的规定办法，通常有以下几种做法。

1. 在出口国检验。

(1) 产地检验。由出口国的生产工厂检验人员或按照合同规定与买方验收人员一同于货物在工厂发运前进行检验。对于卖方，须承担货物离厂前的责任，而一旦检验合格，在运输途中出现的品质、数量等方面的风险则由买方负责。这是国际贸易中普遍采用的习惯做法。近年来,我国在进口重要商品和生产线一类设备时,一般都在出口国发货前,在工厂安装运转测试。凡有质量问题的,由供货厂家立即解决。此种做法已为我国《商检法》所肯定。

(2) 装船前或装船时在装运港检验。出口货物在装运港装船前,以双方约定的商检机构验货后出具的品质、重量、数量和包装等检验证明,作为决定商品品质和重量的最后依据。这称为"离岸品质"和"离岸重量"。所谓最后依据,是指卖方取得商检机构出具的各项检验证书时,就意味着所交货物的品质和重量与合同规定的相符,买方对此无权提出任何异议,从而否定了他对货物的复验权,除非买方能证明,货到目的地时的变质或短量是由于卖方未能履行合同的品质、数量、包装等条款,或因货物固有的瑕疵而引起的。离岸品质和离岸重量所代表的是风险转移时的质量和重量,至于风险转移后,货物在运输途中所发生的货损,买方仍然有权向有关责任方面索赔。至于装船时检验,是指用传送带或机械操作的办法进行装船的散装货,在装船的过程中抽样检验或衡量,这与装船前检验一样,也属离岸品质和离岸重量。

2. 在进口国检验。这是指在进口国的目的港或在买方营业处所检验。

(1) 在目的港或目的地卸货后检验。由买卖双方约定的商检机构验货并出具检验证明作为最后依据。这就是所谓的到岸品质、到岸重量。如发现货物的品质或重量与合同规定不符而责任属于卖方时,买方可向其提出索赔或按双方事先约定处理。

(2) 在买方营业处或最终用户所在地检验。对于密封包装的货物,或规格复杂、精密度高的货物,不能在使用之前开拆包装检验,或需要具备一定的检验条件和设备才能检验时可将货物运至买方营业处所或最终用户所在地进行检验。由这里的检验机构出具的品质、重量(数量)证明作为最后依据。

3. 在出口国检验、在进口国复验。目前,我国对外签订的买卖合同,多数使用的是货物在装船前进行检验,由卖方凭商检证书连同其他装运单据,进行议付货款。货物到达目的港后,再由双方约定的机构在约定期限内,对货物进行复检。如发现货物的品质或数量与合同规定不符,买方有权在规定时效内提出异议。

鉴于国际贸易中的货物经常需要经过远程运输,其品质和重量在运输过程中难免会有变化,装船时和到达时两次检验结果常有出入。而这些差异的产生原因又很复杂,更何况有些货物本身会有自然损耗。因此,为避免买卖双方因两次检验结果不一致而各执一词,产生争执,可在条款中加入下述规定:

(1) 凡属于船方或保险公司的责任情况下,买方不得向卖方索赔,只能向有关责任方要求赔偿。

(2) 如两次检验结果的差异在一定范围之内,如0.15%,则以出口国检验结果为准。如超出这个范围,可由双方协商解决,如不能解决,可提交第三国检验机构进行仲裁检验。

从上述三种做法可以看出,最后一种做法实际上是介于前两种做法之间,是相对较公平合理的。

此外,国际上还有一种做法称为"离岸重量,到岸品质",即把品质与重量的检验时间和地点分开的做法。这实际上也是调和买卖双方在检验问题上的矛盾的折中办法。

二、订立进出口商品检验条款的注意事项

1. 品质条款应订得明确、具体。不能含糊其辞、模棱两可，致使检验工作失去确切依据而无法进行。

2. 检验条款应与合同其他条款相一致，不能相互矛盾。例如，出口合同规定采用CIF术语成交，则卖方可在装运港交货后凭单议付货款。若检验条款规定以买方所在目的港验货后付款，则贸易术语与检验条款就产生了矛盾，它改变了CIF合同的原有性质。

3. 出口商品的抽样、检验方法，一般均按中国的有关标准规定和商检部门统一规定的方法办理，如买方要求使用其他的抽样、检验方法，则应在合同中具体订明，必要时，应先征得商检部门的同意再对外签约，为检验工作提供方便。

4. 对于一些规格复杂的商品和机器设备等进口合同，应根据商品的不同特点，在条款中加入一些特殊性质的规定。例如，详细、具体的检验标准，产品所使用的材料及其质量标准，样品(本)及技术说明书等，以便货到后对照检验与验收。凡按样品成交的进口货，合同中应加订买方复验权条款。

5. 进出口商品的包装应与商品的性质、运输方式的要求相适应，并详列包装容器所使用的材料、结构及包装方法等，不宜采用诸如“合理包装”“习惯包装”等订法，以免因买卖双方理解不一而产生矛盾。

链 接

目前在国际上较为知名的商业性商品检验机构

一、瑞士通标标准技术服务公司

瑞士通标标准技术服务公司(SOCIETE GENERALE DE SURVEILLANCE S. A.，简称SGS)是目前世界上最大的专门从事国际商品检验、测试和认证的集团公司，是一个在国际贸易中有影响的民间独立检验机构。SGS创建于1878年，其总部设在日内瓦，是一个综合性的检验机构，可进行各种物理、化学和冶金分析，包括进行破坏性和非破坏性试验，向委托人提供一套完整的数量和质量检验以及有关的技术服务，提供装运前的检验服务，提供各种与国际贸易有关的诸如商品技术、运输、仓储等方面的服务，监督跟购销、贸易、原材料、工业设备、消费品迁移有关联的全部或任何一部分的商业贸易暨操作过程。

二、英国英之杰检验集团

英之杰检验集团(INCHCAPE INSPECTION AND TESTING SERVICES，简称IITS)是一个国际性的商品检验组织，总部设在伦敦。为了加强其在世界贸易领域中的竞争地位，IITS通过购买世界上有名望、有实力的检验机构，组建自己的检验集团。IITS与中国CCIC有多年的友好往来，并签订有委托检验协议。

（续上）

三、日本海事检定协会

日本海事检定协会(NIPPON KAIJI KENTEI KYOKAI，英文名 JAPAN MARINE SURVEYORS & SWORN MEASURER'S ASSOCIATION，简称 NKKK)创立于 1913 年，是一个社团法人检验协会，主要是为社会公共利益服务。NKKK 总部设在东京，除在本国各主要港口设有检验所外，还在泰国、新加坡、马来西亚、菲律宾和印度尼西亚等国设有海外事务所。主要检验项目有：舱口检视、积载鉴定、状态检验、残损鉴定、水尺计重、液体计量、衡重衡量及理化检验等，还接受从厂家到装船或从卸货到用户之间的连续检验。NKKK 与中国商品检验机构签订长期委托检验协议，多年来，双方有着密切的相互委托检验业务和频繁的技术交流。

四、新日本检定协会

新日本检定协会(SHIN NIHON KENTEI KYOKAI，英文名 NEW JAPAN SURVRYORS AND SWORN MEASURERS ASSOCIATION，简称 SK)创立于 1948 年，是日本的一个财团法人检验协会，为财团的经济利益服务。其主要业务是海事检定、一般检验、集装箱检查、理化分析和一般货物检量等。SK 与韩国、美国、巴基斯坦等国客户签有代理合同，与中国商品检验机构有良好的委托业务关系。

五、日本海外货物检查株式会社

日本海外货物检查株式会社(JAPAN OVERSEAS MERCHANDISE INSPECTION COMPANY，简称 OMIC)是经日本运输省、农林省、厚生省注册登记认可的、具有比较完善的检验技术和设备的国际性股份有限检验公司。其主要检验业务是工业品检验，化肥、化学品、医药品检验，矿产品检验和农作物土特产品检验，此外，OMIC 还接受日本政府指定的国外检验业务。OMIC 成立于 1954 年，总部设在东京。OMIC 与世界上 70 多个国家的检验机构或贸易企业签署业务合作协议，与中检集团(CCIC)签订合作协议，由 CCIC 代其办理中国对尼日利亚、巴基斯坦、伊朗等国出口商品的装船前检验业务，代其签发进口国商人通关用的清洁报告书(CRF)。

六、美国安全试验所

美国安全试验所(UNDERWRITERS LABORA TORIES INC.，简称 UL)始建于 1894 年，总部设在伊利诺伊州的诺斯布鲁克。UL 是美国最有权威的，也是世界上最大的对各类电器产品进行检验、测试和鉴定的民间检验机构。UL 除在美国本土设有分支机构外，还与加拿大、德国、瑞典、英国、日本、中国内地、中国香港地区等国家和地区的检验机构建立了业务关系。UL 在中国的业务由 CCIC 及其下属分公司承办。

七、加拿大标准协会

加拿大标准协会(CANADIAN STANDARDS ASSOCIATION，简称 CSA)成立于 1919 年，其目的是在工业界建立规则，负责制定电气领域里自愿采用的标准。加拿大标准协会实验室负责设备标准试验和认证。

（续上）

八、中国检验认证(集团)有限公司

中国检验认证(集团)有限公司[China Certification & Inspection (Group) Co., Ltd.，简称CCIC]是经国务院批准成立，在国家工商总局登记注册，以“检验、鉴定、认证、测试”为主业的跨国检验认证机构。它的成立是中国加入WTO新形势下贯彻落实国家质量监督检验检疫总局、国家认证认可监督管理委员会关于商检公司体制改革决策的重大举措。

CCIC在国内设有40家一级子公司、117家二级公司和办事处及5家合资公司，国外设有25家公司和代表处，运营网络遍布全球重要港口、城市及货物集散地，承担装船前检验和对外贸易鉴定业务。

思考题

1. 商品检验的内容和范围是什么？
2. 举例说明在国际贸易中为什么要进行商品检验。
3. 商品检验机构的基本职责是什么？
4. 进出口商品检验工作有哪些程序？
5. 商检证书的种类和用途主要是什么？
6. 订立进出口商品检验条款有哪些注意事项？

案例分析

1. 2005年1月，我国某公司与美国某公司签订了一个进口香烟生产线的合同，设备是二手货，共8套生产线，总值100多万美元。合同规定，出售商保证设备在拆卸以前均在正常运转，虽然未经翻修，但能符合生产正常运转的要求，否则买方可更换或退货。合同同时规定，如有卸件损坏，货到用货现场后14天内出具商检证明，办理更换或退货。问：该合同条款有无不妥之处？

2. 我方向西欧某国出口布匹一批，货到目的港后，买方因购销旺季，未对货物进行检验就将布匹投入批量生产。数月后，买方寄来几套不同款式的服装，声称用我方出口的布匹制成的服装缩水严重，难以投入市场销售，因而向我方提出索赔。问：我方是否应该理赔？为什么？

3. 中国某公司(买方)与美国某公司(卖方)签订了一份买卖成套机电设备的CIF合同。合同规定目的港为天津港，检验和索赔条款规定，买方有权在货物到达目的地后90天内根据商检报告提出索赔。卖方如期发运了货物。货到天津港后，买方没有申请商检，而是委托某汽车运输公司将货物运至最终用户所在地偏僻的N县城，并在当地申请商检局对货物进行检验，结果发现货物有某些残损，商检证书证明残损系发货前因素所致。买方依据商检证书，要求卖方赔偿损失，卖方拒赔，双方发生争议，提交仲裁。问：仲裁庭应如何裁决此案？

第二章 不可抗力

国际货物买卖合同成立之后，有时会发生买卖双方无法预料又不能控制的意外事故，致使遭受事故的一方不能履行或不能如期履行合同。在这种情况下，如果强硬要求当事人履行合同，显然是对当事人过于苛刻的要求，按照许多国家的法律和国际贸易惯例所确定的原则，当事人会因此而获得免责。

第一节　不可抗力概述

在国际贸易惯例和许多国家的法律中有关免责的条款有多种，为防止不必要的纠纷、维护当事人的各自利益而订立的不可抗力条款，就是其中之一。

一、不可抗力的含义

不可抗力(Force Majeure)又称人力不可抗拒，是指买卖双方签约后，发生了不是由于任何一方当事人的过失或疏忽而造成的当事人既不能预见和预防，又无法避免和克服的意外事故，致使合同无法履行或不能如期履行，发生意外事故的一方可以因此免除履约或延迟履行合同的责任。

二、不可抗力的原因及认定条件

造成不可抗力事件的原因大体可分为自然原因和社会原因两类：一类是自然原因引起的，如洪水、暴风、干旱、暴雪、地震、火灾等；另一类是社会原因引起的，如战争、罢工、政府封锁禁运、禁止进出口及国际航道封闭等。但应注意的是，并非所有自然原因和社会原因引起的事件都属于不可抗力事件。哪些意外事故应视作不可抗力，可由买卖双方在合同的不可抗力条款中约定。

构成不可抗力事件一般应当具备以下条件。

(1) 事件是在签订合同之后发生的。

(2) 事件不是由于任何一方当事人故意或过失所造成的。

(3) 事件的发生及其造成的后果是当事人在订立合同时无法预见的。

(4) 事件是当事人无法控制、无法避免和不可克服的。

因此，对于不可抗力事件的认定必须慎重，要与商品价格波动、汇率变化、买方无力偿付货款等正常的贸易风险区分开来。

三、不可抗力的法律后果

不可抗力事件所引起的后果主要有两种：一是解除合同；二是变更合同。所谓变更合同，是指对原订合同的条件或内容适当地变更，包括替代履行，减少履行或延迟履行。至于在什么情况下可以解除合同，在什么情况下不能解除合同而只能变更合同，要看不可抗力事件对履行合同的影响，也可由买卖双方在合同中作具体规定。如合同中未作具体规定，一般原则是：如不可抗力事件使合同的履行成为不可能，且买卖双方买卖的是特定物，一旦遭遇不可抗力事件，可解除合同。如不可抗力事件只是暂时阻碍了合同的履行，如买卖双方买卖的是种类物，则只要卖方还有可能从其他地方取得合同规定的货物，那么他就不得免除履约责任，而只能采用变更合同的方法，如替代履行、减少履行或延迟履行合同，以减少另一方的损失。

尽管如此，在实践中往往会出现，一旦发生不可抗力事件，一方就提出要解除合同。合同是变更还是解除，事关合同双方的经济利益。因此，合同中的不可抗力条款，仍应就不可抗力所引起的法律后果作出明确的规定，以利于执行。例如，我国的买卖合同一般都规定，由于不可抗力事件的影响而不能顺利履行合同时，可根据实际所受影响的时间延长履行合同的期限。

链　接

【案例与思考】

我国某出口企业以CIF纽约与美国某公司订立了200套家具的出口合同。合同规定某年12月交货。11月底，我企业出口商品仓库发生雷击火灾，致使一半左右的出口家具烧毁。我企业以发生不可抗力事故为由，要求免除交货责任，但美方不同意我方请求，坚持要求我方按时交货。我方经艰苦努力，于次年1月初交货，美方于是提出索赔。问：① 我方要求免除交货责任的要求是否合理？为什么？② 美方的索赔要求是否合理？为什么？

【案例评析】

1. 本案中，我方出口商品仓库发生雷击火灾，致使一半左右的出口家具烧毁，这属于不可抗力事故，我方可以遭遇不可抗力事故为由，而向美方提出延期履行合同的要求，但不能提出解除合同的要求。因为，本次不可抗力事件的严重程度只能定性为“暂时阻碍了合同的履行”，并没有严重到“使合同的履行成为不可能”。

2. 美方的索赔要求不合理。因为，既然发生了不可抗力事故，且已备好的货物一半被烧毁，这必然影响我方的交货时间。另外，不可抗力是一项免责条款，可免除遭受不可抗力事故一方不能如期履约的责任。美方应考虑实际情况同意延期履行合同。因此，美方的索赔要求是不合理的。

第二节　不可抗力的处理及其条款

在进出口合同中订立了不可抗力条款，一旦发生意外事故影响到合同的履行时，就可根据合同规定的范围和原则确定发生的意外事故是否属于不可抗力，防止对方任意扩大或缩小对不可抗力的解释或在履约方面提出不合理要求。因此，买卖双方在合同中订立不可抗力条款是非常必要的。

一、不可抗力条款的内容及其订立

（一）不可抗力条款的内容

不可抗力条款是一种免责条款，即免除由于不可抗力事件而违约的一方的违约责任。一般应规定的内容包括：不可抗力事件的范围，事件发生后通知对方的期限，出具证明文件的机构以及不可抗力事件的后果。

（二）不可抗力条款的订立

常见的不可抗力条款的订法有三种。

1. 概括式规定，即在合同中不具体规定不可抗力事故的种类而是作笼统的规定。例如："由于不可抗力的原因，致使卖方不能部分或全部装运或延迟装运合同货物，卖方对于这种不能装运或延迟装运本合同货物不负有责任。"[If the shipment of the contracted goods is prevented to delayed in whole or in part due to Force Majeure, the Sellers shall not be liable for nonshipment or late shipment of the goods of this contract.]

2. 列举式规定，即逐一详列不可抗力事故的种类。例如："由于战争、地震、火灾、水灾、雪灾、暴风雨的原因，致使卖方不能全部或部分装运或延迟装运合同货物，卖方对于这种不能装运或延迟装运本合同货物不负有责任。"[If the shipment of contracted goods is prevented or delayed in whole or in part by reason of war, earthquake, fire, flood, heavy snow, storm, the Seller shall not be liable for nonshipment or late shipment of the goods of this contract.]

3. 综合式规定，即将概括式和列举式合并在一起的方式。在列明双方取得一致意见的各种不可抗力事件的同时，加上"以及双方当事人所同意的其他事故"的字样，以便在发生合同没有列明的意外事故时，由双方当事人协商决定是否作为不可抗力事件看待。例如："因战争、地震、火灾、雪灾、暴风雨或其他不可抗力，致使卖方不能全部或部分装运或延迟装运合同货物，卖方对于这种不能装运或延迟装运本合同货物不负有责任。"[If the shipment of the contracted goods is prevented or delayed in whole or in part by reason of war, earthquake, fire, flood, heavy snow, storm or other causes of Force Majeure, the Sellers shall not be liable for nonshipment or late shipment of the goods of this contract.]

上述概括式规定比较笼统，由于理解不同，容易产生纠纷。因为目前所谓公认的不可抗力，在国际上并没有统一的准绳可循。上述列举式规定虽然明确，但不可抗力的事故不胜枚举，合同很难全部包括进去，如发生了没有列举的事故，就无法引用不可抗力条款。而综合性规定则弥补了前两种方式的不足，既明确具体，又有一定的灵活性，因此，使用比较广泛。

二、不可抗力事件的处理

不可抗力事件的处理，关键是对不可抗力事件的认定，尽管在合同的不可抗力条款中作了一定的说明，但在具体问题上，双方会对不可抗力事件是否成立出现分歧。通常应注意下列事项。

1. 区分商业风险和不可抗力事件。商业风险往往也是无法预见和不可避免的，但是它和不可抗力事件的根本区别在于：一方当事人承担了风险损失后，有能力履行合同义务，典型情况是对“种类物”的处理，此类货物可以从市场中购得，因而卖方通常不能免除其交货责任。

2. 重视“特定标的物”的作用。对于包装后刷上唛头或通过运输单据等已将货物确定为某项合同的标的物，称为“特定标的物”。此类货物由于意外事件而灭失，卖方可以确认为不可抗力事件。如果货物并未特定化，则会造成免责的依据不足，比如3万米棉布在储存中由于不可抗力损失了1万米，若棉布分别售于两个货主，而未对棉布作特定化处理，则卖方对两个买主都无法引用不可抗力条款免责。

三、援引不可抗力条款处理事故应注意的事项

当不可抗力事故发生后，合同当事人在援引不可抗力条款和处理不可抗力事故时应注意的事项有以下几点。

1. 发生事故的一方当事人应按合同约定期限和方式及时将事故情况通知对方，对方也应及时答复，如有异议要及时提出。《公约》明确规定：“不履行义务的一方，必须将事件及其对他履行义务能力的影响通知另一方。如果该项通知在其已经知道或者理应知道这一障碍后的一段合理时间内，仍未被另一方收到，则他对由于另一方未收到通知而造成的损害，应负赔偿责任。”关于通知方式和时限，一般规定：一方遭受不可抗力事故以后，应以电报或电传通知对方，并应在15天内提供事故的详情及影响合同履行的程度的证明文件。

一方接到对方关于不可抗力事件的通知或证明文件后，无论同意与否都应及时答复，否则，按有些国家的法律(如《美国统一商法典》)，将被视作默认。

2. 发生事故的一方当事人应出具有效的证明文件，以作为发生事故的证据。进出口合同一般都明确规定了出证机构。在国外，一般是由当地的商会或合法公证机构出具，在我国，是由中国国际贸易促进委员会及其设在口岸的贸促会分会出证。

3. 双方当事人都要认真分析事故的性质，看其是否属于不可抗力事故的范围，并就不可抗力的后果，按约定的处理原则和办法进行协商处理。

链 接

国际货物买卖合同中不可抗力条款的表述

由于战争、地震、火灾、水灾、雪灾、暴风雨或其他不可抗力事故，致使卖方不能全部或部分装运或延迟装运合同货物，卖方对于这种不能装运或延迟装运本合同货物不负

（续上）

有责任。但卖方须用电报或电传方式通知买方，并应在15天内以航空挂号信件向买方提供由中国国际贸易促进委员会出具的证明此类事件的证明书。

If the shipment of contracted goods is prevented or delayed in whole or in part by reason of war, earthquake, fire, flood, heavy snow, storm or other causes of Force Majeure, the Seller shall not be liable for nonshipment or late shipment of the goods of this contract. However, the Sellers shall notify the Buyers by cable or telex and furnish the letter within 15 days by registered airmail with a certificate issued by the China Council for the Promotion of International Trade attesting such event or events.

思考题

1. 如何认定不可抗力事件？
2. 不可抗力的法律后果是什么？
3. 不可抗力条款的订立方式有哪些？
4. 处理不可抗力事件有哪些注意点？
5. 援引不可抗力条款处理事故有哪些注意事项？

案例分析

1. 有一份合同，印度A公司向美国B公司出口一批黄麻。在合同履行的过程中，印度政府宣布对黄麻实行出口许可证和配额制度。A公司因无法取得出口许可证而无法向美国B公司出口黄麻，遂以不可抗力为由主张解除合同。问：印度A公司能否主张这种权利？为什么？

2. 我方按FOB条件进口商品一批，合同规定交货期为5月份。4月8日，接对方来电称，因洪水冲毁公路（附有证明），要求将交货期推至7月份。我方接信后，认为既然有证明因洪水冲毁公路，推迟交货期应没有问题，但因广交会期间工作比较忙，我方一直未给对方答复。6月份、7月份船期较紧，我方于8月份才派船前往装运港装货。因货物置于码头仓库产生了巨额的仓租、保管等费用，对方便要求我方承担有关的费用。问：我方可否以对方违约在先为由，不予理赔？为什么？

第三章 索　赔

国际贸易活动中，买卖双方往往会由于交易的一方不履行或不全部履行合同中规定的责任和义务而引起争议，除非发生不可抗力的原因，有关当事人才可免负责任，但如果一方当事人的违约是因故意、疏忽、过失或合同条款订得不明确等原因造成的，根据有关的法律和合同的规定，受损方有权提出索赔。

第一节　索赔概述

当事人一方提出索赔时，另一方应及时处理，此称为理赔。索赔和理赔是一个问题的两个方面，在受害方是索赔，在违约方是理赔。

一、争议及索赔的含义

（一）争议及索赔

争议(Disputes)是指交易的一方认为对方未能全部或部分履行合同规定的责任和义务而引起的纠纷。

索赔(Claim)是指遭受损害的一方向责任方提出赔偿的要求。索赔的法律依据是合同和适用的法律、惯例。索赔的事实依据是违约事实的书面文件，指有资格的机构出具的书面证明，当事人的陈述和其他旁证。

根据索赔对象的不同，索赔可分为向合同违约方索赔(多数是买方向卖方提出)、向运输方索赔、向保险公司索赔等。究竟向何方索赔，应视责任归属而定。如不交货或延期交货，或所交货物的品质、规格、数量、包装等与合同(或信用证)不符，或提供的单据不符要求等，应向卖方索赔；如数量少于提单载明的数量，收货人持有清洁提单而货物发生残损短缺，应向承运人索赔；如在承保范围内的货物损失，船公司(或承运人)不予赔偿的损失或赔偿不足以补偿货物的损失而又属承保范围以内的，应向保险公司索赔。我国的对外索赔，属于船方责任的，由有关运输公司代办，属于卖方责任和保险公司责任的，由各进出口公司自行办理。以上是各个索赔对象应负的单独责任。如果损失的发生牵涉几方面，则可根据具体情况由涉及的几方共同承担。

(二) 贸易索赔的原因

交易中引起双方争议的原因是多种多样的，大致归纳为以下几种情况。

1. 属于卖方的责任。

(1) 不按合同规定的交货期交货，或不交货。

(2) 所交货物的品质、规格、数量、包装等与合同(或信用证)规定不符。

(3) 其他不符合合同条款规定的行为致使买方受到损失。

2. 属于买方的责任。

(1) 在按信用证支付方式成交的条件下，不按期开证或不开证。

(2) 不按合同规定付款赎单，无理拒收货物。

(3) 在 FOB 条件下，不按合同规定如期派船接货等。

(4) 其他不符合合同条款规定的行为致使卖方受到损失。

3. 买卖双方均负有违约责任。如合同条款规定不明确，致使双方理解或解释不统一，造成一方违约，引起纠纷。

从违约的性质看，争议产生的原因：一种是由当事人一方的故意行为造成的；另一种是由于当事人一方的疏忽、过失或业务生疏而导致的。此外，对合同义务的重视不足，往往也是导致违约、发生纠纷的原因之一。

二、违约及其法律后果

买卖合同是对缔约双方具有约束力的法律文件。任何一方违反了合同义务，就应承担违约的法律后果，受损方有权提出损害赔偿要求。但是，各国的法律或国际组织的文件对于违约方的违约行为及由此产生的法律后果、对该后果的处理有不同的规定和解释。

英国的《货物买卖法》将违约分为违反要件（Breach of Condition）和违反担保（Breach of Warranty）两种。违反要件是指违反合同的主要条款，即违反与商品有关的品质、数量、交货期等要件；在合同的一方当事人违反要件的情况下，另一方当事人即受损方有权解除合同，并有权提出损害赔偿。违反担保是指违反合同的次要条款，在违反担保的情况下，受损方只能提出损害赔偿，而不能解除合同。至于在每份具体合同中，哪个属于要件，哪个属于担保，该法并无明确具体的解释，只是根据“合同所作的解释进行判断”。这样，在解释和处理违约案件时，难免带有不确定性和随意性。

与英国《货物买卖法》不同，《联合国国际货物销售合同公约》(1980 年)根据违约的严重性程度将违约分为根本性违约(Fundamental Breach)和非根本性违约(Nonfundamental Breach)两种。根本性违约是指违约方的故意行为造成的违约，如卖方完全不交货，买方无理拒收货物、拒付货款，其结果给受损方造成实质损害(Substial Detriment)。如果一方当事人根本违约，另一方当事人可以宣告合同无效，并可要求损害赔偿。非根本性违约是指违约的状况尚未达到根本违反合同的程度，受损方只能要求损害赔偿，而不能宣告合同无效。

三、针对违约的措施

（一）卖方违约，买方可采取的措施

1. 如果卖方不交货，买方可采取的措施。

(1) 要求卖方按照合同规定履行交货义务，但需给卖方一段适当的宽限期。

(2) 宣告合同无效并提出损害赔偿要求。

(3) 要求损害赔偿，其范围包括可预见的利润在内。

2. 卖方延迟交货，买方可选择的措施。

(1) 宣告合同无效，但必须是在卖方延迟交货已构成根本性违反合同。

(2) 接受货物，但对延迟交货所造成的损失要求损害赔偿。

3. 卖方提前交货，买方有权拒收货物，也可接受货物。

4. 卖方所交货物与合同不符，买方可根据实际情况采取不同的处理方法。

(1) 可要求卖方交付替代货物。

(2) 可要求对货物进行修理。

(3) 可要求降低货物价格。

(4) 可要求损害赔偿。

(5) 可宣告合同无效。

（二）买方违约，卖方可采取的措施

买方违约常常表现为不支付货款或不按期支付货款，或者不按合同规定收取货物或接受代表货物的单据。对此，卖方可采取如下措施。

1. 要求买方履行合同义务。

2. 要求损害赔偿。

3. 宣告撤销合同。

4. 控制货物，即在买方推迟收取货物、不支付货款或支付能力困难时，卖方可控制单据或货物处置权。

第二节 合同中的索赔条款

进出口合同中的索赔条款有两种订立方式：一是异议和索赔条款(Discrepancy and Claim Clause)；另一个则是罚金条款(Penalty Clause)。在一般的商品买卖合同中，多数只订异议和索赔条款，只有在买卖大宗商品和机构设备一类商品的合同中，除订明异议与索赔条款外，再另订罚金条款。

一、异议与索赔条款

异议与索赔条款适用于商品品质、数量方面的索赔，该条款的内容，除规定一方如违反合同，另一方有权索赔外，还包括索赔的依据、索赔期限、处理索赔的办法和赔付金额等内容。

1. 索赔的依据。索赔的依据主要规定索赔必须具备的证据和出证机构。若证据不全、不清，出证机构不符合要求，都可能遭到对方拒赔。索赔依据包括法律依据和事实依据两个方面。前者是指贸易合同和有关国家的法律规定;后者是指违约的事实、情节及其证据。

2. 索赔期限。索赔期限是指索赔方向违约方提赔的有效时限,若逾期提赔,违约方可不予受理。因此,关于索赔期限的规定必须根据不同种类的商品作出合理安排。对于有质量保证期限的商品,合同中加订保证期。保证期可规定为1年或1年以上。总之,索赔期限的规定,除一些性能特殊的产品(如机器设备等)外,一般不宜过长,以免使卖方承担过重的责任;也不宜规定得太短,以免使买方无法行使索赔权,要根据商品性质及检验所需时间多少等因素而定。

规定索赔期限时,尚需对索赔期限的起算时间作出具体规定,通常有以下几种起算方法。

(1) 货物到达目的港后××天起算。

(2) 货物到达目的港卸离海轮后××天起算。

(3) 货物到达买方营业处后或用户所在地后××天起算。

(4) 货物经检验后××天起算。

索赔依据和索赔期限在异议和索赔条款中要明确地加以规定,并与检验条款相结合。例如,在我国出口合同中,关于异议和索赔条款的规定大致如下:

索赔:买方对于装运货物的任何异议,必须于货物运抵提单所列明目的港60天内提出,并须提供经卖方认可的公证机构出具的检验报告。

3. 处理索赔的办法和赔付金额。此问题除个别情况外,通常在合同中只作一般笼统规定,但如果需要,可由买卖双方商定具体办法,如修整、换货或退货还款等,也可规定赔偿一定的损失和费用。

根据有关的法律和国际贸易的实践,确定赔付金额的基本原则如下所述。

(1) 赔付金额应与因违约而遭受的包括利润在内的损失额相等。

(2) 赔付金额应以违约方在订立合同时可预料到的合理损失为限。

(3) 由于受害一方未采取合理措施使有可能减轻的损失未减轻,应在赔付金额中扣除。

二、罚金条款

罚金条款又称违约金条款,是由双方当事人在合同中约定,如果发生合同所列明的违约事件,受害方可按合同规定的条款,收取违约金,作为补偿。

罚金条款一般适用于卖方延期交货,或者买方延迟开立信用证和延期接运货物等情况。罚金数额由交易双方商定,罚金的数量根据违约的具体情况而定,并规定最高限额。例如,合同规定:若卖方不按期交货,每延误1周,买方可收取相当于货款0.5%的罚金,不足1周者,按1周计算,延误1个月,买方除要求卖方支付延期交货罚金外,还有权解除合同。按一般惯例,罚金数额以不超过货物总金额的5%为宜。卖方支付罚金后,并不能解除其继续履行合同的义务。对于罚金起算日期的计算有两种方法:一是以约定的交货期或开证期终止后立即起算;二是规定优惠期。

但若约定的违约金低于或过分高于违反合同所造成的损失,当事人可以请求法院或仲裁机构予以增加或适当减少。

三、索赔和理赔应注意的问题

索赔、理赔是一项政策性、法律性都很强的工作。在国际贸易中，既要维护我方当事人的政治、经济利益，又要重合同、守信誉、树立良好的国家和企业信誉。因此，要做到依法办事、程序清楚、处理及时得当。

1. 索赔时应注意的问题。

(1) 提供充分的索赔证据，其中包括检验检疫机构出具的检验证书。

(2) 确定索赔金额，如合同预先有约定，应按约定的金额索赔；如未预先约定，应按实际损失确定索赔金额。

(3) 须在索赔期内提出索赔。如估计检验工作不能在规定期限内完成，则应及时向卖方提出延长索赔期，并取得对方同意。

2. 在理赔工作中应注意的问题。

(1) 认真审查对方提出的索赔要求，其理由是否充分，出证机构是否合法，证据与索赔要求是否一致，是否在索赔期内提出等。

(2) 判断是否属于我方的索赔范围。如属船公司或保险公司的责任范围，应转请有关方面处理。如确属我方责任，在合理确定对方损失后，应实事求是地予以赔偿。不该赔偿的应根据事实向对方说明理由。

总之，索赔和理赔工作均应认真对待，注意策略，及时处理，做到有理、有利、有节。

链 接

【案例与思考】

某公司以CIF条件出口1 000公吨大米，合同规定为一级大米，每公吨300美元，共300 000美元。卖方交货时，实际交货的品质为二级大米。按订约时的市场价格，二级大米每公吨250美元。问：根据《公约》的规定，此案中，买方可以主张何种权力？若买方索赔，其提出的索赔要求可包括哪些损失？

【案例评析】

1. 此案中，卖方违约的后果并未达到完全剥夺买方根据合同规定应该得到的利益，因此，根据《公约》的规定属于非根本性违约，买方据此可以主张向卖方提出损害赔偿的权利。

2. 根据《公约》第74条规定，买方要求索赔时可包括：① 一级大米与二级大米之间的差价；② 因卖方违反合同而使买方遭受的利润损失。

思考题

1. 何为争议、理赔与索赔？

2. 引发争议的原因有哪些？

3. 一方违约，另一方可采取哪些措施？
4. 如何计算索赔期限的起算时间？
5. 索赔和理赔应注意哪些问题？
6. 违约的法律后果是什么？

案例分析

1. 我方售货给加拿大的甲商，甲商又将货物转手出售给英国的乙商。货抵甲国后，甲商已发现货物存在质量问题，但仍将原货经另一艘船运往英国，乙商收到货物后，除发现货物质量问题外，还发现有80包货物包装破损，货物短少严重，因而向甲商索赔，据此，甲商又向我方提出索赔。问：此案中，我方是否应负责赔偿？为什么？

2. 买卖双方以CIF价格术语达成一笔交易，合同规定卖方向买方出口商品5 000件，每件15美元，信用证支付方式付款；商品检验条款规定："以出口国商品检验局出具的检验证书为卖方议付的依据，货到目的港，买方有权对商品进行复验，复验结果作为买方索赔的依据。"卖方在办理装运、制作整套结汇单据，并办理完结汇手续以后，收到了买方因货物质量与合同规定不符而向卖方提出索赔的电传通知及目的港检验机构出具的检验证明，但卖方认为，交易已经结束，责任应由买方自负。问：卖方的看法是否正确？为什么？

3. 我A公司与美国B公司以CIF纽约的条件出口一批农产品，订约时，我A公司已知道该批货物要转销加拿大。该货物到纽约后，立即转运加拿大。其后纽约的买方B凭加拿大商检机构签发的在加拿大检验的证明书，向我方提出索赔。问：我方公司应如何对待加拿大的检验证书？

第四章 仲　裁

国际贸易中，解决争议的方式通常有协商、调解、仲裁（Arbitration）、诉讼等。采用友好协商或通过第三者调解的方式，气氛比较友好，有利于贸易双方的长期交往，是买卖双方都愿意采用的方法。但如果通过协商和调解，买卖双方未能达成一致意见，则只好采用仲裁或诉讼的方式来加以解决。

第一节　仲 裁 概 述

由于仲裁程序比较简单，仲裁时间短，费用较低廉，且裁决一般为终局性的，更重要的是可以较少影响双方之间的关系，所以合同双方一般均愿意采用这种方式解决纠纷。

一、仲裁的含义

仲裁又称公断，是指买卖双方达成书面协议，自愿把双方之间的争议提交双方同意的仲裁机构进行裁决，裁决对双方均有约束力。目前，包括我国在内的不少国家已通过立法，规定仲裁为解决争议的途径之一。

二、仲裁机构

世界上许多国家和一些国际组织都设有专门从事国际商事仲裁的常设机构，如国际商会仲裁院、英国伦敦仲裁院、英国仲裁协会、美国仲裁协会、瑞典斯德哥尔摩商会仲裁院、瑞士苏黎世商会仲裁院、日本国际商事仲裁协会等。我国的涉外仲裁机构为中国国际经济贸易仲裁委员会，设在北京，在上海和深圳设有分会，它是我国唯一的对外经贸仲裁机构。

仲裁机构不是国家的司法部门，而是依据法律成立的民间机构。

三、仲裁协议的形式和作用

我国《仲裁法》第 4 条规定，当事人采用仲裁方式处理争议时，双方当事人必须订有仲裁协议（Arbitration Agreement）。没有仲裁协议，一方申请仲裁的，仲裁机构不予受理。可见，发生争议的双方中任何一方申请仲裁时，必须提交双方当事人达成的仲裁协议。仲裁协议是双方当事人在自愿、协商、平等互利的基础之上将争议交付仲裁机构解决争议的书面文件，是申请仲裁的必备材料。

（一）仲裁协议的形式

仲裁协议有两种形式：一种是由双方当事人在争议发生之前订立的，表示同意把将来可能发生的争议提交仲裁解决的协议，这种协议作为合同的一项条款，即我们所说的“仲裁条款”(Arbitration Clause)；另一种是由双方当事人在争议发生之后订立的，表示同意把已经发生的争议交付仲裁的协议，这种协议称为“提交仲裁协议”。这两种仲裁协议的形式虽然不同，但其法律作用与效力是相同的。但值得注意的是，发生争议之前双方容易达成仲裁协议，一旦发生争议后，双方达成仲裁协议就比较困难。因此，仲裁作为一项合同条款，就显得十分重要。

（二）仲裁协议的作用

(1) 约束双方当事人只能以仲裁方式解决争议，不得向法院起诉。

(2) 排除法院对有关案件的管辖权。

(3) 使仲裁机构和仲裁员取得对有关争议案的管辖权。

仲裁协议的以上三方面作用是互相联系的，其中，排除法院对有关争议案的管辖权是很关键的。就是说，只要双方订立了仲裁条款或其他形式的仲裁协议，就不能把有关争议案件提交法院审理，如果任何一方违反协议，自行向法院提起诉讼，对方可根据仲裁协议要求法院停止司法诉讼程序，把有关争议案发还仲裁庭审理。因此，双方当事人在签订合同时如果愿意把日后可能发生的争议交付仲裁，而不愿诉诸法律程序，就应在合同中订立仲裁条款，以免未来发生争议。

四、仲裁条款的主要内容

目前，我国进出口合同中的仲裁条款的内容繁简不一，一般包括下列几个方面。

（一）仲裁地点

在什么地方进行仲裁，是买卖双方在磋商仲裁条款时的一个重点。这主要是因为，仲裁地点与仲裁所适用的程序法，以及合同所适用的实体法关系甚为密切。仲裁地点不同，适用的法律可能不同，对买卖双方的权利、义务的解释就会有差别。所以，交易双方都非常重视仲裁地点的确定，都力争在自己比较了解和信任的地方，尤其是力争在本国仲裁。我国进出口贸易合同中的仲裁地点，视贸易对象和情况的不同，可以采用下述四种规定方法之一。

(1) 力争规定在我国仲裁。

(2) 有时规定在被告所在国仲裁。

(3) 规定在双方同意的第三国仲裁。

(4) 也可以接受在对方所在国仲裁。

如采用第(3)种方法，一般是选择仲裁法律允许受理双方当事人都不是本国公民的争议案件，其仲裁机构又具有一定业务能力的第三国作为仲裁地点。

（二）仲裁机构

仲裁机构有两种可供选择：一种是由双方当事人在仲裁协议中规定一个常设的仲裁机构；另一种是由双方当事人指定仲裁员自行组织临时的仲裁机构，它是为了解决特定的争议而组成的仲裁庭，当争议案处理完毕后，将自动解散。

（三）仲裁程序法的适用

在买卖合同的仲裁条款中，应订明用哪个国家（地区）和哪个仲裁机构的仲裁规则进行仲裁。

（四）仲裁裁决的效力

仲裁裁决的效力主要是指由仲裁庭作出的裁决，对双方当事人是否具有约束力，是否为决定性的，能否向法院起诉要求变更裁决。

（五）仲裁费用的负担

通常在仲裁条款中明确规定出仲裁费用由谁负担。一般规定由败诉方承担，也有的规定为由仲裁庭酌情决定的。

链　接

国际贸易中的争议解决办法

国际贸易中，双方在履约过程中有可能发生争议。由于买卖双方之间的关系是一种平等互利的合作关系，所以一旦发生争议，首先应通过友好协商的方式解决，以利于保护商业秘密和企业声誉。如果协商不成，则当事人可按照合同约定或争议的情况采用协商、调解、仲裁或诉讼方式来解决争议。

1. 协商。即以争议双方自行进行友好磋商的方式来解决争议。当双方关系、资信较好时，大多采取这种方式。其优点是能迅速解决争议，不发生或极少发生额外费用，不伤害双方的友好关系。其局限性是，并非所有的争议都能通过当事人双方的友好协商来解决。

2. 调解。即由双方当事人自愿将争议提交选定的调解机构（法院，仲裁机构或专门的调解机构），由该机构按调解程序进行调解。我国在诉讼和仲裁中，均采用了先行调解的程序。若调解成功，双方应签订和解协议，作为一种新的契约予以执行，若调解意见不为双方或其中一方接受，则该意见对当事人无约束力，调解即告失败。

3. 仲裁。即双方当事人达成书面协议，自愿把争议提交给双方同意的仲裁机构进行裁决，仲裁机构作出的裁决是终局的，对双方都有约束力。在国际贸易实践中，仲裁是最被广泛采用的一种方式 。

4. 诉讼。即争议的一方当事人向法院起诉，控告合同的另一方，一般要求法院判令另一方当事人以赔偿经济损失或支付违约金的方式承担违约责任，也有要求对方实际履行合同义务的。诉讼具有强制性，只要起诉人起诉的案件被具有管辖权的法院受理，另一方就必须应诉。如不应诉，法院有权在被告缺席情况下作出判决。一般来说，被告缺席被法院视为“藐视法庭”，对被告是不利的。法院的判决对当事人双方均有法律约束力。在我国实行的是“二审终审制”，一方如不服一审判决，可上诉请求再审理。

诉讼方式的缺点在于立案时间长，诉讼费用高，异国法院的判决未必是公正的，各国司法程序不同，当事人在异国诉讼比较复杂。

综上所述，发生争议时，应首选协商方式。如不成功，再寻求调解。调解不成，再提交仲裁。只有在不得已情况下才诉诸法律、提起诉讼。

第二节　仲裁程序及执行

仲裁程序是指进行仲裁的程序和做法。根据中国仲裁规则规定，仲裁庭应当根据事实，依照法律和合同规定，参照国际惯例，并遵循公平合理原则，独立公正地作出裁决。

一、仲裁程序

中国国际商会于 1995 年 9 月 4 日修订并通过，自 1995 年 10 月 1 日起施行的《中国国际经济贸易仲裁规则》具体规定了我国的贸易仲裁程序规则。该程序一般包括提出仲裁申请、仲裁庭的组成、仲裁审理、仲裁裁决四个环节。

（一）提出仲裁申请

仲裁申请是仲裁机构立案受理的前提。根据《中国国际经济贸易仲裁委员会仲裁规则》规定，当事人一方申请仲裁时，应向仲裁委员会提交包括下列内容的签名申请书：① 申诉人和被诉人的名称、地址；② 申诉人所依据的仲裁协议；③ 案情和争议要点；④ 申诉人的请求及所依据的事实和证据。

申诉人提交仲裁申请书时，还应附上合同、仲裁协议、往来函电等的原件或副本、抄本，并交纳仲裁费预订金。

（二）仲裁庭的组成

争议案件提交仲裁后，由争议双方所指定的仲裁员组成仲裁庭进行审理并作出裁决。根据我国《仲裁法》规定，仲裁庭可由三名仲裁员组成，其中双方当事人各指定一名，并由当事人共同指定第三名仲裁员，而第三名仲裁员即为首席仲裁员。但当事人各自指定的仲裁员并不代表当事人的利益，不偏袒任何一方；对于可以采用简易程序的案件，仲裁庭也可由一名由双方当事人共同指定或委托的仲裁委员会主席所指定的独任仲裁员组成，单独审理案件。被指定的仲裁员，如果与案件有利害关系，应当自行向仲裁委员会请求回避。

（三）仲裁审理

仲裁庭审理案件有两种形式：开庭审理和不开庭审理。我国仲裁规则规定，除非双方当事人申请或征得双方当事人同意，仲裁庭应当开庭审理。但开庭审理一般不公开进行。仲裁庭对案件的审理过程一般包括：开庭、搜集证据和调查取证。必要时，还须通过法院采取保全措施。

开庭日期由仲裁庭会同仲裁委员会秘书处决定，并在开庭前 30 天通知双方当事人，当事人如有正当理由，可以申请延期。开庭地点应是在仲裁委员会所在地，但经仲裁委员会主席批准，也可以在其他地方。仲裁庭开庭时，如一方当事人或其代理人不出庭，仲裁庭可以进行缺席审理和作出缺席裁决。

仲裁和调解相结合解决争议是我国涉外仲裁的一个重要特点。我国仲裁规则规定，如果双方当事人有调解愿望，或一方当事人有调解愿望，并经仲裁庭征得另一方当事人同意，仲裁庭可以在仲裁程序进行过程中，对其审理的案件进行调解。经调解达成和解协议的案件，仲裁庭应当根据双方当事人和解协议的内容作出裁决书。如果双方当事人自行达成和解，申诉人应当及时撤销案件。

审理案件时，当事人应对其申诉或答辩所依据的事实提出证据，仲裁庭认为必要时可以自行调查、搜集证据；还可以向专家咨询，或指定鉴定人进行鉴定，专家和鉴定人可以是中国或外国的机构或公民。

保全措施又称临时性保护措施，是指在仲裁开始到作出裁决前对争议的标的物或有关当事人的财产采取临时性保护措施

（四）仲裁裁决

裁决是仲裁程序的最后一个环节。按规定，裁决必须以书面形式作出。裁决作出后，任何一方当事人不得向法院起诉，也不准向其他任何机构提出变更仲裁裁决的请求。但如果当事人能证明该裁决不符合法律程序要求，如无仲裁协议或仲裁员的行为不当等，该当事人可以向法院提出申请，要求法院撤销裁决，宣布无效。

二、仲裁裁决的效力

仲裁裁决是终局的，对双方当事人均有约束力，双方都必须执行。任何一方当事人不得向法院起诉，也不得向其他任何机构提出变更裁决的请求，如败诉方不执行裁决，则胜诉方有权向法院起诉，请求法院予以强制执行。

按照各国际仲裁规则的一般规定，仲裁裁决如系在无仲裁协议的情况下作出的或以无效（呈过期）的仲裁协议为据作出的裁决；仲裁员的行为不当或越权所作出的裁决；以伪造证据为依据所作出的裁决；或裁决的事项是属于仲裁地法律规定不得提交仲裁处理的裁决等，当事人可在法定期限内，请求仲裁地的管辖法院撤销仲裁裁决，并宣布其为无效。

三、仲裁裁决的执行

各国法律均规定，仲裁裁决应由败诉方自动执行，仲裁机构无强制执行裁决的权利和义务。如果败诉方不执行，胜诉方可以请求法院强制执行。一般来说，如果仲裁地和败诉方在同一个国家，能够比较顺利地执行；反之，执行起来就比较困难。

为使仲裁裁决能够顺利执行，国际上曾签订了一些国际仲裁公约。其中最有影响力的是1958年联合国在纽约签订的《承认与执行外国仲裁裁决公约》（以下简称《公约》）。目前已有100多个国家参加了该《公约》，我国于1987年4月22日加入该《公约》。《公约》中规定，凡在缔约国领土内作出的仲裁裁决都可以运用本《公约》予以执行，在非缔约国领土内作出的仲裁裁决，只要执行地不认为这完全属于其本国仲裁，也可以运用本《公约》加以执行。我国在批准参加该《公约》时，曾声明作了两点保留。

(1)“互惠保留”。中华人民共和国只在互惠的基础上对在另一缔约国领土内作出的仲裁裁决适用该《公约》。

(2)“商事保留”。中华人民共和国只对根据中华人民共和国法律认定为属于契约性和非契约性商事法律关系所引起的争议适用该《公约》。

我国政府对上述《公约》的加入和所作的声明，为我国承认与执行外国仲裁裁决提供了法律依据。

根据上述情况，在我国作出的仲裁裁决，需要在外国执行时，若对方是与我国签有互相执行仲裁裁决协议的，或者对方是上述公约缔约国并同意执行我国仲裁裁决的，则可顺利执行；

否则,我方只有到对方国家的法院去请求其强制执行。

需要指出的是,如果中国与某一国家签订的双边贸易协定或者双边投资保护协议或者司法互助协定中有关裁决的承认和执行的条件比 1958 年纽约《公约》规定的条件更为优惠,即使双方均是纽约《公约》的缔约国,裁决的承认和执行仍可以依据上述有关协定以更便利的方式执行。因为根据 1958 年纽约《公约》第 7 条第 1 款的规定,该公约的规定并不影响缔约国间所订关于承认和执行裁决之多边或双边协定的效力,双边条约或协定具有优先适用的效力。

仲裁裁决如果要在与我国既无 1958 年纽约《公约》成员国关系。又无司法协助亦无互惠关系的国家内申请执行的,应当通过外交途径,向对方国家的主管机关申请承认和执行。

链 接

仲裁方式的主要优势

在国际贸易实践中,仲裁是最被广泛采用的一种争议的解决方式。这主要是因为仲裁方式具有如下几个优势:

1. 仲裁是争议双方自愿达成的一种解决方式。仲裁协议达成后,就约束双方当事人只能以仲裁方式解决争议,不得向法院起诉。这有利于保护双方当事人的商业秘密和企业声誉。相比较而言,诉讼方式就会在这方面对当事人造成一定影响。

2. 仲裁的费用较低。仲裁费用一般仅为争议价值的 0.1%～1%,而诉讼费用一般光律师费一项就为诉讼标的的 1%～10%,此外还要发生法院审理费等其他费用。

3. 仲裁的速度较快。仲裁机构受理案件后,一般应在 1 周内开庭。而诉讼的立案就很难估计,提交诉状后数周甚至数月之后才予以立案的情况时有发生。

4. 仲裁的裁决较为专业公正。仲裁员多为贸易和法律方面的资深专家,具有良好的职业素养,其裁决相比于法院判决往往更加客观、专业、公平和迅速。由于诉讼情况下,法律保护的是有证据证明的事实,故当一方取证困难时,常常会有法律上无懈可击但事实上并不公正的判决出现。

5. 仲裁的裁决是终局性的。对仲裁裁决,双方当事人均不得向法院或其他机构提出变更裁决的要求;而法律诉讼的判决,一般是允许上诉并提出变更要求的。

6. 仲裁裁决的异国执行比较方便。由于世界上的大多数国家都批准加入了联合国主持发起的《承认与执行外国仲裁裁决公约》,故仲裁裁决的异国执行比较方便。

思考题

1. 请列举从事国际商事仲裁的常设机构。
2. 仲裁协议有哪几种形式?
3. 仲裁协议起什么作用?
4. 仲裁条款包含哪些内容?
5. 仲裁庭的组成有何规定?

6. 在什么情况下仲裁裁决无效?

案例分析

甲方与乙方签订了出口某种货物的买卖合同一份,合同中的仲裁条款规定:"凡因执行本合同所发生的一切争议,双方同意提交仲裁,仲裁在被诉人所在国家进行。仲裁裁决是终局的,对双方具有约束力。"在履行合同的过程中,乙方提出甲方所交的货物品质与合同规定不符,于是双方将争议提交甲国仲裁。经仲裁庭调查审理,认为乙方的举证不实,裁决乙方败诉,事后,甲方因乙方不执行裁决向本国法院提出申请,要求法院强制执行,乙方不服。问:乙方可否向本国法院提请上诉?为什么?

第六篇 国际贸易交易的程序

【本篇导读】

进出口贸易是以进出口合同，即国际货物买卖合同为中心进行的。其间，要经历交易前的准备、交易磋商、订立合同和履行合同等阶段，相对于一般国内贸易，无论从哪个方面说，国际贸易都要比国内贸易复杂。从实际业务操作角度看，进出口贸易涉及的环节众多，手续繁杂，需要严格遵照国家颁布的有关法律和行政法规行事，接受有关机关的监督管理，必须切实按照适用的法律和我国缔结或参加的国际条约以及国际贸易惯例办事。在各项业务活动中，还需得到银行、海关、运输、保险、检验检疫等部门的多方配合，其中任何一个环节的疏忽，都会影响贸易的正常进行。本篇全面阐述了交易前的准备、合同的磋商订立，以及合同履行等环节的一般业务做法，介绍了有关的法律规则和注意事项。

第一章 交易前的准备

交易前的准备主要是指买卖双方在交易合同签订之前进行的一系列准备活动的总称。在进出口贸易的各种工作环节中，交易前的准备是一项最基础的前期工作。不论是出口贸易还是进口贸易，准备工作是否充分细致，将直接影响到国际贸易的进程和国际贸易的效益。

第一节 出口交易前的准备工作

出口交易涉及方方面面，在进行出口交易的磋商之前，需要进行必要的准备工作。由于交易商品、交易时间以及交易方式等的不同，决定了不同的出口交易有不同的准备工作，但通常，出口交易前的准备工作主要有以下几个方面。

一、国际市场的调研

出口商必须进行深入的市场调研，广泛收集国外市场资料，了解特定市场上消费者的消费水平与消费习惯，摸清特定商品在该市场是否适销，是否存在同类产品的竞争，同类产品是否具有竞争优势以及价格变动趋势等问题。此外，还要对市场所在地的进口管制、外汇管制及海关制度等情况做认真分析，这样才有可能选择一个较为适当的销售市场。

对国际市场的调研，主要包括以下几个方面。

(一) 国别(地区)调研

这是对某一个国家(地区)的一般情况做广泛了解，尤其要对同贸易有关的情况做重点调查研究，目的是选择适宜的市场，并在交易磋商中更好地贯彻对外方针政策，为我国对外贸易的发展创造有利条件。国别(地区)调研一般包括以下方面。

1. 政治情况。包括政治制度、对外政策、政党活动、对我国的态度等。
2. 经济情况。包括财政政策、货币政策、失业情况、自然资源等。
3. 文化情况。包括风俗习惯、商业习惯、消费习惯等。
4. 对外贸易情况。包括进出口商品结构、数量、金额、贸易对象、外汇管制、关税和商检情况以及与我国的贸易关系等。

（二）商品市场调研

商品市场调研主要是调研相关商品在国际市场的生产、销售、价格等情况，以便掌握出口商品的价格及其他的交易条件。同时，要摸清市场对不同产品的适销情况，研究市场畅销品种，积极主动地适应市场需要，扩大我们的出口。

调研的目标是要明确5个“W”，即向哪里卖（Where）、何时卖（When）、怎么卖（How）、卖给谁（Who）以及以什么价格卖（Which Price）。

1. 向哪里卖。在国别（地区）调研的基础上要确定好销售地区。首先，要了解地区的容纳量，如该地区每年进口多少，出口多少。其次，要了解该地区产业结构及其调整趋势，如贸易产品是否已从劳动密集型商品向技术密集型商品转变。

2. 何时卖。出口商品要考虑商品的季节性，包括天然季节和人为季节。天然季节，如商品的上市时间等，很大程度上是受自然条件影响的。人为季节，如中秋节、圣诞节等，节日里有些特定的商品格外畅销。一般地说，商品出口时机的把握应力求在价格上涨至相对高位时。

3. 怎么卖。这实际上是指用什么销售方法进行销售。销售方法有很多，可以是通过经销商、代理商或者直接销售；可以是整批出口也可以是分批出口；可以是易货贸易也可以是现汇交易。出口之前在考虑销售方法问题上，出口商要综合考虑各种因素，特别要重视利用国外一些现有的渠道来扩大销售量。

4. 卖给谁。这是消费对象问题。在当今国际竞争日益激烈的情况下，卖方对自己消费对象的定位直接影响其在市场上的地位。一般地，中小企业要找准市场空隙才能赢得企业的发展。即使是实力雄厚的企业，对消费的适用对象问题也要有清醒的分析和合理的定位。

5. 以什么价格卖。商品市场的种种变化都会通过价格的波动表现出来。出口商只有对影响价格的各种因素进行研究，区别主次，才能正确判断当前的价格水平和发展趋势，从而定出最合适的价格。影响价格的因素包括价值变动、投机性活动、国家的政策因素等。

（三）市场供求调研

国际商品市场的供求关系是经常变化的，影响供求关系变动的因素很多，如生产周期、产品销售周期、消费习惯、消费水平、质量要求，应该结合我国市场对商品的供需，选择适宜的市场，获取供给信息、需求信息和价格信息。

二、选择交易对象

客户即出口交易对象。广泛地同客户建立贸易关系，正确选择国外客户，对发展业务、扩大出口有很大作用。

（一）对客户进行调查研究

选择交易对象时，出口商应通过与客户的直接接触，或通过政府机构、银行、商会、咨询公司等多种渠道全面了解客户的政治背景、政治态度、资信状况及其经营范围、经营能力、经营作风、商业信誉，从而选择政治上友好、资信状况良好、经营能力较强的客户作为交易对象。

对客户调研的具体内容主要有以下方面。

1. 资金。客户有多少注册资本，其资产和历年的增资情况。

2. 信用。通过各种手段掌握客户的商业信用程度，看其是否诚实可靠。

3. 活动能力。看客户与银行、同行之间的关系及其在市场上的地位。

4. 企业设立年代。一般地，设立年代比较久的客户，其基础比较稳固。

5. 经营业务。包括对其所经营的品种、业务地区、业务性质等。

6. 客户的政治背景。主要调查其组织机构和主要负责人的政治态度。

（二）建立广泛的客户群

正确选择和利用客户，建立客户档案，对不同类型的客户进行分类，并与之建立稳定的贸易关系，同时还要注意不断扩大客户的数量，以避免对少数客户的过分依赖。争取在国际市场上建立一个广泛、稳定的客户群。与国外客户建立关系的途径主要有：由我驻外商务机构或出口小组介绍；由原来老客户介绍；以国外出版的行业名录、进出口手册等为线索和客户联系；客户主动前来联系等。

三、做好出口商品的广告宣传

通过广告向国外客户及消费者介绍我国的出口商品，使之了解商品的性能、特点，以便销售和扩大出口数量，提高售价。

出口商可以通过委托国外的代理人或广告商，或通过广播、电视、报刊等大众传播媒介，或通过举办展览、印发宣传品等各种方式，将产品的用途及突出特点介绍给特定市场上的消费者，力求加深消费者对商品的印象。

在进行出口商品广告的宣传工作时，应注意以下一些原则。

1. 体现我国对外贸易的方针政策，宣传内容实事求是，严肃认真。

2. 宣传工作应有针对性，应配合业务需要，有计划、有步骤、有目标、有重点地进行。

3. 广告设计要从商品、市场和消费对象的实际情况出发，拟宣传的商品要性能可靠、质量稳定、供应正常。

4. 广告登载之后要及时检查、研究，注意反应与效果。

四、制定出口经营方案

出口商品经营方案是根据国家的方针政策和计划任务，对某种或某类商品在一定时期内出口推销的设想、做法和具体安排，是对外洽商交易的依据。其主要内容包括国内货源情况；国外市场情况；过去经营情况；对其他国家和地区出口计划的初步安排；对客户、贸易方式、运输方式、收汇方式的选择；对价格与佣金的掌握以及对出口经济效益的核算。

另外应注意，对大宗或重点推销的商品，通常要逐个制定经营方案，对一般商品则按大类制定经营方案，对一些中小商品或成交额不大的商品，仅需制定简单的价格方案，偏重于成本核算和出口价格的掌握。不论商品经营方案或价格方案，都需定期或不定期根据实践的客观情况的变化进行检查总结和修改，即使根据计划和经营方案与生产、供货部门落实生产或收购货源，其中包括品种、花色、原辅料、加工整理、包装装潢、交货时间、调运、保管等方面的安排。

链 接

市场营销现状分析

在出口经营方案中离不开对市场营销现状的分析，市场营销现状分析主要包括如下几个方面。

1. 市场情况：分析市场规模与增长情况（以数量单位或以金额计算），按照市场细分与地区细分列出，掌握市场需求情况和价格变动趋势。

2. 产品情况：列出过去几年来产品线中各主要产品的销售、价格、收益和利润的资料，国内生产能力、可供出口的数量、商品的品质、规格和包装等，确定产品在目标市场上的竞争地位。

3. 竞争情况：分析自己的主要竞争对手，并对他们的规模、目标、市场份额、产品质量及市场营销战略加以阐述。

4. 分销情况：提供有关在各个分销渠道中相关产品的销售数量，以及每个分销渠道重要地位的变化。它反映了分销商和经销商能力上的变化，以及为鼓励他们多销售所必要的激励措施和贸易条件。

5. 宏观环境情况：主要阐述影响这一产品线未来的宏观环境趋势，即人口统计、经济、技术、政法及社会文化的趋向。

第二节　进口交易前的准备工作

与出口交易一样，进口交易前的准备工作也同样很重要。准备工作做得好坏，直接关系到交易能否顺利进行以及能否确保有关当事人的经济利益。

一、选择采购市场与供货商

选择采购市场时，应比较不同国家和地区生产技术与工艺的先进程度及产品的性能，以便选择购买适合我国需要、价格合理的商品。选择供货商也适用选择出口交易对象的原则。同时应特别注意对方所提供的商品是否先进、适用，交易条件是否对我方有利，从众多的供货人中选择最理想的供货对象。

二、进行进口商品的审批

我国对有的进口商品，采用凭进口许可证进口的办法。海关凭进口货物许可证查验放行。对进口商品实施许可制度是国家管理进口贸易的一种重要管制手段。国家通过签发许可证以控制进口商品的种类、数量、价格以及供货的国家（地区）。

国务院规定统一管理的进口商品和国际市场上竞争性强的商品，及中央各部门进口的许可证商品，由商务部发证（或授权商务部各特派员办事处发证），其余授权省级经贸厅（委局）发

证。对国家规定必须申领进口许可证的商品，进口单位必须在向外订货前填制进口许可证的申请表，连同应提交的有效文件，向发证部门申领进口许可证。实行许可证管理的进口货物的品种，由商务部根据国家规定统一公布、调整。

三、审查进口订货卡片

通常，在进口商品审批通过之后，用货单位应填写进口订货卡片，其主要内容包括商品名称、品质、规格、数量、包装、估计单价与金额、要求到货时间、外汇来源等内容。外贸企业收到用货单位交来的订货卡片后，要审查其内容是否完整、进口商品是否符合国家政策规定、外汇及所需人民币是否已落实等，若审查合格，便开始对外采购工作。

四、制定进口商品经营方案

进口商品经营方案是为了完成进口任务而确定的各项具体安排，是外贸企业对外采购商品的主要依据。凡涉及大宗或重要商品的进口，一般都要在交易前制定进口经营方案，对订货数量、交货时间、采购市场、供货商、贸易方式作出适当安排，对价格及其他交易条件作出初步规定，并对进口经济效益进行核算。对中小商品的进口，一般只制定一个比较简单的价格方案。

链　接

进口成本的构成

进口货物的成本一般由进口交易的成交价和各项费用构成。

进口合同的价格在正式签约前是一种估价，是在供货商报价的基础上经过谈判可争取的价格。进口费用包括内容较多，以下以FOB国外口岸成交条件为例进行阐述。

1. 从国外港口（装运港）至我国港口（目的港）的海运运费。
2. 从装运港至目的港的保险费。
3. 支付给国外中间商的佣金。
4. 目的港装卸费用，包括卸货费、驳船费、港务费及码头包租费等。
5. 进口关税，包括进口关税以及海关代征税（如产品税、增值税等）。目前，我国进口货物都是按从价法征收关税。计税公式如下：

关税税款＝完税价格×适用的关税税率

6. 银行费用，如开证费、修改费、结汇手续费或借款利息费用。
7. 进口商品的检验费和其他公证费。
8. 提货费，包括码头开箱费。
9. 其他费用。

思考题

1. 在出口交易磋商之前有哪些准备工作?
2. 在进口交易磋商之前有哪些准备工作?

案例分析

经常会有一些动机不明的外商,很轻易地下订单,而且言明在收到样品后才肯开信用证。当我方寄出样品后,外商却销声匿迹了,我方这样做的结果就是样品白白被骗。问:遇到这种情况,我方应该如何处理?

第二章 合同的磋商和签订

交易磋商(Business Negotiation)又称合同磋商(Contract Negotiation),是指买卖双方就买卖某种货物的各项交易条件进行洽商,以求最后达成协议、签订合同的过程。一旦交易双方通过磋商对各项交易条件达成一致意见,合同即告成立,对双方都具有约束力。因此,交易磋商直接关系到交易双方能否顺利履行合同,关系到双方的经济效益,是进出口业务中最重要的环节。

第一节 交易磋商的一般程序

交易磋商的内容,以货物的品质、数量、包装、价格、交货和支付条件为主要内容,但通常也涉及检验、索赔、不可抗力和仲裁条件等其他内容。之所以说货物的品质等前六项为主要内容或主要交易条件,是由于买卖双方欲达成交易、订立合同,必须至少就这六项交易条件进行磋商并取得一致意见,因为这六项条件是成立买卖合同所不可缺少的交易条件。至于其他交易条件,特别是检验、索赔、不可抗力和仲裁,虽非成立合同所不可缺少的内容,但是为了提高合同质量,防止和减少争议的发生以及便于解决可能发生的争议,买卖双方在交易磋商时也不容忽视。

我国进出口公司在同国外客户建立贸易联系时,为了简化交易磋商的内容,加速进程,通常先将印有"一般交易条件"(General Terms and Conditions)的合同格式递交对方,经双方协商同意后,这些条件就成为今后双方进行交易的共同基础,双方均受此项"一般交易条件的约束",这对于缩短谈判时间和节约函电费用都是有利的。合同的一般交易条件通常包括:索赔、仲裁、不可抗力等条款,有的还包括商品检验、品质数量公差、保险、货运单据种类和份数以及开证注意事项等内容。

交易磋商的环节一般可以经过询盘(lnquiry)、发盘(Offer)、还盘(Counter Offer)和接受(Acceptance)四个环节,其中发盘和接受是不可缺少的环节,是达成交易的决定性环节。因为《联合国国际货物销售合同公约》(以下简称《合同公约》)和《中华人民共和国合同法》(以下简称《合同法》)均规定发盘和接受是合同有效的必要步骤。

一、询盘

询盘又称询价，是指买方为了购买或卖方为了销售货物而向对方提出有关交易条件的探询。其内容可以是只询问价格，也可以是询问其他一项或几项交易条件，以致要求对方向自己作出发盘。一般买方向卖方作询盘的情况比较多。

买方询盘又称"邀请发盘"(Invitation to Make Offer)。

例如：新加坡某买主向我轻工业进出口公司发来询盘：

PLS QUOTE LOWEST PRICE CFR SINGAPORE FOR 500 PCS FLYING PIGEON BRAND BICYCLES MAY SHIPMENT CABLE PROMPTLY.

请报500辆飞鸽牌自行车成本加运费至新加坡的最低价，5月装运，尽速电告。

卖方询盘，也称"邀请递盘"(Invitation to Make a Bid)：

例如：某金属品进出口公司向国外某买主发出询盘：

CAN SUPPLY ALUMINUM INGOT 99PCT JULY SHIPMENT PLS CABLE IF INTERESTED.

可供99%铝锭，7月装运，如有兴趣请电告。

例：我某贸易公司向国外某买主发出询盘：

CAN SUPPLY VIEWFINDER MARCH SHIPMENT CABLE IF INTERESTED.

可供反光镜3月装运，如有兴趣请电告。

询盘对询盘人和被询盘人均无法律上的约束力，而且不是交易磋商的必经步骤。但它往往是交易的起点，所以作为被询盘的一方，应对接到的询盘给予重视，并作及时和适当的处理。

询盘时一般不直接用询盘的术语，而通用下列词句："请告"(Please Advise)、"请电告"(Please Cable Advise)、"对……有兴趣，请"(Interested in…Please)、"请报价"(Please Quote)、"请发盘"(Please Offer)等。询盘还可以提出内容不肯定或附有保留条件的建议，如提出价格时使用参考价(Reference Price)或价格倾向(Price Indication)，再如，"以我方最后确认为准"(Subject to Our Final Confirmation)或"有权先售"(Subject to Prior Sale)等。

二、发盘

(一) 发盘的含义

发盘又称发价(Quotation)、报盘、报价。法律上称为"要约"，是买卖双方中的一方——发盘人(Offeror，Offerer)向对方——受盘人(Offeree)提出各项交易条件，并且愿意按照这些条件与受盘人达成交易，成立合同的一种肯定的表示。发盘可以由卖方提出，也可由买方提出。由卖方向买方发盘称为售货发盘(Selling Offer)，由买方向卖方发盘称为购货发盘(Buying Offer)又称递盘(Bid)。在实际业务中，通常发盘是一方在收到对方的询盘之后提出的，但也可不经对方询盘而径向对方发盘。

发盘经受盘人有效接受，合同即告成立，当事人之间就产生了具有法律约束力的合同。因此不论是卖方或买方，在其发盘为对方有效接受后，如发现所报价格对他不利或其他交易条件难以实现等情况，都不得拒绝按对方所接受的发盘条件履行其责任的义务，否则就构成违约。

发盘一般采用下列术语和语句：发盘、发实盘(Offer Firm；Firm Offer)、报价(Quote)、供

应(Supply)、可供应(Can Supply)、定购(Book; Booking)、订货(Order; Ordering)、可订(Can Book; Book Able)、递盘(Bid; Bidding)、递实盘(Bid Firm; Firm Bid)。

链 接

综合盘和复合盘

一项发盘有时可能包含两种或两种以上的品种或规格的商品,其中数量、价格、交货期等条件也可能不同。这种发盘一般可分为综合盘和复合盘。由于这两种发盘的性质不同,对受盘人应如何作出接受的要求也有所不同。

1. 综合盘。综合盘是两个或两个以上的发盘搭配在一起,要求受盘人要么全部接受,要么全部拒绝的发盘。这种发盘又称"联合发盘"或"一揽子发盘"(Package Offer),有两种情况:一是结合在一起的几个发盘都是销售发盘(Selling Offer)或都是购买发盘(Buying Offer);二是由销售发盘与购买发盘相结合的综合盘,如我方购买某商品时,以对方同时购买我方某出口商品为条件的发盘。总之,对于这类发盘,受盘人不能只接受其一,而不接受其二,否则,即构成还盘,而不是接受。

2. 复合盘。复合盘是发盘人向受盘人同时发出的两个或两个以上的各自独立的发盘。由于买卖双方经营的范围,通常不仅是一种商品或一种规格,而且在双方有很多商品或规格又往往是对口的情况下,一张订单包括几种商品或几种不同规格的情形并不少见。这种复合盘与上述的综合盘不同,受盘人可以接受其一,拒绝其二。

(二) 构成发盘的条件

构成一项法律上的有效发盘必须具备以下四个条件。

1. 发盘应向一个或一个以上特定的人提出。发盘必须向一个或一个以上特定的人(Specific Person)作出。所谓"特定的人",是指在发盘中指明个人姓名或企业名称的受盘人。不指定受盘人的,原则上不能看成是发盘,而只是一项发盘的邀请。如出口商在报纸上或刊物上登载广告,或向国外客户广泛寄送样品、目录、价目单,只是吸引对方提出订货,所以不构成对寄发人的约束。但是,如果出口人在作出上述行为时,明确表示"在得到接受时承受约束"的意旨,那么,他在商品目录、价目表或广告中所提出的建议,将被视作"发盘"。例如,在报上刊登出售某种商品的广告时,说明"在××××年××月××日前按所列价格汇到价款,保证供货",该广告的刊登者就必须对任何按期汇到价款的人,履行供货的义务。

2. 发盘内容必须十分确定。所谓发盘内容的确定,是指发盘的条件是完整的、明确的和终局的(Complete,Clear and Final)。《合同公约》第14条规定:一项订立合同的建议"如果写明货物,并且明示或暗示地规定数量和价格或如何确定数量和价格,即为十分确定(Sufficiently Definite)"。按此规定,一项订约建议只要列明货物、数量和价格三项条件,即可被认为其内容"十分确定",而构成一项有效的发盘。如该发盘为受盘人所接受,即可成立合同。

在实际业务中,一项发盘往往应包括品名品质、包装、数量、价格、支付、装运等6个主要交易条件。但由于发盘中在表面上所缺少的某些主要交易条件,在一定情况下可以从其他方面予以确定。至于所缺少的其他内容,如货物的包装、交货和支付条件,可在合同成立后,按双方之间已确立的习惯做法、惯例或按《合同公约》第三部分有关买卖双方义务的规定,予以补充。发盘的主要交易条件表面上不完整而实际上是完整的,有以下的背景情况:第一,买卖双方事先订有"一般交易条件"的协议:如在"一般交易条件"中已订明"支付方式:凭不可撤销即期信用证",除了拟作改动者外,就可在发盘中不列明上述支付条件。第二,援引来往函电及先前合同:在交易磋商中,发盘人在发盘时往往援引双方过去的做法,虽然在法律上是可行的,但是在实际业务中则往往是不可取的。

交易条件应是明确的,即不能有含糊、模棱两可的词句,如"参考价"(Reference Price)、指示性价格(Price Indication)或对交货期规定为"大约9月份"(About September)等。

3. 发盘应表明订约的意旨。按照现行法律和《合同公约》,一方当事人是否向对方表明在发盘被接受时承受约束的意旨,是判别一项发盘的基本标准(Basic Criterion)。所谓"承受约束",是指发盘人于得到接受时承担与受盘人按发盘条件订立合同的责任。如果发盘只是订立合同的建议,根本没有"承受约束"的意思,就不能被认为是一项发盘。例如,在订约建议中加注"仅供参考"、"以……确认为准"等保留条件,都不是一项发盘,只是邀请对方发盘。

4. 发盘必须被传达到受盘人(An Offer Must be Communicated to the Offeree)。这是《合同公约》和各国法律普遍的要求:"发盘无论是口头的还是书面的,只有被传达到受盘人时才生效。"例如,发盘人通过电话向受盘人发盘,中途电话发生故障,传送声音模糊,必须待电话修复后,让受盘人听清全部发盘内容,该发盘方为有效。又如,发盘人用信件或电报发盘,如该信件或电报因邮电局误递或在传递途中遗失,以致受盘人没有收到,则该发盘无效。如通过电传发盘,传送过程中线路或电传机发生故障,所传送的电文不清,须于修复后重新传送,使受盘人能收到清晰无误的发盘电传文本。

（三）发盘的有效期

在国际货物买卖中,发盘通常会规定有效期(Time of Validity 或 Duration of Offer)。发盘的有效期是指可供受盘人对发盘作出接受的时间或期限。这一含义有两层意思:一是发盘人在发盘有效期内受约束,即如果受盘人在有效期内将接受通知送达发盘人,发盘人承担按发盘条件与之订立合同的责任;另一层意思是指超过有效期,发盘人将不再受约束。因此,发盘的有效期,既是对发盘人的一种限制,也是对发盘人的一种保障。

在实际业务中常见的规定有效期的方法有以下几种。

1. 规定最迟接受的期限。发盘人在发盘中明确规定受盘人表示接受的最后期限。

例如:Offer Subject Reply Fifteenth (发盘限15日复)。

这种有效期的规定方法,存在一个问题,即该截止日(15日)是指受盘人在它的所在地发出接受通知的期限,还是接受通知必须送达发盘人(Reaches the Offeror)的期限,不够明确。为了明确发盘的截止期,在规定最迟接受的期限时,可同时限定以接受送达发盘人或以发盘人所在地的时间为准。

例如:

Subject Reply Reaching Here Fifteenth (发盘限15日复);

Offer Subject Reply Fifteenth Our Time (发盘限我方时间15日复);

Offer Valid Until Friday Our Time (发盘有效至我方时间星期五)。

2. 规定一段接受的期间。发盘人也可以规定发盘在一段期间内有效。

例如：

Offer Valid Three Days (发盘有效 3 天)；

Offer Reply in Ten Days(发盘 10 天内复)。

发盘人对于发盘明确规定有效期，其期限究竟多长，并无定则。一般来说，发盘有效期的长短取决于商品的种类、市场情况和交易额等因素。《合同公约》还规定对口头发价必须立即接受，但情况有别者不在此限。所谓“立即接受”，可理解为：在双方口头磋商时当场有效，收盘人不在磋商当场表示接受，发盘随即失效。对“情况有别者”，则可理解为：发盘人在口头发盘时，明确规定了有效期，如“有效期 3 天”，则该发盘不在“立即接受”之列。

3. 不明确规定有效期。发盘人在发盘中不明确规定有效期限，有的仅作笼统规定，有的甚至不作任何规定。这种发盘意味着在合理时间内有效。

例如：

Offer…Reply (发盘……复)；

Offer…Reply Immediately (发盘……速复)；

Offer…Reply Urgently (发盘……急复)。

“合理时间”究竟有多长及如何才算立即答复，各国并没有明确规定或解释。一般说来，“合理时间”要考虑到双方当事人的利益，既不能让发盘人等待太久，又要给受盘人足够的考虑及准备时间，还要适当地考虑到交易的情况及行业惯例和习惯做法。

（四）发盘的生效、撤回和撤销

1. 发盘的生效。《合同公约》第 15 条规定“发盘在送达受盘人时生效”。由此可见，发盘在未送达受盘人之前，如发盘人改变主意或情况发生变化就必然会产生发盘的撤回或撤销。

2. 发盘的撤回。发盘的撤回(Withdrawal)是指发盘人将尚未被受盘人收到的发盘予以取消的行为。《合同公约》第 15 条第(2)款规定：“一项发盘即使是不可撤销的，得予撤回，如果撤回通知于发盘送达被发盘人之前或同时送达受盘人。”这一规定是建立在发盘尚未生效的基础上的。对于一项尚未被收到还未生效的发盘，原定的受盘人无权向发盘人提出任何主张，因为根本不存在法律应予保护的“可期待之物”(Expectations)。可见，“撤回”的实质是阻止发盘生效。

发盘撤回的条件是：撤回通知比发盘先到达受盘人或撤回通知与发盘同时到达受盘人。在实际业务中，发盘人如果发现发盘中内容有误或市场行情有变，可争取在发盘到达受盘人之前，立即以更快速的通讯方式撤回该发盘。如发盘人用电传撤回用信件发出的发盘，当然撤回通知须先于发盘或与发盘同时到达受盘人。

3. 发盘的撤销。发盘的撤销(Revocation)是指发盘人将已经为受盘人收到的发盘予以取消的行为。各国法律对发盘能否被撤销解释不一。英美等国认为，发盘原则上对发盘人没有约束力，在受盘人接受前，发盘人可以撤销发盘，除非受盘人付出“对价”以取得发盘人不得取消发盘的承诺。大陆法国家认为，发盘原则上对发盘人有约束力，德国民法典规定，订有具体有效期的发盘，在有效期内不得撤销，未规定具体有效期的发盘，在合理时间内不得撤销。

《合同公约》对上述不同解释进行了协调，并规定：在未成立合同之前，如果撤销通知于受盘人发出接受通知之前到达受盘人，发盘可以撤销，除非表明为不可撤销的发盘。

此外，《合同公约》还规定，下列两种情况的发盘，一旦生效，则不得撤销。

(1) 发盘中规定了有效期，或以其他方式表示该发盘是不可撤销的。

(2) 受盘人有理由相信该发盘是不可撤销的，并已本着该信赖采取了行动。

(五) 发盘的终止

发盘的终止(Termination)是指发盘法律效力的消失。它含有两方面的意义：一是发盘人不再受发盘的约束；二是受盘人失去了接受该发盘的权利。

发盘终止的原因很多，归纳起来，主要有以下几种情况。

1. 在有效期内未被接受而过时。明确规定有效期的发盘，在有效期限内未被受盘人接受，该发盘就终止。未明确规定有效期的发盘，在合理时间内，未被受盘人接受，该发盘也就失效。

2. 被受盘人拒绝。一项发盘，一经受盘人拒绝就失效。拒绝是受盘人不同意发盘条件而对发盘作出不接受的表示。例如，"你 8 日电不能接受"(Yours Eighth Unacceptable)。

3. 经受盘人还盘。发盘一经还盘，发盘的效力即告终止。

4. 在被接受前发盘人对发盘进行有效的撤销。

5. 法律的适用。发盘还可因出现了某些特定情况，按有关法律的适用(Application of Law)而终止。例如，如发盘人为自然人，在发盘被接受前丧失行为能力(如死亡或精神失常)；如发盘人为法人(如公司)，在发盘被接受前，该法人依法宣告破产，并将有关破产的书面通知送达受盘人；特定标的物的毁灭，如一件珍贵的独一无二的、不可替代的艺术品，发盘作出后在火灾中焚毁；发盘中商品被出口国或进口国政府宣布禁止出口或进口。在以上任一情况下，发盘将依据法律而终止。

链 接

【案例与思考】

我某外贸企业向国外购某商品，不久接到外商 3 月 20 日的发盘，有效期至 3 月 26 日，我方于 3 月 22 日电复："如能把单价降低 5 美元，可以接受。"对方没有反应。后因用货部门要货心切，又鉴于该商品行情看涨，我方随即于 3 月 25 日又去电表示同意对方 3 月 20 日发盘所提各项条件。问：此项交易是否达成？

【案例评析】

交易未达成。因为我方 3 月 22 日去电是还盘，按法律规定，一项发盘一经还盘即告失效，同时原发盘人对还盘又未作出答复。而 3 月 25 日电是对已失效的发盘表示接受，据此不能达成交易。

三、还盘

还盘又称还价，是受盘人对发盘内容不完全同意而提出修改或变更的表示。还盘实质上

是受盘人对发盘拒绝后又作出的一项新的发盘，经还盘后原发盘即失去效力，发盘人不再受其约束，还盘人即为新发盘的发盘人，原发盘人成为新发盘的受盘人。对还盘的还盘实际上也是一种还盘。一方发盘，另一方对其内容不同意，可以进行还盘。同样，一方还盘，另一方对还盘内容不同意，也可以再进行还盘。一笔交易有时不经过还盘，经一方发盘一方接受即可达成。大多数交易在发盘后，要经过还盘、再还盘……有时甚至经过几十次往返，才能做成一笔买卖。

链　接

【案例与思考】

我A公司向国外B公司发盘，报谷物300公吨，每公吨250美元，发盘有效期为10天。3天后，B公司复电称，对该批货物感兴趣，但要进一步考虑。2天后，B公司两次来电，要求将货物数量增至600公吨，价格降至230美元/公吨。3天后，我公司将这批谷物卖给另一外商，并在第10天复电B公司，通知货已售出。但外商坚持要我方交货，否则以我方擅自撤约为由，要求赔偿。问：我方应否赔偿？为什么？

【案例评析】

我方不用赔偿。因为2天后，B公司两次来电，要求将货物数量增至600公吨，价格降至230美元/公吨，这是还盘。还盘一经作出，原发盘就已经失效。即使在原发盘的有效期内，原发盘者可以任意处理货物，喜欢卖给谁就卖给谁。

四、接受

（一）接受的含义

接受在法律上称“承诺”，是买方或卖方同意对方在发盘中提出的各项交易条件，并愿意按这些条件与对方达成交易、订立合同的一种肯定的表示。

一方的发盘经另一方接受，交易即告达成，合同即告订立，双方就应分别履行其所承担的合同义务。接受不得修改或撤销。

在实际业务中，受盘人对发盘表示同意，通常都用“接受”(Accept)这一术语，也有用“同意”(Agree)或“确认”(Confirm)等表示。

（二）构成接受的条件

《合同公约》规定：“被发盘人声明或作出其他行为表示同意一项发盘，即是接受；缄默或不行动本身不等于接受”。据此，构成一项法律上有效的接受，必须具备以下四个条件。

1. 接受必须由指定的受盘人作出。发盘是向特定的受盘人作出，与其相对应，接受必须由指定的受盘人作出，除受盘人之外的第三者作出的接受都不是有效接受。

2. 接受必须表示出来。接受必须由受盘人以某种方式表示出来。受盘人表示接受的方式有两种：

(1) 用“声明”(Statement)作出表示。即受盘人用口头或书面形式向发盘人表示同意发盘(Indicating Assent to An Offer)。这是国际贸易中最常用的表示方法,如受盘人用词简明,如“接受”或“确认”(Accept,Accepted or Confirm,Confirmed),则可明确地表达受盘人同意发盘的意思。

(2) 用“作出行为”(Performing An Act)来表示。所谓用作出某种行为来表示,通常是指卖方发运货物或由买方支付价款(包括汇付货款和开立信用证)来表示,也可以用作出其他任何行为来表示,如开始生产所买卖的货物、发盘人采购有关货物等。例如,出口方用发运货物或进口方以开信用证等行为来表示接受。在用行为表示接受时,必须注意,这种表示接受的方式是根据该发盘人的要求或依照当事人之间确立的习惯作法或惯例行事的,而且该行为必须在发盘明确规定的有效期之内,或者在合理时间之内作出方为有效。值得注意的是,我国在批准参加《公约》时,对《公约》承认合同可以书面以外形式订立的规定声明保留。因此,在实际业务中,我外贸企业应以书面通知的形式表示对发盘的接受。

3. 接受必须与发盘相符。接受必须无条件地全部同意发盘的条件。也就是说,接受必须是绝对的、无保留的,必须与发盘人所作发盘的条件相符。英美普通法认为,承诺(接受)应当像镜子一样(Mirror Image)照出要做(发盘)的内容。因此,附有限制、修改或增加新条件的接受,不能构成对发盘的有效接受,而是对发盘的拒绝并构成还盘。

链 接

《合同公约》对“有条件的接受”的特殊规定

在国际贸易的实际业务中,受盘人在表示接受时,往往对发盘作出某些添加、限制或其他更改。为了适应现代商业的需要,尽量促成交易的达成,不要因为受盘人在接受时对发盘作出的任何添加、限制或更改即影响合同的成立,《合同公约》将接受中对发盘的条件所作的变更分为:实质性变更(Material Alternation)和非实质性变更(Non-material Alternation)两类。

凡对货物的价格、付款、质量、交货地点和时间、赔偿责任范围或解决争端的添加、限制或更改,均视为实质性变更。如只是要求提供重量单、装箱单、商检证、产地证等单据,或增加某种单据的份数等附加条件,则可视为非实质性变更。

表示接受但含有实质性变更,无疑构成还盘。发盘人对此不予确认,合同不能成立。至于非实质性变更的接受,除发盘人及时向受盘人表示反对其间的差异外,仍构成接受,合同得以成立,并且合同的条件以该项发盘的条件以及在接受中所作的变更为准。

4. 接受必须在发盘的有效期内到达发盘人。根据法律的一般要求,如发盘中明确规定了有效期,接受必须在发盘的有效期内送达发盘人方能生效;如发盘中未明确规定有效期,接受通知必须在一段合理时间内送达发盘人。如果接受通知超过发盘规定的有效期限,或发盘没有具体规定有效期限而超过合理时间才送达发盘人,这就是一项逾期接受,也称“迟到的接

受”。对于这种迟到的接受，发盘人不受其约束，不具有法律效力。口头发盘必须立即接受，否则无效，如果发盘人同意延长发盘的有效期，则不受此限制。

链 接

【案例与思考】

我国某进出口公司欲进口包装机一批，对方的发盘是：“兹可供普通包装机100台，每台500美元CIF上海，6月份装运，限本月21日复到我方有效。”我方收到发盘后，在发盘规定的有效期内复电：“你方发盘接受，请内用泡沫，外加木条包装。”问：合同是否已经成立？

【案例评析】

合同已经成立。理由是：凡对货物的价格、付款、质量、交货地点和时间、赔偿责任范围或解决争端的添加、限制或更改，均视为实质性变更。而在本案中，我方对包装条件的添加并不构成实质性变更发盘条件，除非发盘人在合理的时间内及时表示不同意受盘人的添加，否则，该接受仍有效力，也就是合同成立。

表示接受但含有实质性变更，无疑构成还盘。发盘人对此不予确认，合同不能成立。至于非实质性变更的接受，除发盘人及时向受盘人表示反对其间的差异外，仍构成接受，合同得以成立，并且合同的条件以该项发盘的条件以及在接受中所作的变更为准。

（三）逾期接受

逾期接受(Late Acceptance)又称迟到的接受，是指受盘人发出的接受通知超过发盘人规定的有效期或发盘中未明确规定有效期而超过合理时间才送达发盘人。逾期接受在一般情况下无效。但《公约》对这一问题作了灵活处理：第一，只要发盘人毫不迟延地口头或书面通知受盘人，认为该项逾期接受有效，那么合同就成立。如发盘人对逾期的接受表示拒绝或不立即向受盘人发出上述通知，则该项逾期接受无效，合同不成立。第二，如果载有逾期接受的信件或其他书面文件显示，在传递正常的情况下，本应是能够送达发盘人的，则这项接受应当有效。除非发盘人毫不迟延地用口头或书面通知受盘人，他认为发盘已经失效。总之，逾期接受是否有效，关键要看发盘人如何表态。

（四）重新接受

重新接受是指受盘人接到一项发盘时，首先作出了拒绝或还盘，然后又表示接受。这种接受是否有效，要根据情况而定，如果受盘人采用更加快捷的传递方式将接受通知发出，并使其先于拒绝或还盘送达发盘人，则该项接受有效；如果接受通知与拒绝或还盘同时送达发盘人，或者迟于拒绝或还盘送达发盘人，则此项接受无效。因为拒绝或还盘一旦送达发盘人，发盘即告失效，受盘人已无接受的权利。

（五）接受的撤回

由于《合同公约》采用的是到达生效原则，因而接受发出后在一定条件下准予撤回(Withdraw Acceptance),但条件是撤回通知必须于接受通知到达发盘人之前或同时被送达发盘人。

在业务中,接受需要撤回,常因事先考虑不周,对市场行情的迅速变化未能及时掌握。此时,可以运用《合同公约》有关规定,及时撤回接受。

接受不得撤销,接受的通知一经到达发盘人即不能撤销,因为接受一经生效合同即告成立。如果撤销接受,在实质上,已属于毁约行为。

链 接

【案例与思考】

关于发盘是否撤回的争议

甲公司于5月7日用航空信向乙公司寄出一项发盘,发盘通知中注有"不可撤销"字样,规定在5月17日前答复有效。但甲公司又于5月10日下午用电报发出撤回发盘通知,该通知及发盘于5月11日上午同时送达乙公司。乙接到发盘和撤销通知后,立即用电报发出接受通知。事后双方就合同是否成立问题发生争议。问:甲公司与乙公司之间合同是否成立?为什么?

【案例评析】

甲公司与乙公司之间合同不成立。受盘人接受通知虽于我规定期限内到达,但我方5月7日发盘已被5月10日电报撤回,撤回通知及发盘于5月11日上午同时送达乙公司,撤回有效,所以乙公司接受无效,双方合同关系没有成立。

第二节 买卖合同的订立

经过交易磋商,一方的发盘或还盘被对方有效地接受后,就算达成了交易,双方之间就建立了合同关系。《合同公约》以及西方大多数国家的法律对买卖合同的形式,虽然原则上不加以限制,但在实际业务中,买卖双方的习惯做法,依然是在达成协议之后,再签订一份书面合同(Contract),将各自的权利和义务用书面方式加以明确。

一、签订合同的意义

按照各国法律的要求,凡是合同都须能得到证明,提供证据。一旦发生争议而诉诸法律,法院将要求当事人对合同的成立提供书面证据。《合同公约》和大多数国家的合同法规定,只要接受生效,合同即告成立。但在有些情况下,书面合同则是合同成立的必备条件。如在交易磋商过程中,买卖双方的一方曾声明并经另一方同意,合同的成立以双方签订书面合同为准,即使双方已对交易条件全部取得一致意见,在书面合同签订之前,还不存在法律上有效的合同。在此情况下,书面合同成为合同生效的不可缺少的条件。此外,凡需政府机构审核批准的

合同，也必须是有一定格式的书面合同。

国际货物买卖合同的履行环节复杂，涉及的部门多，若只有口头协议，或凭分散于往来函电中的协议条款履行合同，将会给履行工作带来麻烦。因此，买卖双方不论通过口头还是书面磋商，在达成交易后将商定的交易条件全面清楚地一一列明在一个书面文件上，并由双方签字确认，对进一步明确双方的权利和义务，以及为合同的正确履行提供依据，具有重要意义。

二、合同有效成立的条件

发盘经过对方有效接受，合同即告成立。但是，合同的法律效力还取决于是否具备一定的条件，否则不受法律保护。一份合法有效的合同必须具备以下特征。

1. 当事人必须在自愿和真实的基础上达成协议，采取欺诈、胁迫手段订立的合同无效。

2. 当事人必须具有订立合同的行为能力，未成年人、精神病人等不具备行为能力的人，订立合同无效。

3. 合同的标的和内容必须合法，以非法经营的产品为基础订立的合同不受法律保护。

4. 合同必须有对价和合法的约因，国际货物买卖合同是双务合同，合同必须互为有偿。

5. 合同的形式必须符合法律规定的要求，我国合同法规定，当事人订立合同，有书面形式、口头形式和其他形式。

书面合同有广义和狭义之分。广义的书面合同是由一定的书面文件形成的合同，它可以是一份由买卖双方签署的有一定构成的书面合同；也可以是买卖双方为订立合同进行磋商而往来的多份信件、电报与电传构成的书面合同。至于狭义的书面合同，仅指前一种有一定格式的书面合同。我们这里讲的就是关于这种狭义书面合同的签订。

三、合同的形式

在国际贸易中，对书面合同的形式没有具体的限制，从事进出口贸易的买卖双方，既可采用正式合同[销售合同(Sale Contract)和购货合同(Purchase Contract)]、确认书[售货确认书(Sale Confirmation)和购货确认书(Purchase Confirmation)]、协议(Agreement)，也可采用备忘录(Memorandum)等形式。此外，还有订单(Order)和委托订购单(Indent)等。在我国外贸业务中主要使用合同和确认书两种形式。

(一) 合同

合同的特点在于：内容比较全面，对双方的权利、义务以及发生争议后如何处理，均有较详细的规定。除了包括交易的主要条件，如品名、规格、数量、包装、价格、交货、支付外，还包括保险、商品检验、索赔、不可抗力、仲裁等条款。大宗商品或成交金额较大的交易，多采用此种形式的合同。

我国在对外贸易中使用的合同，分为销售合同和购买合同又称出口合同(Export Contract)和进口合同(Import Contract)。这两种合同的格式和主要内容基本一致。

合同有正本和副本之分。在我国的对外贸易业务中，通常由我方缮制合同正本一式两份，经双方签字后，买卖双方各保存一份。合同副本与正本同时制作，无须签字，亦无法律效力，仅供交易双方内部留作参考资料，其份数视双方需要而定。

（二）确认书

成交确认书是合同的简化形式。它所包括的条款比合同简单，一般只就主要的交易条件作出规定，对买卖双方的义务描述不很详细。这种形式的合同适用于金额不大、批数较多的商品，或者已订有代理、包销等长期协议的交易。

我国在对外贸易业务中使用的确认书，分为销售确认书和购买确认书。这两种确认书的格式基本一致。当达成交易时，通常也由我方填制一式两份，经双方签字后，各自保存一份。它无正本与副本之分。

上述两种形式的合同，即正式的合同和确认书，虽然在格式、条款项目和内容繁简上有所不同，但在法律上具有同等效力，对买卖双方均有约束力。在我国对外贸易业务中，书面合同主要采用这两种方式。

（三）协议

在法律上，协议一般与合同同义。书面文件冠以“协议”或“协议书”的名称，只要其内容对买卖双方的权利和义务都作了明确、具体的规定，它就与合同一样对买卖双方具有法律约束力。但是，如果交易洽商的内容比较繁杂，双方商定了一部分条件，还有一部分条件有待进一步洽商，于是先签订一个“初步协议”，在协议书中也作了协议属初步性质的说明，这种协议就不具有合同的性质。

（四）备忘录

备忘录是进行交易洽商时用来记录洽商的内容，以备今后核查的文件。如果双方当事人把洽商的交易条件完整、明确、具体地记入备忘录，并经双方签字，那么这种备忘录的性质和作用就与合同无异。如果双方洽商后，只是对某些事项达成一定程度的相互理解，并记入备忘录，或者直接冠以“理解备忘录”的名称，则这种备忘录不具有法律约束力。

（五）订单

订单是指进口商或实际买家拟制的货物订购单。在我国外贸实践中，有的客户往往发出订单，要求我方签回。这种经洽商成交后发出的订单，实际上是国外客户的购买合同或购买确认书。

四、合同的内容

书面合同的基本格式分为约首（合同的首部）、本文（合同的主体）、约尾（合同的末部）三个组成部分。

约首包括合同名称、合同编号、缔约日期、缔约地点、缔约双方名称和地址等；有的使用序言形式说明订约意图并放在约首。

本文即合同的主体部分，具体规定双方的权利、义务。这些条款应与双方同意的交易条件完全一致。主体包括商品名称、品质规格、数量、包装、单价、总价、交货、保险、支付方式、商检、不可抗力、索赔、仲裁等，以及根据不同的交易情况需要加列的其他条款。

约尾是指合同的尾部，包括合同文字的效力、合同的份数、附件的效力以及缔约双方的签字和适用的法律、惯例等。

在实际业务中，订立合同时应注意合同条款之间的内在联系，合同内容应符合政策，合同条款要明确、完善和肯定。

合同格式通常由外贸企业根据经营情况自行设计，一式两份，经双方签署后各执一份，作为履行合同和处理争议的法律依据。

以下是一份正本合同样张。

EXPORT SALES CONTRACT 销售合同

合同号码 Number:STHY-001　　　　日期 Date Aug. 20,2009

买方 The Buyer: KAI DI CO., LTD JINSIIA ROAD 150 SHANTOU, GUANDONG CHINA.

卖方 The Seller: HANSOL CORPORATION SEOUL 13—080
KOREA

买卖双方同意按照下列条款签订本合同：

The Seller and the Buyer agree to conclude this Contract subject to the terms and conditions stated below:

1. 货物名称：

Name of Commodity: HANSOL HI-Q BRAND DUPLEX BOARD WITH GREY BACK

2. 规格，数量，价格(成本加运费价，到达港：汕头)：

Specifications, Quantity, Price of CFR SHANTOU

克 重 (Substance)	规 格 (Size)	数 量 (Quantity)	单 价 (U/Price)	总 计 (Amount)
250 GSM	31″×47″	10MT	USD 285.00	USD 2 850.00
250 GSM	31″×43″	10MT	USD 280.00	USD 2 800.00
250 GSM	35″×47″	10MT	USD 269.00	USD 2 690.00
300 GSM	31″×43″	30MT	USD 137.00	USD 9 510.00
300 GSM	35″×47″	30MT	USD 308.00	USD 9 240.00
300 GSM	31″×47″	10MT	USD 318.00	USD 3 180.00
350 GSM	31″×43″	70MT	USD 315.00	USD 22 050.00
350 GSM	35″×47″	50MT	USD 322.00	USD 16 000.00
400 GSM	31″×43″	40MT	USD 345.00	USD 13 800.00
400 GSM	35″× 47″	40MT	USD 366.00	USD 14 640.00
	Total:	300MT		USD 96 760.00

3. 总值：USD 96 760.00

(SAY US DOLLARS NINETY SIX THOUSAND SEVEN HUNDRED AND SIXTY ONLY)

4. 包装：标准出口包装 Packing: Standard Export Packing

5. 溢短装：数量及金额允许 5%溢短装 More or Less: Total quantity and amount +/−5% allowed

6. 装运期：在 2001 年 9 月 30 日之前 Shipping Date: On or before Sep. 30,2001

(收到信用证副本后 30 天内装运/Ship within 30 days after the L/C copy received)

7. 装运条件：散货装运 Shipment：By BULK

8. 装运港：韩国港口 Loading Port：Main Port，Korea

9. 到岸港：汕头 Destination：SHANTOU

10. 装运唛头 Shipping Mark：STHY-001

MADE IN KOREA

NO. 1-UP

11. 付款条件：在 2001 年 8 月 30 日之前，由经卖方确认的银行开以"韩松株式会社"为受益人的不可撤销的即期信用证(提单之日起"××"天)凭以下单据付款。

Payment：By an irrevocable letter of credit at sight，opened by the bank which is confirmed by the Seller in favour of Hansol Corporation，against documents below.

(1) 海运提单(一式三份)　　Bill of Lading(Triplicates)

(2) 商业发票(一式三份)　　Commercial Invoice(Triplicates)

(3) 装箱单(一式三份)　　Packing List(Triplicates)

(4) 技术指标(一式三份)　　Technical Data(Triplicates)

买方未在规定的时间内开出信用证，卖方有权发出通知取消合同，或接受买方对本合同未执行的全部或部分，并对因此遭受的损失提出索赔。

The Buyer shall establish a Letter of Credit before the above-stipulated time，failing which，the Seller shall have the right to rescind this Contract upon the arrival of the notice at the Buyer or to accept whole or part of this Contract not fulfilled by the Buyer，or to lodge a claim for the direct losses sustained，if any.

12. 保险：由买方承担 Insurance：On the Buyer's Account

13. 通知行：中国银行汉城分行 Advising Bank：Bank of China，Seoul Branch

14. 品质数量异议：凡属于品质或数量异议的索赔须于货物到达目的港之日起 90 天内由买方提出，对凡属于保险公司、船运公司及其他机构要负责的责任，卖方不予承担。

Quality or Quantity Discrepancy：In case of quality or quantity discrepancy，the Buyer should file claim within 90 days after the arrival of the goods at the destination. The Seller should not be liable for the claim for which the insurance company，shipping company or the other organizations are liable.

15. 仲裁：一切因执行本合同或与本合同有关的争执，应由双方通过友好方式协商解决。如经协商不能得到解决时，应提交中国国际经济贸易仲裁委员会深圳分会，根据中国国际经济贸易仲裁委员会仲裁规则进行仲裁，仲裁委员会的裁决为终局裁决，对双方均有约束力，仲裁费用由败诉方负担。

Arbitration：All disputes in connection with this Contract or the execution thereof shall be settled by friendly negotiation. If no settlement can be reached，the case in dispute shall then be submitted for arbitration to China International Economic and Trade Arbitration Commission in accordance with the Arbitration Rules of China International Economic and Trade Arbitration Commission. The decision made by the Commission shall be accepted as final and binding upon both parties. The fees for arbitration shall be borne by the losing party.

16. 适用法律：本合同应受买方或卖方所在地国家法律管辖，并按该国法律解释。

Applicable law: This contract shall be governed by and construed in accordance with the law of the country Buyer or Seller belong to.

KAI DI CO LTD JINSHA ROAD 150	HANSOL CORPORATION SEOUL
买方确认：SHANTOU GUANDONG, CHINA	卖方确认：13-080 KORER
Confirmed By:	Confirmed By:

链 接

进出口合同的条款

主要交易条件	一般交易条件
商品的品质	保险
数量	商检
包装	索赔
价格	仲裁
装运	不可抗力等
支付方式等	

注：在实际业务中，一般都使用固定格式的合同，那些相对固定的交易条件已印就在合同中，只要对方没有异议，就不必逐条协商，这些条件也就构成双方交易的基础。双方只对主要交易条件进行洽谈，这样可以节省来往函电的费用和交易洽商的时间。

思考题

1. 一项法律上有效的发盘必须具备哪些条件？
2. 发盘在什么情况下失效？
3. 一项有效接受必须具备哪些条件？
4. 在什么情况下，逾期接受仍具有接受效力？
5. 一项有效接受可否撤销？为什么？接受在何种情况下可被撤回？

案例分析

1. 我国某进出口公司向国外某客商询售某商品，不久我方接到外商发盘，有效期至7月22日。我方于7月24日用电传表示接受对方发盘，对方一直没有音讯。因该商品供求关系发生变化，市价上涨，8月26日对方突然来电要求我方必须在8月28日前将货发出，否则，我方将要承担违约的法律责任。问：我方是否应该发货？为什么？

2. 我某技术贸易公司就某项技术贸易的进口事宜与国外某客户进行洽谈，经过双方多次的函电往来，最终使交易得以达成，但未订立正式的书面合同。根据双方的函电往来表明，对方应于2014年12月前向我方提供一项技术贸易的出口，而时至2015年1月，对方仍未向我方提供该项技术贸易。我方曾多次要求对方履行合约，对方却以未订立正式书面合同为由否认合约已达成。问：① 双方的交易是否已达成？为什么？② 就此案例，我方应如何处理？

3. 买卖双方订有长期贸易协议，协议规定："卖方必须在收到买方订单后15天内答复，若未答复则视为已接受订单。"11月1日，卖方收到买方订购2 000件服装的订单，但直到12月25日卖方才通知买方不能供应2 000件服装，买方认为合同已经成立，要求供货。问：双方的合同是否成立？为什么？

4. 甲公司准备向乙公司出售一架飞机。甲公司在发盘电报中说："确认出售一架马德拉水陆两用飞机（各项交易条件略），请电汇5 000英镑。"乙公司立即复电说："确认你方来电，我购买马德拉水陆两用飞机一架，各项交易条件按照你电报所提出条件。我已汇交你方开户银行5 000英镑，该款在你交货前代你方保管，请确认。自本电之日起30天内交货。"但甲公司未作任何答复，并将这架飞机以更高价格卖给第三者。事后双方争论该项合同是否成立。问：在上述情况下，该合同是否成立？为什么？

5. 意大利A公司于某年5月5日发复合盘，供应某地B公司聚乙烯和除虫菊两种原料，这两种原料在B公司系属甲、乙两部门经办。发盘电报先送交乙部门主办。当时除虫菊市况看好，乙部门急于成交订约，先行发电答复："你5日电接受。"乙部门于复电后又将A公司的发盘转交甲部门续办，甲部门认为A公司对聚乙烯要价太高，遂另电还盘。次日外商来电称："你公司来电已接受，聚乙烯合同成立，不同意还盘"。问：此案例中，B公司甲、乙两部门业务员的做法有何不妥？从中可吸取什么教训？

第 三 章

出口合同的履行

买卖双方经过交易磋商、签订出口合同以后，就进入了出口合同的履行阶段。高质量地完成外贸出口任务，不仅取决于合同的磋商和签订工作，而且更有赖于双方切实地按合同规定履行各自的义务。

在不同的贸易条件下，出口合同履行过程中所包括的工作环节和手续是不一样的。我国的出口贸易除大宗交易有时采用FOB术语外，多数采用CIF和CFR术语和凭信用证支付方式。若以目前使用最多的采用CIF术语和凭不可撤销即期议付信用证支付的交易为例，履行出口合同必须切实做好准备货物、落实信用证、安排装运和制单结汇等环节的工作，换言之，货（备货）、证（催证、审证、改证）、船（租船订舱、装船）、款（制单、结汇）四个基本环节构成了出口合同履行的必要程序，它们之间是相互联系、相互依存的关系。

对出口企业来说，在出口合同履行过程中，具体地要做好“四排队”“三平衡”工作。“四排队”是指以买卖合同为对象，根据合同项下的货物是否备妥、信用证是否开到，按四种情况进行分析排队，即“有证有货”“有证无货”“无证有货”“无证无货”。“三平衡”是指以信用证为依据，根据信用证规定的装运期和到期日的远近，结合货源和运输能力的具体情况，分别轻重缓急，力求做到“货、证、运（船）”三方面的有效衔接，保证按时交付和装运货物，保证出口合同得以顺利履行。

第一节 准 备 货 物

出口合同履行之前，首先要做的就是准备货物。根据合同规定的质量、数量、包装和交货时间的要求，进行货物的准备工作，是为了保证按时、按质、按量履行出口合同的交货义务。

一、备货

备货工作的具体内容主要包括：向生产厂家或供货部门安排生产或催交货物，然后核实检查应收货物的质量、数量和包装状况，并对货物进行验收。有的商品进仓后，尚需根据出口合同规定再次进行整理、加工和包装，并在外包装上加刷唛头和其他必要的标志，如识别标志、指示性标志、警告性标志等，这种通过在货物上加标记等方式将货物划归有关合同的行为，在法律上又称“特定化”，这对货物风险的转移是很重要的。

在出口备货时，一般要注意以下几个问题。

1. 货物的品质、规格及花色搭配必须与合同规定完全一致，对不符合规定的商品应立即更换，否则对方有可能拒收货物并提出索赔。

2. 备货的数量应略多于合同规定的数量。即备货的数量不仅应保证满足合同或信用证对数量的要求，还应适当留有余地，备作装船时可能发生的调换和适应舱容之用。

3. 出口货物的包装材料、包装方法等应尽量与合同规定一致。出口商要认真检查出口货物包装是否出现破漏、水渍等不良情况，以及包装是否适合合同规定的运输方式。一旦发现包装损坏或与特定运输方式不相适应，就要立即更换或修理。另外，为避免货物在运输途中被盗，在外包装上不应标注可以识别货物种类的标签或货物的品牌。

4. 出口运输包装上货物的唛头既要与合同或信用证中的规定完全一致，又要符合进口国的有关规定，而且要做到字迹清晰、位置醒目、刷制正确。如果合同规定由买方设计唛头，而买方开来的信用证中又未对唛头作出规定，出口方应要求对方及时交来唛头图案，否则出口方有权自行决定唛头图案。

5. 备货时间应根据信用证规定的交货时间和期限而定，并结合船期安排，以利于船货衔接。避免船等货或货等船的现象，避免不必要的费用开支。

6. 卖方交付的货物必须是任何第三方不能根据工业产权或其他知识产权提出任何权利或请求的。即卖方应保证对所售货物享有合法的完全的所有权。也就是说，卖方不能把非法侵占他人权利得来的货物出售给买方，而且还应保证准备交付的货物是第三方不能根据工业产权或其他知识产权主张任何权利或请求的。

7. 若出口货物是比较特殊、不易转售的货物，出口方最好在收到买方开来的信用证并审核无误后再开始备货，这样就不会因对方违约(如拒不开证)而使自己陷于被动。

二、报检

出口报检是出口生产、经营单位按照《商检法》规定，向当地出入境检验检疫局申请办理检验手续。我国海关规定了“先报检，后报关”的通关程序。

1. 凡属于法定检验的出口商品，必须根据《中华人民共和国商品检验法》及其实施条例、《中华人民共和国进出境动植物检疫法》及其实施条例、《中华人民共和国国境卫生检疫法》及其实施细则、《中华人民共和国食品卫生安全法》与国家质量监督检验检疫局制定的《出入境检验检疫报检规定》的规定，在规定的地点和期限内，持出口合同、信用证副本、发票、装箱单以及其他必要的单证向出入境检验检疫机构报检。检验检疫机构应当在不延误装运的期限内，实施检验检疫。检验检疫结果为合格的，按照规定签发检验检疫证书和出口通关单，出口通关单是报关的必需文件。

2. 对于不属于法定检验范围内的出口商品，出口合同约定有检验检疫机构检验的，也须按合同规定，持买卖合同等有关单证向检验检疫机构报检，由检验检疫机构实施或组织实施检验或检疫，在取得检验合格并能证明货物符合合同规定的证书之后，方可收取货款，并以此作为交接货物的依据。不属于法定检验范围的出口商品，出口合同也未规定由检验检疫机构出

证的，则应视不同情况，分别采取委托检验检疫机构检验，由生产部门、供货部门进行检验，或者由外贸企业自行检验，检验合格后装运出口。

3. 凡属危险货物，其包装容器应由生产该容器的企业向检验检疫机构申请包装容器的性能鉴定。包装容器经检验检疫机构鉴定合格并取得性能鉴定证书，方可用于包装危险货物。生产出口危险货物的企业，必须向检验检疫机构申请危险货物包装容器的使用鉴定，使用那些未经鉴定合格的包装容器的危险货物将不准出口。

4. 对装运出口易腐烂变质的食品、冷冻品的船舱、集装箱等运载工具，承运人以及经办将货物装入集装箱的装箱单位或其代理人必须在装运前向检验检疫机构申请清洁、卫生、冷藏、密固等适载检验，经检验合格并取得证书，方可装运。

5. 出口动植物、动植物产品，凡有检疫要求的，出口单位或其代理人应事先填写报检单，向检验检疫机构申请检疫，经检疫合格，取得检疫证书，方可出口。经检疫发现有害病虫的，不准出口，经除害处理后方准出口。接受检疫的出口动植物或其产品，海关凭检验检疫机构签发的证书、放行单或在报关单上加盖的印章验放。未经检验、检疫或检验、检疫不合格的，不准出口。

对于不属于法定检验范围的出口商品，检验检疫机构可以在生产、经营单位或其他检验机构检验的基础上，定期或者不定期地进行抽查检验。经抽查检验不合格的，不准出口。

值得注意的是，检验检疫机构检验合格的出口商品，发货人应当在检验证书和出口通关单签发之日起的有效期限内报运出口。逾期报运出口的，必须重新向检验检疫机构报检申请展期，并由商检部门进行复验，取得合格证书后方可出口。

第二节 落实信用证

在履行以信用证付款合同时，落实信用证是履行出口合同不可缺少的重要环节。落实信用证通常包括催证、审证和改证三项内容。当买方未按合同规定的时间开来信用证，或我企业作为卖方根据货源和运输情况可提前装运时，可以某种方式催促对方及时办理开证手续，以便卖方履行交货义务。而当买方开来信用证时，我方就必须对开证银行及信用证内容进行认真审查和核对，如发现与合同有重大不符，而我方又不愿接受，应及时向买方发出要求修改信用证的通知。

一、催证

履行出口合同，对买方来说，应严格按照合同的规定按时开立信用证。在正常情况下，买方最少应在货物装运期之前 15 天(有时也规定 30 天)将信用证开到卖方手中。但在实际业务中，有时国外进口商在遇到市场发生变化或资金发生短缺的情况时，往往会拖延开证。对此，我们应催促对方迅速办理开证手续，必要时，也可请我驻外机构或有关银行协助代为催证。特别是大宗商品交易或按照买方要求而特别制定的商品的交易，更应结合备货情况进行及时催证。如通过电传催证：Sales Contract No. 9403 Goods are ready. Please rush to open the relevant L/C(9403 号合同项下的货已备妥，请速开信用证)。

催开信用证不是履行每一个出口合同都必须做的工作，通常在下列情况下才有必要进行。

1. 出口合同规定的装运期限较长(如 3 个月或 6 个月)，而买方应在我方装运期之前的一定时日(如 30 天)开立信用证者,我方应在通知对方预计装运日期的同时,催请对方开证。

2. 买方在出口合同规定的期限内未开立信用证,我方可根据合同规定向对方要求损害赔偿或者同时宣告合同无效。但如不需要立即采取这一行动时,仍可催请对方开证。

3. 如果我方根据备货和承运工具的情况,可以提前装运时,则可请对方提前开证。

4. 即使开证期限未到,但发现客户资信不好,或者市场情况有变,也可催促对方开证。

二、审证

信用证是一种银行开立的有条件的付款保证文件。信用证是按合同开立的,信用证内容应该与合同一致。但在实践中,由于种种原因,如工作的疏忽、电文传递的错误、贸易习惯的不同、市场行情的变化或进出口商有意利用开证的主动权在信用证上加列有利于自己利益的条款等,往往会出现开立的信用证与合同规定不符的情况。

在我国,审核信用证是银行与出口企业的共同责任。由于银行与出口企业的分工不同,因而在审核内容上各有侧重。银行着重负责审核有关开证申请人的资信、付款责任以及索汇路线的方面的条款和规定;出口企业则着重审核信用证的条款是否与买卖合同的规定相一致。

对信用证内容的审核,一般包括以下方面。

1. 开证行和保兑行的资信。开证行和保兑行的资信对于出口商安全收汇很重要,因此,对于他们的资信情况要进行审核,特别是出口大宗货物时,要更加认证审核。另外,对于大宗货物出口,可要求允许分批发运,分期收汇,以减少风险。

2. 审核开证申请人和受益人。开证申请人大都是买卖合同的对方当事人(买方),但也可能是对方的客户(实际客户或第二买主),因此,对其名称和地址均应仔细核对,防止张冠李戴,错发错运。受益人通常是我方出口企业,是买卖合同的卖方,但我方企业有时需要更名,地址也可能改变,所以必须保持同步和正确无误。

3. 对商品名称、规格、数量、包装等条款的审核。这些内容要与合同一致。如果信用证有一些特别规定,要充分考虑是否做得到,是否能全部接受,否则,要求银行改证。

4. 审核信用证的金额。首先,应注意信用证金额与开证行资信能力是否相称,如不相称,为了确保安全收汇,要采取适当安全措施或干脆不予接受;其次,信用证金额一般应与合同金额相符。信用证上金额总值的阿拉伯数字和大写文字必须一致,若不一致,应要求改正。信用证金额是开证银行承担付款责任的最高金额,因此,发票和/或汇票金额不能超过信用证金额,否则将被拒付。所以,如果合同订有商品数量的“溢短装”条款时,信用证金额也应包括“溢装”部分的金额在内,按溢装幅度增加或规定相应的机动条款。信用证未按此规定的,不能溢装,但允许低于信用证金额 5%以内的发票金额。

5. 审核采用的货币。信用证所使用的货币,对协定国家(地区)应符合协定规定的货币;非协定国家(地区)的,信用证规定的支付货币应与合同规定相同,如不一致,应按我国银行颁布的“人民币市场汇率价表”折算成合同货币,在不低于或相当于原合同货币金额时,才能接受。

6. 审核到期日、到期地点、交单期和最迟装运期。按国际惯例,信用证均规定一个交单付款或议付的有效期(或称到期日)。所以,未注明到期日的信用证不能使用。凡晚于到期日提交的单据,银行有权拒收。如信用证规定的到期地在国外,最好能修改,否则要提前交单,以免过期。交单日期是信用证规定的最晚向银行交单议付的日期,一般为提单日期后 21 天交单。

如交单日期先到期,出口人到议付行议付的最后期限应以交单期为准。最迟装运期是指如信用证到达太晚或生产、船舶问题等原因,不能按期装运,应及时电请国外买方延展装运期限。信用证的有效期与装运期应有一定的合理间隔(一般为10～15天),以便在货物装船后有足够的时间进行制单结汇等工作。如信用证的有效期和装运期是同一时间,即为“双到期”的信用证,可根据我企业能否提前装运而决定是否让对方修改有效期,如果接受,应在装运期内提前10～15天完成装运。

此外,还应对装船和分批装运条款、信用证的付款方式、特殊条款等等按照买卖合同条款,参照《UCP600》的规定和解释逐条对照作详细审核。

三、改证

在审核信用证中发现属于不符合我国对外贸易政策,影响合同履行和安全收汇等情况,我们必须要国外客户修改信用证,并坚持在收到银行修改信用证通知书后才能装运。修改信用证流程通常是:卖方审证—函电要求买方修改—买方通知开证银行改证—开证行改证并转交通知行—通知行再将改证转交卖方。

《UCP600》第10条对修改信用证作了详细和具体的规定。

1. 除非另有规定,未经开证行、保兑行(如有的话)及受益人同意,信用证既不得修改,也不得撤销。

2. 开证行自发出修改之时起,即不可撤销地受其约束。保兑行可将其保兑扩展至修改,并自通知该修改时,即不可撤销地受其约束。但是,保兑行可以选择将修改通知受益人而不对其加具保兑。若然如此,其必须毫不延误地将此告知开证行,并在其给受益人的通知中告知受益人。

3. 在受益人告知通知修改的银行其接受该修改之前,原信用证(或含有先前被接受的修改的信用证)的条款对受益人仍然有效。受益人应提供接受或拒绝修改的通知。如果受益人未能给予通知,当交单与信用证以及尚未表示接受修改的要求一致时,即视为受益人已作出接受修改的通知,并且从此时起,该信用证被修改。

4. 通知修改的银行应将任何接受或拒绝的通知转告发出修改的银行。

5. 对同一修改的内容不允许部分接受,部分接受将被视为拒绝修改的通知。

6. 修改中关于除非受益人在某一时间内拒绝修改否则修改生效的规定应被不予理会。

修改信用证时应注意以下问题:

为防止作伪,便于受益人全面地履行信用证条款规定的义务,信用证的修改通知书应当通过原信用证的通知行转递或通知。例如,由开证人或开证行直接寄来的,应提请通知行证实。

对于可接受或已表示接受的信用证修改书,应立即将其与原信用证附在一起,并注明修改次数(如修改一次以上),这样可防止使用时与原信用证脱节,造成信用证条款不全,影响及时安全收汇。

第三节 安排装运

按CFR、CIF条件成交的合同,出口方办理租船订舱,或以FOB条件成交而进口方委托出口方代办的,出口方也应该办理托运手续。

一、托运

由我方安排运输的出口合同，通常地，我出口企业通常都委托我国对外贸易运输公司(以下简称“外运公司”)或其他国际货物运输代理(International Freight Forwarder 或 Freight Forwarding Agent，以下简称“货运代理”或“货代”)办理对外装运货物，租订运输工具和办理各项有关运输事项。所以，在货、证齐全后，出口企业应即向货运代理办理托运手续。所谓托运，是指出口企业委托货运代理办理出口货物运输事宜。在 CIF 合同以及使用集装箱班轮装运货物出口的情况下，我出口企业办理托运，应向货运代理提交出口货运代理委托书(Entrusting Order for Forwarding Export Goods)。此外，出口企业还必须向货运代理公司提供与出口货物有关的单证，如提货单(出仓单)、商业发票、装箱单和/或重量单(磅码单)、出口货物报关单、外汇核销单等。对有些特定货物，还需提供出口许可证、商检证等。

二、订舱

货运代理收到出口企业的货运代理委托书后，缮制托运单(其中包括装货单、配舱回单、收货单等)，向船公司办理订舱手续，船公司根据托运的货量、船舶的舱容和抵港受载的日期，分轻重缓急进行配载。如接受订舱则在托运单的几联单据上编制提单号码，填上船名、航次并签署，表示确认托运人的订舱，并将其中的配舱回单、装货单退还给托运人，托运人凭装货单办理报关手续。出口公司在船公司通知的时间内，将货物发运到港区内指定仓库或货物，准备装运。

链 接

“四排”和“三平衡”原则

当进出口公司有大量的进出口业务，需协调不同业务时，我国在实践中总结出“四排”和“三平衡”的做法。

“四排”是指以合同为对象，对信用证有否开到和货源有否落实，进行分析排队并把它们归纳成四类，即：有证有货、有证无货、无证有货、无证无货。

“三平衡”是指以信用证为对象，根据货源情况和运输能力分清轻重缓急做好证、货、船的合理衔接和综合平衡。

三、投保

在履行 CIF 出口合同时，在配舱就绪、确定船名、航次和装运日期后，出口企业应于货物远离仓库或其他储存处所前，按照合同和信用证的规定向保险公司办理投保手续，以取得约定的保险单据。在办理投保手续时，通常应填写对外运输投保单(Application for Foreign Transportation Insurance)，列明投保人名称、货物的名称、数量、包装和标志、船名、航次、预计起航日期、投保险别、保险金额等。有时也有出口企业利用现成的单据副本如出口货物明细表、货物出口分析单等

表示替代投保单。保险公司根据投保单考虑接受承包，并缮制签发保险单。

四、报关

出口货物交付装运前，必须经过海关清关(Customs Clearance)。清关又称通关，通常需经五个环节：出口申报、审核单证、查验货物、办理征税、清关放行。

目前，我国的出口企业在办理报关时，可以自行办理报关手续，也可以通过专业的报关经纪行或国际货运代理公司来办理。无论是自行报关，还是由报关行来办理，都必须填写出口货物报关单，必要时，还需要提供出口合同副本、发票、装箱单或重量单、出口通关单及其他有关证件，向海关申报出口。

链　接

【案例与思考】

出口牛肉多交货会有何后果?

我国某出口公司向日本出口牛肉一批，合同规定：每箱净重 16.6 千克，共1 500箱，合 24.9 吨。但货抵国外后，经日本海关检查，每箱净重并非 16.6 千克而是 20 千克，计 1 500箱，合 30 吨。海关认为单货不符，进口商以多报少。问：这将会出现何种后果?

【案例评析】

一国海关对进口货物的监督都很严格，所以企业在进行报关时应当如实申报。如进口商申报的数量与到货数量不符，轻则认为企图逃漏关税，重则认为走私舞弊。另外，若遇上当地市场疲软或价格趋势跌时，进口商也会拒收，或要求降低价格，或要求多交之货不再补钱。

五、装运

在 CIF 合同、采取集装箱班轮运输的情况下，承运船舶抵港前，出口企业或其货运代理应根据港区所作的计划进行，将经出口清关并由海关加上封志(Seal)的集装箱存放于港区指定堆场，与港方仓库、货场和理货人员(代表船方)办妥交接手续，分清货、理、船三方责任。港区外轮理货员凭场站收据副本大副联进行理货配载。船舶抵港后，由港区向托运人签收“缴纳出口货物港务费申请书”后，办理装船。并做好舱内的堆码、隔垫和加固工作。出口单位可派人在现场监装，尽量利用舱容以免退关。装船完毕，由船长或大副签署场站收据(正本)(Mate's Receipt)，表明货物已收妥。出口企业或货运代理可凭此单据向船公司或其代理人换取已装船提单。托运人应查看场站收据上的内容有无漏签和不良批注，如有漏签，应与理货组长一起找大副改签；如有不良批注，应设法消除造成的原因(如包装不良需要换装)。

链　接

装运安排流程简介(参见图 6-3-1)

1. 出口企业,即货主在货、证齐全后,填制订舱委托书,随付商业发票、装箱单等其他必要单据,委托货代代为订舱。

2. 货代接受订舱委托后,缮制货物托运单,随同商业发票、装箱单及其他必要单据一同向船公司办理订舱。

3. 船公司接受订舱后,在托运单的几联单据上编上与提单号码一致的编号,填上船名、航次,并签署,同时把配舱回单、装货单等退还给托运人。

4. 托运人办理货物报关手续。

5. 海关对货物进行查验,如同意出口,在装货单上盖放行章,并将其退还给托运人。

6. 托运人持海关盖章的装货单要求船长装货。

7. 装货后,由大副签署大副收据,交托运人。

8. 托运人将大副收据向船公司换取正本已装船提单。

9. 船公司凭大副收据签发正本提单并交给托运人凭以结汇。

除了上述程序,在货物装船后,托运人应及时向国外收货人发出"装船通知",以方便对方及时办理有关手续。

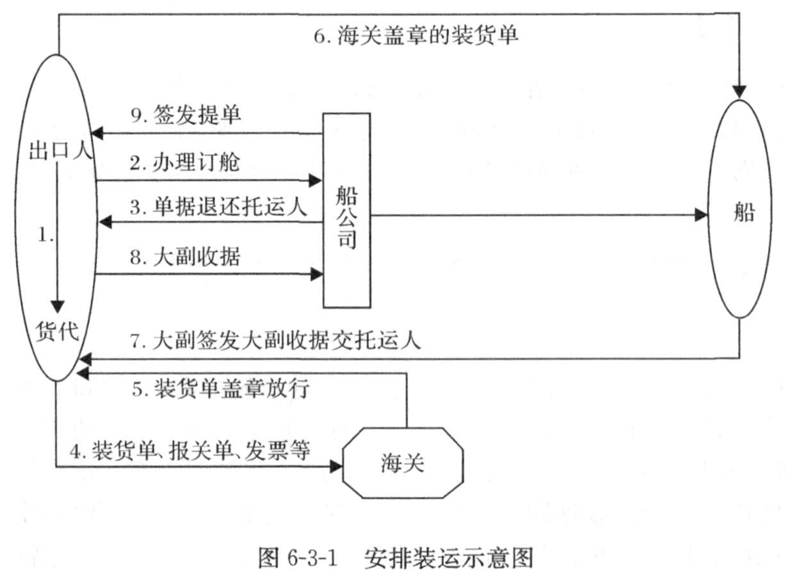

图 6-3-1　安排装运示意图

六、发已装运通知

在 CIF 合同下,按国际惯例以及我出口业务中的习惯做法,我出口企业于货物装运(装船)后,应向国外买方以电讯方式及时发出装运通知,或称"装船通知"(Shipping Advice),以便

于买方为收取货物事先采取必需的措施。

以下是一份装运通知样张。

链　接

NANJING TANG TEXTILE GARMENT CO. ,LTD.
HUARONG MANSION RM2901 NO. 85 GUANJIAQIAO,
NANJING 210005,CHINA

SHIPPING ADVICE

TO:		**ISSUE DATE:**	
		OUR REF. DATE:	

Dear Sir or Madam:

We are Pleased to Advice you that the following mentioned goods has been shipped out,Full details were shown as follows:
Invoice Number:
Bill of loading Number:
Ocean Vessel:
Port of Loading:
Date of shipment:
Port of Destination:
Estimated date of arrival:
Containers/Seals Number:
Description of goods:
Shipping Marks:
Quantity:
Gross Weight:
Net Weight:
Total Value:

Thank you for your patronage. We look forward to the pleasure of receiving your valuable repeat orders. Sincerely yours.

第四节　制单结汇

以托收和信用证方式结算货款是凭单付款，出口单据在表面上证实了卖方已经履行了合同义务。以信用证方式成交，对单据有更加严格的要求，单据是否严格符合信用证规定，直接关系到及时和安全收汇。因此，根据合同和信用证，正确缮制单据，是履行出口合同的一个重要环节。

一、制作单据

现代国际贸易绝大部分采用凭单交货、凭单付款方式。因此，在出口业务中做好单据工作,对及时安全收汇,有特别重要的意义。

常用的出口单据主要有以下几种。

1. 汇票(Draft;Bill of Exchange)。在出口贸易中,通常使用的是随附单据的“跟单汇票”。

2. 商业发票(Commercial Invoice)。商业发票是出口人对进口人开立的发货价目清单,是装运货物的总说明。

3. 运输单据。运输单据随不同的运输方式而各异。海洋运输大都使用海运提单(Ocean Bill of Lading,B/L)。

4. 保险单据。当出口人办妥投保手续后,保险公司即根据投保单缮制保险单(Insurance Policy)。

5. 包装单据。包装单据是指一切记载或描述商品包装情况的单据,也是商业发票的补充单据。在向银行交单并要求付款、承兑或议付时,除散货外,一般均要求提供包装单据。如装箱单(Packing List)、包装说明(Packing Specification)、重量单(Weight Memo)等。

6. 产地证明书。产地证明书是一种证明货物原产地或制造地的文件,也是进口国海关核定进口货物应征税率的根据。一般分为:普通产地证、普惠制产地证(Generalized System of Preferences Certificate of Origin Form A)以及政府间协议规定的特殊原产地证。

7. 普惠制产地证。根据普惠制规定,发达国家对来自发展中国家的商品,特别是工业制成品、半制成品,要给予普遍的、非互惠的、非歧视性的关税优惠待遇,我国对此提供单据。普惠制产地证使用于一般性商品由出口企业填写,由中国商会签发。在对给惠国出口时,无论进口方在信用证中是否要求,出口企业都应提供普惠制产地证。

8. 检验证书(Inspection Certificate)。检验证书是出入境检验检疫机构对出口商品实施检验或检疫后,根据检验检疫结果,结合出口合同和信用证的要求,对外签发的证书。

9. 海关发票(Customs Invoice)。海关发票是非洲、美洲和大洋洲等某些国家海关特定的格式,由出口人填制,供进口人凭以向进口国海关报关时用的一种特别发票。

10. 其他单证。其他单证是根据信用证条款规定而提供的。常见的有:寄单证明、寄船样证明、装运通知副本、邮局收据或快递收据、有关运输方面的证明。

链 接

单证制作要求

提高单证质量,对保证安全迅速收汇有着十分重要的意义,特别是在信用证付款条件下,实行的是单据和货款对流的原则,单证不相符,单单不一致,银行和进口商就可能拒收单据和拒付货款,因此,缮制结汇单据时,要求做到以下几点。

（续上）

1. 正确。单据内容必须正确，既要符合信用证的要求，又要能真实反映货物的实际情况。各单据填制的内容之间不能相互矛盾。在信用证业务中，单据的重要性集中体现在单据与信用证条款的一致，单据与单据之间彼此一致。

2. 完整。单据的种类、份数应符合信用证的规定，不能短少，单据本身的内容，应当完备，不能出现项目短缺情况。

3. 及时。制单制作应及时，以免错过交单日期或信用证有效期。

4. 简明。单据内容应按信用证要求和国际惯例填写，力求简明，切勿加列不必要的内容。

5. 整洁。单据的布局要美观大方，缮写或打印的字迹要清楚醒目，单据表面要洁净，更改的地方要加盖校对章。一些重要单据如提单、汇票以及单据的主要项目如金额、件数、数量和重量等，不宜改动。

二、交单结汇

交单是指出口人在信用证交单到期日前和交单期限内向指定银行提交符合信用证条款规定的单据。这些单据经银行审核确认无误后，根据信用证规定的付款条件，由银行办理出口结汇。由于银行的付款、承兑和议付均以受益人提交的单据完全符合信用证条款的规定为条件，所以交付单据应严格做到完整、明确、及时的要求。

为了提高单证质量，保证安全和及时收汇，我国银贸双方本着密切配合、相互支持的原则，采用在运输单据签发之前先将其他已备齐的单据送交银行预审和在全部单据备齐后向银行交单。两种不同方式，视业务的实际情况选择使用。

在我国出口业务中，使用议付信用证比较多。对于这种信用证的出口结汇办法，主要有三种：收妥结汇、定期结汇和买单结汇。

1. 收妥结汇又称先收后结，是指出口地银行收到受益人提交的单据，经审核确认与信用证条款的规定相符后，将单据寄给国外付款行索偿，待付款行将外汇划给出口地银行账户的贷记通知书（Credit Note）后，该行在按当日外汇牌价结算成人民币付给受益人。

2. 定期结汇是指出口地银行在收到受益人提交的单据经审核无误后，预先确定一个固定的结汇期限将单据寄给国外银行索偿，并自交单日起在事先规定期限内主动将货款外汇结算成人民币贷记受益人账户或交付给受益人。

3. 买单结汇又称出口押汇或议付，是指议付行在审核单据后确认受益人所交单据符合信用证条款规定的情况下，按信用证的条款买入受益人的汇票和/或单据，从票面金额中扣除从议付日到估计收到票款之日的利息，将净数按议付日人民币市场汇价折算成人民币，付给信用证的受益人。议付行买入汇票和/或单据后，就成为汇票的善意持有人，即可凭汇票向信用证的开证行或其指定的银行索取票款。

链 接

对结汇单据不符点的处理办法

在实际业务中，由于主、客观原因，发生单、证不符的情况是难以完全避免的。倘若有较充足的时间改单或改证，做到单、证相符，可以确保安全收汇。倘若限于时间，无法在信用证交单到期日和交单期限内做到单、证相符，则可根据实际情况作灵活处理：① 担保议付，又称表提，即在征得进口商同意的情况下，出口商向开证行出具担保书，要求议付行凭担保议付有不符点的单据，议付行在向开证行寄单时注明"凭保议付"字样。一般适用于单证不符情况并不严重，或虽然是实质性不符，但事先已经进口商确认可接受的情况。② 采用电提方式征求意见，由议付行先用电讯方式向开证行列明不符点，待开证行确认接受后，再将单据寄去。电提可在短时间内由开证行征求买方的意见，如对方同意不符点，可立即寄单收汇；如不同意，卖方可及时处理运输中的货物。③ 改为跟证托收。议付行不愿采用电提或表提的做法时，出口商只能采用托收方式，委托银行寄单收款。

此外，在单据经开证行审核被发现有不符点，并确属我方责任时，除需抓紧时间与进口人联系商榷处理办法外，还需作必要的准备，采取补救措施(如将货物专卖、运回国内等)，以防止造成更大的经济损失。

如上所述，在信用证支付条件下，受益人为了安全收汇必须做到单、证一致和单、单一致。但不能疏忽的是，出口人还需承担买卖合同规定的义务。所以出口人在履行合同时除了要做到单、证一致和单、单一致外，还必须做到所交货物与合同规定一致，货物与单据一致。这样环环扣紧，才能保证安全收汇，并避免买方收到货物后提出异议或索赔。

第五节　办理出口核销与出口退税

一、办理出口核销

1. 核销单的申领与报关前核销单备案。出口单位在到外汇管理局领取核销单前，首先，应当根据实际业务需要，通过"中国电子口岸出口收汇系统"向外汇局提出领取核销单的申请；然后，由本单位核销员持本人"中国电子口岸"操作员 IC 卡及其他规定的凭证到外汇局领取外汇核销单。

外汇管理局根据出口单位申请的核销单份数和出口收汇核销考核等级向出口单位发放核销单，并将核销单电子底账数据传送至"中国电子口岸"数据中心。出口单位在核销单正式使用前，应当在核销单上加盖单位名称及组织机构代码条形章，并在骑缝处加盖单位公章。

出口单位到海关报关前，应当通过“中国电子口岸出口收汇系统”向报关地海关进行核销单的口岸备案。

2. 出口交单。海关为出口单位办理通关手续时，应当在核销单“海关核放情况”栏加盖“验讫章”，并对核销单电子底账数据进行“已用”核注，结关后应出口单位申请向出口单位签发注有核销单编号的报关单，同时将核销单电子底账的核注情况和报关单电子底账等数据通过“中国电子口岸”数据中心传送至国家外汇管理局。

出口单位在报关出口后通过“中国电子口岸出口收汇系统”将已用于出口报关的核销单向外汇管理局交单。

3. 出口收汇核销。货物出口后，出口单位应当按照出口合同约定的收汇时间和方式以及报关单注明的成交总价，及时、足额地收回货款，即期收汇项下应当在货物报关出口后180天内收汇，远期收汇项下应在远期备案的收汇期限内收汇。

对于出口单位的外汇的结汇或入账，银行可以向其出具出口收汇核销专用联。

外汇管理局收到出口单位报告的核销凭证(包括电子数据)后，应通过“出口收汇核报系统”及其他相关系统核对出口单位报告数据的真实性。如提交的核销凭证与海关、银行传送的数据不一致或提交的审核材料不齐全，应退出口单位进行更正。海关、银行在接到出口单位的更正申请后，应在5个工作日内办理核销凭证或电子数据的核对、修改手续。

链　接

出口收汇核销方式

外汇管理局根据各地业务量和出口单位的具体情况，按照下列规定分别采取不同的出口收汇核销方式。

1. 自动核销。自动核销即出口单位不需向外汇局报告，外汇局根据从“中国电子口岸出口收汇系统”采集的核销单信息和报关信息，以及从“国际收支统计申报系统”采集的收汇信息，进行总量核销的核销方式。该方式适用于国际收支申报率高以及符合外汇局规定的其他条件的出口收汇荣誉企业的一般贸易项下及其他出口贸易项下全额收汇的出口收汇数据。

2. 逐笔核销。逐笔核销即由出口单位按核销单证一一对应进行报告，外汇局按照一一对应的原则逐笔为出口单位办理核销手续的核销方式。该方式适用于出口收汇高风险企业以及差额核销和无法全额收汇的出口收汇数据。

3. 批次核销。批次核销即由出口单位集中报告，外汇局按批次为出口单位办理核销手续的核销方式。该方式适用于除出口收汇高风险企业外的所有出口单位的全额收汇核销，以及来料加工项下和进料加工抵扣项下需按合同核销的出口收汇数据。外汇局审核批次核销数据时，应当按照核销单与核销专用联总量对应的原则进行。

二、办理出口退税

1. 申报。出口商应在规定期限内，收齐出口货物退（免）税所需的有关单证，使用国家税务总局认可的出口货物退（免）税电子申报系统生成电子申报数据，如实填写出口货物退（免）税申报表，向税务机关申报办理出口货物退（免）税手续。

2. 备妥出口退税单证。“两单三票”等单证需用统一封面装订成册，装订顺序为：增值税专用发票或普通发票、税收缴款书或出口货物完税分割单、出口收汇核销单、出口货物报关单、出口企业商业发票。不同年度（以报关单上注明的出口货物离境日期为准）的资料应分开装订申报。

3. 填写出口货物退税申报表。根据《中华人民共和国税收征收管理法实施细则》第 38 条及国家税务总局有关规定填制外贸企业出口退税汇总申报表。

4. 税务机关受理和审核。税务机关受理出口商出口货物退（免）税申报后，应在规定的时间内，对申报凭证、资料的合法性、准确性进行审查，并核实申报数据之间的逻辑对应关系。通过审核后，税务机关出具收入退还书。

5. 税款退付。银行依据收入退还书将出口退税款从国库退付到出口企业的开户银行账户。出口货物在办理退税手续后，如发生退关、国外退货或转为内销，企业必须向所在地主管出口退税的税务机关办理申报手续，补缴已退（免）的税款。

思考题

1. 履行出口合同包括哪些基本程序？
2. 为什么对国外开来的信用证要认真审核？
3. 出口企业应如何对待和处理开证行开来的信用证修改通知？
4. 作为出口方，在履行合同中要做到哪几个一致？

案例分析

1. 我某进出口公司与国外某客商订立一份轻纺制品的出口合同，合同规定以即期信用证为付款方式。买方在合同规定的开证时间内将信用证开抵通知银行，并经通知银行转交给我出口公司。我出口公司审核后发现，信用证上有关货物装运期限和不允许转运的规定与双方签订的合同不一致。为争取时间，尽快将信用证修改完毕，以便办理货物的装运，我方立即电告开证银行修改信用证，并要求开证银行修改完信用证后，直接将信用证修改通知书寄交我方。问：① 我方的做法可能会产生什么后果？② 正确的信用证修改渠道是怎样的？

2. 我国某进出口公司与欧洲某客户达成一笔圣诞节应季礼品的出口交易。合同中规定，以 CIF 为交货条件，交货期为 2000 年 12 月 1 日以前，但合同中未对买方的开证时间予以规定。卖方于 2000 年 11 月上旬开始向买方催开信用证，经多次催证，买方于 11 月 25 日将信用证开抵我方，由于收到 L/C 的时间较晚，使我方于 12 月 5 日才将货物装运完毕，当我方向银行提交单据时，遭到银行以单证不符为由拒付。问：① 银行的拒付是否有理？为什么？② 此案例中，我方有哪些失误？

3. 我国某公司收到国外买方通过开证行开来的即期跟单信用证，证中规定卖方不得迟于

2009 年 2 月 15 日装运。我方因港口舱位紧缺，无法如期装运，于 2 月 6 日电请买方将装运期延展至 3 月 15 日，信用证有效期同时延展。2 月 10 日接买方来电称："同意你 2 月 6 日电，将装运期改为不得迟于 3 月 15 日，信用证有效期同样延展 1 个月。"接电后，我方立即组织出运，于 3 月 12 日装船完毕并于 15 日备齐全套结汇单据向银行交单议付，但银行拒绝收单。问：银行的拒收是否有理？为什么？

第四章 进口合同的履行

进口合同依法订立后，买卖双方都必须严格按照合同规定履行各自的义务。在进口业务中，我方作为买方，必须贯彻重合同、守信用的原则，按照合同规定，支付货物的价款和收取货物，同时，也要随时注意卖方履行合同的情况，督促卖方按合同规定履行其交货、交单和转移货物所有权的义务。

第一节 信用证的开立和修改

进口合同签订后，进口企业应在合同规定的期限内向经营外汇业务的银行及时办理开证申请手续。信用证开出后，如发现内容与开证申请书不符，或因情况发生变化或其他原因，需对信用证进行修改，应立即向开证行提出修改申请。

一、申请开立信用证

开证申请人在向开证银行申请开立信用证时，应填写开证申请书，连同所需附件交开证行。开证申请书的内容必须完整明确，为了防止混淆和误解，开证申请书不应罗列过多的细节。在指示开立信用证时，最好不要引用先前开立的信用证。开证申请书中必须明确说明据以付款、承兑或议付的单据的种类、文字内容及出具单据的机构等。信用证的开立时间应按照合同的规定。

开证申请人在填写开证申请书时，应注意下列问题。

1. 信用证的种类：应按合同规定填写信用证的类别。在进口业务中，一般不宜开立可转让信用证，以防因第二受益人不可靠而造成意外损失。

2. 信用证金额：即受益人可使用的最高限额。大小写金额要一致，除非确有必要，不宜在金额前加“约”、“近似”、“大约”或类似词语，否则，按 UCP600，将被解释允许有不超过 10％的增减幅度。另外要注意进口合同中对于出口商佣金的规定，信用证金额需与之规定一致。

3. 汇票付款人和付款期限：汇票的付款人应规定为开证行或信用证指定的其他银行，而不能规定为开证申请人，否则，该汇票将被视作额外单据；汇票为即期还是远期应严格按合同

规定。

4. 运输单据：如采用海洋运输，一般应要求提供全套空白背书并由发货人背书，或凭开证行指示的已装船提单；对集装箱运输、航空运输、铁路运输、邮包运输，则应在采用 FCA、CIP、CPT 贸易术语的条件方可受理，同时必须注明提交相应的运输单据。

5. 其他单据：产地证、品质、重量检验证书、化验证明书等的签发机构、形式、内容及证明事项等应作明确规定。

6. 分批装运和转运：进口合同如规定不允许分批装运和转运的，应在信用证中明确注明不准分批装运(Partial Shipment Not Allowed)、不准转运(Transshipment Not Allowed)。如信用证对此不作规定的，将被视为允许分批装运和转运。

7. 到期日和到期地点：信用证必须规定一个到期日和除了自由议付信用证外的一个交单地点，否则，该信用证就不能使用。

链 接

信用证的开证时间

1. 开证时间不宜太早：开证时间早于合同规定的最迟开证时间，会增加开证费用。

2. 开证时间又不宜太迟：开证时间太迟指非常接近于合同规定的最迟开证时间，但仍在规定期限之内。有可能由于传递等原因造成买方延期开证的后果，买方应为未按合同规定时间开证将要承担违约责任。

二、信用证的修改

信用证开出后，如发现内容与开证申请书不符，或因情况发生变化或其他原因，需对信用证进行修改，应立即向开证行递交修改申请书，要求开证行办理修改信用证手续。但应尽量避免修改信用证，因为不仅会有银行费用的发生，也会占用时间，影响合同正常履行。

信用证经修改后，开证行即不可撤销地受该修改的约束。受益人可决定其是否接受修改，而且，受益人必须发出其接受或拒绝修改的书面通知(受益人一般应该在接到信用证副本之日起 2 个工作日内通知银行是否需要修改)。在受益人告知通知修改的银行他接受修改之前，原信用证的条款对受益人仍具有约束力。如受益人未发出其接受或拒绝的通知而其提交的单据与原信用证的条款相符，则视为受益人已拒绝了该修改；但若提交的单据与经修改的信用证条款相符，则视为受益人已发出接受该修改的通知，从那时起，该信用证已被修改。

总之，我进口企业对信用证的开立和修改应持慎重态度。在申请开立信用证时，应做到开证申请书与合同相符，以避免不必要的修改，并避免不符条款被受益人利用而遭受损失；在修改信用证时，亦应注意修改内容的正确并应考虑到受益人可能拒绝修改而仍按原信用证条款履行。

第二节　安排运输和办理保险

一、安排运输

履行FOB交货条件的进口合同，由进口方负责安排运输。租船、订舱的时间应按照合同规定，并应在运输机构规定的时间内提交订舱单，保证及时配船。进口企业在办妥租船、订舱手续，接到运输机构的配船通知后，应按规定期限将船名及预期到港日期通知卖方，以便卖方准备装货。对CIF和CFR条件下的进口合同，系由卖方负责租船、订舱，安排装运。但我方也应及时与卖方联系，掌握卖方的备货和装运情况。

为了防止船货脱节和出现船等货物的情况，进口方要随时了解和掌握对方备货和装船前的准备工作情况，督促对方按期装运。

二、办理保险

FOB、FCA、CFR和CPT条件下的进口合同，由进口企业负责向保险公司办理货物的运输保险。进口货物运输保险一般有预约保险和逐笔投保两种方式。

1. 预约保险。我国部分外贸企业和保险公司签订海运、空运和陆运货物的预约保险合同，简称“预保合同”(Open Policy)。这种保险方式，手续简便，对外贸企业进口货物的投保险别、投保费率、适用的保险条款、保险费及赔偿的支付方法等都作了明确的规定。

根据预约保险合同，保险公司对有关进口货物负有自动承保的责任。对于海运货物，外贸公司接到外商的装运通知后，只需按要求填制进口货物“装货通知”，将合同号、起运口岸、船名、起运日期、航线、货物名称、数量、金额等必要内容一一列明，送保险公司，即可作为投保凭证。货物一经起运，保险公司就自动按预约保单所订的条件承保。对于空运和邮包运输的货物，也要根据预约保险合同的内容和承保范围，在收到供货商的装运通知后，立即填制“装货通知”送交保险公司签章。

2. 逐笔投保。在没有与保险公司签订预约保险合同的情况下，对进口货物要逐笔投保。外贸企业在接到卖方的发货通知后，应当立即向保险公司办理保险手续。在一般情况下，外贸企业填制“装货通知”代替投保单交保险公司，“装货通知”中必须注明合同号、起运地、运输工具、起运日期、目的地、估计到达日期、货物名称、数量、保险金额等内容，保险公司接受承保后给公司签发一份正式保单。如外贸公司不及时向保险公司投保，货物在投保之前运输途中发生损失时，保险公司不负赔偿责任。

保险公司对海运货物保险的责任期限，一般是从货物在国外装运港装上海轮时起开始生效，到保险单据载明的国内目的地收货人仓库或储存处所为止。如未抵达上述仓库或储存处所，则以被保货物在卸货港卸离海轮后60天为止，如不能在此期限内转运，可向保险公司申请延期，延期最多为60天。应当注意的是：散货以及木材、化肥、粮食等一些货物，保险责任均至卸货港的仓库或场地终止，并以货物卸离海轮60天为限，不实行国内转运期间保险责任的扩展。少数货物如新鲜果蔬、活牲畜在卸离海轮时，保险责任即告终止。

第三节 审单和付汇

一、审单付汇程序

以信用证方式结算，为保证我方的权益，必须认真做好审单工作，而审单是银行与企业共同的责任。银行在收到国外寄来的汇票和其他单据之后，对照信用证的规定，核对是否“单单一致、单证一致”，如内容无误，由银行对国外付款。同时进口商用人民币按照国家规定的有关外汇牌价向银行买汇赎单。如果核对国外单据发现国外单据单证不符时，应作出适当处理。例如：停止对外付款；凭卖方或议付行出具担保付款；要求国外改正单据；付款的同时，提出保留索赔权等。

链 接

进口审单付款的一般做法

1. 开证行审单付款：开证行收到出口地银行转来的全套单据后，即应对照信用证条款对单据详加审核，确定单据的种类及份数是否齐全，相关的各项内容如货名、品质、数量、单价及金额等是否正确。审核无误后开证行不必事先征得开证申请人的同意，就可直接对外办理付款。

2. 开证行与进口方共同审单，然后对外付款：开证银行在收到国外寄来的单据后，对单据的种类、份数、汇票、发票及索偿通知书所列的金额是否正确等内容进行审核。审核无误后，开证行即将全套单据送交进口方。进口方如果审核无误，即对开证行办理付款或承兑，开证行再根据国外议付索偿通知书的要求和信用证的有关规定，对外办理付款或承兑。

二、处理单据不符点

买方审单发现不符点时，应根据《跟单信用证统一惯例》区别不同情况予以处理。

1. 拒付单据和货款。不符点性质非常严重，对买方利益有实质性损害，买方可以拒收单据、拒付货款。

2. 部分付款、部分拒付。不符点不十分严重，按照惯例不宜拒付全部货款，买方可以部分付款，部分拒付。

3. 检验后付款。在买方不需要转让单据的情况下，不符点属于非实质性的，买方可以通知银行，要求货到检验后付款。

4. 凭担保付款。不符点性质一般，对买方利益不会造成明显损害，买方可以在接受卖方担保或国外议付行的担保后，对外付款。

5. 开证行对外付款，但保留追索权。不符点性质尚属一般，开证行可以在对方允许开证行保留追索权的前提下，对外付款。如果开证人拒付，开证行可追回已付货款。

6. 更正单据后付款。不符点属操作错误，且时间和其他条件都具备，卖方要求更改单据，买方可以考虑接受。

第四节　进口报关与报检

一、进口报关

进口报关是指进口货物的收货人或其代理人向海关交验有关单据，办理进口货物申报的法律行为。进口报关程序是收单审单、估价征税、查验货物、签章放行。进口报关应注意如下问题。

1. 报关地点。一般情况下，进口货物由收货人或其代理在货物进境地海关办理手续。为了方便收货人办理海关手续，经收货人向海关提出申请，海关同意后，收货人可以在设有海关的指运地，办理报关手续，这种异地办理报关手续的进口货物，称为转关货物。

2. 报关资格。海关规定，进出口货物要由海关准予注册的报关企业或者有权经营进出口业务的企业负责办理报关纳税手续。报关权是海关授予企业办理货物进出口报关手续的特有权利。有权经营进出口的企业向海关申请并办理了报关注册登记手续后，才能获得报关权，取得报关资格。

3. 报关时限。根据《中华人民共和国海关法》规定，进口货物报关期限为自运输工具申报进境之日起 14 日内，由收货人或其代理向海关报关，超过期限报关的，由海关征收滞报金。

4. 进口纳税。海关按照规定对进口货物计征进口税。由海关征收的税种有关税、增值税、进口调节税等。

二、进口报检

根据《中华人民共和国进出口商品检验法》(以下简称《商检法》)的规定，凡须法定检验的进口商品，未经检验的不准销售、使用。

1. 进口报检的类型。一种是按国家规定的法定检验商品的进口报检；另一种是进口货物残损或短缺鉴定，又称索赔报检。

2. 进口报检的申请。申请进口商品检验时，填写“进口商品检验申请单”，报检人除提供合同、发票、装货清单、提单及进口货物通知书外，还须根据情况提供相关资料：一是申请品质检验，须附国外品质证书、使用说明书及有关标准和技术资料；二是残损鉴定，须附理货签证、残损或溢缺单、铁路商务记录、空运事故记录等有关证明残缺的单证。

3. 进口报检地点。一般应为检验地点。报检或检验地点应考虑进口商品的种类和性质，一般有以下四种情况：卸货港检验、使用地点检验、拆箱地点检验和装运前检验。

《商检法》规定，凡列入《商检机构检验的进出口商品种类表》的进口商品，货到后由外运公司或收、用货部门向当地商检机构申请检验。但属于下列情况之一者，商检机构不受理检验：超过规定的索赔期和质量保证期，丧失索赔权的；在免赔范围之内的少量损失；缺少必要的单据及有关资料，无检验依据的；按进口货物检验分工，不属于商检机构检验范围之内的。

第五节　进口索赔

在进口业务中，有时会发生卖方不履行或不完全履行合同规定的义务的情况，如不交货或虽交货但所交货物不完全符合合同规定，而使买方遭受损失而引起索赔，或货物由于在装卸、搬运和运输过程中使品质、数量、包装受到损害或由于自然灾害，意外事故以及其他外来原因致使货物受损，而需向有关责任方提出索赔。

一、向卖方索赔

向卖方索赔，也就是由于卖方违约买方可以采取的补救措施。在进口业务中，由于卖方的违约行为不同，买方可以采取的补救措施也各异。

（一）宣告合同无效

按《联合国国际货物销售合同公约》规定，如果卖方完全不交付货物，或不按合同规定交付货物，属于根本违反合同时，买方可以宣告整个合同无效，还可以向卖方提出索赔。赔偿金额应与因卖方违反合同而使买方遭受的包括利润在内的损失相等。

（二）其他补救措施

如果卖方不履行合同或不完全履行合同的结果，使买方遭受了损失，但并未剥夺买方根据合同规定有权期待得到的东西，即未构成根本违约，买方不能宣告合同无效，但可以要求赔偿。此外，买方可以行使采取其他补救措施：可以规定一段合理时限的额外时间，让卖方履行其义务；如果货物不符合同，买方可以要求卖方通过修理对不符合同之处做出补救，或买方可以减低价格，减价按实际交付的货物在交货时的价值与符合的货物在当时的价值两者之间的比例计算。

二、向承运人索赔

在进口业务中，凡到货数量少于运输单据所述数量，或由于承运人的过失造成货物残损、遗失，应由承运人负责。承运人是指在运输合同中承担履行铁路、公路、海洋、航空、内河运输或多式联运，或取得承担上述运输履行的任何人。进口人认可根据不同运输方式的有关规定，向承运人或其代理人发出索赔通知。

向船公司索赔的期限为货物到达目的港交货后 1 年之内。

三、向保险公司索赔

如进口货物在保险责任有效期内发生属于自然灾害、意外事故、外来原因或在运输装卸过程中发生其他事故致使货物受损，且在保险公司责任范围内的，不论合同中采用 FOB、CFR、FCA、CPT 贸易术语还是采用 CIF、CIP 贸易术语，都应由进口人向保险公司提出赔偿要求。在向保险公司索赔时，进口人应备妥各项必要的单证，如保险单据、运输单据、发票、检验报告、货损货差证明等，并及时发出损失通知。此外，进口人还应迅速对受损货物采取必要的合理施救、整理措施，防止损失的扩大，因抢救、阻止或减少货损的措施而支付的合理费用，可由保险公司负担。

向保险公司提出海运货损索赔的期限则为被保险货物在卸货港全部卸离海轮后 2 年内。

四、索赔的注意事项

（一）索赔期限

索赔期限是进口索赔的重要问题。有关卖方交货的品质与合同不符或原装数量短少需向卖方索赔的，应当在合同所规定的索赔期限内提出。逾期提出索赔，卖方有权不受理。如买卖合同中未规定索赔期限，按《联合国国际货物销售合同公约》规定，买方行使索赔权最长期限是自其实际收到货物之日起不超过 2 年；而我国法律对国际货物买卖合同争议提起诉讼或者申请仲裁的期限，则规定自当事人知道或者应当知道其权力受到侵犯之日起 4 年为限。

（二）索赔证据

对外索赔需提供足够的证据，索赔时证据不足、问题不清、责任不明或不符合同中索赔条款的都可能遭到对方拒绝。首先，应填制索赔清单，并随附商检机构签发的检验证书、发票、装箱单及提单副本。其次，对不同的索赔对象，还要另附有关证件。向出口方索赔时，如是 FOB 或 CFR 合同须附保险单一份；向船公司索赔时，须附由船长及港务局理货员签证的理货报告及船长签证的短缺残损证明；向保险公司索赔须附保险公司与买方的联合检验报告等。

链 接

索赔时防止出口方借故推卸责任

凡属出口方直接承担的责任，应直接向出口方要求赔偿，有时也可给出口方留下一段合理的时间，让其继续履行合同义务，或者采用减价、支付替代货物、修理货物以致拒收货物等。但无论怎样，在出口方同意赔偿之前，应妥善保管货物，以防出口方制造借口向其他方面推卸责任。

目前，我国的进口索赔工作，如属于船方和保险公司责任的，一律由外运公司代办；如属于出口方责任的则由进出口公司直接办理。为做好索赔工作，要求外贸公司、外运公司、保险公司、商检部门及订货单位等有关各方密切协作和配合，做到检验结果正确，证据属实，理由充分，赔偿责任明确、合理，并及时向有关责任方提出索赔，以保证进口货物所遭受的损失能够按期如数地得到应有的补偿。

思考题

1. 进口合同的履行程序与出口合同的履行程序有什么不同？
2. 开立信用证时应注意哪些事项？
3. 进口人对于信用证的修改有什么注意点？
4. 进口索赔的对象有哪些？
5. 在进口索赔中应该注意哪些问题？

案例分析

2009年4月10日，我国某进口商到A银行申请开出以美国出口商为受益人的信用证。信用证规定最迟装船期为当年4月30日，4月27日该公司收到美国客户的通知，指责其迟开信用证，买方违约，要求撤销合同。因为买卖双方在合同中规定："信用证必须在装运日前也即在4月份以前开到卖方，信用证的有效期应为装船后15天在上述装运口岸到期，否则卖方有权取消本售货合同并保留因此发生的一切损失的索赔权。"经过双方协商，出口商坚持以进口商迟开信用证为由而拒绝出货，并要求撤销信用证，鉴于此时市场行情上涨，进口公司担心进口货物落空而撤销国内售货合同，影响企业生产，损失更大，不得不用更高的价格进口货物。问：此案例我方的做法是否妥当？从中可吸取什么教训？

第七篇 国际贸易交易方式

【本篇导读】

国际贸易交易方式是指国际商品流通的做法和渠道。在对外贸易活动中,每一笔进出口交易都是通过一定的贸易方式进行的。国际贸易方式有两大类:一类是单纯销售的方式,如逐笔售定、经销、代理、招标、寄售、拍卖等;另一类是销售、购买或生产与融资结合起来的方式,如来料加工、来件装配、对等贸易、补偿贸易等。随着国际贸易的发展,贸易方式也在不断发生变化,国际贸易买卖的交易做法越来越多,出现了许多适应时代发展的新的贸易方式。本篇着重介绍几种我国采用较多的贸易方式。

第一章
经销与代理

经销与代理是为了建立和稳定买卖双方之间的长期的贸易关系所采用的最常用的贸易方式，这种贸易方式有利于建立有序的销售网络，提高主要客户的经营积极性，逐步扩大和占领目标市场。

第一节　经　　销

经销克服了逐笔售定的不足之处，通过协议，进出口双方确定了在一定时期内的稳定关系。这种关系是相互协作与相互制约的，在规定的期限和地区内，由于进出口双方对市场的开发有着共同的目标和一致的利益，可以实现平等互利、同舟共济。

一、经销的概念

经销(Distribution)是国际贸易中常见的一种出口贸易方式，是指出口商(即供货方，Supplier)与进口商(即经销方，Distributor)之间签订经销协议，以“款、货两清”的买断形式达成的一种商品买卖。经销方式下，进口商以自有资金支付商品的货款，取得商品的所有权，在经营中以进口价格和转售价格之间的差额为经销利润，并在享有自货物进口后到将货物转售的全部差价收益的同时，承担一切经营风险。

二、经销的分类

根据经销商所享有的权限，可以将经销方式分为总经销(General Distribution)、一般经销(Common Distribution)、独家经销(Exclusive Sales; Exclusive Distributorship)和特约经销(Special Distribution)四种类型。总经销、独家经销、特约经销这三种经销方式属于特许经营的范畴，有一定的特许权转让。不同的经销方式，其区别在于出口企业需要通过签订不同的经销协议或通过发放授权证书的方式，授予中间商对指定商品不同的经营权力，并要求中间商承担不同的经营义务。

(一) 总经销

总经销是指出口供货方(只限于出口生产企业)赋予进口中间商在规定的时间和区域

内(可以是全部市场,也可以是某个大区域或某个国家范围内的市场),对指定商品享有独家分销权、最低进价权和优先进货权的一种方式。而出口生产企业在此期间在协议指定区域内则不能再向任何其他商人分销该指定商品,在该地区销售该指定商品的商人均需向总经销商进货。总经销商在享有指定商品的独家分销权的同时,必须承担一定的义务,如保证一定数量的销售额;做好该区域内的商品维修服务;防伪打假;保护授权商品的知识产权;负责组织和承担一定的广告促销活动等等。出口企业在选择总经销商时要把握两个最基本的条件。

1. 要有良好的商业信誉和合作态度。

2. 具有强大的商品分销能力,以便确保出口企业的利益不受伤害以及产品在授权区域的市场覆盖率。

（二）一般经销

一般经销是指出口供货商对经销商不做过多挑选,不对其授予任何特权,也不强调过多的义务;只要经销商有进口积极性,能满足供货方的交易条件,及时付足货款,即可得到出口供货方提供的货物。在这种方式下,供货方与经销方之间存在的只是相对长期、稳定的买卖关系,实质上与一般的国际货物买卖并无太大区别。经销商虽享有经销权,在购货上能得到一些优惠,但没有专营权利,出口企业可以在同一地区同时指定几个经销商。

（三）独家经销

1. 独家经销的概念。独家经销是指出口供货方(可以是生产企业,也可以是享有某种商品商标专用权的商业企业)授予某一进口经销商(一般限于零售商)在规定期限和规定地区内,享有指定商品的独家专卖权的一种方式。在经销协议所规定的时间和区域内,该指定商品除由独家经销商销售外,该区域内任何其他商人均不得销售此种商品。而独家经销商一般也要承担一定数量的销售、维护授权商品的知识产权、承担生产企业委托的商品促销活动和部分商品的售后服务工作等义务。

2. 独家经销的利弊。采用独家经销方式,对出口方来说有着较为有利的一面。由于给予经销商独家专营的权利,就能充分调动经销商的经营积极性,促使对方专心销售约定的商品,并向用户提供必需的售后服务。这样,对出口企业来说,就能对市场销售做系统安排,处理好眼前利益与长期利益的关系。

当然,采用独家经销方式也存在着一定的风险。例如,独家经销商如同时经销不同企业的商品,就不能保证他能专心经营约定的商品;又如,若选择的独家经销商的经营能力较差,虽然努力却仍不能完成约定的最低限额,出口企业就会遭受损失;再如,倘若独家经销商职业道德素质不佳,凭借专营权压低价格或包而不销,就会使出口企业受到限制,导致不能向其他商人销售,从而蒙受损失。

（四）特约经销

特约经销是指出口生产企业在规定的时间和规定的区域内,同时选择若干个中间商作为本企业产品的指定销售商。其一般形式是出口企业赋予进口商指定商品销售的授权证书。此外,承诺向特约经销商直接供应指定商品和不向非授权企业供应指定商品。出口生产企业对特约经销商的选择和约束的依据主要在于商品的销售数量情况和商品的销售服务水平。

链 接

关于经销商的选择

在选择经销商时，出口供货商应综合考虑经销商的销售网点数量、经营规模、地理位置、商业形象和服务水平等因素，以挑选出最有利于实现自身经营目标的经销商。一般说来，若经销商具有较强的业务能力和较好的商业信誉，出口商就可以在很大程度上避免因经销商工作不力给自己造成的损失；但如果经销商的经营能力过强，也有可能会形成对市场与价格的操纵，从而损害出口商的利益。因此，选择合适的经销商是一个比较复杂的问题，出口商必须对此作出全面、谨慎的考虑。

采用经销方式无论对供货人还是对经销商都有一定的好处。它有利于出口供货商对长期的生产经营活动进行统筹规划，有利于避免产品由众多进口商分散经营所带来的自相竞争的弊病，有利于利用经销商的销售渠道扩大自己产品的销售，也有利于及时收回货款，减少经营中的风险。对进口经销商来说，当某种商品市场需求旺盛时，他有可能凭借与出口商之间的经销关系获得较多数量的商品，并以较高的价格出售，得到较多的经销利润。而在独家经销方式下，经销商通过出口商的授权，可以获得指定商品的专营权，由此取得市场垄断所带来的经济利益，这有助于最大限度地调动进口商经销特定的经销商品的积极性，反过来也有助于出口商扩大销售规模。

三、经销协议的内容

经销协议是出口供货商和进口经销商为明确经销业务下彼此之间的买卖关系、双方各自的权利与义务所签订的一种法律契约。其内容的繁简需根据交易双方当事人的不同意图而确定。在采用经销方式时，买卖双方大多只在经销协议中原则性地规定双方当事人的权利、义务和一般交易条件，在具体买卖经销货物时再订立具体的买卖合同。由于特许经营方式涉及经销商享有的对经销产品的特许经营权，因此特许经营协议的内容要比一般经销协议复杂一些。

在涉及特许经营的协议中，一般应对以下内容作出规定。

1. 经销商品的种类。经销商品种类的多少直接关系到独家经销人的权利大小，因此，必须在特许经营协议中加以明确。特许经销的商品可以是出口供货方的一种或几种产品，也可以是出口供货方的全部产品。如果这些产品使用了不同的品牌，有不同的规格，也要尽可能在协议中说明，以避免日后发生争议。另外，在特许经营协议中还应说明如果在协议的有效期内，出口供货商停止生产或经营某种经销产品，或是在经销产品的范围内开始生产或经营新品种，对这种变化应如何处理。

2. 经销地区的范围。特许经营的方式下，规定的经销地区的范围越大，特许经销商的权利也就越大，在特许经销协议中，必须对经销商享有授权的地区范围作出明确规定。这一区域可以是全球市场，也可以是几个国家形成的大区域市场，还可以是一个国家内的不同具体城市。确定经销地区范围时，一方面要考虑经销商品的特点、该地区市场潜力的大小；另一方面也要考虑经销商的实际能力。一旦在协议中确定了特许经销地区，出口供货商一般就不得再向该地区内的其他中间商或最终用户销售指定的经销商品，以保护特许经销商的权益。另外，出口供货商一般也在特许经销协议中规定，特许经销商不得主动到非授权区域去推销商品。

3. 经销数量或金额。有些特许经营协议中规定了供货人在一定时期内对推销经销商供应商品的最低数量；但更多的是在协议中明确规定特许经销商在一定时间内，向供货人购买的最低数额。同时，还要明确一旦供货人不能保证按时供货，或者特许经销商不能按时完成经销数额时，对方所可以采用的处理方法。例如，许多经销协议都规定，如果特许经销商在一定时间之内不能完成最低经销数额，或出口供货商不能在一定时间之内按质、按量地提供最低数量的经销商品，受损害的一方可以提出中止特许经销关系。

4. 经销期限。特许经销期限即特许经营协议的有效期，一般是从签字生效起的 1 年或几年。在协议中也要规定经销期限的延展办法，以及由于特许经销商或供货商的原因而中止经销期限的办法，说明在何种情况下双方可以解除特许经销协议。

5. 经销商品的作价。供货人与特许经销商在特许经销协议中，既可以在特许经销协议中为经销商品规定一个不变的价格，即在整个特许经销期限内都按照这个价格销售经销商品；也可以规定采用分批作价的方法，由双方每隔一段时间对经销商品的价格重新作出约定。由于后一种作价方法有利于减少双方在交易中承担的价格风险，所以在特许经销方式下比较常见。

6. 特许经销商的义务。在特许经营协议中，一般都对特许经销商的如下义务作出规定：特许经销商要负责经销商品的广告宣传与促销、部分商品的维修服务、经销商品品牌与专利权的保护。但是国际贸易活动中，各国为防止垄断经营，都不允许在协议中订入对特许经销商规定一些具有排他性经营的限制条款，比如在经销本企业产品的同时不得经营与本企业产品同类的竞争性商品等等。多数情况下，特许经销商从事商品经销活动的费用要由其自行负担，这也要在经销协议中有所约定。

除上述内容外，特许经营协议中还应规定不可抗力及仲裁条款等。

第二节 代　　理

代理是国际贸易中习惯采用的一种做法，许多业务都是通过代理人进行的，如银行代理、运输代理、保险代理、贸易代理等。代理方式有利于出口企业利用代理商的销售渠道扩大市场。

一、代理的概念

所谓代理（Agency），是指代理人（Agent）按照委托人（Principal）的授权，代表委托人与第三者订立合同或实施其他法律行为，而由委托人直接负责由此产生的权利和义务。

委托人与代理人之间是通过代理协议来确定双方的权利和义务以及代理人的权限范围和报酬的。根据各国代理法的一般原则，代理人经委托人授权后，应克尽其责，对委托人诚信忠实；委托人应按照代理协议支付佣金并偿付代理人因履行代理义务而产生的费用。

根据我国《合同法》的规定，代理合同分为委托合同与行纪合同。委托合同是委托人和受托人约定，由受托人处理委托人事务的合同。行纪合同是行纪人以自己的名义为委托人从事贸易活动，委托人支付报酬的合同。行纪人与第三人订立合同的，行纪人对该合同直接享有权利、承担责任。

二、代理的分类

我国出口企业在国外指定的代理一般为商业代理。商业代理是出口企业与代理商达成协议，规定代为推销的商品、期限和地区范围，对方负责代为推销商品的最低金额或数量以及反馈市场信息等义务。商业代理按委托人对代理人授权之大小，其代理方式可分为独家代理（Exclusive Agency; Sole Agency）、一般代理（Agency）和总代理（General Agency）等。

1. 独家代理。独家代理是指在约定地区和时间内委托人给予代理商在特定地区和一定期限内享有独家推销指定商品的专营权。只要在约定地区和时间内做成的交易，除双方另有约定外，无论是由代理商做成，或者由委托人同其他商人做成，代理商都可以获得佣金。

链 接

独家代理与独家经销的区别

独家代理与独家经销的做法，均能在一定程度上起到扩大销售渠道、减少自相竞争的作用，但存在以下主要区别：

1. 独家代理的委托人与代理人之间的关系是委托代理关系；而独家经销的卖方与独家经销人之间是买卖关系。

2. 独家代理人不承担市场经营风险；而独家经销人则自担风险，自负盈亏。

3. 独家代理人只负责招揽客户、介绍业务，合同的履行则由实际卖主和买主负责履行；而独家经销人自购自销，自行承担履行购货合同规定的义务。

2. 一般代理。一般代理又称佣金代理（Commission Agency），是指不享有专营权的代理，其他内容和独家代理相同。在同一地区、同一时期内，委托人可以选定一家或几家客户作为一般代理商，根据推销商品的实际金额付给佣金。委托人可以直接与其他买方成交，无须另给代理商佣金。一般代理因不享有独家代理的专营权，因此不承担在一定时期内销售一定数量商品的义务。除个别情况外，代理商与委托人的关系是做一笔交易谈一笔交易，并不需要双方签订协议。

链 接

一般代理与独家代理的区别

一般代理与独家代理的主要区别主要体现在以下两个方面。

1. 关于独家专营权问题。独家代理商享有独家专营权,而一般代理商不享有这种权利。

2. 关于独家代理商佣金的收取范围问题。独家代理商收取佣金的范围,既包括招揽生意介绍客户成交的金额,也包括委托人直接成交的金额;而一般代理商收取佣金的范围只限于介绍生意成交的金额,至于委托人直接成交的部分,委托人不必向一般代理商支付佣金。

3. 总代理。总代理有两种含义:一种是指代理商在指定区域和期限内,不仅享有独家代理的权利,还代表委托人进行全面业务活动,甚至包括非商业性质的活动;另一种含义是指具有数个分代理的总代理。

总代理人(General Agent)实际上相当于委托人在指定地区的全权代表。但总代理与地区代表的不同之处是:代理人的行为,就其效果直接归于委托人,而代表的行为则视为委托人的行为。对委托人来说,总代理的行为对委托人的利害关系重大,多由与委托人的关系非常密切的对象担任。作为总代理应有丰富的工作经验和知识,懂得经营销售的技术,通晓驻在国的法律,对市场具有分析研究的能力。

链 接

代理协议的主要内容

代理协议是明确委托人和代理人之间权利与义务的法律文件。协议内容由双方当事人按照契约自由的原则,根据双方的共同意愿加以规定。它主要包括以下内容。

1. 代理的商品和地区。协议要明确规定代理商品的品名、规格以及代理权行使的地理范围。为了避免争议,最好在协议中对代理商品停止生产或有新品种产生时,原协议是否适用作出明确说明。

2. 代理数量或金额。此项数量或金额既是代理商应代销的数量或金额,也是卖方应供应的数量或金额,对双方都有同等的约束力。在协议中,一般还要规定超额代销的奖励条款和不能履约的罚金条款。

3. 代理人的权利与义务。这是代理协议的核心部分。一般应包括下述内容:① 明确代理人的权利范围,以及是否享有专营权。② 规定代理人在一定时期内应推销商品的最低销售额。③ 代理人应在代理权行使的范围内,保护委托人的合法权益。

（续上）

代理人在协议有效期内无权代理与委托人商品相竞争的商品，也无权代表协议地区内的其他相竞争的公司。对于在代理区域内发生的侵犯委托人的工业产权等不法行为，代理人有义务通知委托人，以便采取必要措施。另外，代理人还负有保守商业秘密的责任。④ 代理人应承担市场调研和广告宣传的义务。

4. 委托人的权利与义务。委托人的权利主要体现在对客户的订单有权接受，也有权拒绝，对于拒绝订单的理由，可以不作解释，代理人也不可能要求佣金。但对于代理人在授权范围按委托人规定的条件与客户订立的合同，委托人应保证执行。委托人有义务维护代理人的合法权益，保证按协议规定的条件向代理人支付佣金。在独家代理的情况下，委托人要尽力维护独家代理人的专营权。如由于委托人的责任给独家代理人造成损失，委托人应予以补偿。

5. 协议有效期及中止。按照国际市场的一般习惯做法，代理协议既可以定期，也可以是不定期的。定期的一般规定为 1～3 年，可以在协议中规定期满后续约及中止的办法。若不规定期限，双方当事人应在协议中规定，其中一方不履行协议，另一方有权中止协议。

6. 佣金的支付。佣金是代理人为委托人提供服务所获得的报酬。代理协议要规定在什么情况下代理人可以获得佣金。在独家代理的协议中，常常规定如委托人直接与代理区域内的客户签订买卖合同，独家代理人仍可获取佣金。协议中还要规定佣金率、佣金的计算基础、佣金的支付时间和方法。除上述基础内容外，关于不可抗力和仲裁等条款的规定，与经销协议和一般买卖合同的做法大致相同。

7. 宣传推广和报告商情。在代理协议中应明确规定代理商有对代理商品进行宣传推广的义务，应承担定期或不定期向卖方提供商情报告的义务。报告的内容，通常是关于代理商的工作情况、市场供销、竞争、有关进口国的政策法令及客户的反馈等。

思考题

1. 经销的概念及分类是什么？
2. 独家经销与独家代理的区别有哪些？
3. 经销协议的主要内容是什么？
4. 什么是委托合同与行纪合同？
5. 代理协议中对委托人的权利与义务有哪些规定？

案例分析

美国某公司与中国香港 A 公司签订一份独家代理协议，指定中国香港 A 公司为独家代理。在订立协议时，美国公司正在试验改进现有产品的性能。不久，美国公司试验成功，并把这项改进后的同类产品，指定中国香港另一家公司作独家代理。问：美国公司有无这种权利？为什么？

第二章 拍卖、寄售与展卖

拍卖(Auction)是国际贸易中较为古老的一种方式,属于实物交易。它是一种由拍卖行定期组织的,集中在一定时间和地点买卖某种特定商品的交易。寄售是一种委托代售的贸易方式。而展卖将出口商品的展览和推销有机地结合起来。

第一节 拍　　卖

拍卖的时间有限,成交数量较大,来自各地的客户较多,在拍卖场要做好拍卖过程中的各项组织工作和突发情况的应对工作。

一、拍卖的概念及特点

(一) 拍卖的概念

拍卖是由专营拍卖业务的拍卖行接受货主的委托,在一定的地点和时间,按照一定的章程和规则,通过公开竞购或"密封出价"的办法,把货物逐件、逐批卖给出价最高的人。

通过拍卖进行交易的商品一般是一些品质规格不易标准化的商品,如皮毛、烟草、茶叶、香料、木材等;某些易腐坏、不能长期保存的商品,如水果、蔬菜、花卉、观赏鱼等;某些贵重商品或习惯上采用拍卖的商品,如贵金属、首饰、地毯、古董及其他艺术品;某些稀有商品,如水貂皮、澳洲羊毛等等,拍卖所形成的价格,对这些商品的行市有很大的影响。

(二) 拍卖的特点

国际货物的拍卖方式一般具有以下三个特点。

1. 拍卖是一种公开竞买的现货交易,拍卖采用事先看货,当场叫价,落槌成交的做法。拍卖开始前,买方可以查看货物,做到心中有数;拍卖开始后,买方当场出价,公开竞买;拍卖成交后,买主即可付款提货。

2. 拍卖在一定的机构内有组织地进行,一般都是在拍卖中心、拍卖行的统一组织下进行的,也可以由货主临时组织拍卖会。

3. 拍卖具有自己独特的法律和规章,拍卖不同于一般的进出口交易,这不仅体现在交易

磋商的程序和方式上，也表现在合同的成立和履行等问题上，许多国家的买卖法中对拍卖业务有专门的特殊规定，此外，各拍卖行还订有自己的章程和规则供拍卖时采用。

二、拍卖的基本程序

（一）准备阶段

在准备阶段，参加拍卖的货主先要把货物运到拍卖地点，存入指定的仓库，然后委托拍卖行进行挑选，分类，分级，并按货物的种类和品级分成若干批次。拍卖行在此期间还要负责编印拍卖目录，所有经过挑选分批待售的货物，都要载入目录，并提供给打算参加拍卖会的买方作为指南。

（二）察看货物

由于拍卖是看货成交的现货交易，买主必须事先对拍卖品进行察看。买主既可察看拍卖人提供的样品，也可去仓库察看整批货物，并在其中抽取一定数量的样品，对其进行分析或者试用。

（三）正式拍卖

正式拍卖在规定的时间和地点，按照一定的拍卖规则和章程进行。拍卖一般多采用由低到高的增价拍卖方式，按照拍卖业务的惯例，在拍卖人的木槌落下之前，买方可以撤回其出价，同样货主在货物出售前也可撤回要拍卖的货物，如果竞买者喊出的最高价仍低于货主所拟定的最低可接受价，货主无法接受，他可以要求拍卖人不敲木槌，将货物撤下来，这属于有保留的拍卖方式。如货主事先通知拍卖人采用无保留方式出售，则由拍卖人来选定最高出价者。当拍卖人认为无人再出高价时，就以击锤来表示接受买主的喊价，拍卖人击锤后，就表示竞买停止，交易达成。

（四）付款和提货

拍卖成交后，拍卖人会向买主发送一份成交通知书供买主核对，在买主确认并签字后，成交通知书就成为拍卖合同的书面依据，然后由买主开具购货确认书，并按规定付款。拍卖商品的货款，通常都以现汇支付，在成交时，买方即须支付货款金额的一定百分比，其余的也须尽快支付，货款付清后，货物的所有权随之转移，买方凭拍卖行开出的栈单（Warrant）或提货单（Delivery Order）到指定的仓库提货。提货也必须在规定的期限内进行，在仓库交货前，拍卖人控制着货物，他有义务妥善保管货物，作为卖方的代理人，他享有要求货款的留置权，即在买方付清货款之前，他有权拒绝交货，除非拍卖条件中允许买方在提货后的一定期限内付清货款。

此外，由于拍卖行为交易的达成提供了服务，它要收取一定的报酬，通常称作佣金（Commission）或经纪费（Brokerage）。

三、拍卖方式的作用

首先，对卖方来说可以通过公开竞买，看货出价的方法而卖得好价。而且由于它是现货交易且成交迅速，买方付款后提货，对卖方收取货款较为安全，也有利于为某些商品打开销售渠道进而扩大国外市场。

其次，对买方来说，则可根据市场情况和经营意图，按照自己愿出的价格标准购进符合自己需要的货物，而且是现货交易，有利于资金周转。

链 接

拍卖的形式

（一）增价拍卖

增价拍卖又称买方叫价拍卖，这是最常用的一种拍卖方式。拍卖时，由拍卖人(Auctioneer)提出一批货物，宣布预定的最低价格，然后由竞买者(Bidder)相继叫价，竞相加价，有时规定每次加价的金额额度，直到拍卖人认为无人再出更高的价格时，则用击槌动作表示竞买结束，将这批商品卖给最后出价最高的人。

（二）减价拍卖

减价拍卖又称荷兰式拍卖(Dutch Auction)，这种方法先由拍卖人喊出最高价格，然后逐渐减低叫价，直到有某一竞买者认为价格已经低到可以接受的程度，并表示买进为止。减价拍卖成交迅速，经常用于拍卖鲜活商品和水果、蔬菜等。

以上两种方法都是在预定时间和地点按照先后批次，公开叫价，现场成交。

（三）密封递价拍卖

密封递价(Sealed Bids;Closed Bids)拍卖又称招标式拍卖。采用这种方法时，先由拍卖人公布每批商品的具体情况和拍卖条件等，然后由各买方在规定时间内将自己的出价密封递交拍卖人，以供拍卖人进行审查比较，决定将该货物卖给哪一个竞买者。这种方法不是公开竞买，拍卖人有时要考虑除价格以外的其他因素。有些国家的政府或海关在处理库存物资或没收货物时往往采用这种拍卖方法。

第二节　寄　　售

寄售是一种先出运后出售商品的委托代售的贸易方式。在国际贸易中，寄售人为了开拓商品的销路、扩大出口有时会采用寄售的方式。

一、寄售的概念及特点

（一）寄售的概念

寄售是指寄售人(Consignor)先将货物运往寄售地，委托当地代销人(Consignee)按照寄售协议规定的条件，替寄售人进行销售，在货物出售后，由代销人向寄售人结算货款的一种贸易做法。

寄售具有委托代售的性质。寄售所得货款由代销人在扣除佣金和有关费用之后，通过银行交给寄售人，寄售人同代销人之间并不是买卖关系，代销人是根据寄售人的委托照管货物并按寄售人的指示出售货物。

(二) 寄售的特点

在国际贸易中,寄售是寄售人为开拓商品的销路、扩大出口而采用的一种贸易方式。它的主要特点如下所述。

1. 寄售是由寄售人先将货物运至目的地市场,再委托代销商向买主销售,它是凭实物进行的现货买卖。

2. 商品在目的地市场出售前所有权属寄售人。

3. 寄售人与代销商之间是委托代售关系,代销商只能根据寄售人的指示代为处置寄售商品。

4. 代销商不承担市价涨落与销售畅滞的风险和费用,代销商代销成功后可向寄售人收取佣金作为报酬。

二、寄售方式的利弊

(一) 寄售的优点

1. 为国外的买主提供了便利,有助于调动国外买方订购商品的积极性。在寄售方式下,买方可根据需要就近采购,买后立即办理付款和提货手续,这样既能缩短从订约至到货的时间,又可避免垫付资金和承担货物在运输途中的费用与风险。

2. 有利于开拓市场和扩大销路。通过寄售,既便于与当地用户和销售者建立联系和发展贸易关系,便于进行广告宣传,又便于推销新商品,开辟新市场并根据当地消费者的意愿和要求改进商品品质及包装,不断扩大销售范围。

3. 有利于随行就市和提高出售价格。采用寄售方式,可以根据国外市场的需求情况和容纳量,事先有计划地在国外市场存放一些待售的商品,以便在当地市场货源供不应求和价格上涨时,及时抓住有利时机,充分利用市场行情,抢先成交,抛售现货,卖出好价钱。

4. 有利于利用国外的销售渠道和调动国外代销人推销商品的积极性。在寄售方式下,代销人既不垫付资金,又不承担贸易风险,因此,一些资金不足的客户乐意为货主推销商品,这就有利于货主利用代销人的贸易渠道来推销自己的商品。

(二) 寄售的缺陷

寄售的缺陷主要是针对寄售人而言,主要表现为以下几点。

1. 承担的贸易风险大。采用寄售方式,寄售人要承担待售货物出售前的一切风险,其中包括货物在运输和储存当中的风险,价格变动的风险,货物不能脱售的风险,以及代销人资信不佳而招致的其他损失。

2. 负担的费用多。在寄售方式下,待售货物出售前的一切费用开支,如运费、保险费、储存费、税收、代销人的报酬以及其他杂项费用,一概由寄售人负担。

3. 不利于寄售人的资金周转。由于寄售方式是先出运、后成交,不仅出售前要垫付各种费用,而且一般要等货物出售后才能收回货款,这就需要经常垫付和积压大量流动资金,从而影响资金的周转。

三、寄售协议的主要内容

寄售协议规定了有关寄售的条件和具体做法,其主要内容如下。

1. 双方的基本关系。寄售人和代销人之间的关系，是一种委托代理关系。货物在出售前所有权仍属寄售人。代销人应按协议规定，以代理人身份出售商品，收取货款，处理争议等，其中的风险和费用由寄售人承担。

2. 寄售商品的价格。寄售商品价格有三种规定方式：其一，规定最低售价；其二，由代销人按市场行情自行定价；其三，由代销人向寄售人报价，征得寄售人同意后确定价格，这种做法较为普遍使用。

3. 佣金条款。规定佣金的比率，通常规定佣金由代销人在货款中自行扣除。

4. 代销人的义务。包括保管货物，代办进口报关、存仓、保险等手续并及时向寄售人通报商情。代销人应按协议规定的方式和时间将货款交付寄售人。有的寄售协议中还规定代销人应向寄售人出具银行保函或备用信用证，以保证承担寄售协议规定的义务。

5. 寄售人的义务。寄售人按协议规定时间出运货物，并偿付代销人所垫付的代办费用。

链 接

采用寄售方式应注意的问题

采用寄售方式应注意以下几个问题。

1. 选好寄售地和代售人。在寄售前必须对寄售地的市场情况，当地政府的有关对外贸易政策、法规、运输仓储条件以及拟委托的代售人的资信情况、经营作风等做好调查研究。

2. 对寄售货物的存放地点做好安排。一般有这样几种办法。

(1) 直接运交代销人存栈出售。

(2) 先存入关栈，随售随取。

(3) 将货物运进自由港或自由贸易区存放，确定买主后再行出运。

(4) 直接将货物发往国外资信好的银行，由银行负责售货付款。

3. 寄售货物存放海关仓库时，要注意存放期限。一般海关仓库的存放期限比较短，逾期有被拍卖的危险。

4. 签好寄售协议，保证货、款安全。在协议中对货物的所有权、代售人的责任和义务、决定售价的办法、货款的结算、各项费用的负担、佣金的支付等都应作出明确的规定。

第三节 展 卖

展卖，边展边销，以销为主。展卖方式灵活，可由货主自己举行，也可由货主委托他人举办。

一、展卖的概念及作用

(一) 展卖的概念

展卖是通过借助举办展览会和博览会的方式出售商品，是一种将展览与销售结合起来的

贸易方式。国际贸易中，展卖可在国外举行，也可在国内举行。

（二）展卖的作用

1. 有利于建立和发展客户关系，扩大销售地区和范围。

2. 有利于宣传出口商品，扩大影响，招揽潜在买主，促进交易。

3. 有利于开展市场调研，听取消费者的意见，进而改进产品质量，增强出口竞争力。

二、展卖的形式及做法

（一）按买卖方式分类

按买卖方式，展卖分为两种：一种是通过签约的方式将货物卖给国外客户，由客户在国外举办展览会或博览会，货款在展卖后结算；另一种是由货主与国外客户合作，在展卖时货物所有权仍属货主，并由货主决定价格，货物出售后，国外客户收取一定的佣金或手续费作为补偿，展卖结束后，未售出的货物折价处理或转为寄售。

（二）按形式分类

按形式，展卖可分为国际博览会和国际展览会。国际博览会是一种以国家组织形式在同一地点定期由有关国家或地区的厂商举行的商品交易的贸易方式。参加者展出各种各样的产品和技术，以招揽国外客户签订贸易合同，扩大业务活动。当代的国际展览会是不定期举行的，通常展示各国在产品、科技方面所取得的新成就。当代的国际博览会和展览会不仅是一个商品交易场所，而且更多地具有介绍产品和新技术，广告宣传和打开销路的性质。

国际博览会或展览会按内容可分为：综合性博览会或展览会，可包括工农业各类产品，通常有许多国家参加；专业性博览会或展览会，通常是某项或某类工业品参加展出；国别博览会或展览会等。国际上著名的博览会如：莱比锡、布鲁塞尔、里昂、巴黎、蒙特利尔博览会大多都是综合性的博览会。

链　接

开展展卖应注意的问题

1. 选择适当的展卖商品。

展卖这种方式并不是普遍适用于所有商品的。这种贸易方式一般比较适用于下列商品：① 品种规格复杂；② 用户对造型、设计、花色、图案要求严格；③ 性能多变；④ 用户需要看货成交的产品，如机器设备、电子产品、手工艺品以及一些日用消费品等。一般来说，大宗的原料性商品不适合于采用展卖商品。

在选择确定展卖商品时，首先要考虑选择一些质量较好，在市场上具有竞争力的商品参展。特别是在参加国际性专业展览会时，这一点尤为重要。其次要注意展出商品的品种应多样化，各种花色档次要多而全，以满足不同层次消费者的需要。

2. 选择合适的展出地点。

这是决定展卖能否成功的关键因素之一。应考虑选择一些交易比较集中、市场潜

（续上）

力比较大且有发展前途的集散地或交易中心进行展卖活动。同时，还应考虑展出地点的各项设施情况，如展出场地的规模、通讯设备、交通路线、水电供应等基本设施的便利程度以及提供这些服务的收费水平。在国外展出时，应尽可能利用自由港和自由贸易区在出入境手续、仓储物流服务等方面所可能提供的方便。

3. 选择适当的展卖时机。

对一些销售季节性较强的商品来说，选择适当的展卖时机显得格外重要。一般来说，展出的时间，应与该项商品的销售季节相一致。另外，每次展出的时间不宜过长，以免耗费过大，影响效果。地方展览会的举办时间，应避开一些具有一定国际影响的定期举办的展览会的时间（如欧洲每年9、10月间都举办橡胶与塑料展览会），以免因客户的分流影响到展卖的效果。

4. 做好宣传组织工作。

首先，在展出前要通过报刊、杂志、电台、电视、网络等现代化的宣传媒介登出广告，引起公众的注意。其次，有选择地向当地及邻近地区或国家的客户及有影响的人士事先发出邀请，扩大展卖的影响。再次，为了加强实际宣传效果，对展台和展品的布置、文字说明和图片的配置也要精心选择。在展卖时可配有产品制作核心工艺流程演示或产品功能演示，以增强受众的直观印象。同时，还应备有一些宣传画册和图文并茂的说明性小册子，供受众翻阅或领取。

5. 选择好合作的客户。

合作客户的选择也是影响展卖成功与否的重要因素之一。实践证明，合作的客户必须具有一定的经济能力，应在当地市场有一定的地位和影响，比较熟悉展出地点的市场情况，并有一定的业务联系网络或销售渠道，至少是具有一定能力的中间商。选择这样综合实力较强的合作客户，才能为取得展卖的成功打下基础。

思考题

1. 拍卖的含义是什么？哪些商品适宜采用拍卖的方式进行销售？
2. 拍卖方式的特点是什么？
3. 寄售的含义是什么？寄售方式有何利弊？
4. 寄售协议包括哪些主要内容？
5. 采用寄售方式应注意哪些问题？
6. 开展展卖业务应注意哪些问题？

案例分析

1. 某公司在拍卖行经竞买获得精美瓷器一批。在商品拍卖时，拍卖条件中规定："买方对货物的过目与不过目，卖方对商品的品质概不负责。"该公司在将这批瓷器通过公司所属商行

销售时,发现有部分瓷器出现网纹,严重影响这部分商品的销售。卖方因此向拍卖行提出索赔,却遭到拍卖行的拒绝。问:拍卖行的拒绝是否有道理？为什么？

2. 我某公司研制出一种新产品,为打开产品的销路,公司决定将产品运往美国,采用寄售方式出售。在代售方出售商品后,我方收到对方的结算清单,其中包括了商品在寄售前所花费的有关费用的收据。问:寄售方式下,商品寄售前的有关费用到底应由谁承担？为什么？

第三章 招标与投标

国际上许多大额交易多采用招标与投标形式，一般重要的工程承包项目，更是通过招标方式来进行的。甚至有些国家通过法律规定，凡属主要商品进口或对外发包的工程必须采用国际招标方式。从目前国际贸易实务发展趋势来看，招标与投标这一方式用于国际承包工程业务的情况更为普遍，在货物买卖方面主要用于政府的大规模的采购（本书主要介绍货物买卖中的招标与投标）。

第一节 招标与投标的基本概念

招标（Invitation to Tender）和投标（Submission to Tender）是国际市场采用的传统的贸易方式之一，在国际进行的招标与投标，可分别称为国际招标和国际投标。

一、招标与投标的概念及特点

（一）招标与投标的概念

招标是指在不经过一般贸易磋商程序，仅由一方按照规定条件，公开征求应征人递盘竞争，最后由招标人在规定时间、地点，发出招标公告或招标单，提出准备买进商品的品种、数量和有关买卖条件，邀请卖方投标的行为。

投标是指投标人应招标人的邀请，根据招标公告或招标单的规定条件，在规定投标的时间内向招标人递盘的行为。实际上招标、投标是一种贸易方式的两个方面。

（二）招标与投标的特点

招标与投标同进出口贸易的一般做法不同，采用这种方式，双方当事人不必经过交易磋商，也不存在讨价还价的余地，而是由各投标人应邀同时采取一次递价的办法，而投标人能否中标，主要取决于投标时的递价是否有竞争力，因此，采用这种方式，投标人之间的竞争十分激烈，而招标人则处于较主动地位。招标人通常可以以比较低的价格得到其所需的商品或劳务，并且他所购得的商品或兴建的工程质量既好而且所需时间也比较短。总的说来，招标投标具有下列特点。

1. 招标投标的公开性。招标机构要通过招标公告广泛通告有兴趣、有能力投标的供货商或承包商。另外，招标机构还要向投标人说明交易规则和条件以及招标的最后结果。

2. 招标投标的公平性。招标投标是本着公平竞争的原则进行的。在招标公告发出后，任何有能力的卖方都可以参加投标。招标机构在最后取舍投标人时，要完全按照预定的招标规则进行。

3. 招标的组织性。招标的组织性体现在招标有固定的组织机构、有固定的招标场所、有固定的招标时间、有固定的招标规则和条件。

4. 投标的一次性。在招标投标中，投标人只能应邀作一次性投标，没有讨价还价的权利。标书在投递之后，一般不得撤回或修改。贸易的主动权掌握在招标人手里。

二、招标方式

目前国际上采用的招标方式归纳起来有三大类、四种方式。

（一）国际竞争性招标

国际竞争性招标(International Competitive Bidding，ICB)是指招标人邀请几个乃至几十个投标人参加投标，通过多数投标人竞争，选择其中对招标人最有利的投标人达成交易，它属于竞卖的方式。国际竞争性招标有两种做法。

1. 公开招标(Open Bidding)是一种无限竞争性招标(Unlimited Competitive Bidding)，采用这种做法时，招标人要在国内外主要报刊上刊登招标广告，凡对该项招标内容有兴趣的人有均等机会购买招标资料进行投标。政府采购物资或利用国际金融组织贷款采购物资，大部分采用竞争性的公开招标办法。

2. 选择性招标(Selected Bidding)又称邀请招标，它属于有限竞争性招标(Limited Competitive Bidding)。采用这种做法时，招标人不刊登招标广告，而是根据自己具体的业务关系和情报资料由招标人对客商进行邀请，在对其进行资格预审后，再由投标人进行投标。

（二）谈判招标

谈判招标(Negotiated Bidding)又称选择性招标，它是一种非公开的、非竞争性的招标。这种招标由招标人直接物色几家客商进行合同谈判，谈判成功，即交易达成。但这不属于严格意义上的招标方式。

（三）两段招标

两段招标(Two-Stage Bidding)是无限竞争招标与有限竞争招标的综合方式，采用此类方式时，前期采用公开招标，后期采用选择性招标，招标分两段进行。

第二节　招标、投标的一般程序

国际公开招标通常有以下程序：招标前的准备工作、投标、开标、中标。

一、招标前的准备工作

一项招标能否成功，其关键在很大程度上往往取决于招标前的准备工作是否充分。招标前的准备工作有很多，包括发布招标公告、资格预审、编制招标文件等。

1. 发布招标公告。凡采用选择性招标或谈判招标方式时,一般先发出招标通知。如采用公开招标或两段招标时,则应在国内报刊或有权威的杂志上刊登招标广告。招标通知与招标广告的内容基本相同,一般是指招标项目的内容、要求条件和投标须知等。发送招标通知和刊登招标广告都必须及时。

2. 资格预审。所谓资格预审包括由招标人对投标人的基本情况、财务状况、供应与生产能力、经营作风及信誉进行全面预先审查。资格预审是预先确定投标人的资格条件,确保其在各方面有投标能力的关键工作。投标人经预审合格后才能取得投标的资格。目前国际上招标人进行资格预审采用的方式有很多,一般采用分发资格预审调查表的方法,招标人对投标人所提供的材料进行分项评分后再进行总的评估。

3. 编制招标文件。在物资采购的招标中,招标文件主要列明招标商品的各种交易条件,与一般买卖合同的条件类似。唯独价格条件由投标人投标时递价。招标单还须列明投标人须知,例如列明投标人资格、投标日期、开标日期、寄送投标单的方法等。此外,为防止投标人在中标后不与招标人签约,招标单中还规定有要求投标人交纳投标保证金及履约保证金的条款。

二、投标的工作内容

1. 投标前的准备工作。投标人参加投标之前,也必须做许多准备工作,包括编制投标资格审查表、分析招标文件、寻找投标担保单位等。其中分析研究招标文件是一个核心问题。投标人要对招标文件中的招标条件、技术标准、合同格式等认真分析,做到量力而行、尽力而为。由于投标人的递价是一个实盘,在投标有效期内不得撤标,所以投标人对价格、交货期、招标人所在国的税收、法律等均需要认真研究。

2. 编制投标文件和提供保证函。投标人经过慎重研究标书后,一旦决定参加投标,就要根据招标文件要求的规定编制和填报投标文件。投标人通常被要求提供投标保证金或投标保证函。投标保证金可以缴纳现金,也可以由投标人通过银行向招标人出具银行保函或备用信用证。保证金的金额是以投标金额的百分比计算的。如开标后,投标人未中标,招标人应将保证金退回给投标人。如投标人在开标后中标,却不与招标人签约,保证金则被招标人没收。

3. 递送投标文件。投标文件须在投标截止日期之前送达招标人,逾期送达是无效的。递送投标文件,一般应密封后挂号邮寄,或派专人送达。

三、开标、评标、决标

1. 开标。所谓开标,是指在指定时间和地点将全部投标寄来的投标书中所列的标价予以公开唱标,使全体投标人了解最高标价以及最低标价。开标时间和地点通常在招标文件中予以规定。开标有公开开标和不公开开标两种方式。公开开标要当众拆开所有密封投标单,宣读内容。投标人可派代表监督开标,开标后,投标人不得更改投标内容。不公开开标则是由招标人自行选定中标人,投标人不能派出代表参加开标。在此情况下,投标人能否中标,除了取决于投标递价外,还取决于招标人与投标人之间的政治、经济关系及其他因素。例如,有些国家所举行的招标,带有执行一定地区进口配额的性质,在这种情况下,投标人能否中标,就不完全取决于投标时的递价。但总的来说,国际招标大多数是采用公开开标的方式来进行的。

2. 评标、决标。开标后,有些可以当场决定由谁中标,有的还要由招标人组织人员进行评

标，参加评标的人员原则上要坚持评标工作的准确性、公开性和保密性。评标后就应当决标，以确定中标人。

四、中标签约

中标即为得标，中标者必须与招标人签约。为了确保中标人签约后履约，招标人仍需要求中标人缴纳履约保证金或保证函。按照国际招标惯例，如招标人在评标过程中认为不能选定中标人时，可以宣布招标失败而拒绝全部投标，这种行为称为拒绝投标。一般出现下列情况之一者，可以拒绝全部投标。

(1) 最低标价大大超过国际市场的价格水平。

(2) 所有投标书内容与招标要求不符。

(3) 在国际竞争性招标时投标人太少。

链　接

评标的方法

在竞争性招标采购的详细评定阶段，具体的评定方法取决于招标文件中规定的评标标准，但总的来说，可分为四种方法，即最低评标价法、综合因素法、寿命周期成本法、投票表决法。

1. 最低评标价法是指按照经评定的最低报价作为唯一依据的评标方法。最低评标价由成本加利润组成，成本部分不仅是设备、材料、产品本身的价格，还应包括运输、安装、售后服务等环节的费用。

2. 综合因素法是指价格加其他因素的一种评标方法。在招标文件中，如果价格不是唯一的评标因素，应把其他的因素都列出来，并说明各因素在评标中所占的比例，其实质就是打分法，总分最高的投标为最优标。

3. 寿命周期成本法是指通过计算采购项目有效使用期间的基本成本来确定最优标的一种方法。具体方法是在标书报价上加上一定年限内运行的各种费用，再减去运行一定年限后的残值，寿命周期成本最低的投标为最优标。

4. 投票表决法是指在评标时如出现两家以上的供应商的投标都符合要求，但又难以确定最优标时，可采取投票表决法，获得多数票的投标为最优标。

思考题

1. 招标与投标的含义及特点是什么？
2. 招标的前期准备工作有哪些内容？
3. 参加投标时，投标人应注意哪些问题？
4. 评标的方法有哪几种？

案例分析

我某公司通过国外某公司的招标资格预审，取得第一轮的竞争胜利，该公司购得招标文件。但见“招标须知”明确规定：“招标单位”只接受在当地注册并经营的一流银行出具的保函，但我公司与这些银行没有业务往来。问：可以采取什么方式解决保函问题？

第四章

对等贸易

对等贸易又译为“对销贸易”“反向贸易”“互抵贸易”，也有人把它笼统地称为“易货”或“大易货”。一般可以把对等贸易理解为包括易货、记账贸易、互购、产品回购、转手贸易等属于货物买卖范畴，以进出口结合、出口抵补进口为特征的各种贸易方式的总称。

第一节　对等贸易的基本概念

在国际贸易中，交易双方通过对等贸易，以进带出，开辟各自的出口市场，求得每宗交易的外汇收支平衡或基本平衡。

一、对等贸易的概念

对等贸易(Counter Trade)是卖方承担向买方购买同等或几乎同等价值的商品或实物的一种贸易方式。其突出特点是，不用或很少用硬通货进行结算。对等贸易买卖的标的除有形的财产货物以外，也可包括劳务、专有技术和工业产权等无形资产。对等贸易带有强烈的双边性和封闭性，增加了贸易保护主义，可能造成商品流向和贸易格局的不合理状态。

二、对等贸易的优缺点

(一) 对等贸易的优点

1. 对等贸易对交易双方都有好处，对于许多发展中国家来说，其优点主要表现在以下几方面。

第一，通过开展对等贸易，以进带出，可以冲破贸易壁垒，利用国外的销售渠道，使本来不易出口的商品进入世界市场，从而扩大商品出口。

第二，通过这种贸易方式，可以在不增加外债的情况下，用国内剩余产品来换取本国生产建设所急需的技术、设备和物资。有些第三世界国家外债负担十分沉重，每年的外汇收入甚至不够偿付利息，而通过对等贸易则可以在不动用外汇或动用少量外汇的条件下，进口所需要的商品。

第三，随着技术和先进设备的进口和投产，有助于改造本国生产企业，提高技术水平，增强产品适销能力和市场竞争能力。

2. 对于经济发达国家来说,其优点主要表现在以下几个方面。

第一,可以用比较优惠的价格获得国内生产所需的原材料,从而降低生产成本。

第二,有助于推销那些用现汇难以销售的产品或技术。

第三,可以把国内生产能力转移到劳动力和原料比较低廉的国家,从而降低生产成本和提高产品在国际市场上的竞争能力。

(二) 对等贸易的缺点

第一,对等贸易是在互惠的原则下进行的,这就必然造成交易的局限性,使得交易对象的选择和交易的达成及履行出现较大困难。

第二,在对等贸易方式下,市场机制的作用受到很大削弱,人们往往不是按最佳价格,从最理想的市场购进所需的商品,也不是按理想价格把产品销往最佳的目标市场。这对一个国家来说,就难以实现通过对外贸易来获得社会劳动最大程度的节约,从而取得最大的经济效益。从世界范围来看,则可能造成商品流向和贸易格局的扭曲,甚至可能带来世界资源的不合理配置。

三、对等贸易的基本形式

(一) 易货贸易

易货贸易(Barter Trade)是在买卖双方之间进行的货物或劳务等值或基本等值的直接交换,不涉及现金的收付。易货贸易有两种传统形式:一种是纯粹的以货换货,买卖双方各以等值的货物相互交换而不使用货币结算,故又称直接易货或狭义易货;另一种是广义易货又称一揽子易货或综合易货,即交易双方交换的货物价值对等,货款可用外汇支付,也可通过双方记账的方式综合平衡。第二次世界大战后,易货贸易方式为发展中国家政府间的双边清算协定所采用。可见,清算协定是易货贸易的一种新形式。

易货贸易可以使交易双方在不必增加外汇支出的情况下,以商品或劳务换回本国所需的各种物资,并且有助于本国经济的发展和改善本国的贸易平衡状态。为了减少交易价格可能的波动所造成的影响,一般的易货贸易均为一次性交易,且合同履约期较短。

而双边清算协定的出现使得买卖双方的一次性交易发展为协定国家之间在一定时期内(通常为1年)的多项易货交易。彼此进行交换以后,在每个年度末,协定国家将会对各自所记货值进行对比,如有余额或逆差,则以货物冲抵或支付现汇。

链 接

易货贸易的方式、特征及利弊

1. 易货贸易的方式。

现在易货贸易通过货款支付清算方式,达到货物交换的目的。在货款支付结算上,既可笔笔平衡,也可定期结算,综合平衡;既可付现,也可记账;在时间上,既可进出口同时进行,也可有先有后。总之,易货贸易的做法逐渐灵活多样,主要有以下两种不同做法。

（续上）

(1) 记账易货方式。即一方用一种出口货物交换对方的另一种进口货物，双方都将货值记账，相互抵冲，货款逐笔平衡，无须使用现汇支付，或者在一定时期内平衡，如有余额或逆差，则以货物冲抵或支付现汇。采用这种方式时，进出口可以同时进行，也可以先后进行，但一般说来，时间间隔都不长。

(2) 对开信用证方式。即进口和出口同时成交，金额大致相等，双方都采用信用证方式支付货款，也就是双方都开立以对方为受益人的信用证，由于分别结算，开证时间有先有后，为了保证对方履行购买的义务，应在信用证中规定一方开出的信用证要在收到对方开出的相等金额的信用证时才生效。有时，也可以采用保留押金的方式，具体做法是先开出的信用证先生效，但是结汇后，银行把款扣下，留作该受益人开回头证时的押金。

2. 易货贸易的特征。

(1) 贸易双方只签订一个进出口合同，在合同中，既要订明出口货物的细节，又要订明进口货物的细节。在传统交易中只会涉及进口人与出口人两个当事人，每一方既是自己出口货物的出口人，又是对方出口货物的进口人，没有第三者的介入。而在双边清算协定的交易中双方为了减少交易风险，在银行融资方式下，会委托第三方（贸易公司）负责销售或处理所换物品。

(2) 双方交换的货物、时间均须明确地载明在合同上。各自交付货物的时间可以是同时，也可有先有后，分别交付；双方交换的货物，可以是单项货物的交换，也可以是多种货物的综合易货或所谓一揽子易货，基本原则是双方交换货物必须是等值的。

3. 易货贸易的利弊。

(1) 易货贸易的优点。

第一，由于易货方式在一般情况下是不发生现汇的收付的，所以它可以促进外汇短缺国家对外贸易的发展。

第二，利用易货方式可以帮助本国从其他国家获得紧缺的重要物资，或者向他国推销一些本国过剩的商品物资。

(2) 易货贸易的缺点。

第一，由于经常出现贸易双方无法提供对方所需要的商品的情况，所以很难找到合适的易货对象。

第二，若采用的是记账易货方式，则逆差方实际上是无偿占用了顺差方的资金，对顺差方很不利，所以，易货双方都不愿积极向对方提供货物，妨碍了易货贸易的发展。

（二）互购贸易

互购贸易(Counter Purchase Trade)又称为平行交易(Parallel Trade)或对购贸易(Reciprocal Trade)，是一种现汇交易，是指出口的一方向进口一方承担购买相当于他出口货值一定比例的产品。它是最简单，也是最常用的对等贸易形式。双方签订两个既相互独立又互有联系的合同：第一份合同也是基础合同，规定出口方出口商品的质量、数量等有关内容；第二份合同则主要规定出口方购买对等贸易商品的义务。

互购贸易的特点是把先后两笔不一定等值的现汇交易结合在一起，一般对先出口一方比较有利。因为它在出口后就可以收回货款，虽然它承担了以后用该货款购买对方产品的义务，但无论从资金周转，还是从以后交易的谈判地位来说，它都处于比较有利的地位。从当前互购贸易实践来看，西方发达国家凭借其技术上的优势，往往占有这种有利地位。

（三）回购贸易

回购贸易（Buy-back Trade）是指出口方同意从进口方买回由其提供的机器设备所生产制造的产品。它与补偿贸易有很多相同之处，但两者的区别主要是出口方回购的产品仅限于由出口机器设备所生产的产品。其回购产品价值可能是出口机器设备的全部价值，也可能是部分价值，甚至可能超过其全部价值。

回购贸易在长期的贸易实践中正在逐渐改变其原来的含义，特别是在回购产品方面，近年来发生了很大变化，由原来的直接产品偿付，发展到以其他产品（间接产品）或部分直接产品和部分间接产品结合偿还。

（四）抵销贸易

抵销贸易（Offset Trade）是指一方在进口如国防、航空或宇航、计算机、信息交流等设备之前，以先向另一方提供的某种商品或劳务、资金等抵销一定比例进口价款的做法。抵销贸易可分为直接抵销和间接抵销。直接抵销是指出口方向进口方提供大型机械设备、运输工具等商品，并通过投资、技术转让等方式进行合作经营，用合作经营与出口相关的产品或零部件所得的利润作为价款偿付。间接抵销是指出口方向进口方提供大型机械设备、运输工具等商品，并通过投资、技术转让等方式进行合作经营，用与出口无关的产品作为价款偿付。

简单的抵销贸易与互购没有太大的差别，也是由先出口的一方承诺购进进口方一定数量的商品，一般是相关的零部件。抵销的方式可以是多样的，如投入资金、为生产该设备而提供的零部件、技术培训等。抵销贸易是自 20 世纪 80 年代开始盛行的，这种贸易方式多见于在发达国家之间，及发达国家与发展中国家的军火或大型设备的交易中。尽管这类交易批次少，但金额巨大，在对等贸易中占有相当大的比重。

链 接

互购贸易与易货贸易的区别

1. 互购贸易不是单纯的以货换货，而是现汇交易，而且不要求等值交换；

2. 在互购贸易中，先出口的一方在其出口合同中所做的购买承诺，可以在合同中预先约定具体商品的品名、价格、数量和金额，但多数是在合同中只做原则性规定，具体的商品名称、价格等按约定的期限另行商定或另行签订合同；

3. 在互购贸易中，按照目前国际上的做法，在征求对方同意的基础上，先出口方的回购义务和先进口方的供货义务有时可分别改由其他第三方来完成。

第二节 补偿贸易

补偿贸易是从20世纪60年代末70年代初，逐渐发展起来的一种新的贸易方式。它是一种通过商品交易起到利用外资作用的贸易方式。

一、补偿贸易的概念及特点

（一）补偿贸易的概念

补偿贸易(Compensation Trade)是指在信贷基础上进口设备，不用现汇支付，而用向对方回销产品或劳务的方式取得价款，并用以分期偿还进口设备的价款和利息。贸易双方是买卖关系，由于进口方偿还价款本息是采用补偿方法，故称补偿贸易。按照我国有关部门的规定，如果利用国外信贷购置设备进行生产，然后以回销产品或劳务所得价款分期偿还，也属补偿贸易。

（二）补偿贸易的特点

1. 贸易与信贷相结合。购进机器设备的一方是在对方提供贷款的基础上购进所需要的货物。

2. 贸易与生产相联系。补偿贸易双方是互相关心、互相联系的，出口方往往关心工程项目的进展和产品生产情况，进口方也关心购进机器设备生产的产品在出口国家和其他市场的销售情况。

3. 设备进口与产品出口相联系。补偿贸易多数情况下是利用其设备制造出来的产品进行偿还，一般不动用外汇。

4. 补偿贸易双方是买卖关系。设备进口方不仅承担支付货款的义务，而且要承担付息的责任，对机器设备或其他原材料具有所有权和使用权；设备出口方向设备进口方承诺回购其直接产品或其他产品，以保证设备进口方具备偿付进口设备的资金实力。

二、补偿贸易的基本形式

（一）产品返销，亦称回购贸易或简称返销

在补偿贸易中，用进口的设备或其他相关物资生产的产品，通称为直接产品，用直接产品支付的，称为“产品返销”。一般适用于设备和技术贸易，在国际上有人称之为“工业补偿”。在我国，一般称之为“直接补偿”。

（二）商品换购，统称互购

首次进口的一方用于支付进口货款的商品，不是由进口设备直接生产出来的产品，而是双方商定的其他商品，即间接产品。故在发达资本主义国家有人称之为“商业性”补偿贸易。由于这种补偿贸易用间接产品偿还，在我国一般称之为间接补偿贸易。

（三）多边补偿或叫转手补偿

这种形式的补偿贸易形式比较复杂，是由进口方和出口方以外的第三国替代首次进口的一方承担或提供补偿产品的义务。

链 接

补偿贸易的作用

对设备进口方来讲：第一，补偿贸易是一种较好的利用外资的形式；第二，可以引进先进的技术和设备，发展和提高本国的生产能力，加快企业的技术改造，使产品不断更新及多样化，增强出口产品的竞争力；第三，通过补偿贸易，在扩大出口的同时，还能得到一个较稳定的销售市场和销售渠道。

对设备出口方来讲：第一，有利于突破进口方支付能力不足，扩大出口；第二，在当前市场竞争日益激烈的条件下，通过承诺回购义务加强自己的竞争地位，争取贸易伙伴；第三，在回购中得到较稳定的原材料来源，或从转售产品中获得利润等。

思考题

1. 何谓对等贸易？有哪几种基本形式？
2. 对等贸易有何利弊？
3. 易货贸易的做法有哪些？
4. 何谓补偿贸易？补偿贸易有哪几种基本形式？
5. 补偿贸易的作用是什么？

案例分析

1. 我国某公司和外商洽谈一笔补偿贸易，外商提出可以信贷方式向我方提供一套设备，并表示愿意为我方代销产品。问：根据补偿贸易的要求，你认为这些条件我们能接受吗？为什么？

2. 中方某公司有一批出口器材积压在手，正好这时有一用货单位委托该公司进口另一批器材。问：该公司可采用何种方法去解决积压商品的出口问题？

第五章 加工贸易和租赁贸易

加工贸易是以商品为载体的贸易活动。开展这一业务，对充分利用我国劳动力资源的优势，提高企业技术和管理水平有很大的积极意义。租赁贸易是贸易融资的方式之一，对于发展中国家来说，通过租赁贸易可及时使用所需的先进技术和设备，减少大量的设备资金占用，有利于加速资金周转和改善财务状况。

第一节 加工贸易

加工贸易是以加工为特征的再出口业务，适应了经济全球化对生产要素在全球范围内合理配置的要求。它是一种以商品为载体，由国外提供原材料、零部件，生产出的成品再销往国外的"两头在外"的一种劳务贸易，属于服务贸易的范畴。

一、加工贸易的概念及特点

（一）加工贸易的概念

加工贸易是指以加工为特征的进出口贸易，是来料加工、来样加工和来件装配业务的总称。贸易的甲方提供原材料、零部件、样品，由乙方按甲方要求，加工装配或生产出成品交给甲方，乙方只收取加工费的一种贸易方式。

（二）加工贸易的特点

1. 如果来料、来件、来图、来样不作价，由国外厂商提供，其所有权属于国外厂商，加工装配方只有使用权；如果来料、来件、来图、来样由加工方购买，其所有权属于加工方，但国外厂商提供的机器设备除外。加工方必须保证成品与原材料、辅助材料和包装材料之间的比例关系。

2. 如果对来料、来件、来样等不作价，国外厂商应对上述内容和提供机器设备承担风险。如果国外厂商委托加工方代为投保，必须明确保险范围和期限，并将保险费计入加工成本或另外支付。

3. 加工贸易能够使贸易与生产紧密结合，互相联系。国外厂商既是提供原材料、零部件的厂商，又是接受或购买制成品的客户。国外厂商按合同规定及时提供原材料或零配件；加工装配方按合同规定的时间提供制成品，从而使贸易与生产有机联系。

4. 手续方便，形式比较灵活，协议双方可根据需要和可能，相互配合，发挥各自的优势。

加工贸易有利于从事加工装配业务的国家利用本国劳动力资源丰富的优势，有利于创造更多的就业机会，解决就业问题。此外，可以通过引进国外的先进生产工艺，借鉴国外的先进管理经验，提高本国的技术水平、管理水平和产品质量，积极参与国际分工，利用国外的销售渠道，推动本国经济和国际接轨。但也应该看到加工贸易方式的缺点，如对外商的依赖性比较大，易受国际市场变化的影响等。

二、加工贸易的基本形式

加工贸易的形式多种多样，常见的加工贸易形式有以下几种。

1. 进料加工。进料加工又称以进养出，是指用外汇购入国外的原材料、辅料，利用本国的技术、设备和劳动力，加工成成品后，再销往国外市场。在这种业务中，经营的企业以买主的身份与外商签订购买原材料的合同，又以卖主的身份与外商签订成品的出口合同。两个合同体现为两笔交易，它们都是以所有权转移为特征的货物买卖。进料加工贸易要注意所加工的成品要在国际市场上有销路，否则就难以通过进料加工获利。从这一点看，进料加工要承担价格风险和销售风险。

2. 来料加工。来料加工是指加工一方由国外另一方提供原料、辅料和包装材料，按照双方商定的质量、规格、款式加工成成品，交给对方，加工方仅收取加工费。有的是全部由对方来料，有的是一部分由对方来料，剩余部分由加工方采用本国的原料、辅料。此外，有时对方只提出样式、规格等要求，而由加工方使用当地的原料、辅料进行加工。这些做法统称为“来料加工”。

来料加工与进料加工有明显的不同之处。其一是进料加工中，原料进口和成品出口是两笔不同的交易，均发生了所有权的转移，而且原料供应者和成品购买者之间没有必然联系，在来料加工业务中，原料运进和成品运出均未发生所有权的转移，它们均属于同一笔交易。

3. 来件装配。来料装配是指由一方提供装配所需设备、技术和有关的原料、零件，由另一方装配成成品后交货。来料加工和来件装配业务包括两个贸易进程：一是进口原料或零部件，二是产品出口。但这两个过程是同一笔贸易的两个方面，而不是两笔贸易。

4. 协作生产。协作生产是指一方提供部分配件或主要部件，而由另一方利用本国生产的其他配件组装成产品出口。商标可由双方协商确定，既可用加工方的，也可用协作方的。所供配件的价款可在货款中扣除。协作生产的产品一般规定由对方销售一部分或全部，也可规定由第三方销售。

链 接

加工装配贸易和进料加工贸易的区别与联系

从原料和元器件的来源上看，两种贸易确有共同之处，就是原材料和零部件、元器件都来自国外，加工后的成品也都销往国外，但两者却有本质上的区别。

（续上）

1. 进料加工，需使用到外汇，用以购进国外的原材料、辅料。且要签订两份独立的合同，进料合同与出口成品合同，两笔交易都是体现为以所有权转移为特征的货物买卖。加工成的成品也要自行在国外寻找市场进行销售；而对外加工装配业务却纯属提供劳务为特征的交易，原材料、元器件和成品的所有权都属于委托方，承接方不必支付进口材料费用，也不承担成品的销售风险。

2. 在进料加工中，原材料的供应者与成品的购买者没有必然的联系，不像加工装配业务那样，原材料或配件的提供者同时又是成品的接受人。

3. 在进料加工中，本国的企业是从事进、出口活动，获得的是出口产成品的利润，赚取以外汇表示的附加价值，其大小取决于市场行情；而在加工装配业务中，承接方收取的是工缴费，其多少是以工资水平作为核算基础，至于由原材料或零部件转化为成品过程中所创造的附加价值，基本上由外商占有。从这个角度看，进料加工的经济效益一般要大于加工装配。但从另一角度讲，进料加工却要承担价格风险和成品的销售风险，而加工装配业务对本国企业则不存在这些风险。

4. 加工装配贸易中的加工企业的生产品种，生产规模和销售区域都由国外厂商控制，而进料加工贸易的企业则拥有自主权，根据自身的技术、设备和生产能力选择市场上适销对路的商品进行加工，能够更好地与国际市场接轨。

第二节 租赁贸易

近年来，租赁贸易(Renting Trade)方式在国际贸易活动中迅速发展，并逐渐发展至租购结合，即先租，一定时间以后该商品所有权即转为租户所有，演变成买卖关系。

一、租赁贸易的概念及特点

（一）租赁贸易的概念

租赁贸易是指出租人将商品交给承租人使用，并在约定期限内向承租人收取租金的一种贸易方式。租赁贸易中，其租赁的商品大多为不动产，如价格较昂贵的设备或交通工具等，承租人多以企业为主。

在租赁期内，商品的所有权仍属于出租人，承租人靠支付租金取得该商品的使用权，是一种所有权与使用权相分离的贸易方式，因为对承租人来讲，需在一定期限内分批支付租金，具有借贷的特点，所以可将租赁贸易看成一种融资与融物相结合的特殊借贷方式。承租人和出租人分别处于不同国家的称为国际租赁。

（二）国际租赁贸易的特点

1. 国际租赁贸易具有融资性。一般情况下，一国企业要想使用别国的先进机器设备，必须先筹集资金，然后再进口该项设备，这就表现出融资和商品贸易两次业务活动。而国际租赁业务则集融资和商品贸易为一体，以融物的形式达到融资的目的。租户可避免积压大量的设备资金，并可及时更新使用技术。

2. 租赁当事人具有多边性。国际租赁业务的当事人有多个，一般情况下分为三方：即出租人、承租人和供货人。出租人自己并不生产设备，而是按承租人的要求从本国或别国的供货人那里购买，然后再出租给承租人使用。因此，租赁业务不仅涉及国际租赁业务，同时，还涉及进出口贸易业务。

3. 租赁物品具有两权分离性。租赁物品从出租人转移到承租人手中，转移的只是使用权，而不是所有权，在租赁物品转移的全过程中，租赁物品的所有权一直仍属于租赁者所有，承租者仅有权使用，并不能随便处置租赁物品，诸如把其抵押或出售等。

4. 租赁物品具有延伸性。当前，国际租赁业务中的租赁物品具有不断扩大的趋势。已经不再仅仅局限在机器设备方面，而逐渐扩大到其他各个领域。包括有旅游景区的租赁、中小型企业的租赁，甚至有世界人才的租赁等。

二、租赁贸易的种类

1. 按照出租人经营业务的目的分类。

(1) 融资租赁。融资租赁是国际租赁的一种基本形式，它是采用租赁资产的方式为企业融资。出租人根据承租人的要求和确认的条件，与第三方当事人(供货人)订立一项购买设备的合同，购买其所需设备，交给承租人使用，维修保养费由承租人承担，出租人通过收取租金的方式获得设备款和投资利润，租赁期满后，承租人支付一定数额的设备残值后即可获得设备所有权。这样做，对出租人来说比向外放贷更加安全可靠，且资金收回得也快；对承租人来说，能及时使用所需的先进技术设备，减少大量的设备资金占用，有利于改善企业的财务状况。

(2) 经营租赁。出租人的设备租赁给承租人使用，出租人收取租金作为部分投资所得，租赁期满后设备退还给出租人，设备在出租期间的维修保养均由出租人承担。经营租赁等于融资租赁加上由出租人负责租赁物品的维修。由于加进了维修保养服务项目，所以这种方式的租金较之于融资租赁要高一些。但由于提供了周到的服务，解除了承租人的后顾之忧，因此，承租人还是比较欢迎这种租赁方式。

2. 按照融资机构是否为出租人分类。

(1) 直接租赁。直接租赁是指银行以出租人的身份出资购买设备后，直接将设备用于租赁的一种贸易方式。

(2) 间接租赁。间接租赁是指银行不以出租人身份直接购进标的物，只负责对出租人的融资，对标的物无所有权，但享有担保物权。银行与出租人之间是信贷关系，其他各种做法同直接租赁无区别。银行为了资金安全，要求行使对担保物的权利来保证自己的债权。

3. 按承租人法律上的权利分类。

(1) 真正租赁。真正租赁是指承租人在租期届满后无权购买租赁标的物。

(2) 非真正租赁。非真正租赁是指承租人在租期届满后有权选择购买租赁标的物。

4. 按租赁的具体做法分类。

(1) 转手租赁。转手租赁是指一家租赁公司从另一家租赁公司租进设备后再转给第三者使用。租赁公司采用这种方式的目的，主要是为了能从其他租赁公司那里得到资金融通，以解决自身资金不足的困难。此外，这种方式还有可能得到从其他国家获得对国际租赁业务减免

税收的好处。

(2) 回租租赁。即出租人购进标的物，然后将购进的标的物再租给原来的物主使用，又称售出反租租赁，出租人和承租人的关系因业务的先后顺序分别为买卖和租赁关系，这种租赁主要用于不动产，原因可能由于承租人暂时缺乏资金，靠卖不动产以得到资金，然后租进标的物使用。

(3) 风险租赁。风险租赁等于融资租赁加上维修租赁再加上风险因素的租赁贸易。出租人向承租人既提供融资又提供维修服务，还要承担设备过时的风险。伴随着新式设备的出现，承租人随时可以中止旧合同，并要求租用新式设备。为了能使设备多次出租，也为了使承租人能续延合同，出租人需要精心维护保养设备，且要承担设备遭淘汰的风险，因此，出租人收取的租金也较高。

(4) 衡平租赁。衡平租赁又称之为优惠租赁。这是目前国际市场上受到普遍欢迎的一种租赁方式。这种方式的特点在于：第一，出租人购买机器设备出租给外国客户可以享受国家银行的贴息贷款或低息贷款；第二，出租人把租赁物品出租给承租人时可享受一定的税款减免。这样，出租人就可以较低的价格把物品出租给国外用户，具有较强的竞争性。

(5) 综合租赁。综合租赁是指将租赁与其他贸易方式相结合的租赁方式，例如国际租赁贸易和补偿贸易形式相结合。在这种方式中，承租人一般是把租赁设备所生产的产品交给出租人销售，出租人则从销售所得的货款中扣除租金。又如国际租赁贸易和对外加工装配形式相结合，其做法是出租人既出租设备，又提供元器件和原材料，承租人通过这种方式收取加工费，租金则要从加工费中扣除。

三、国际租赁贸易的主要优缺点

(一) 国际租赁贸易的主要优点

国际租赁贸易的开展，对出租人来讲，有利于减少其设备的闲置，保证设备及其他租赁物品的充分使用，从而增加外汇收入。对承租人来讲，可以绕开进出口贸易中技术贸易的政治壁垒，可以较少的资金，使用世界上最先进的设备。特别是对采用中短期租赁合同者来讲，可通过不断要求更换旧设备，使企业永葆技术上和设备上的先进性。

(二) 国际租赁贸易的主要不足

国际租赁贸易的不足主要体现在：对出租人来说，由于不能一次性的收回设备的全部货款，不利于资金的回笼，并且还要承担设备等物品的损坏或过时的风险。对承租人来讲，其生产产品的成本因租赁费用的加入而加大，并且因为承租人对租赁物品只有使用权而不具备随意处置权，一定程度上限制了他适应市场的应变能力及经营运作的灵活性，不利于其市场竞争力的提高。

链 接

发展国际租赁贸易应注意的几个问题

1. 租赁物品的选择应尽量选用世界上最先进的机器设备，从而保证产品的档次和生产技术工艺方面的先进性。

（续上）

2. 租赁贸易合作伙伴的选择应该慎之又慎。由于租赁贸易的特点是贸易本身是一个过程，而不是一次性的钱货交易，双方关系较为复杂，容易产生各种各样的纠纷。因此，应选择信誉好、服务好、产品有销路、公共关系好的单位或企业作为合作伙伴。我们可以通过现场调查、报刊查阅、委托中介机构调查等方法获得我们所需要的信息资料，使我们的决策更加合理和科学。

3. 注意租赁合同订立的合理性和科学性。租赁贸易涉及的环节多、时间跨度长，合同的履行是一个复杂的过程。因此，租赁合同的订立，内容必须严密完整，一定要注意租赁合同用语的准确性，防止引起歧义或误解，从而保证合同的顺利履行。

思考题

1. 何谓加工贸易？
2. 加工贸易业务包括哪些种类的加工业务？
3. 租赁贸易的概念是什么？其种类有哪些？
4. 租赁贸易的主要特点是什么？
5. 开展租赁贸易有哪些注意事项？

案例分析

2003年12月，浙江A鞋厂与国外B公司签订了一份来料加工皮鞋的协议。该协议书规定：A鞋厂为B公司加工各种款式的皮鞋，B公司不作价提供加工所需要的各种机器设备、工具及原料、包装材料等，厂房由A鞋厂提供；试产期内B公司付给A鞋厂工人每人每月450港币；试产期满按件计酬，工缴费由双方协商决定；如因公司来料不正常造成厂房停工待料，则由公司支付厂房工人每人每天生活费13港币；厂房租金、水电费由公司以港币支付给厂方。协议有效期为5年。协议订立后，经过试产期便投入正常生产，至2004年3月，已出口各种款式的皮鞋5 000双。2004年4月，双方又签订了一份来料加工合同书，约定A鞋厂在半年内为B公司加工牛皮男女拖鞋、凉鞋、童鞋等6万双，工缴费为10.9万港元。2004年8月，B公司因来料中夹藏违禁物品被我国海关查获，A鞋厂因此停工待料，至11月仍未恢复生产。按双方协议，B公司欠A鞋厂3个月的工人工资1.2万港元，厂房租金1.3万港元。A鞋厂于是向B公司索赔，却遭B公司拒赔，双方将争议提交法院。问：B公司是否应对由此造成的损失负赔偿责任？A鞋厂的索赔是否合理？

第六章 商品期货交易

商品期货交易是在商品交易所早期的实货交易的基础上发展起来的一种特殊的交易方式，交易的双方一般都没有卖出或买进真正货物的要求，交易的结果，可以不发生实际货物的转移，而只是买进或卖出同等数量的期货合同，从中取得或支付价格差额。因此，商品期货交易又称期货合同交易或纸合同交易。

第一节 商品期货交易的基本概念

在商品交易所进行的期货交易，不同于一般贸易中所说的远期实货交易，因为，后者卖方仍需按合同规定的交货期限向买方提交合格的货物，才算完成交货义务。

一、商品期货交易的概念及特点

(一) 商品期货交易的概念

商品期货交易是一种在特定类型的固定市场，即期货市场(Futures Market)或商品交易所(Commodity Exchange)，并按照严格的程序和规则，通过公开喊价的方式，买进或卖出某种期货合同的交易。由于交易中的标的物不是具体的商品，而是代表一定商品的合同，因此期货交易又被称为纸制合同交易。

(二) 商品期货交易的特点

商品期货交易一般具有以下特点。

1. 标准合同交易为主。在期货交易市场买卖的不是实际的商品，而是买卖品质、数量、交货地点和方式、规格等条款和内容都已标准化的期货合同，买卖双方需要协定的只有价格和交货期两项条款及合同份数。

所谓标准合同，是指由交易所制定的内容和条款都整齐划一的合同格式。采用这种标准合同格式，除了价格和交货期两项内容需要由交易双方协商确定之外，其他条款都是统一拟订，同一个商品交易所的标准合同，只要商品种类相同，每份合同代表的数量也是相同的，这样双方只需就价格、交货期和交易总量达成协议，即可完成交易，这就大大简化了交易手续，因此，在期货交易中，交易双方买进卖出的标的物不是实际货物，而是纸合同，双方关心的焦点，也只是买进和卖出的差价。

链 接

买空与卖空的定义

(1) 买空。买空(Bull,Long)又称多头,指投机商在预计价格将上涨时先买进期货合同,使自己处于多头部位(Long Position),等到价格上涨后再卖出对冲,从中获利。

(2) 卖空。卖空(Bear,Short)又称空头,是指投机商估计行市看跌,便先抛出期货合约,使自己处于空头部位(Short Position),等价格下跌后再补进对冲,同样赚取差价。

投机商是根据他们对期货市场价格的预期走向来决定是买空或卖空的,能否获利取决于他们对行情预测的准确程度。

2. 特殊的清算制度。当期货合同所规定的交货期限即将届满时,按理应收交实际货物,但在许多商品期货市场上都设立了清算制度或清算所,由其负责处理在商品交易所内达成的所有交易的结算和合同的履行。交易达成后买卖双方应立即在清算所进行登记,之后买卖双方只与清算所有合同关系,相互之间无合同责任关系。

清算方式有对冲和实物清算两种。对冲是指当期限即将到达时,原本卖出货物的一方通过买进同一时期交货的期货合同来抵冲卖出的货物,而原本买进货物的一方则通过卖出同一交货期的期货合同来抵冲买进的货物。

3. 严格履约保证金制度。为了防止因交易一方丧失偿付能力而使得另一方蒙受损失,确保合同的履行及清算制度的正常运行,各清算所都实行了严格的履约保证金制度。制度包括原始押金缴纳制度和亏损时补缴押金制度。原始押金缴纳制度是规定在每笔交易达成时,买卖双方以5%～10%的合同金额作为押金,向清算所缴纳。亏损时补缴押金制度则是指清算所在每个交易日结束时,对每位会员进行盈亏测算,一旦发现会员名义上的亏损超出规定的百分比,则立即书面通知会员,而会员必须在接到通知后的次日按规定补缴押金,否则将被终止其交易活动。

二、期货市场

期货市场是指按照一定的规章制度对期货进行买进卖出的专门场所,它是在商品交易所的基础上发展起来的。通常,期货市场由期货交易所、场内经纪人、期货佣金商、清算所、期货交易的参加者组成。

1. 期货交易所指可以进行期货交易的一切场所,它是有组织的市场,只有正式的会员才可以进入交易场内进行期货交易。

2. 场内经纪人指在期货交易所里接受非会员企业委托的场内会员,代其进行期货交易。

3. 期货佣金商又称为佣金行、经纪行或者经纪人事务所,是接受企业或者个人的委托,代委托人进行期货交易并从中抽取佣金的组织。

4. 清算所又称结算所,指期货交易中对期货合同进行交割、对冲和结算的机构。

5. 期货交易的参加者指所有在期货市场上进行期货交易的人,包括委托他人或者亲自在

期货市场上进行期货交易的人。

美国纽约商品交易所、日本东京工业品交易所、新加坡国际金融交易所以及我国香港期货交易所，这些都是世界上比较著名的商品交易所。期货交易必须在期货市场上进行。

三、期货合约

期货合约是通过期货交易所达成的一项具有法律约束力的协议，即同意在将来买卖某种商品的契约。用术语来表达，期货合约指由期货交易所统一制定的、规定在将来某一特定的时间和地点交割一定数量和质量的实物商品或金融商品的标准化合约。期货合约的标准化条款一般如下所述。

1. 交易数量和单位条款。每种商品的期货合约规定了统一的、标准化的数量和数量单位，统称“交易单位”。例如，大连商品交易所规定大豆期货合约的交易单位为 10 吨。也就是说，你在大连商品交易所买卖大豆期货合约，起步就得 10 吨，用期货市场的术语表达就是 1 手，这是最小的交易单位。在期货市场，你不可以也不可能买进 3 吨或卖出 7 吨大豆。

2. 质量和等级条款。商品期货合约规定了统一的、标准化的质量等级，一般采用国家制定的商品质量等级标准。例如，大连商品交易所在制定大豆期货的交割标准时完全参照国家标准。

3. 交割地点条款。期货合约中规定了为期货交易提供交割服务的指定交割仓库，以保证实物交割的正常进行。大连是我国重要的粮食集散地之一，现货贸易、粮食仓储业都非常发达，目前，大连商品交易所的指定交割仓库都设在大连。

4. 交割期条款。商品期货合约对进行实物交割的月份作了规定。刚开始商品期货交易时，你最先注意到的是：每种商品有几个不同的合约，每个合约标示着一定的月份，如 2011 年 4 月大豆合约与 2011 年 5 月大豆合约。

5. 最小变动价位条款。指期货交易时买卖双方报价所允许的最小变动幅度，每次报价时价格的变动必须是这个最小变动价值的整数倍，大连商品交易所大豆期货合约的最小变动价位为 1 元/吨。也就是说，当你买卖大豆期货时，不可能出现 2 108.5 元/吨这样的价格。

6. 涨跌停板幅度条款。指交易日期货合约的成交价格不能高于或低于该合约上一交易日结算价的一定幅度。例如，大连商品交易所规定，大豆期货的涨跌停板幅度为上一交易日结算价的 3%。

7. 最后交易日条款。指期货合约停止买卖的最后截止日期。每种期货合约都有一定的月份限制，到了合约月份的一定日期，就要停止合约的买卖，准备进行实物交割。

四、期货合约的买卖

期货交易的全过程可以概括为开仓、持仓、平仓或实物交割。

开仓是指交易者新买入或新卖出一定数量的期货合约。例如，你新卖出 10 手大豆期货合约，就被称为开仓交易。在期货市场上，买入或卖出一份期货合约相当于签署了一份远期交割合同。开仓之后尚没有平仓的合约称为未平仓合约或者未平仓头寸，又称持仓。开仓时，买入期货合约后所持有的头寸称为多头头寸，简称多头；卖出期货合约后所持有的头寸称为空头头寸，简称空头。

如果交易者将这份期货合约保留到最后交易日结束，他就必须通过实物交割来了结这笔期货交易，然而，进行实物交割的是少数。大约 99%的市场参与者都在最后交易日结束之前择机将买入的期货合约卖出，或将卖出的期货合约买回，即通过笔数相等、方向相反的期货交易来对冲原有的期货合约，以此了结期货交易，解除到期进行实物交割的义务。

五、期货交易与现货交易的区别

现货交易分为即期交货与远期交货，买卖双方可以任何方式、在任何地点和时间进行实物交割，卖方必须交付实际货物，买方必须接受实际货物，支付货款。期货交易与现货交易的主要区别如下所述。

1. 现货交易买卖的标的物是实际货物，而期货交易买卖的标的物是商品交易所制定的标准期货合同。

2. 现货交易成交的时间与地点由买卖双方自行确定达成交易，期货交易只能在商品交易所内，按交易所的规则、开市时间进行交易。

3. 现货交易的双方在政策和法律允许的范围内，按“契约自主”原则签订买卖合同，合同条款是双方订立的，其内容局外人是不清楚的。期货交易是在公开、多边的交易所内，通过喊价或竞争的方式达成的，其合同条款是标准化的，公众是清楚的。

4. 现货交易的卖方应按合同交付实际货物，买方按合同规定接受货物，支付货款。期货交易的双方不一定交割实际货物，而是支付或取得自签订合同之日与合同履行之日的价格变化的差额。

5. 在现货交易中，买卖双方达成交易构成直接见面的货物买卖的法律关系。而期货交易的双方并不互相见面，合同履行也不需要双方接触，由清算所替代通过有交易所会员资格的期货佣金商负责买卖和履行合同。

6. 现货交易通过实物交割转移货物所有权。参加期货交易的人可以是任何企业或个人，目的也不同，有的为了进行套期保值，有的是为了在期货市场上套取利润，有的专门从事买空卖空的投机生意。

链 接

表 7-6-1

现货交易与期货交易的区别

项　目	现　货　交　易		期　货　交　易
	即期交易	远期合同	
交易目的	取得实物	取得实物或转让合同以获利	回避价格风险或风险投资获利
交易对象	商品本身	非标准合同	标准期货合同
交易方式	双方讨价还价	拍卖或双方协商	公开、公平竞价
履约保证	不担心	担心(公证+《合同法》)	履约保证金制度
转让	不可以	背书方式，不方便	对冲方式，十分便利
付款	交易额的100%	押金，占交易额20%～30%	保证金，占交易额的5%～10%
交易场所	无限制	无限制	期货交易所
实物交割	一手交钱 一手交货	现在确定价格和交割方式，将来交割	实物交割仅占1%～4%，有固定的交割方式
商品范围	一切进入流通的商品		期货交易品种有限制，主要是农产品、石油、金属、一些初级原材料和金属商品

链　接

期货市场各方面的相互关系

期货市场上委托经纪公司进行期货交易的人为"客户"。期货市场上期货交易所、清算所、经纪公司、客户之间的相互关系,参见图 7-6-1。

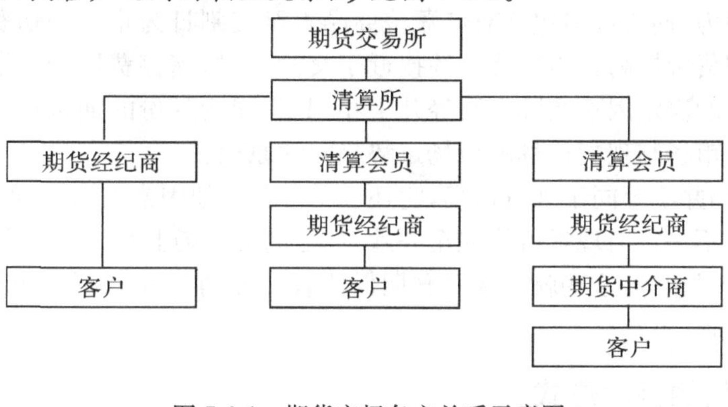

图 7-6-1　期货市场各方关系示意图

第二节　套期保值

套期保值(Hedging)又称对冲交易,是指从事实物交易的经营者,在卖出或买进实物的同时或之后,买进或卖出同等数量的期货合同作为保值。

一、套期保值的目的

期货市场基本的经济功能之一就是提供价格风险的管理机制。为了避免价格风险,最常用的手段便是套期保值。期货交易的主要目的是将生产者和用户的价格风险转移给投机者。当现货商利用期货市场来抵销现货市场中价格的反向运动时,这个过程就称为套期保值。

它的基本做法就是买进或卖出与现货市场交易数量相当,但交易方向相反的商品期货合约,以期在未来某一时间通过卖出或买进相同的期货合约,对冲平仓,结清期货交易带来的盈利或亏损,以此来补偿或抵销现货市场价格变动所带来的实际价格风险或利益,使交易者的经济收益稳定在一定的水平。在从生产、加工、储存到销售的全过程中,商品价格总是不断发生波动,且变动趋势难以预测,因此,在商品生产和流通过程的每一个环节上都可能出现因价格波动而带来的风险。所以,不论对处于哪一环节的经济活动的参与者来说,套期保值都是一种能够有效地保护其自身经济利益的方法。

二、进行套期保值的主要依据

套期保值之所以能够避免价格风险,其基本原理在于两个方面。

第一,期货交易过程中期货价格与现货价格尽管变动幅度不会完全一致,但变动的趋势基本一致。即当特定商品的现货价格趋于上涨时，其期货价格也趋于上涨；反之，亦然。这是因为期货市场与现货市场虽然是两个各自分开的不同市场，但对于特定的商品来说，其期货价格与现货价格主要的影响因素是相同的。这样，引起现货市场价格的涨跌因素，就同样会影响到期货市场价格的同向涨跌。套期保值者就可以通过在期货市场上做与现货市场相反的交易来达到保值的功能，使价格稳定在某一个目标水平上。

第二，现货价格与期货价格不仅变动的趋势相同，而且，到合约期满时，两者将大致相等或合二为一。这是因为，期货价格包含有储藏该商品直至交割日为止的一切费用，这样，远期期货价格要比近期期货价格高。当期货合约接近于交割日时，储存费用会逐渐减少乃至完全消失，这时，两个价格的决定因素实际上已经几乎相同了，交割月份的期货价格与现货价格基本一致。这就是期货市场与现货市场的市场走势趋同性原理。

但是，期货市场并不等同于现货市场，它还会受一些其他因素的影响，所以，期货价格的波动时间与波动幅度不一定与现货价格完全一致，加之期货市场上有规定的交易单位，两个市场操作的数量往往不尽相等，这些就意味着套期保值者在冲销盈亏时，有可能获得额外的利润，也可能产生小额亏损。

三、套期保值的基本形式

（一）卖出套期保值

卖出套期保值（卖期保值）是套期保值者首先卖出期货合约即卖空，持有空头头寸，以保护他在现货市场中的多头头寸，旨在避免价格下跌的风险，通常为农场主、矿业主等生产者和仓储业主等经营者所采用。如果一位现货商在现货市场中拥有或将要拥有一种商品，他可以通过在期货市场中卖出等量的商品合约来套期保值。卖出套期保值能使现货商锁定利润。在商品持有期，如果商品价格下跌，商品持有者将在现货市场中亏钱。可是，当他在期货市场卖出该商品的期货合约，那么，他就可以从期货价格下跌中获利，从而弥补了现货市场的损失。盈利和损失相互抵销使该现货商所持有的商品的净价格与商品原有价值非常接近。

（二）买入套期保值

买入套期保值（买期保值）是套期保值者首先买进期货合约即买空，持有多头头寸，以保障他在现货市场的空头头寸，旨在避免价格上涨的风险，通常为加工商、制造业者和经营者所采用。如果一位现货商现在缺少商品，将来要购买这一商品，那么他可以在期货市场中进行买入套期保值。买入套期保值为那些想在未来某时期购买一种商品而又想避开可能的价格上涨的现货商所采用。如果价格上涨，他将在现货市场为购买该商品支付更多资金，但他可用在期货市场上获得的盈利去抵销在现货市场中的损失。

四、套期保值时应该注意的问题

1. 套期保值虽然可以转移现货价格发生不利变动时的风险，但也排除了交易者从现货价格有利变化中取得额外盈利的机会。

2. 由于期货合同都规定了固定的数量，每份合同代表一定量的期货商品，往往与实物交易中由买卖双方达成的成交数量不完全一致，从而会影响套期保值的效果。

3. 套期保值的效果取决于基差的变化，套期保值能够转移现货价格波动的风险，但无法

转移基差变动的风险。所谓基差，是指某一特定商品在某一特定时间和地点的现货价格与该商品近期合约的期货价格之差，即：基差＝现货价格－期货价格。交易者应掌握好基差的变化以调整盈亏。

链 接

套期保值与投机性交易的区别

套期保值是与实物交易联系在一起的。虽然实物交易与期货交易并不一定同时进行，可以有前有后，但交易者是把期货交易与实物交易结合起来进行的，而投机性交易则表现为单纯的期货合同买卖。

1. 从交易的目的来看，套期保值交易是为了转移现货交易价格风险；而投机性交易则只是追求两次期货交易的差价，从中牟取投机利润。

2. 从经营者来看，做套期保值交易的都是从事实物交易的人，如企业家、农场主、中间商、进出口商等；而投机性交易的参加者多为投机商，一般不从事实物交易。

3. 从交易规章制度上看，投机性交易经常会受到交易量的限制；而套期保值交易却不受交易量的限制。

4. 从融资角度看，套期保值交易者比较容易从银行获得资金融通的便利；而投机者则得不到这方面的便利。

思考题

1. 什么是商品期货交易？
2. 与现货交易相比，期货交易有什么特点？
3. 什么是套期保值？套期保值有哪几种类型？
4. 为什么套期保值能够帮助现货交易商避免价格风险？
5. 套期保值与投机性交易的区别是什么？

案例分析

某食品进出口公司 2010 年 8 月以 225 美元/公吨的价格收购 200 公吨小麦，并存入仓库随时准备出售。为防止库存小麦在待售期间价格下跌而蒙受损失，该食品进出口公司欲利用套期保值交易来防止价格变动的风险。问：该公司应做卖期保值交易还是买期保值交易？为什么？

参考文献

[1] 吴百福.进出口贸易实务教程[M].上海:上海人民出版社,2007.

[2] 孙家庆.国际货运代理人[M].大连:东北财经大学出版社,2003.

[3] 王任祥.国际物流[M].杭州:浙江大学出版社,2004.

[4] 叶德万.国际贸易实务案例教程[M].武汉:华南理工大学出版社,2003.

[5] 海关总署报关员资格考试教材编写委员会.报关员资格全国统一考试教材[M].北京:中国海关出版社,2011.

[6] 余世明.国际贸易实务练习题及分析解答[M].广州:暨南大学出版社,2004.

[7] 张卿.国际贸易实务[M].北京:对外经济贸易大学出版社,2002.

[8] 侯铁珊.国际贸易实务[M].大连:大连理工大学出版社,2001.

[9] 王雪.新编国际贸易单证实务[M].北京:化学工业出版社,2003.

[10] 王万义,吕红军.进出口贸易实务[M].北京:对外经济贸易大学出版社,2002.

[11] 胡涵钧.国际经贸实务[M].上海:复旦大学出版社,2002.

[12] 王韶燏.国际货物运输与保险[M].北京:对外经济贸易大学出版社,2003.

[13] 顾民.UCP600 实务[M].北京:中国商务出版社,2007.

[14] 陈岩.国际贸易术语惯例与案例分析[M].北京:对外经济贸易大学出版社,2007.

[15] 刘秀玲.国际贸易实务与案例[M].北京:清华大学出版社,2008.

[16] 邓敏.国际贸易实务与融资[M].成都:西南财经大学出版社,2005.

[17] 李敏.新编国际贸易实务[M].北京:北京大学出版社,2011.

教学课件索取单

敬爱的老师：

感谢您使用张炳达编著的《国际贸易实务(第四版)》。为了方便教学，本书配有相关的教学课件。如果您需要，请您填写下面表格中的相关信息，并以电子邮件的形式发到我社，我们在核对您的信息后，即免费向您提供教学课件。

我们的联系方式：

地址：上海市中山西路2230号1号楼1505室　　邮编：200235

　　立信会计出版社　　电话：(021)64411183

电子邮件：chenmin0114@126.com

<table>
<tr><td>姓　名</td><td></td><td>性别</td><td></td><td>身份证号</td><td colspan="2"></td></tr>
<tr><td>学　校</td><td colspan="2"></td><td>院系</td><td></td><td>教研室</td><td></td></tr>
<tr><td>学校地址</td><td colspan="4"></td><td>邮　编</td><td></td></tr>
<tr><td>职　务</td><td colspan="2"></td><td>职称</td><td></td><td>办公电话</td><td></td></tr>
<tr><td>E-mail</td><td colspan="2"></td><td>手机</td><td></td><td>宅　电</td><td></td></tr>
<tr><td>通信地址</td><td colspan="4"></td><td>邮　编</td><td></td></tr>
<tr><td>教材用量</td><td colspan="2">册</td><td colspan="2">委托订购单位</td><td colspan="2"></td></tr>
</table>

您对本书的意见和建议是：